Bernd Stauss / Andreas Schöler

Beschwerdemanagement Excellence

Bernd Stauss / Andreas Schöler

Beschwerdemanagement Excellence

State-of-the-Art und Herausforderungen der Beschwerdemanagement-Praxis in Deutschland

Eine Studie des Lehrstuhls für Dienstleistungsmanagement von Prof. Dr. Bernd Stauss

Bibliografische Information Der Deutschen Bibliothek
Die Deutsche Bibliothek verzeichnet diese Publikation in der Deutschen Nationalbibliografie; detaillierte bibliografische Daten sind im Internet über <http://dnb.ddb.de> abrufbar.

1. Auflage Januar 2003

Lektorat: Barbara Jaster

Der Gabler Verlag ist ein Unternehmen der Fachverlagsgruppe BertelsmannSpringer.
www.gabler.de

Umschlagcartoon: Reinhold Löffler
Umschlaggestaltung: Nina Faber de.sign, Wiesbaden
Druck und buchbinderische Verarbeitung: Wilhelm & Adam, Heusenstamm
Gedruckt auf säurefreiem und chlorfrei gebleichtem Papier
Printed in Germany

ISBN 3-409-12383-0

Die Studie

„Beschwerdemanagement Excellence“

des Lehrstuhls für Dienstleistungsmanagement von Prof. Dr. Bernd Stauss

wurde gefördert von

Rödl & Partner
www.sorry.de

Inhaltsverzeichnis

1. Management Summary

Die wesentlichen Ergebnisse der Studie werden im Folgenden in zehn Punkten zusammengefasst:

1 Das Beschwerdemanagement hat in deutschen Großunternehmen einen beachtlichen Stellenwert.

- Das Beschwerdemanagement hat sich in deutschen Großunternehmen durchgesetzt.
- Beschwerden werden nicht mehr primär als lästiges Übel, sondern ganz überwiegend als wertvolle Chance für Qualitätsverbesserungen und Kundenbindung angesehen. Immerhin 55% der befragten Unternehmen stimmen dem Satz „Wir sehen Beschwerden als wertvolle Chancen an" mit Entschiedenheit („voll und ganz") zu, weitere 41% signalisieren eine überwiegende Zustimmung („trifft eher zu").
- Der strategische Stellenwert wird als hoch eingeschätzt. Die große Mehrheit der befragten Unternehmen gibt an, dass dem Beschwerdemanagement ein großer bis sehr großer Stellenwert im Rahmen des Qualitätsmanagements bzw. des Kundenmanagements zukommt (Werte 4,16 bzw. 4,02 auf der Skala mit 5 = „sehr großer Stellenwert").
- In jedem fünften Unternehmen (22,4%) ist die Geschäftsführung/der Vorstand Träger der Gesamtverantwortung für den Beschwerdemanagementprozess.
- In 82% der befragten Unternehmen ist das Top-Management Adressat von Beschwerdereports.

2 Dennoch fehlt es vielfach an einer konsequenten Unterstützung durch das Top-Management.

- Wenngleich sich in der Einrichtung und der Professionalisierung des Beschwerdemanagements eine zunehmende Akzeptanz durch die Unternehmensspitze zeigt, fällt diese in der Praxis nicht eindeutig und nicht konsequent aus.
- Zwar gibt eine Mehrheit von 82% der Befragten an, dass die Arbeit des Beschwerdemanagements durch die Führungskräfte anerkannt wird, doch „voll und ganz" bestätigt dies nur eine Minderheit von 21%.
- Ein Grund für diese zurückhaltende Bewertung liegt in dem tatsächlichen Verhalten der Führungskräfte. So können diese sich in ihrer großen Mehrheit mittels Beschwerdereports über Art und Umfang des Beschwerdeaufkommens informieren, doch nur eine Minderheit macht den Inhalt dieser Reports auch zum regelmäßigen Gegenstand von Besprechungen auf Geschäftsführer- bzw. Vorstandsebene (Durchschnittswert 2,88 auf der Umsetzungsskala mit 5 = „voll realisiert").
- Auch innerbetrieblich werden nur schwache Zeichen in Bezug auf die Unterstützung des Beschwerdemanagements gesetzt. Mehrheitlich planen Führungskräfte kaum Zeit für die Lektüre und Beantwortung von Beschwerden ein. Nur für 10% trifft dies „voll und ganz" und für weitere 30% „eher" zu. Dem Bereich Beschwerdemanagement werden nur geringe Einflussrechte (Informationsrecht und Beratungsrecht) eingeräumt; und auch die Unterstützung durch personalpolitische Führungsmaßnahmen fällt eher gering aus. So ist es nur bei wenigen Unternehmen die Regel, dass Mitarbeiter für vorbildliche Reaktionen auf Kundenbeschwerden ausgezeichnet werden (in 9% der Unternehmen ist dies „voll und ganz" der Fall, in weiteren 29% trifft dies „eher" zu).

3 **Die Stärken liegen in der Erfüllung von Aufgaben des direkten Beschwerdemanagementprozesses - viele Einzelaspekte der Aufgabenerfüllung sind hier inzwischen Standard.**

- Die befragten Unternehmen sehen in allen Aufgabenbausteinen des Beschwerdemanagementprozesses noch erheblichen Handlungsbedarf. Allerdings fällt dieser aufgabenspezifisch unterschiedlich aus. So sehen sie ihre Stärken in der Erfüllung von drei der vier Aufgabenkomponenten des direkten Beschwerdemanagementprozesses, d.h. bei Aufgaben, in deren Erfüllung der Kunde eingebunden ist.
- Zwar sind auch hier die Durchschnittswerte von einem „Best Practice"-Standard (Skalenwert 5) recht weit entfernt, aber die Bewertung fällt doch vergleichsweise positiv aus. Am besten wird die Güte der Beschwerdebearbeitung (3,93) vor der Beschwerdereaktion (3,89) und der Beschwerdeannahme (3,84) eingeschätzt. Abweichend davon werden die Prozesse der Beschwerdestimulierung als weniger gut bewertet (2,64). In einer Mehrheit der Unternehmen sind wichtige Beschwerdekanäle nicht eingerichtet und existente Kanäle werden überwiegend nicht systematisch gegenüber den Kunden kommuniziert.
- Die positive Bewertung der drei Aufgabenbausteine des direkten Beschwerdemanagementprozesses spiegelt die primären Anstrengungen der Unternehmen in den letzten Jahren wider. Dennoch darf dieses positive Ergebnis nicht überbewertet werden. Zum einen zeigen die Angaben zur Realisierung der entsprechenden Einzelaufgaben, dass der maximal erreichbare partielle Beschwerdemanagement Excellence Index für den direkten Beschwerdebearbeitungsprozess (50 Punkte – kennzeichnend für Best Practice in diesem Bereich) mit einer durchschnittlichen Punktzahl über alle Teilnehmer von 28,4 weit verfehlt wird. Zum anderen handelt es sich um eine Selbstbeurteilung der Unternehmen. Dabei können sich diese mehrheitlich nicht auf die Einschätzung der Beschwerdeführer stützen, da nur etwas mehr als ein Viertel der Unternehmen (27%) überhaupt regelmäßig Beschwerdezufriedenheitsbefragungen durchführt.
- Analysiert man für wesentliche Instrumente und Aufgabenelemente, inwiefern diese in den befragten Unternehmen eingesetzt werden bzw. inwiefern ein hoher Umsetzungsgrad der Aufgabenerfüllung erreicht ist (Wert 4 oder 5 auf der Umsetzungsskala), dann lässt sich eine Rangordnung der Aspekte nach dem tatsächlichen Realisierungsgrad in der Praxis aufstellen. Dabei zeigt sich, dass eine Fülle von Aspekten inzwischen durchgehend als umgesetzt anzusehen ist und damit zum Mindeststandard eines Beschwerdemanagements in Deutschland gehört. Dazu zählen u.a. die in der folgenden Abbildung aufgeführten Elemente, die jeweils Umsetzungsquoten von mehr als 80% erreichen.

Die höchsten Realisierungsgrade* in der Gesamtperspektive	
92%	Erfassung des Namens des sich beschwerenden Kunden und des Zeitpunktes bei der Annahme einer Beschwerde.
89%	Ausdruck des Bedauerns gegenüber dem Kunden im Rahmen der Reaktion auf eine Beschwerde.
88%	Erfassung der Umstände und Hintergründe einer Beschwerde bei deren Annahme.
88%	Vollständige Definition der Prozesse der Beschwerdebearbeitung.
86%	Erstellung von Auswertungen nach Art des Problems.
84%	Vollständige Definition der Prozesse der Beschwerdeannahme.
84%	Erfassung des Adressaten einer Beschwerde im Unternehmen bei deren Annahme.
82%	Hoher Stellenwert des Beschwerdemanagements für das Qualitätsmanagement im Unternehmen.
82%	Ziel der Vermeidung alternativer Reaktionsformen unzufriedener Kunden.

* Lesebeispiel: 90% = in 90% der befragten Unternehmen **voll realisiert**

4 **Große Umsetzungsdefizite liegen im Bereich des indirekten Beschwerdemanagementprozesses, insbesondere im Beschwerdemanagement-Controlling.**

- Aus Sicht der Unternehmen selbst wird die Qualität der Prozesse in den Aufgabenbausteinen des indirekten Beschwerdemanagementprozesses als weniger gut beurteilt. Beschwerdeauswertung (3,34) und Beschwerdereporting (3,23) erhalten durchschnittliche Werte. Die mit großem Abstand niedrigste Bewertung erhält das Beschwerdemanagement-Controlling (2,53).
- Diese Bewertung wird unterstützt durch den vergleichsweise geringen Realisierungsgrad, der in dem relativ niedrigen partiellen Beschwerdemanagement Excellence Index für den indirekten Beschwerdemanagementprozess (21,3 von 50 möglichen Punkten) zum Ausdruck kommt.
- In Bezug auf die Beschwerdeauswertung fällt z.B. auf, dass die Mehrheit der Befragten auf eine systematische Analyse der Beschwerdeursachen verzichtet. Bezüglich des Beschwerdemanagement-Controlling ist nicht nur ein durchgehender Mangel im Hinblick auf die Verwendung von Leistungsstandards festzustellen, sondern auch weitgehende Unkenntnis in Bezug auf Produktivität und Kosten sowie die Wirkung des Beschwerdemanagements auf Zufriedenheit und Loyalitätsverhalten der Kunden.

5 **Eine Reihe von Einzelaufgaben des Beschwerdemanagements wird derzeit fast überhaupt nicht wahrgenommen.**

- Die Analyse und Rangreihung von Aufgaben nach ihrem Realisierungsgrad zeigt auch, welche Instrumente und Einzelaufgaben derzeit noch (fast) überhaupt nicht eingesetzt bzw. erfüllt werden. Die folgende Abbildung gibt einen Überblick über die größten Realisierungslücken (GAPs). Dabei zeigt sich, dass eine Reihe von Aufgaben und Instrumenten des Beschwerdemanagements in mehr als 80% bzw. 90% der Fälle nicht genutzt wird.
- Am überraschendsten erscheint die Erkenntnis, dass Beschwerdeinformationen so gut wie nie in Produktinnovationsprozesse eingehen (GAP: 93%).
- Besonders hoch sind auch die managementbezogenen Lücken. In über 90% der Unternehmen zeichnen Führungskräfte vorbildliche Reaktionen ihrer Mitarbeiter auf Kundenbeschwerden nicht aus, planen keine Zeit für die Lektüre und Beantwortung von Beschwerden ein und haben kein Anreizsystem zur Unterstützung der Zielsetzung des Beschwerdemanagements.
- Ein dritter wesentlicher Defizitbereich betrifft die ökonomischen Dimensionen des Beschwerdemanagements. So gibt es eine mehr als 90%ige Lücke in Bezug auf die regelmäßige Analyse der Profitabilität des Beschwerdemanagements.

Die größten Realisierungslücken (GAPs)* in der Gesamtperspektive	
93%	Nutzung der Beschwerdeinformationen für Produktinnovationen.
91%	Führungskräfte zeichnen die vorbildliche Reaktion ihrer Mitarbeiter auf Kundenbeschwerden aus.
91%	Führungskräfte planen Zeit für die Lektüre und Beantwortung von Beschwerden ein.
91%	Es existiert ein Anreizsystem zur Unterstützung der Zielsetzung des Beschwerdemanagements.
91%	Regelmäßige Analyse der Profitabilität des Beschwerdemanagements.
90%	Integration von Beschwerden aus Internet-Meinungsforen in das Beschwerdereporting.
89%	Integration von Beschwerden aus Internet-Meinungsforen in die Beschwerdeauswertung.
87%	Schnittstelle der Beschwerdemanagementsoftware zu CTI-Systemen (Computer Telephone Integration).
84%	Interne Weiterverrechnung der Kosten des Beschwerdemanagements.

* Lesebeispiel: GAP 84% = in 84% der befragten Unternehmen **nicht bzw. nicht voll realisiert**

6 **Kundenkritik in Internet-Meinungsforen wird vom Beschwerdemanagement bisher kaum zur Kenntnis genommen.**

- Die Bedeutung von Internet-Meinungsforen für das Beschwerdemanagement wird nicht als besonders hoch angesehen. Damit wird ein zunehmend wichtiger und öffentlich zugänglicher Kanal für Kundenkritik von vielen Unternehmen in seiner Relevanz unterschätzt.
- Die regelmäßige Beobachtung der Internet-Meinungsforen und der dort über ein Unternehmen artikulierten Meinungen, deren Integration in die Beschwerdebearbeitung und –auswertung bzw. ihre Einbeziehung in Beschwerdereports erhalten nur mittlere Wichtigkeitswerte. Die entsprechende Realisierung dieser Aspekte fällt noch geringer aus. So ist eine Integration in das Beschwerdereporting mit einem Umsetzungswert von 1,65 quasi nicht existent. Selbst die – vergleichsweise einfach zu bewerkstelligende – regelmäßige Beobachtung der Internet-Meinungsforen ist mit einem Wert von 2,20 nur schwach ausgeprägt.
- Somit ist der großen Mehrheit nicht bekannt, welche Meinungen auf zumeist öffentlich zugänglichen Internet-Seiten über das eigene Unternehmen artikuliert werden. Die Kanalisierung der hier zu findenden Informationen in steuerbare unternehmenseigene Kanäle und ihre Nutzung zur Qualitätsverbesserung kann daher nicht oder nur schwerlich initiiert werden.

7 **In Bezug auf eine Fülle von relevanten Aspekten fehlt es dem Management an grundlegenden Informationen.**

- Vielfach zeigt sich, dass dem Management wichtige Informationen für seine strategischen und operativen Entscheidungen im Beschwerdemanagement nicht vorliegen. Eine Reihe von Fragestellungen wird von den Befragten mehrheitlich mit „Weiß nicht“ beantwortet, und in den Fällen, in denen diese Kategorie nicht existiert, kann vielfach auch die Nichtbeantwortung als Indikator für „Nichtwissen“ herangezogen werden (siehe folgende Abbildung).
- Ein wesentlicher Aspekt des „Nichtwissens“ bezieht sich auf ökonomische Größen. So beträgt die Wissenslücke in Bezug auf die Kosten einer bearbeiteten Beschwerde 73%; auf über 60% beläuft sich das Wissensdefizit hinsichtlich der kanalspezifischen Bearbeitungskosten, so dass in diesem Umfang keine relativen Kostenvergleiche möglich sind.
- Bemerkenswert hoch ist auch das „Nichtwissen“ über den Umfang der Unzufriedenheit unter den eigenen Kunden sowie deren Beschwerdeverhalten. Etwa 30% der Unternehmen kennen den Anteil der unzufriedenen Kunden nicht, der sich beim Unternehmen beschwert. In diesem Ausmaß verfügen Unternehmen somit über keinen Anhaltspunkt für die Größe des „Unzufriedenheitseisbergs“, dessen Spitze im Beschwerdeaufkommen sichtbar wird.

Die größten Wissenslücken* in der Beschwerdemanagement-Praxis	
73%	Kosten pro bearbeitete Beschwerde.
68%	Ersparnis bei der Bearbeitung einer E-Mail-Beschwerde gegenüber einer Beschwerde am Point of Sale.
64%	Ersparnis bei der Bearbeitung einer E-Mail-Beschwerde gegenüber einer schriftlichen Beschwerde.
62%	Ersparnis bei der Bearbeitung einer E-Mail-Beschwerde gegenüber einer telefonischen Beschwerde.
29%	Anteil der Kunden, die sich beschweren, gemessen an allen unzufriedenen Kunden.
29%	Anteil der persönlich vorgebrachten Beschwerden, der auch in einer Datenbank erfasst wird.
24%	Anteil der Beschwerden, der an die Fachabteilungen zur weiteren Bearbeitung geleitet wird.
17%	Zeitraum, innerhalb dessen die Bearbeitung einer E-Mail-Beschwerde abgeschlossen ist.
17%	Anteil der Beschwerden, der direkt bei der Geschäftsleitung eingeht.
16%	Verteilung des Beschwerdeaufkommens auf telefonische und schriftliche Beschwerden bzw. auf Beschwerden am Point of Sale.

* Lesebeispiel: 30% = 30% der befragten Unternehmen haben die jeweilige Frage **nicht oder mit „Weiß nicht“** beantwortet

8 **Die informationstechnologischen Unterstützungsmöglichkeiten werden nur zum Teil genutzt.**

- Die informationstechnologische Unterstützung der Beschwerdemanagementprozesse wird von vielen Unternehmen als besonders relevant angesehen, der Realisierungsgrad entspricht aber nicht dieser Wichtigkeitseinschätzung.
- In Bezug auf nahezu alle Aufgabenbausteine wird ein Umsetzungsdefizit diagnostiziert: dies gilt für den Einsatz im Rahmen der Beschwerdeannahme, der Unterstützung der Bearbeitung durch einen im Beschwerdemanagement hinterlegten Workflow, bei internen Mahn- und Eskalationsverfahren, dem Angebot von Alternativen bei der Beschwerdereaktion, der systematischen Hilfe bei der Erfüllung von Controlling-Aufgaben oder der Generierung von Reports.
- Aufgabenübergreifend werden vor allem eine mangelnde Integration verschiedener Beschwerdekanäle und Medien sowie unzureichende Zugriffsmöglichkeit für die annehmenden Mitarbeiter auf Informationen aus der Kundendatenbank genannt.

9 **Die Realisierungsgrade sind zwischen und innerhalb von Branchen außerordentlich unterschiedlich.**

- Die Durchschnittsbetrachtung darf nicht darüber hinwegtäuschen, dass es in Bezug auf das Beschwerdemanagement und seine Realisierung Unterschiede gibt, und zwar sowohl zwischen den als auch innerhalb der Branchen.
- Im Rahmen der Studie wurden fünf ausgewählte Branchen (Banken, Versicherungen, Versorgungsbetriebe, Automobilindustrie, Nahrung/Getränke) gesondert betrachtet und ihre Werte vergleichend gegenübergestellt. Auf der hoch aggregierten Betrachtungsebene des globalen Beschwerdemanagement Excellence Index werden die Unterschiede nicht so stark sichtbar. Von den hier maximal möglichen 150 Punkten, die ein Best Practice Beschwerdemanagement kennzeichnen, erreicht der Bankenbereich den höchsten durchschnittlichen Indexwert in Höhe von 78,4 Punkten gefolgt von der Nahrungs-/Getränkebranche (71,4), den Versicherungen (69) und der Automobilindustrie (68,7). Am Ende steht der Versicherungsbereich mit durchschnittlich 66,3 Punkten. Führt man allerdings eine Detailanalyse durchführt, zeigen sich zum Teil stark unterschiedliche Ausprägungen in Bezug auf Wichtigkeitseinschätzungen und Umsetzungsgrade.
- Auch die Spannweite der Ausprägungen innerhalb einer Branche ist vielfach sehr groß: So gibt es in der Nahrungs-/ Getränkebranche ein Unternehmen, das einen Wert von 133 erhält, und ein anderes mit einem Index-Wert von 36; in der Automobilindustrie erreicht ein Unternehmen einen Indexwert von 128, während ein Konkurrent lediglich einen Wert von 41 erzielt.

10 **Die Profitabilität des Beschwerdemanagements wird vergleichsweise hoch eingeschätzt, aber selten berechnet. Allerdings ist die Profitabilitätsschätzung bei denjenigen Unternehmen am höchsten, die auch eine Berechnung durchführen.**

- Die befragten Unternehmen schätzen ihr Beschwerdemanagement als profitabel ein. Auf einer 5er Skala von 1 = „eher nicht profitabel“ bis 5 = “sehr profitabel“ wird ein Mittelwert von 3,55 erreicht.
- Allerdings ist hier ein Großteil der Unternehmen auf intuitive Schätzungen angewiesen. Knapp 90% aller befragten Unternehmen machen keinen Versuch, die Profitabilität ihres Beschwerdemanagements regelmäßig zu untersuchen. Interessant ist allerdings, dass die Profitabilitätsschätzungen bei denjenigen Unternehmen am höchsten ausfallen, die in regelmäßigen Abständen solche Berechnungen durchführen.

2. Einführung in die Studie

2.1. Problemhintergrund

Die Bindung von Kunden wird seit einigen Jahren zunehmend höher gewichtet als die Akquisition von Neukunden. Wesentlicher Grund hierfür ist die Einsicht, dass sich langfristige Kundenbeziehungen durch höhere Profitabilität auszeichnen als kurzfristig transaktionsorientierte Geschäftsbeziehungen. Gleichzeitig gilt die Kundenfluktuation als eine der größten Kostentreiber der Marktbearbeitung. Dementsprechend konzentrieren sich viele Unternehmen verstärkt auf die Pflege ihres existierenden Kundenstamms, um ihre Kunden an sich zu binden und bestehende Potenziale systematisch auszuschöpfen.

Im Kontext des Kundenbeziehungs- und Kundenbindungsmanagements kommt dem Beschwerdemanagement eine zentrale Rolle zu. Sich beschwerende Kunden sind mit Produkten, Dienstleistungen oder unternehmerischen Handlungsweisen unzufrieden und daher in hohem Maße abwanderungsgefährdet. Sie repräsentieren unmittelbar verlustbedrohte Umsatz- und Deckungsbeitragspotenziale und stellen somit auch die primäre Zielgruppe jeder Kundenbindungsstrategie dar. Beschwerdeführer befinden sich zudem in einer Problemsituation und wünschen dringlich eine Lösung. Wenn Unternehmen diese Lösung anbieten, zeigen sie, dass sie für die Kundenbeziehung Verantwortung übernehmen. Das ist eine hervorragende Basis dafür, Vertrauen beim Kunden aufzubauen und eine anhaltende Kundenloyalität zu erreichen. Wiederholt hat es sich erwiesen, dass Kunden, die sich beschwert haben und deren Beschwerde zu ihrer vollen Zufriedenheit behandelt wurde, sich durch ein besonders hohes Maß an emotionaler Bindung und Wiederkaufbereitschaft auszeichnen.

Da Beschwerden Informationen über die vom Kunden wahrgenommenen Qualitätsprobleme bei der Nutzung von Produkten und der Inanspruchnahme von Dienstleistungen enthalten, bietet die Auswertung dieser Kundenartikulationen eine zentrale Grundlage für Initiativen zur kontinuierlichen Qualitätsverbesserung. Dementsprechend dient das Beschwerdemanagement nicht nur der Stabilisierung gefährdeter Kundenbeziehungen, sondern stellt auch einen wesentlichen Ausgangspunkt für das Qualitätsmanagement dar.

Die Relevanz des Beschwerdemanagements wird zudem durch eine Reihe von Faktoren weiter gestärkt. Auf den Märkten werden Unternehmen mit steigenden Erwartungen und Ansprüchen kritischer Kunden konfrontiert, deren Wechselbereitschaft zunimmt. Zugleich intensiviert sich der – häufig internationale – Wettbewerb, und die Differenzierungsmöglichkeiten über die Kernleistungen sinken. In dieser Situation gewinnt das glaubhafte Bemühen gerade um den unzufriedenen Kunden weiter an Gewicht. Zudem stellen neue Informations- und Kommunikationstechnologien erweiterte Möglichkeiten für den Kundendialog bereit und schaffen im Rahmen von CRM-Konzepten verbesserte Chancen zur Integration der kundenbezogenen Schnittstellen und Daten.

Angesichts dieser Entwicklungen ist es verständlich, dass viele Unternehmen seit Jahren ihre Anstrengungen verstärken, ein professionelles Beschwerdemanagement aufzubauen und die Effektivität und Effizienz der Aufgabenerfüllung zu verbessern. In der praxisorientierten Literatur ist eine Fülle von exemplarischen Beschreibungen zu finden, wie einzelne Unternehmen ihren Kunden leicht zugängliche Beschwerdewege – z.B. über Customer Interaction Center - eröffnen, differenzierte Reaktionsformen entwickeln oder Nutzen aus den Beschwerdeinformationen für Qualitätsverbesserungen ziehen. Die wissenschaftliche Forschung bietet fundierte Einsichten in die konzeptionellen Grundlagen und liefert konkrete Handlungsempfehlungen (siehe die Literaturempfehlungen am Ende diese Studie). Was bisher aber in Praxis und Wissenschaft fehlt, ist ein empirisch abgesichertes Wissen darüber, welchen Stellenwert, welchen Realisierungsgrad und welche Professionalität das Beschwerdemanagement in deutschen Unternehmen heute erreicht hat. Diese offenen Fragen stellen den Ausgangspunkt der vorliegenden Studie dar.

2.2. Ziele

Wichtigstes Ziel der Studie ist die erstmalige und branchenübergreifende Ermittlung des aktuellen Stands der Umsetzung des Beschwerdemanagements bei deutschen Unternehmen. Dabei wird der Fokus auf den Business-to-Consumer Bereich gelegt, in dem Unternehmen eine Vielzahl von Kundenbeziehungen zu managen haben.

Im Einzelnen will die Studie **Beschwerdemanagement Excellence** vor allem Antworten auf folgende Fragen geben:

- Welchen strategischen Stellenwert hat das Beschwerdemanagement in deutschen Unternehmen?
- In welcher Differenzierung und Qualität werden die verschiedenen Aufgaben des Beschwerdemanagements wahrgenommen?
- Welche Instrumente und Einzelaufgaben werden durchgängig und routinemäßig eingesetzt?
- Hinsichtlich welcher Instrumente und Einzelaufgaben sehen die Unternehmen selbst den größten Handlungsbedarf?
- Verfügt das Beschwerdemanagement über die notwendige informatorische Basis für strategische und operative Aufgaben?
- Reagiert das Beschwerdemanagement auf neue Formen der kritischen Kundenartikulation (z.B. in Internet-Meinungsforen) und integriert es diese in seine Arbeit?
- Wie ist das Beschwerdemanagement organisatorisch eingebunden?
- In welchem Umfang erfolgt eine konsequente informationstechnologische Unterstützung?
- Werden die Ziele des Beschwerdemanagements innerbetrieblich konsequent durch Anreizsysteme, Kommunikationsinstrumente und personalpolitische Maßnahmen unterstützt?
- Mit welchen Hindernissen werden Manager konfrontiert, die ein Beschwerdemanagement in ihrem Unternehmen implementieren?

In wissenschaftlicher Hinsicht bietet die Studie neue Einsichten in den Umsetzungsstatus des Beschwerdemanagements in Deutschland und liefert umfangreiches Datenmaterial für die Analyse von Determinanten und Konsequenzen beschwerdepolitischer Entscheidungen und Strukturen.

Für diejenigen, die in der Unternehmenspraxis Verantwortung im Bereich Beschwerdemanagement tragen, bietet die Studie einen hohen und konkreten Nutzen. Sie können ihr eigenes Beschwerdemanagement auf den Prüfstand stellen, indem sie

- den Ist-Zustand des unternehmerischen Beschwerdemanagements mit der durchschnittlichen aktuellen Praxis vergleichen oder an Best Practices messen,
- Stärken und Schwachstellen identifizieren und
- Ansatzpunkte zur Weiterentwicklung und Verbesserung entdecken.

Auf der Basis der empirischen Daten werden die Verantwortlichen somit in die Lage versetzt, den wachsenden Herausforderungen an ein effizientes und kundenorientiertes Beschwerdemanagement gerecht zu werden.

2.3. Vorgehensweise

Fragebogen

Zur empirischen Erhebung des „State of the Art“ des Beschwerdemanagements in Deutschland wurde ein Fragebogen entwickelt, der auf der langjährigen Forschungsarbeit des Lehrstuhls im Bereich Beschwerdemanagement aufbaut. Den Orientierungsrahmen bildet ein integriertes Beschwerdemanagementkonzept (siehe Stauss/Seidel 2002). Im Mittelpunkt des Fragebogens stehen Fragenbereiche zu den Aufgaben des direkten Beschwerdemanagementprozesses (Beschwerdestimulierung, Beschwerdeannahme, Beschwerdebearbeitung, Beschwerdereaktion) und den Aufgaben des indirekten Beschwerdemanagementprozesses (Beschwerdeauswertung, Beschwerdemanagement-Controlling, Beschwerdereporting, Beschwerdeinformationsnutzung). Auch werden strategische, informationstechnologische, personalpolitische und organisatorische Aspekte einbezogen, die wesentlich die Qualität der Aufgabenerfüllung bestimmen. Darüber hinaus wird auf Aspekte der Implementierung und der Integration von Beschwerden in Internet-Meinungsforen (Internet-Kunde-zu-Kunde-Kommunikation) eingegangen.

Der umfangreiche Fragebogen umfasst 80 Fragenblöcke mit insgesamt 667 Variablen.

Je nach Charakter der Frage wurden unterschiedliche Antwortskalen verwendet. Hatten Fragen beispielsweise eher einen globaleren Charakter, wurden Teilnehmer auf einer vier-stufigen Skala nach dem Zutreffen einer Aussage für ihr Unternehmen befragt (siehe folgende Abbildung).

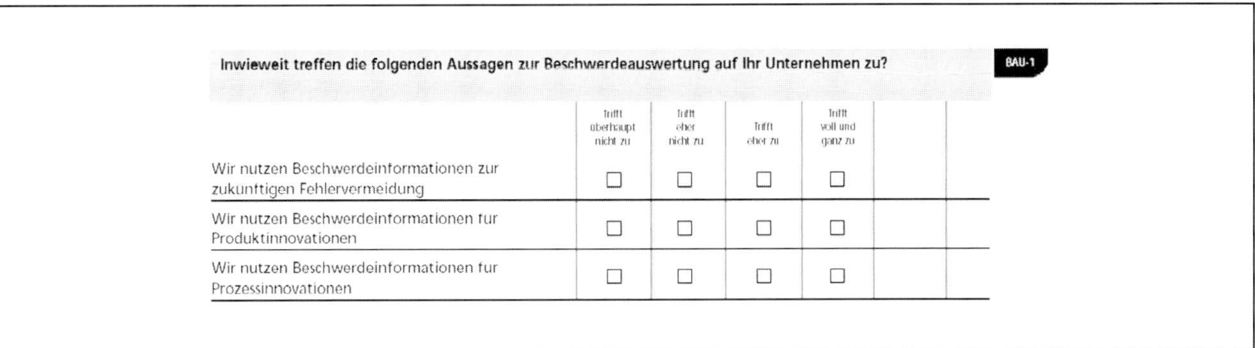

Inwieweit treffen die folgenden Aussagen zur Beschwerdeauswertung auf Ihr Unternehmen zu? BAU-1

	Trifft überhaupt nicht zu	Trifft eher nicht zu	Trifft eher zu	Trifft voll und ganz zu	
Wir nutzen Beschwerdeinformationen zur zukunftigen Fehlervermeidung	☐	☐	☐	☐	
Wir nutzen Beschwerdeinformationen fur Produktinnovationen	☐	☐	☐	☐	
Wir nutzen Beschwerdeinformationen fur Prozessinnovationen	☐	☐	☐	☐	

Bei Fragen, die auf einen konkreten Handlungsbedarf schließen ließen, wurde zunächst anhand einer fünf-stufigen, monopolaren Skala die Wichtigkeit eines Aspekts für das Beschwerdemanagement im Unternehmen abgefragt. Im Anschluss daran sollte der Teilnehmer dann die Umsetzung dieses Aspekts im eigenen Unternehmen beurteilen. Hierfür wurde bei komplexen Aufgabenfeldern auf eine fünf-stufige, monopolare Umsetzungsskala zurückgegriffen (siehe folgende Abbildung).

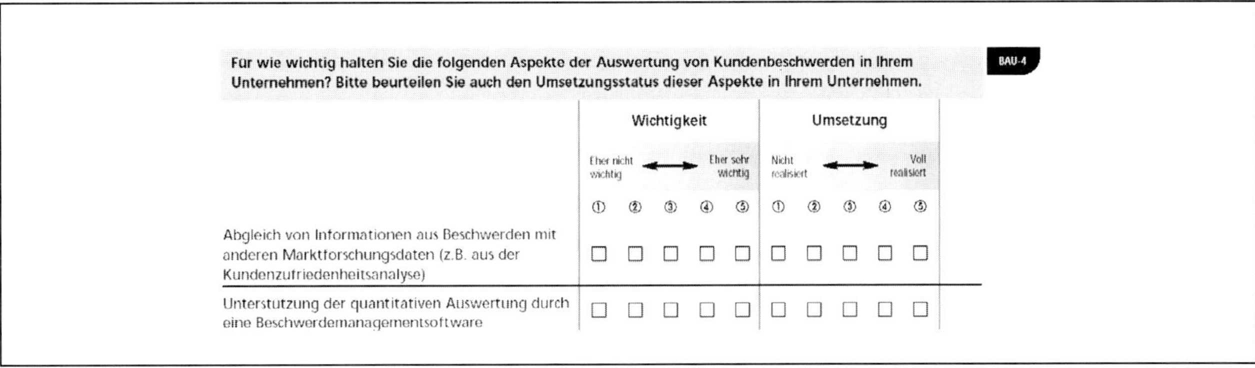

Für wie wichtig halten Sie die folgenden Aspekte der Auswertung von Kundenbeschwerden in Ihrem Unternehmen? Bitte beurteilen Sie auch den Umsetzungsstatus dieser Aspekte in Ihrem Unternehmen. BAU-4

	Wichtigkeit					Umsetzung				
	Eher nicht wichtig ⟷ Eher sehr wichtig					Nicht realisiert ⟷ Voll realisiert				
	①	②	③	④	⑤	①	②	③	④	⑤
Abgleich von Informationen aus Beschwerden mit anderen Marktforschungsdaten (z.B. aus der Kundenzufriedenheitsanalyse)	☐	☐	☐	☐	☐	☐	☐	☐	☐	☐
Unterstutzung der quantitativen Auswertung durch eine Beschwerdemanagementsoftware	☐	☐	☐	☐	☐	☐	☐	☐	☐	☐

Bei weniger komplexen Umsetzungsfeldern, bzw. Einzelaspekten eines umfangreicheren Handlungsfeldes wurde für die Abfrage des Umsetzungsstatus eine dichotome Skala verwendet (siehe folgende Abbildung).

BREP-2 **Für wie wichtig halten Sie die folgenden inhaltlichen Bestandteile der Beschwerdereports? Bitte geben Sie auch an, welche Bestandteile in Reports Ihres Unternehmens enthalten sind.**

	Eher nicht wichtig ①	②	③	④	Eher sehr wichtig ⑤	Nicht enthalten	Enthalten
Besonders relevante Probleme	☐	☐	☐	☐	☐	☐	☐
Besonders ungewöhnliche Probleme	☐	☐	☐	☐	☐	☐	☐
Quantitativer Auswertungsteil nach Aspekten des Beschwerdeproblems	☐	☐	☐	☐	☐	☐	☐

Nach einem Pre-Test wurde der Fragebogen an die Teilnehmer der Studie auf dem Postweg versandt. Die ersten Fragebögen wurden Mitte Mai 2002 verschickt. Der Rücklauf war Mitte August 2002 abgeschlossen.

Teilnehmer

Adressaten des Fragebogens waren deutsche Großunternehmen verschiedener Branchen. Die Unternehmen wurden anhand des Umsatzvolumens (beziehungsweise anhand des Beitragsvolumens bei Versicherungen und der Bilanzsumme bei Banken) selektiert.

Insgesamt 430 Unternehmen wurden im Rahmen einer aufwändigen und mehrstufigen Kontaktierung angesprochen. An 260 Unternehmen wurde der Fragebogen versandt, von denen 149 den ausgefüllten Fragebogen zurückschickten. Dies ist eine überaus erfreuliche Rücklaufquote, insbesondere auch unter Beachtung der Tatsache, dass die Beantwortung des umfangreichen Fragebogens von den antwortenden Managern einen hohen Zeiteinsatz erforderte.

Die Verteilung der Teilnehmer auf die unterschiedlichen Branchen ist in der nebenstehenden Abbildung dargestellt.

Die relativ hohen Teilnehmerzahlen in den Branchen Banken, Versorgungsunternehmen, Nahrungsmittel/ Getränke, Versicherungen und Automobilwirtschaft erlauben es, für diese Branchen spezifische Aussagen zu treffen.

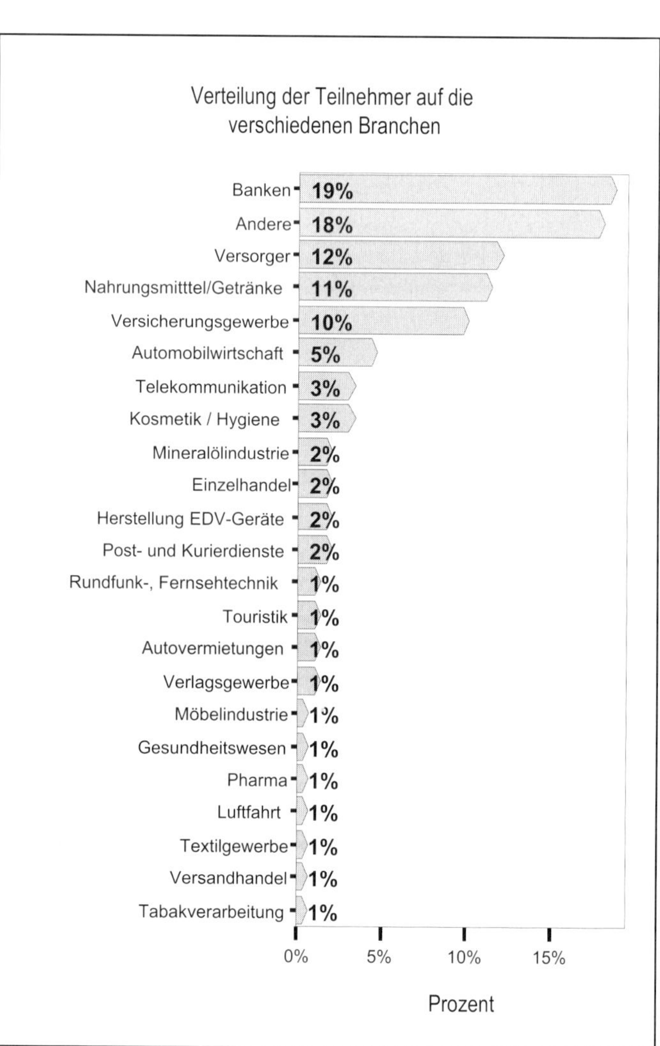

3. Die Ergebnisse im Überblick

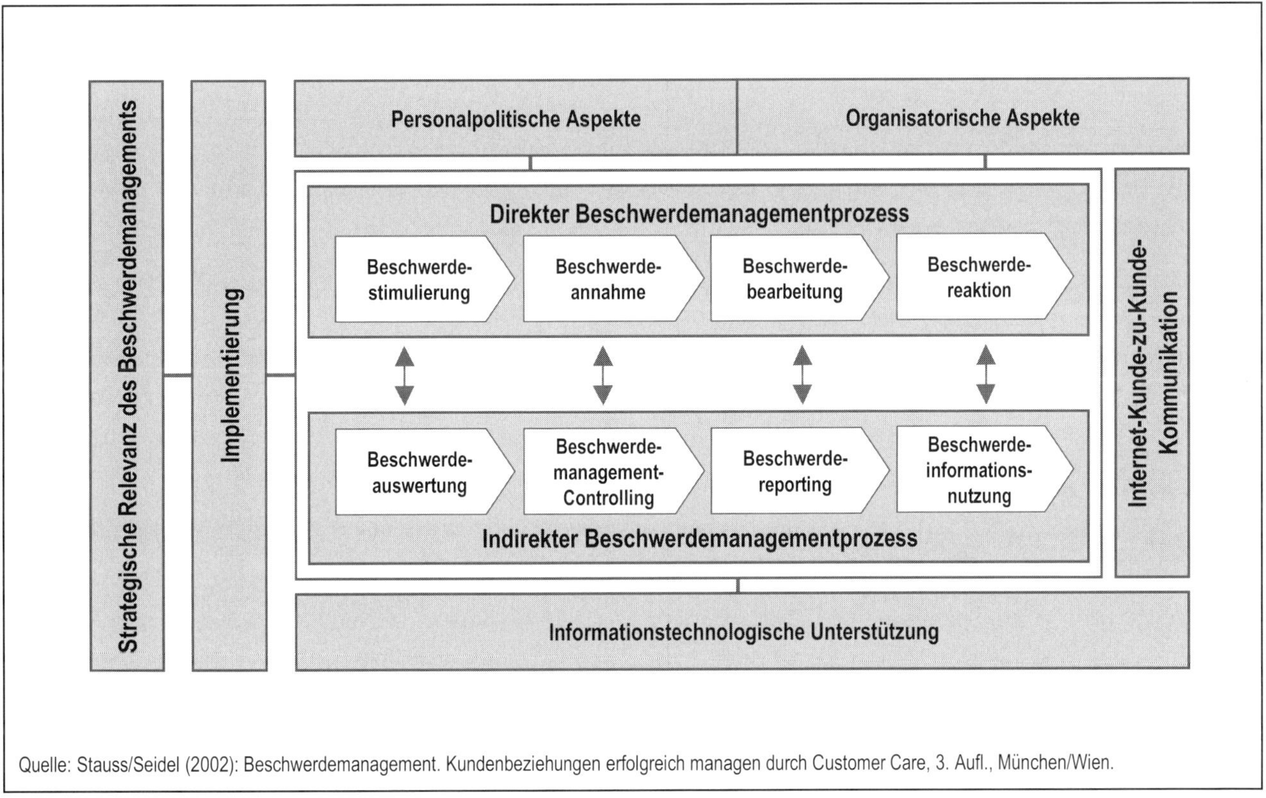

Quelle: Stauss/Seidel (2002): Beschwerdemanagement. Kundenbeziehungen erfolgreich managen durch Customer Care, 3. Aufl., München/Wien.

- Grundlage für die Konzeption der Studie und des Fragebogens für die empirische Erhebung ist die Beschwerdemanagement-Konzeption nach Stauss/Seidel (2002). Diesem Verständnis folgt auch die Darstellung der gewonnenen Ergebnisse auf den folgenden Seiten.
- Obige Abbildung vermittelt einen Überblick über den gesamten Beschwerdemanagementprozess, über die Rahmenfaktoren des Beschwerdemanagements und über weitere Handlungsfelder.
- Der gesamte Beschwerdemanagementprozess ist in einen direkten und indirekten Teilprozess untergliedert.
- Im Mittelpunkt des direkten Beschwerdemanagementprozesses stehen die Aufgaben, die auf den konkreten Einzelfall bezogen sind und darauf abzielen, die individuelle Kundenunzufriedenheit zu beseitigen. Der direkte Beschwerdemanagementprozess beginnt mit der Beschwerdestimulierung. Hier sollen Kunden durch Einrichtung und Kommunikation der Beschwerdekanäle ermutigt werden sich bei Unzufriedenheit an das Unternehmen zu wenden. Im Fokus der Beschwerdeannahme stehen alle Aufgaben, die mit der Organisation des Beschwerdeeingangs und der strukturierten Erfassung der Beschwerdeinformationen in Verbindung stehen. Bei der Beschwerdebearbeitung geht es u.a. um die Gestaltung der Bearbeitungsprozesse, die Festlegung von Verantwortlichkeiten und die Definition von Bearbeitungsterminen. Im Rahmen der Beschwerdereaktion werden Leitlinien und Verhaltensregeln für angemessene Reaktionen auf Kundenbeschwerden entwickelt.

- Der indirekte Beschwerdemanagementprozess umfasst Aufgaben, die ohne Kundenkontakt abzuwickeln sind: Beschwerdeauswertung, Beschwerdemanagement-Controlling, Beschwerdereporting und Beschwerdeinformationsnutzung. Im Zentrum der Beschwerdeauswertung steht die quantitative und qualitative Auswertung der in den Beschwerden enthaltenen Informationen. Das Beschwerdemanagement-Controlling überwacht, inwieweit die Aufgaben des Beschwerdemanagements erfüllt werden, und dient dazu, die Kosten- und Nutzen-Effekte abzuschätzen. Im Rahmen des Beschwerdereporting werden Entscheidungen darüber getroffen, welche internen Kundensegmente Beschwerdereports erhalten. Die Beschwerdeinformationsnutzung soll eine systematische und aktive Nutzung der Beschwerdeinformationen für Verbesserungsmaßnahmen gewährleisten.
- Art und Umfang der Aufgabenzuweisung an das Beschwerdemanagement hängen in hohem Maße von der strategischen Einordnung ab, das heißt vor allem von dem Stellenwert, der dem Beschwerdemanagement im Rahmen des Kundenbeziehungsmanagements und des Qualitätsmanagements eingeräumt wird.
- Darüber hinaus hängt eine effektive und effiziente Aufgabenerfüllung von den innerbetrieblichen Rahmenbedingungen ab. Durch den Einsatz leistungsfähiger Informations- und Kommunikationstechnologie können Qualität und Kosten der Aufgabendurchführung erheblich positiv beeinflusst werden. Mittels personalpolitischer Maßnahmen ist zudem sicherzustellen, dass die Mitarbeiter über die erforderlichen Qualifikationen verfügen. In organisatorischer Hinsicht ist über den Zentralisationsgrad des Beschwerdemanagements und seine Einbindung in die unternehmerische Organisationsstruktur zu entscheiden.
- Zu den Voraussetzungen eines erfolgreichen Beschwerdemanagements gehört es auch, dass die Einführung möglichst schnell und konfliktarm erfolgt, so dass dem Prozess der Implementierung große Bedeutung zukommt.
- Zusätzlich wird auf die Spezialfrage der Internet-Kunde-zu-Kunde-Kommunikation eingegangen, da Kunden ihre Kritik an Produkten und Dienstleistungen keineswegs nur direkt gegenüber den Unternehmen artikulieren, sondern diese auch in Internet-Meinungsforen veröffentlichen. Damit entsteht dem Beschwerdemanagement ein neues relevantes Handlungsfeld.

- Im Folgenden werden die Ergebnisse der empirischen Erhebung branchenübergreifend graphisch dargestellt und kommentiert. Dabei wird beispielhaft auf Besonderheiten aus den fünf ausgewählten Branchen (Banken, Versicherungen, Versorger, Automobil und Nahrungsmittel/Getränke) eingegangen.
- Die vollständigen Werte der branchenübergreifenden Auswertungen finden sich in Teil 5 „Die Ergebnisse im Detail“ dieser Studie. Hier sind auch die Daten für die fünf selektierten Branchen ausführlich dargestellt.

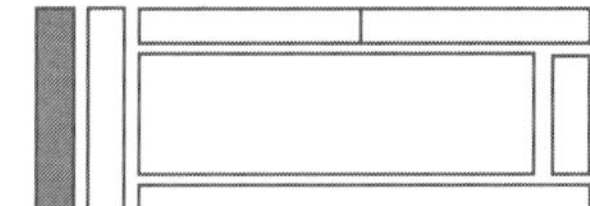

3.1. Strategische Relevanz des Beschwerdemanagements im Unternehmen

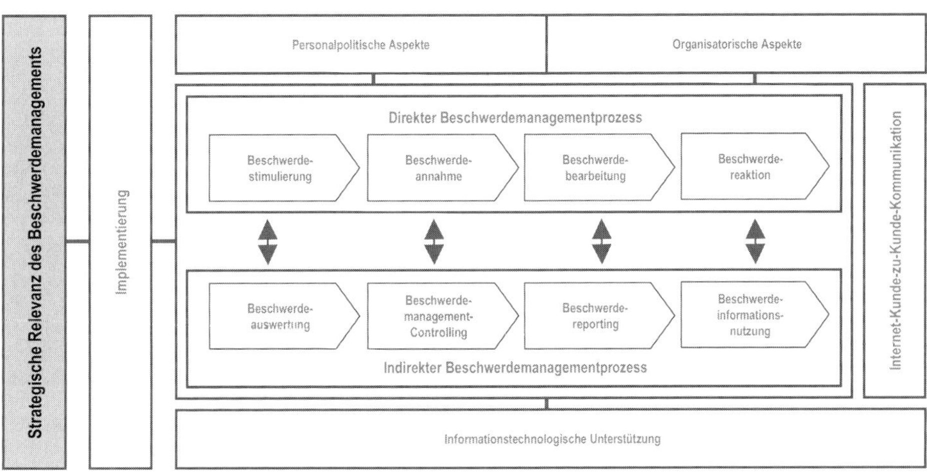

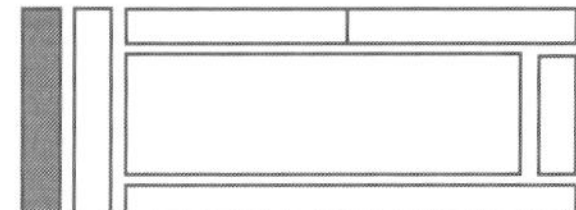

„Welchen strategischen Stellenwert hat das Beschwerdemanagement im Kontext des Kundenmanagements, Qualitätsmanagements und Wissensmanagements in Ihrem Unternehmen?"

Dem Beschwerdemanagement wird hohe strategische Bedeutung beigemessen.

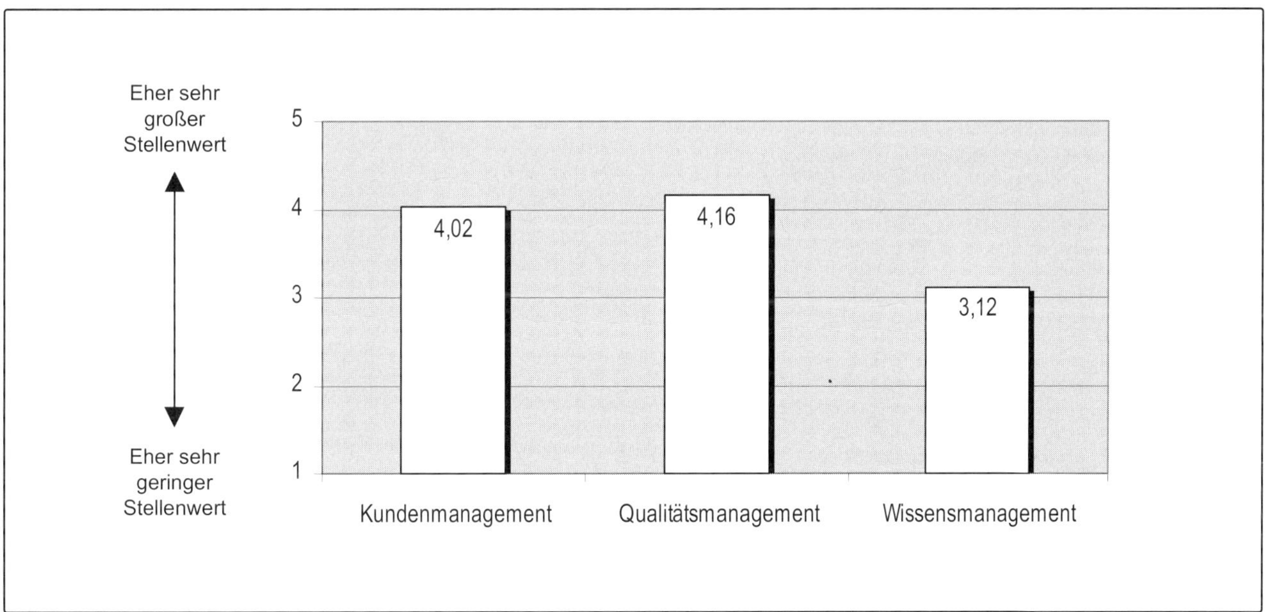

- Dem Beschwerdemanagement kommt mehrheitlich ein großer strategischer Stellenwert zu.
- Die stärkste Bedeutung hat das Beschwerdemanagement im Rahmen des Qualitätsmanagements (4,16).
- Fast gleich hoch wird die Relevanz des Beschwerdemanagements im strategischen Kontext des Kundenmanagements eingeschätzt (4,02).
- Diese Ergebnisse zeigen zum einen die traditionelle Verknüpfung des Beschwerdemanagements mit den qualitätsorientierten Aktivitäten zur Fehlerdiagnose und Prävention. Zum anderen weisen sie darauf hin, dass das Beschwerdemanagement als zentraler Aufgabenbereich des Kundenbindungs- und Kundenbeziehungsmanagements weitgehend akzeptiert ist.
- Weit geringer ist der strategische Stellenwert des Beschwerdemanagements im Kontext des Wissensmanagements (3,12). Hierfür können verschiedene Faktoren verantwortlich sein. So ist das Wissensmanagement noch keineswegs durchgehend als strategisches Handlungsfeld implementiert, und innerhalb des Wissensmanagement hat das Kundenwissensmanagement („Customer Knowledge Management") vielfach keine Priorität.
- In der Branchenbetrachtung zeigen sich erhebliche Unterschiede. So wird der Stellenwert des Beschwerdemanagements für das Qualitätsmanagement in der Nahrungsmittelindustrie (4,41) wesentlich höher eingeschätzt als in der Automobilindustrie (3,43). Bezüglich der strategischen Bedeutung im Kontext des Wissensmanagements bestehen die größten Unterschiede zwischen der Nahrungsmittelindustrie (3,24) und den Banken (2,65).

Detaillierte Werte: Tabelle A1a; Branchenwerte: Tabelle A1b

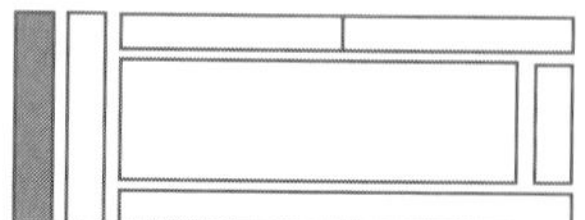

„Wie bedeutend sind die folgenden Aspekte als Ziele für Ihr Beschwerdemanagement?"

Die Herstellung von Beschwerdezufriedenheit ist das wichtigste Ziel des Beschwerdemanagements.

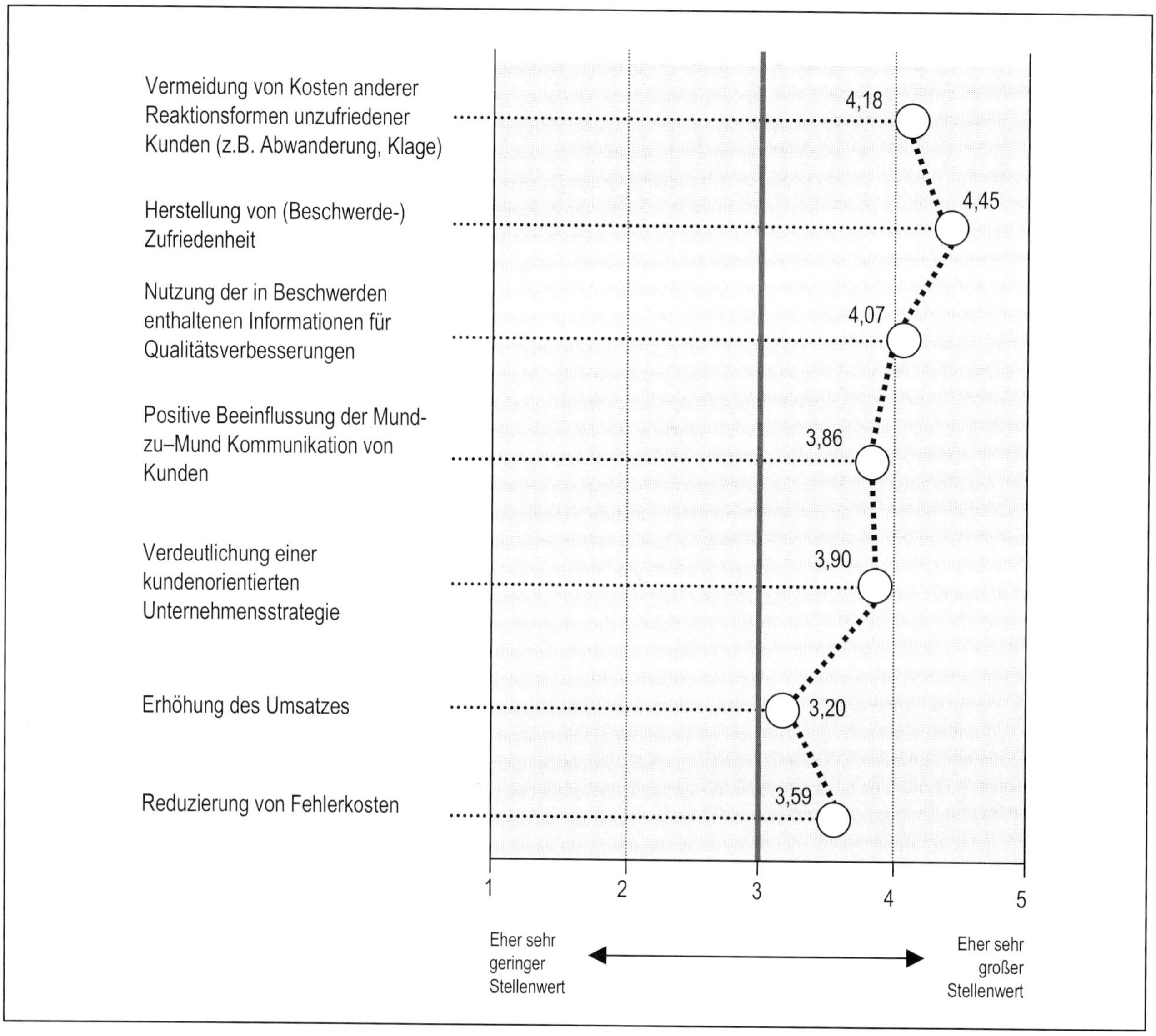

- Von allen Zielsetzungen des Beschwerdemanagements kommt der Herstellung von Beschwerdezufriedenheit die größte Bedeutung zu (4,45).
- Zwei weitere Zielsetzungen haben durchschnittlich einen großen Stellenwert: die Vermeidung von Kosten anderer Reaktionsformen unzufriedener Kunden (4,18) und die Nutzung der in Beschwerden enthaltenen Informationen für Qualitätsverbesserungen (4,07).
- Damit bestätigt sich die doppelte Zielrichtung des Beschwerdemanagements in Bezug auf das Kundenbeziehungsmanagement einerseits und das Qualitätsmanagement andererseits.
- Demgegenüber spielen die Erwartungen an direkte Umsatzwirkungen des Beschwerdemanagements eine eher untergeordnete Rolle (3,20).

Detaillierte Werte: Tabelle A2a; Branchenwerte: Tabelle A2b

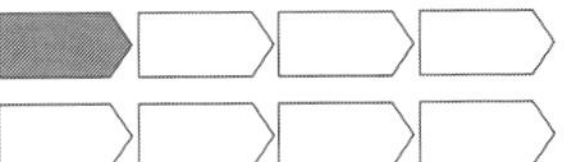

3.2. Der direkte Beschwerdemanagementprozess

3.2.1. Beschwerdestimulierung

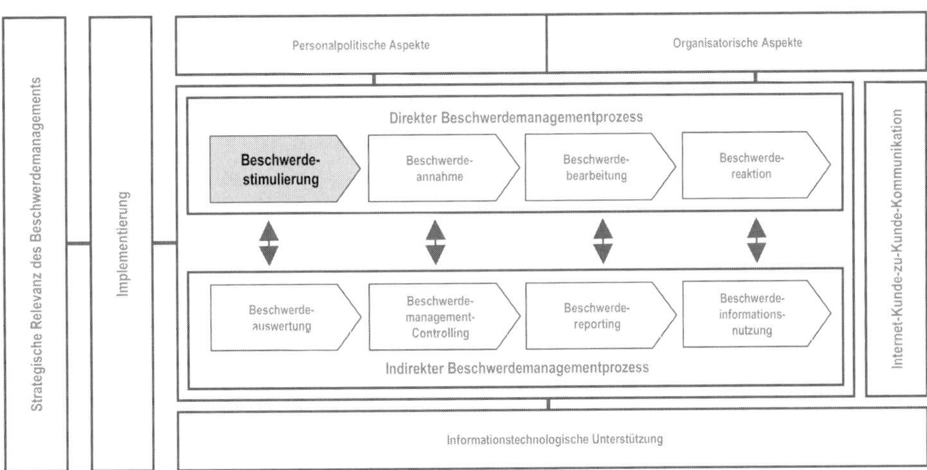

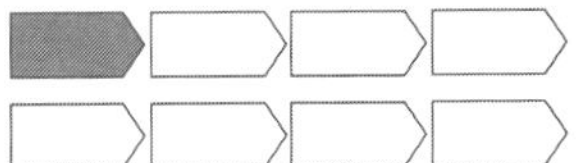

„Bitte charakterisieren Sie die Ausrichtung der Beschwerdestimulierung in Ihrem Unternehmen."

Die Mehrheit der befragten Unternehmen legt Wert darauf, dass sich Kunden auch bei Kleinigkeiten beschweren.

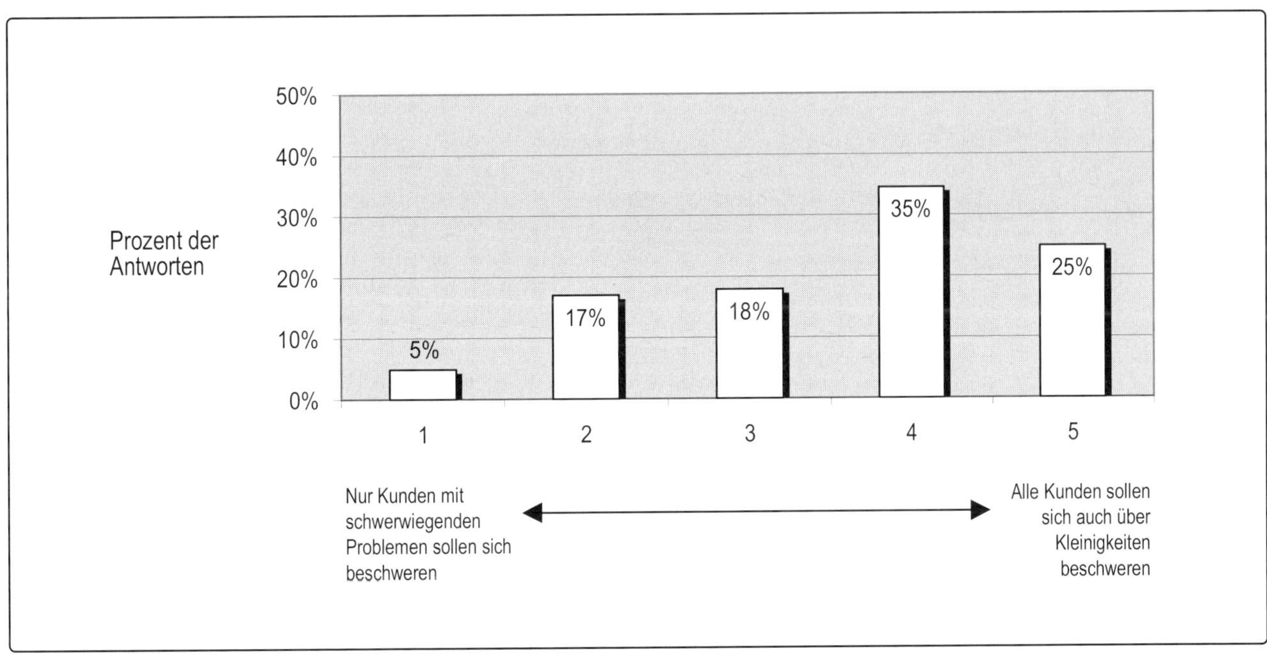

- Die Einstellung der Unternehmen in Bezug auf die Frage, ob sich Kunden auch bei Kleinigkeiten beschweren sollen, fällt differenziert aus. Vollständig bejahen kann diese Aussage nur ein Viertel der Befragten (25%). Aber weitere 35% der Unternehmen neigen zu dieser Auffassung mit geringerer Entschiedenheit.
- Die Position „Nur Kunden mit schwerwiegenden Problemen sollen sich beschweren" wird dagegen nur von 5% gewählt und von weiteren 17% nur mit geringem Nachdruck vertreten.
- In der Branchenbetrachtung streuen die Durchschnittswerte der Antworten auf der Skala von 1 = „Nur Kunden mit schwerwiegenden Problemen sollen sich beschweren" bis 5 = „Alle Kunden sollen sich auch bei Kleinigkeiten beschweren" zwischen 3,13 bei den Versicherungen bzw. 3,14 im Automobilbereich bis 3,82 als Mittelwert innerhalb der Nahrungsmittel- und Getränkeindustrie bzw. 3,88 als Mittelwert der Versorger. Der Durchschnittswert der Banken entspricht mit 3,57 exakt dem Mittel über alle Teilnehmer.

Detaillierte Werte: Tabelle B1a; Branchenwerte: Tabelle B1b

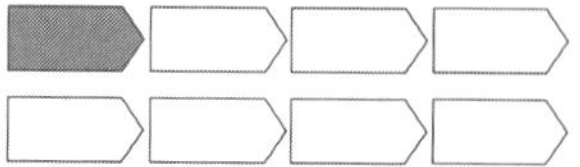

„Gemessen an allen Kunden, die unzufrieden sind: Wie hoch schätzen Sie den Teil der Kunden ein, der sich bei Ihrem Unternehmen beschwert?“

Im Schnitt nehmen die befragten Unternehmen an, dass sich nur 24% der unzufriedenen Kunden auch beschweren.

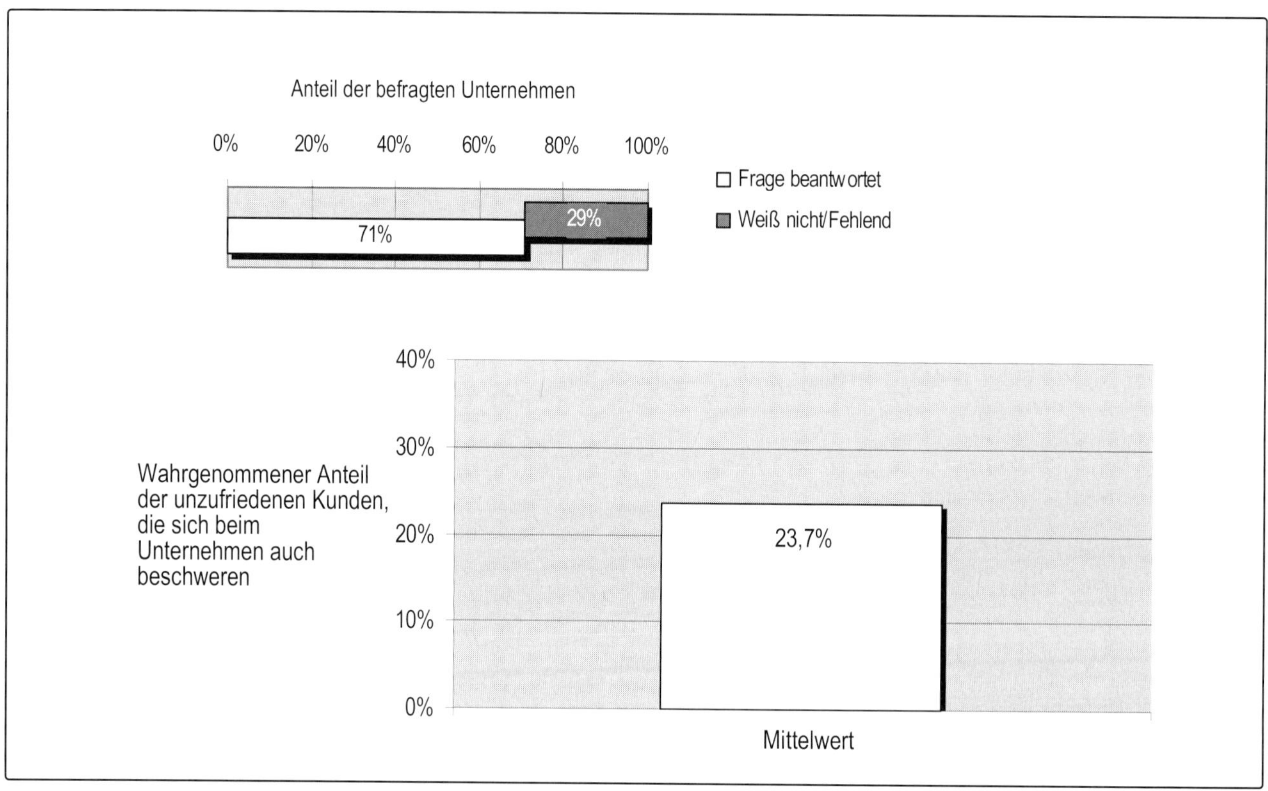

- Es ist vielfach empirisch belegt, dass sich keinesfalls alle unzufriedenen Kunden beschweren, so dass mit den im Unternehmen eingehenden und registrierten Beschwerden nur die Spitze des „Unzufriedenheitseisberges“ sichtbar ist. Über die Größenverhältnisse zwischen dem sichtbaren und unsichtbaren Teil der Unzufriedenheit gibt es bisher nur vage Schätzungen. Das Ergebnis dieser Studie zeigt, dass die Spannweite der Schätzungen sehr breit ausfällt und häufig entsprechende Kenntnisse gar nicht vorliegen. So können oder wollen 29% der Befragten keine entsprechende Schätzung abgeben.
- Die verbleibenden 71% der Unternehmen schätzen den Anteil der Kunden, die Ihre Unzufriedenheit in Beschwerden ausdrücken auf 23,7%.
- Aufgrund der breiten Streuung der individuellen Einschätzungen der Unternehmen ist dieser Mittelwert aber nur bedingt aussagefähig. So schätzen 66% der befragten Unternehmen den Anteil der unzufriedenen Kunden, die sich auch beschweren auf bis zu 20% ein. Auf der anderen Seite glauben 34% der Unternehmen, dass sich mehr als 20% der unzufriedenen Kunden beschweren. 8% schätzen den Anteil sogar auf 75% bis 95%.
- Dabei ist zu beachten, dass es sich überwiegend tatsächlich um eine Schätzung handelt, da die entsprechende Artikulationsquote bei der großen Mehrheit der Unternehmen nicht erhoben wird.
- Im Branchenvergleich fällt die Einschätzung unterschiedlich aus. Während die befragten Versicherungen von einem Anteil von 18% bzw. Banken und Versorger von 19% ausgehen, glauben Unternehmen der Nahrungsmittel-/Getränkebranche, dass sich durchschnittlich 25% der unzufriedenen Kunden beschweren.

Detaillierte Werte: Tabelle B2a; Branchenwerte: Tabelle B2b

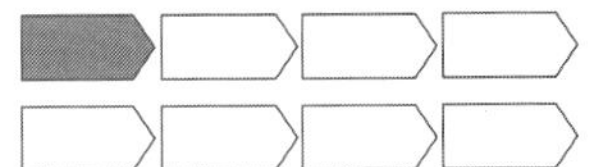

„Für wie wichtig halten Sie die folgenden Beschwerdekanäle? Bitte geben Sie auch an, welche Beschwerdekanäle in Ihrem Unternehmen implementiert sind.“

Der persönliche Ansprechpartner und E-Mail gelten als die wichtigsten Beschwerdekanäle. Ein Großteil verzichtet auf die Einrichtung spezieller schriftlicher und telefonischer Kanäle.

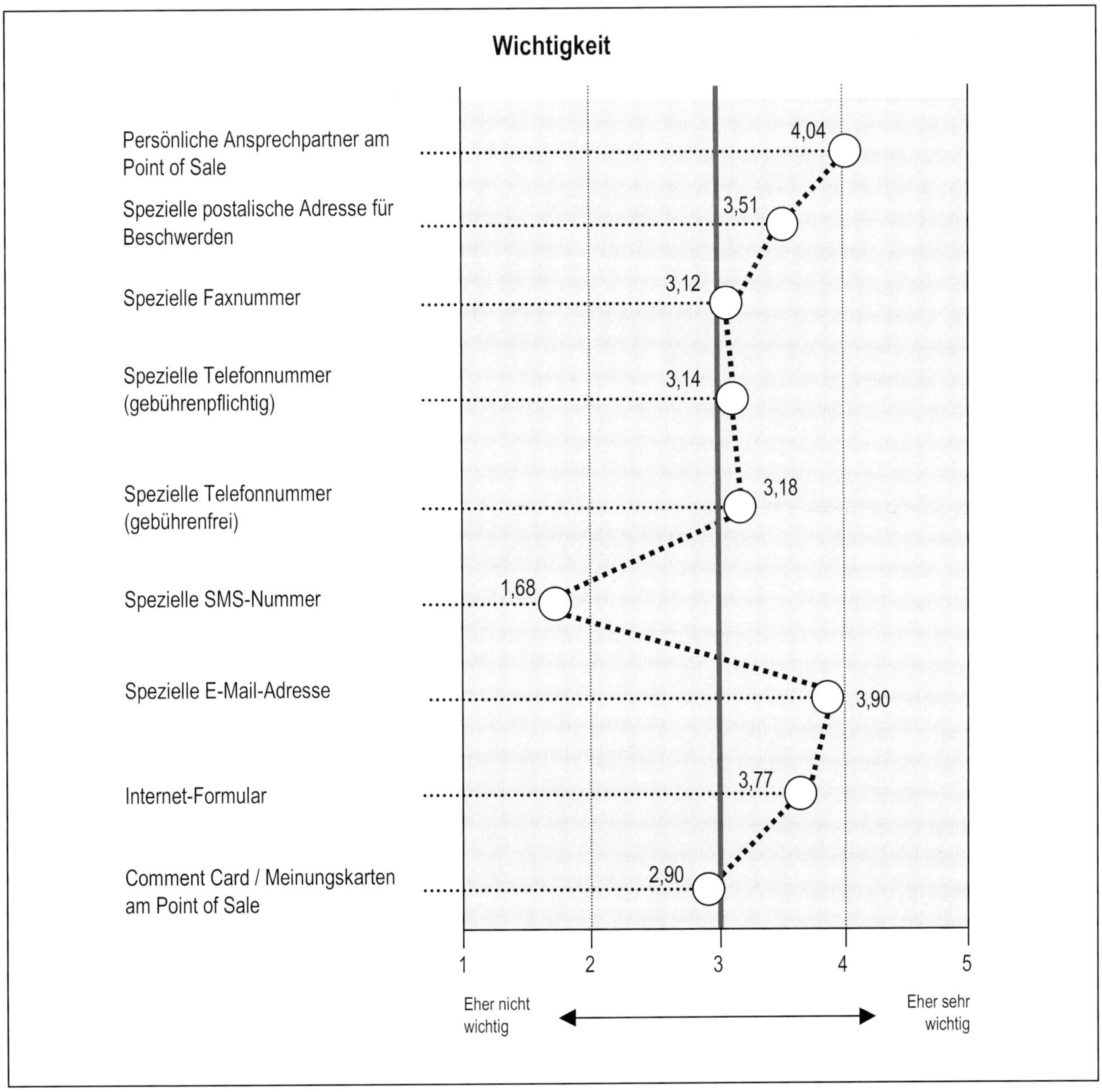

Wichtigkeit

Beschwerdekanal	Wichtigkeit
Persönliche Ansprechpartner am Point of Sale	4,04
Spezielle postalische Adresse für Beschwerden	3,51
Spezielle Faxnummer	3,12
Spezielle Telefonnummer (gebührenpflichtig)	3,14
Spezielle Telefonnummer (gebührenfrei)	3,18
Spezielle SMS-Nummer	1,68
Spezielle E-Mail-Adresse	3,90
Internet-Formular	3,77
Comment Card / Meinungskarten am Point of Sale	2,90

Skala: 1 = Eher nicht wichtig … 5 = Eher sehr wichtig

- Der persönliche Ansprechpartner im Kundenkontakt gilt weiterhin als der wichtigste Beschwerdekanal (4,04).
- An zweiter und dritter Stelle stehen mit der E-Mail-Adresse (3,90) und der Beschwerdemaske im Internet (Internet-Formular) (3,77) bereits elektronische Beschwerdekanäle.
- Erstaunlich ist, dass die heute noch dominierenden Beschwerdekanäle nur mittlere Wichtigkeitswerte erhalten: der schriftliche Beschwerdekanal (3,51) und spezielle gebührenfreie (3,18) bzw. gebührenpflichtige (3,14) Telefonnummern.

Detaillierte Werte: Tabelle B3a; Branchenwerte: Tabelle B3b

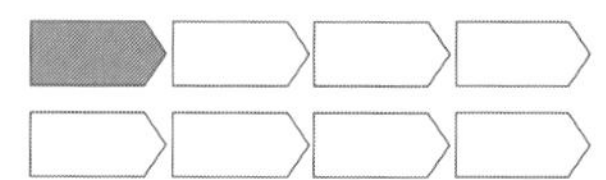

Umsetzung

	Kanal ist nicht eingerichtet	Kanal ist eingerichtet
Persönliche Ansprechpartner am POS	35%	65%
Spezielle postalische Adresse für Beschwerden	48%	52%
Spezielle Faxnummer	60%	40%
Spezielle Telefonnummer (gebührenpflichtig)	56%	44%
Spezielle Telefonnummer (gebührenfrei)	76%	25%
Spezielle SMS-Nummer	96%	4%
Spezielle E-Mail-Adresse	38%	62%
Internet-Formular	48%	52%
Comment Card / Meinungskarten am POS	71%	29%

0% 20% 40% 60% 80% 100%

Prozent der Antworten

Kanal ist nicht eingerichtet

Kanal ist eingerichtet

- Die Rangordnung der Einrichtung von Beschwerdekanälen entspricht weitgehend der der Wichtigkeitseinschätzung. Beachtenswert ist allerdings, wie viele Unternehmen auf die Einrichtung von speziellen Beschwerdekanälen verzichten: 76% haben keine spezielle gebührenfreie Telefonnummer, 56% auch keine spezielle gebührenpflichtige Telefonnummer. 48% bieten ihren Kunden keine Möglichkeit der Beschwerde über ein Internet-Formular, und in gleicher Größenordnung verzichten Unternehmen darauf, ihren Kunden eine spezielle postalische Adresse für Beschwerden zu kommunizieren.

Detaillierte Werte: Tabelle B3a; Branchenwerte: Tabelle B3b

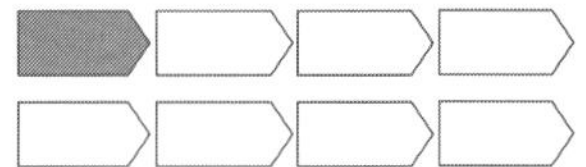

„Für wie wichtig halten Sie die folgenden Möglichkeiten der Beschwerdestimulierung? Bitte beurteilen Sie auch den Umsetzungsstatus dieser Aspekte in Ihrem Unternehmen."

Eine systematische Kommunikation der Beschwerdekanäle wird für wichtig erachtet, aber noch nicht entsprechend umgesetzt.

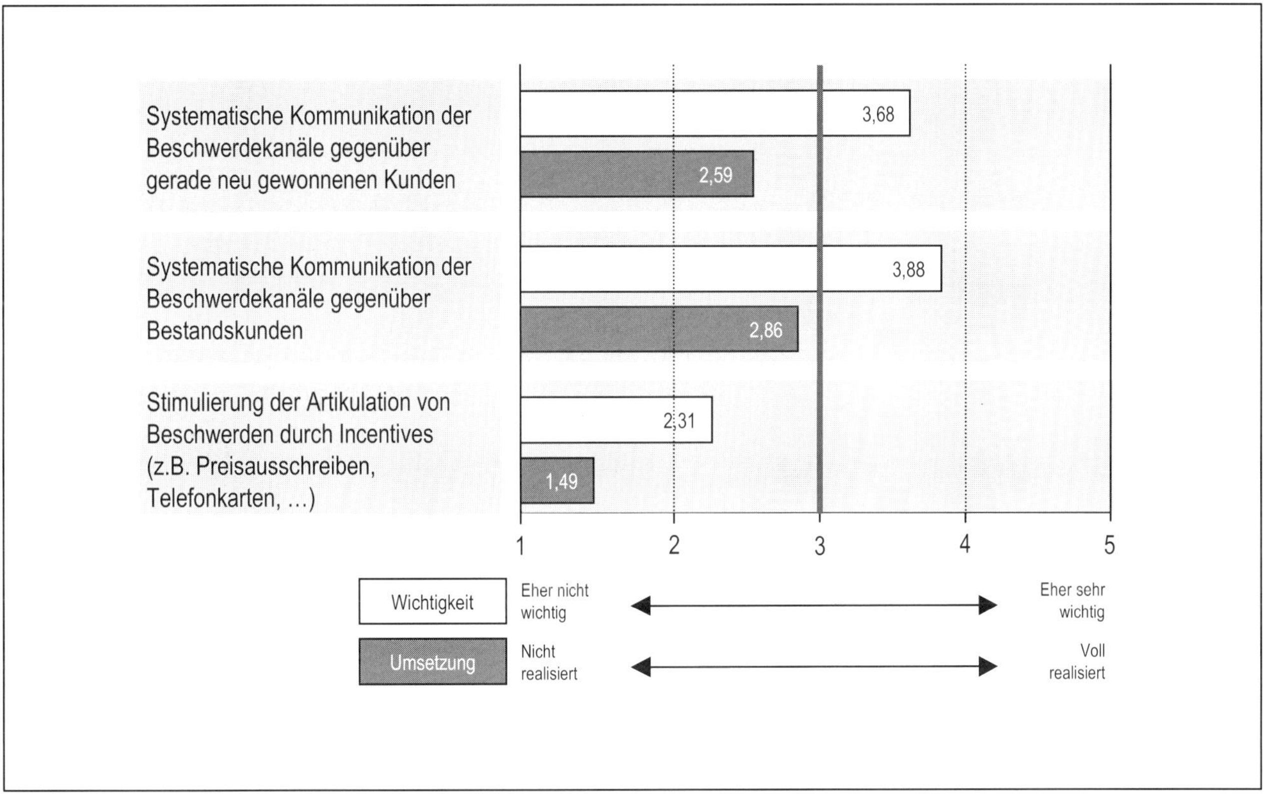

- Mehrheitlich wird die Notwendigkeit erkannt, die Kunden über die Existenz der Beschwerdekanäle auf dem Wege einer systematischen Kommunikation zu informieren.
- Am wichtigsten wird die Kommunikation gegenüber den Bestandskunden angesehen (3,88), was angesichts der Kundenbindungsziele des Beschwerdemanagements sehr plausibel ist.
- Als fast ebenso wichtig schätzen die Befragten die systematische Kommunikation der Beschwerdekanäle gegenüber den gerade neu gewonnenen Kunden ein (3,68). Hier hat sie vor allem die Funktion, wahrgenommene Kaufrisiken und Dissonanzen der Neukunden abzubauen und ein glaubhaftes Signal für Kundennähe zu geben.
- Die tatsächliche Umsetzung einer systematischen Kommunikation entspricht jedoch nicht der hohen Wichtigkeitseinschätzung. Sowohl hinsichtlich der Kommunikation gegenüber den Bestandskunden (2,86) als auch bezüglich der Neukunden (2,59) wird im Durchschnitt nicht einmal der mittlere Wert der Realisierungsskala erreicht, so dass hier noch erhebliche Umsetzungsdefizite bestehen.
- Als wenig wichtig wird es angesehen, die Artikulation von Kundenbeschwerden durch Incentives zu stimulieren (2,31). Der Einsatz entsprechender Mittel erfolgt so gut wie gar nicht (1,49).
- Wenn man zusätzlich berücksichtigt, dass 71% der Befragten auch auf den Einsatz von Comment Cards/Meinungskarten verzichten, bestätigt sich der Eindruck, dass die befragten Unternehmen die Aufgabe der Beschwerdestimulierung nur in geringem bzw. moderatem Maße einsetzen.

Detaillierte Werte: Tabelle B4a; Branchenwerte: Tabelle B4b

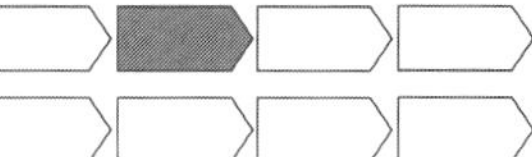

3.2.2. Beschwerdeannahme

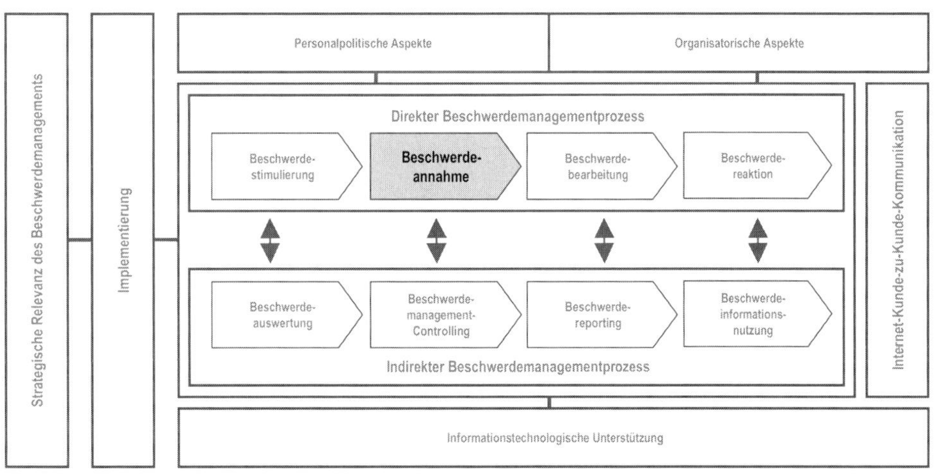

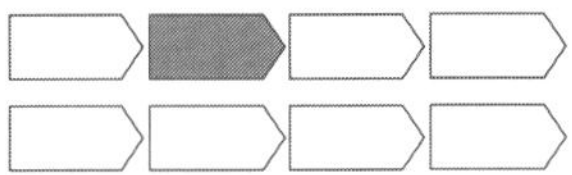

„Gemessen an allen erfassten Beschwerden: Wie verteilen sich diese in Ihrem Unternehmen auf die folgenden Kategorien?"

Die Hälfte aller Beschwerden wird von den befragten Unternehmen als objektiv gerechtfertigt empfunden – der Anteil der Querulanten macht immerhin 12% aus.

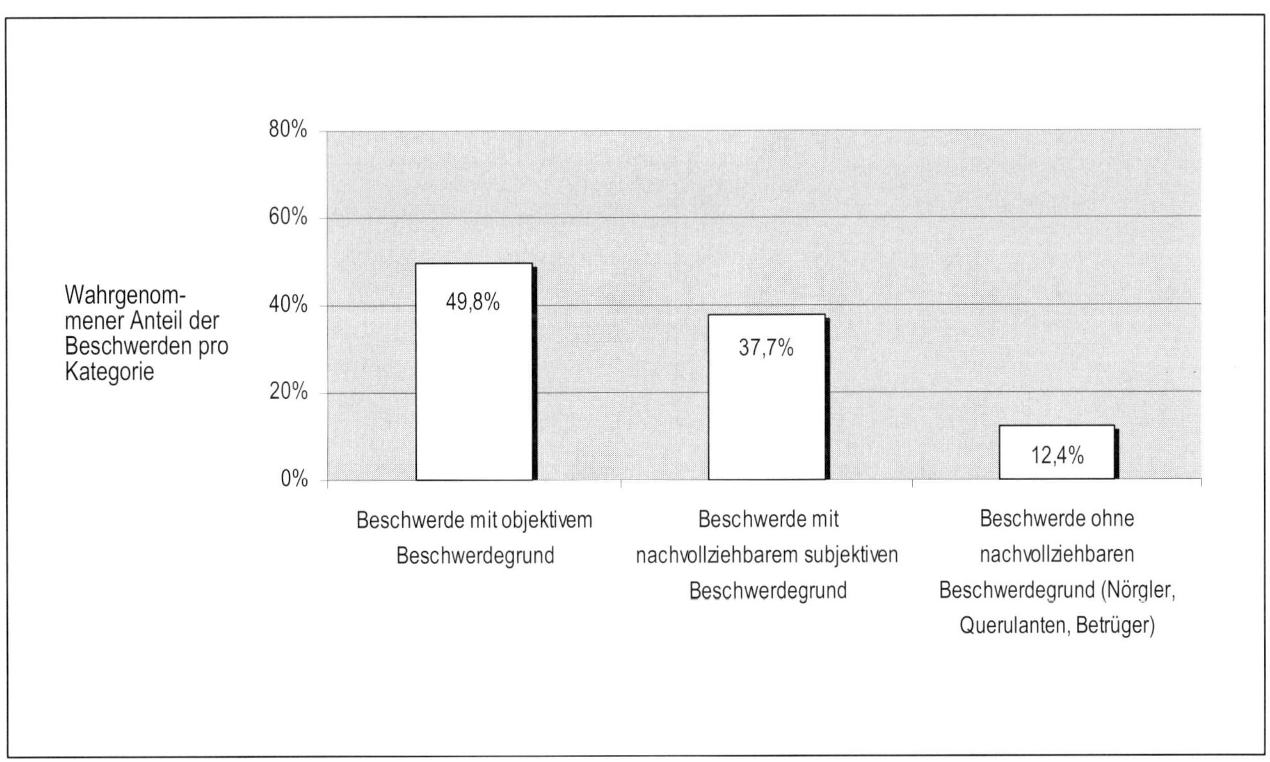

- Für die ganz große Mehrheit der eingehenden Beschwerden (ca. 88%) konstatieren die Unternehmen, dass sie – zumindest aus Kundenperspektive – eine Berechtigung haben.
- Etwa die Hälfte (49,8%) aller Beschwerden erscheint auch aus Unternehmenssicht insofern gerechtfertigt, dass ein objektiv nachweisbarer Beschwerdeanlass besteht.
- Bei 37,7% der Beschwerden fehlt es zwar an einer objektiven Grundlage, es ist aber nachvollziehbar, dass der Kunde verärgert ist und aus seiner subjektiven Sicht einen Grund für seine Beschwerde hat.
- Der Anteil an Beschwerdeführern, die nach Einschätzung der Unternehmen ungerechtfertigte Beschwerden artikulieren, da ihr Anliegen völlig unbegründet oder nicht nachvollziehbar ist, wird immerhin auf durchschnittlich 12,4% geschätzt. Dabei handelt es sich um Querulanten, die Probleme erfinden bzw. den Sachverhalt massiv verfälschen, Nörgler, die selbst geringfügigste und vermeintliche Mängel zum Anlass umfangreicher Forderungen nehmen, und Kunden, die sich in betrügerischer Absicht Vorteile verschaffen wollen.
- Hinsichtlich der Einschätzung des Anteils unberechtigter Beschwerden gibt es große Unterschiede zwischen den untersuchten Branchen. So wird der Anteil der Beschwerden ohne nachvollziehbaren Beschwerdegrund in der Automobilindustrie auf 8%, in der Nahrungs- und Getränkeindustrie jedoch auf 19% geschätzt.

Detaillierte Werte: Tabelle C1a; Branchenwerte: Tabelle C1b

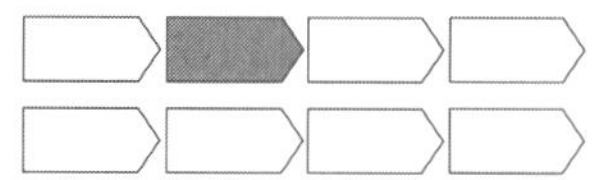

„Für wie wichtig halten Sie die folgenden Aspekte der Beschwerdeannahme? Bitte beurteilen Sie auch den Umsetzungsstatus dieser Aspekte in Ihrem Unternehmen."

Die größte Umsetzungslücke bei der Beschwerdeannahme besteht im Einsatz einer Beschwerdemanagementsoftware.

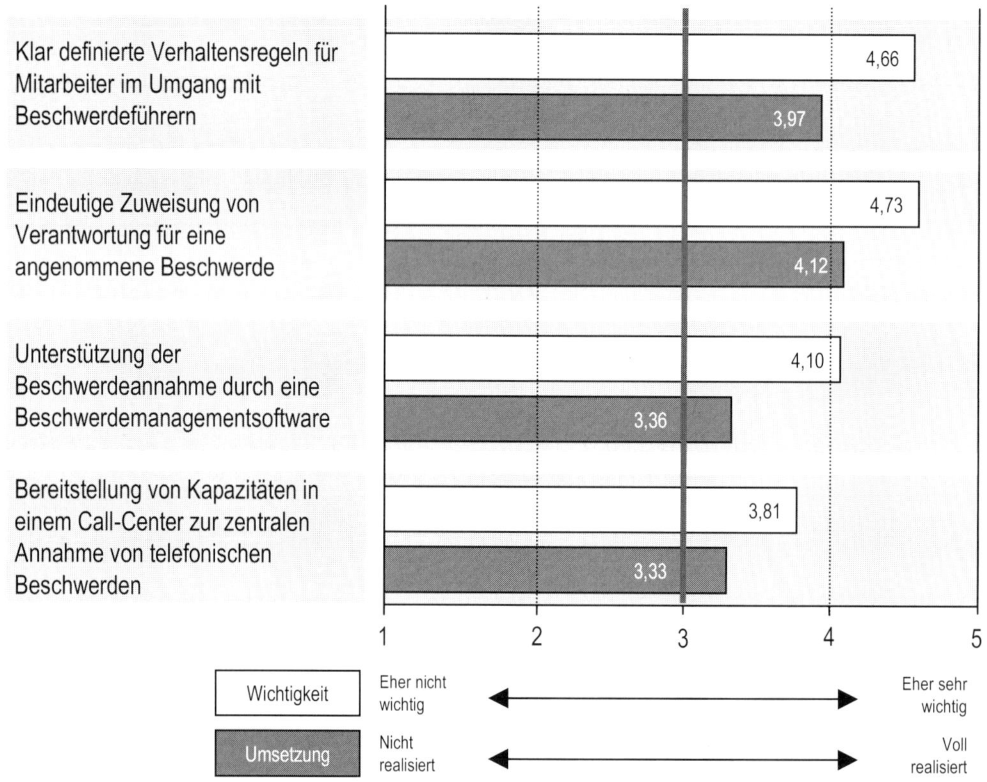

- Die eindeutige Zuweisung von Verantwortung für eine angenommene Beschwerde (4,73) wird als wichtigster Aspekt der Beschwerdeannahme angesehen.
- Ähnlich relevant ist die Existenz klar definierter Verhaltensregeln für Mitarbeiter im Umgang mit Beschwerdeführern (4,66).
- Ebenfalls als wichtig wird die Unterstützung der Beschwerdeannahme durch eine Beschwerdemanagementsoftware beurteilt (4,10).
- Nimmt man die Differenz zwischen dem durchschnittlichen Wichtigkeitsgrad und dem durchschnittlichen Umsetzungsgrad als Indikator für Umsetzungslücken, so besteht das größte Realisierungsdefizit in der Unterstützung der Beschwerdeannahme durch eine Beschwerdemanagementsoftware (Skalendifferenz: 0,74).
- Dabei ist die Größe dieser Umsetzungslücke branchenspezifisch sehr unterschiedlich. In der Automobilindustrie ist sie nicht existent (Skalendifferenz: 0), während sie im Bereich der Versicherungen (Skalendifferenz: 1,2) und Versorgungsunternehmen (Skalendifferenz: 1,11) erheblich ausfällt.

Detaillierte Werte: Tabelle C2a; Branchenwerte: Tabelle C2b

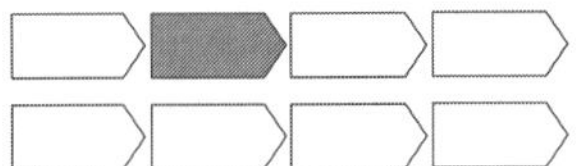

„Für wie wichtig halten Sie die systematische Erfassung der folgenden Daten über den Beschwerdevorgang? Bitte geben Sie auch an, ob in Ihrem Unternehmen diese Daten erfasst werden."

Wesentliche Daten über den Beschwerdevorgang werden in den meisten Unternehmen systematisch erfasst.

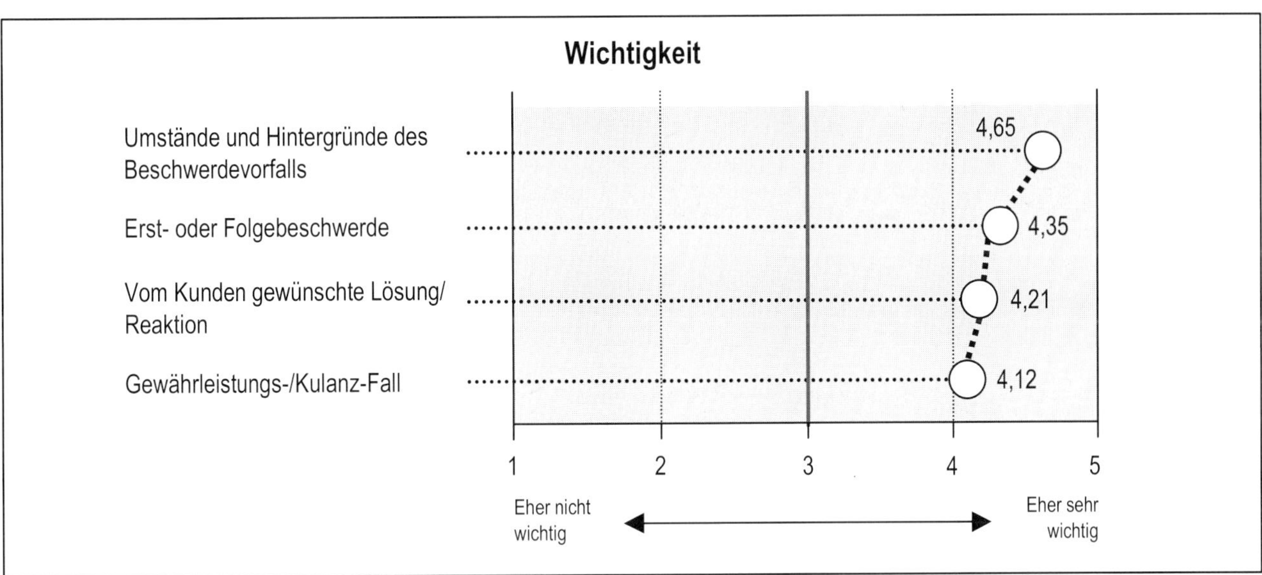

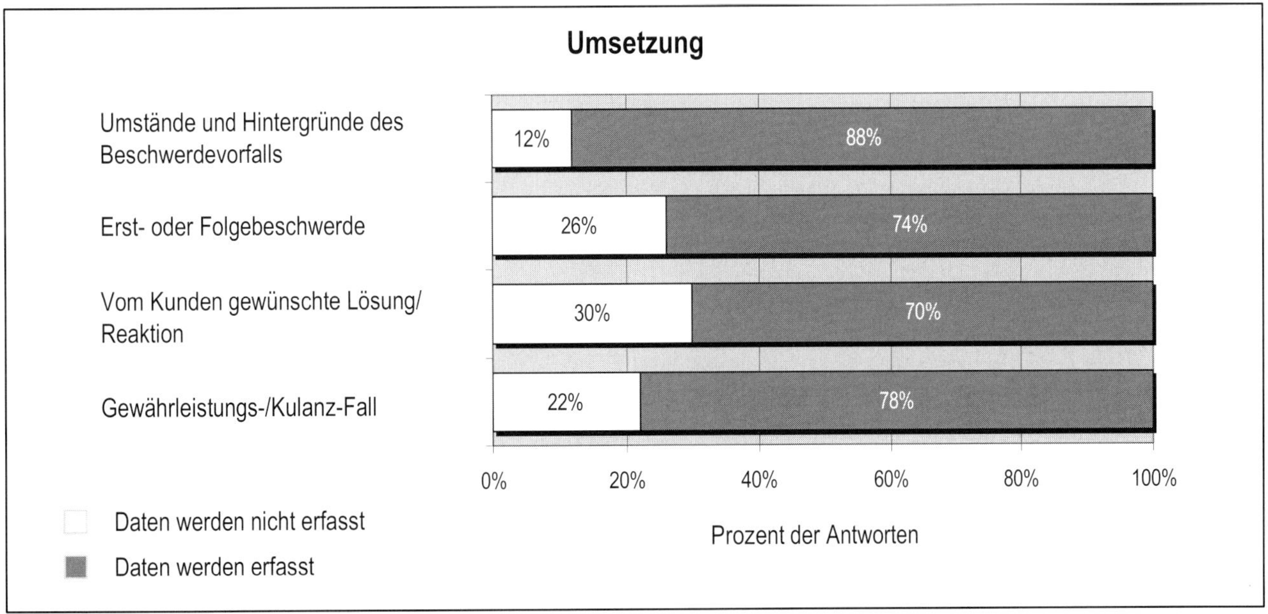

- Die Erfassung wesentlicher Daten über den Beschwerdevorgang (Umstände und Hintergründe des Beschwerdevorfalls, Erst- oder Folgebeschwerde, vom Kunden gewünschte Lösung und Gewährleistungs- bzw. Kulanzfall) wird in großer Mehrheit nicht nur als wichtig angesehen, sondern auch praktiziert.
- Allerdings erfassen 30% der befragten Unternehmen nicht die vom Kunden gewünschte Lösung und 26% verzichten darauf, zwischen Erst- und Folgebeschwerde zu differenzieren. Damit fehlen ihnen wichtige Informationen für die Beschwerdereaktion bzw. die Qualitätsüberwachung im Beschwerdemanagement.

Detaillierte Werte: Tabelle C3a; Branchenwerte: Tabelle C3b

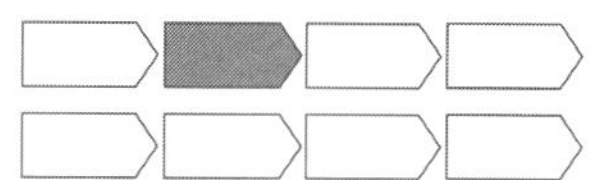

„Wie klassifizieren Sie das zugrunde liegende Problem von Kundenbeschwerden? Falls Sie eine Klassifizierung vornehmen, wird diese durch eine Beschwerdemanagementsoftware unterstützt?"

Bei der Beschwerdeannahme werden die Probleme differenziert mittels eines Kategorienschemas klassifiziert.

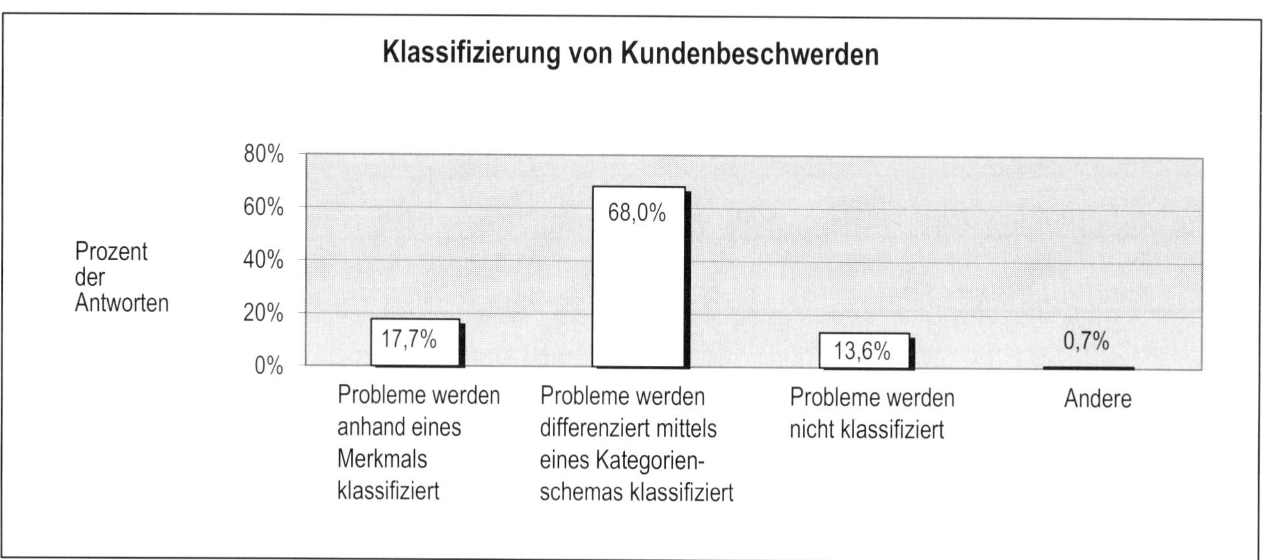

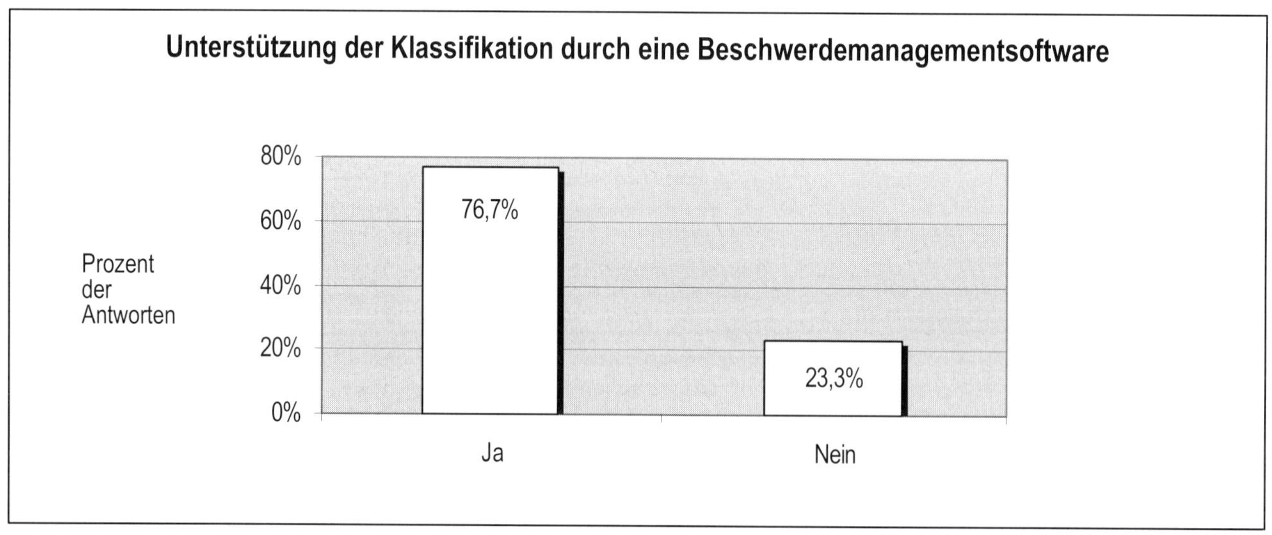

- Mehr als zwei Drittel der Befragten (68%) klassifizieren bei der Beschwerdeannahme das artikulierte Problem mittels eines differenzierten Kategorienschemas.
- 17,7% nehmen eine Klassifizierung nur anhand eines Merkmals vor.
- Bei mehr als drei Viertel der Befragten (76,7%) erfolgt die Klassifikation mittels Unterstützung durch eine Beschwerdemanagementsoftware.
- Immerhin knapp 14% nehmen überhaupt keine Klassifizierung der Probleme vor, so dass kaum systematische Qualitätsverbesserungsinitiativen gestartet werden können.

Detaillierte Werte: Tabelle C4a; Branchenwerte: Tabelle C4b

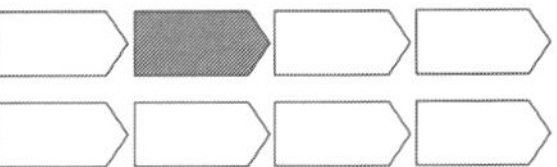

„Für wie wichtig halten Sie die systematische Erfassung der folgenden Daten über den Kunden bei der Beschwerdeannahme? Bitte geben Sie auch an, ob in Ihrem Unternehmen diese Daten erfasst werden."

Hinsichtlich Verärgerung und Handlungsabsichten des Beschwerdeführers besteht bei der Beschwerdeerfassung Nachholbedarf.

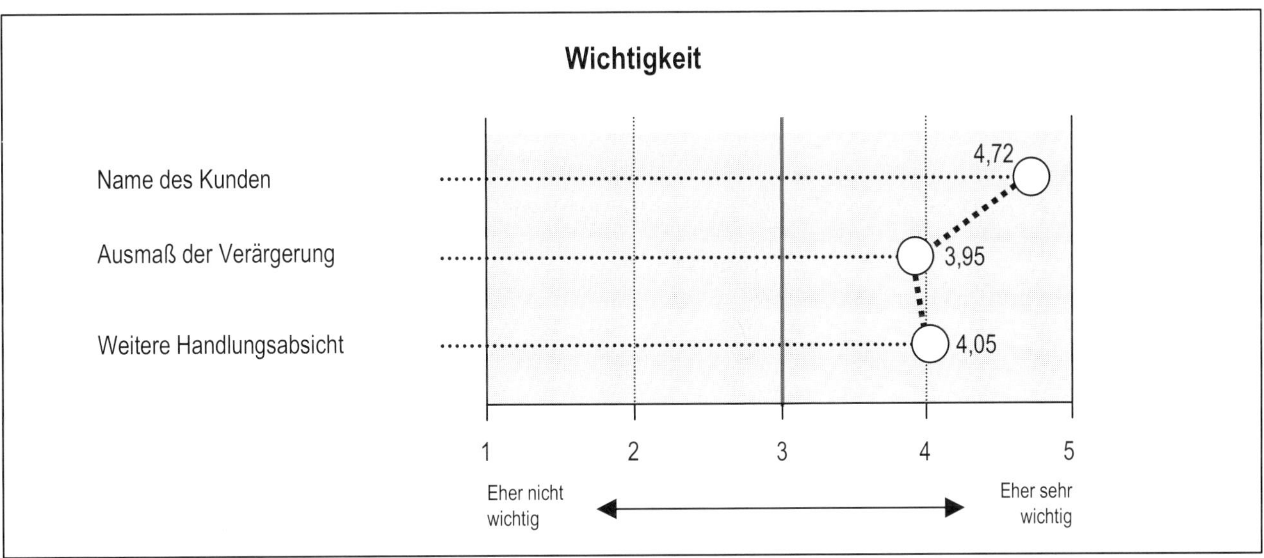

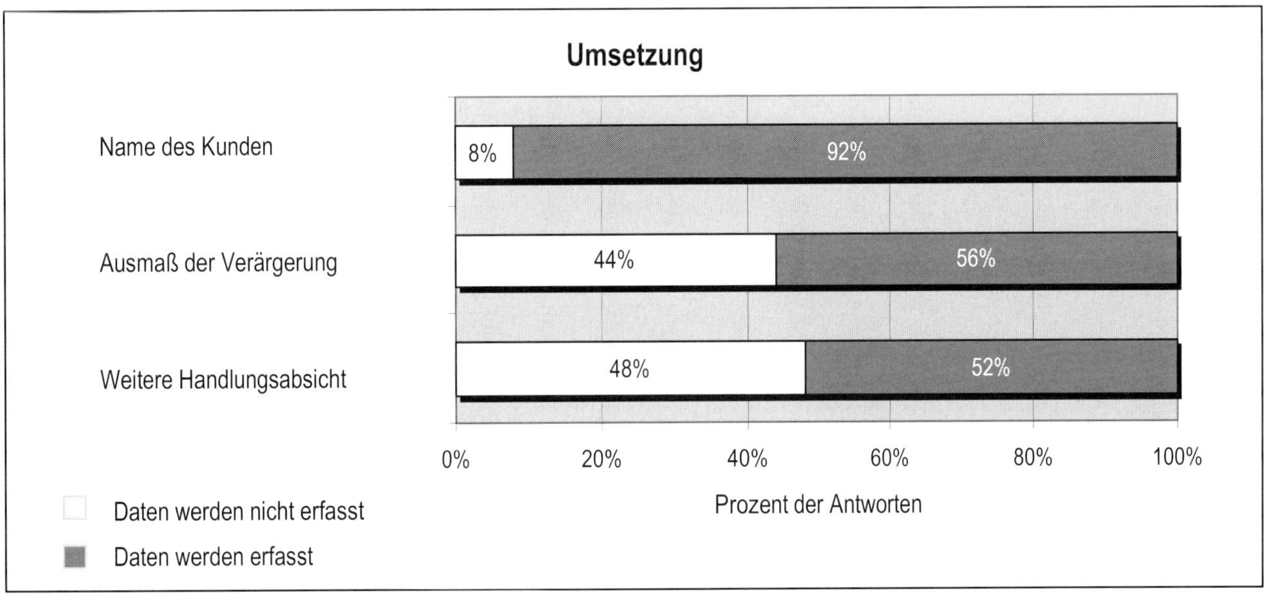

- Mehrheitlich wird es als wichtig angesehen, bei der Beschwerdeerfassung die weitere Handlungsabsicht des Kunden – wie Abwanderung oder Klage – (4,05) bzw. das Ausmaß seiner Verärgerung (3,95) zu erfassen.
- Diesem Wichtigkeitsurteil steht entgegen, dass 48% der Befragten bisher nicht die weitere Handlungsabsicht und 44% nicht das Ausmaß der Verärgerung erheben. Damit fehlen nahezu der Hälfte der Befragten wichtige Informationen für die Beschwerdereaktion und die Priorisierung der Problembehebung.
- Das Ausmaß des Handlungsbedarfs variiert je nach Branche. So sind es im Bereich der Versicherungen 67% der antwortenden Unternehmen, die die weitere Handlungsabsicht nicht erfassen, während der entsprechende Wert in der Automobilindustrie nur bei 33% liegt.

Detaillierte Werte: Tabelle C5a; Branchenwerte: Tabelle C5b

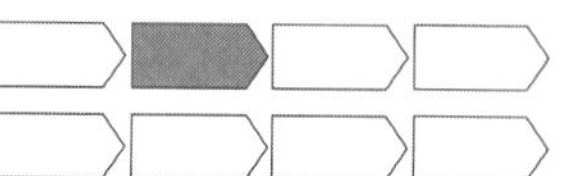

„Für wie wichtig halten Sie die systematische Erfassung der folgenden Bearbeitungsinformationen bei der Beschwerdeannahme? Bitte geben Sie auch an, ob in Ihrem Unternehmen diese Daten erfasst werden.“

Die befragten Unternehmen erfassen die wesentlichen Beschwerde-bearbeitungs-Informationen.

Wichtigkeit

	Wichtigkeit
Zeitpunkt der Annahme	4,32
Beschwerdekanal	3,95
Adressat der Beschwerde	4,14
Annehmender Mitarbeiter	3,85
Art der Reaktion	4,34

1 2 3 4 5

Eher nicht wichtig ◄——► Eher sehr wichtig

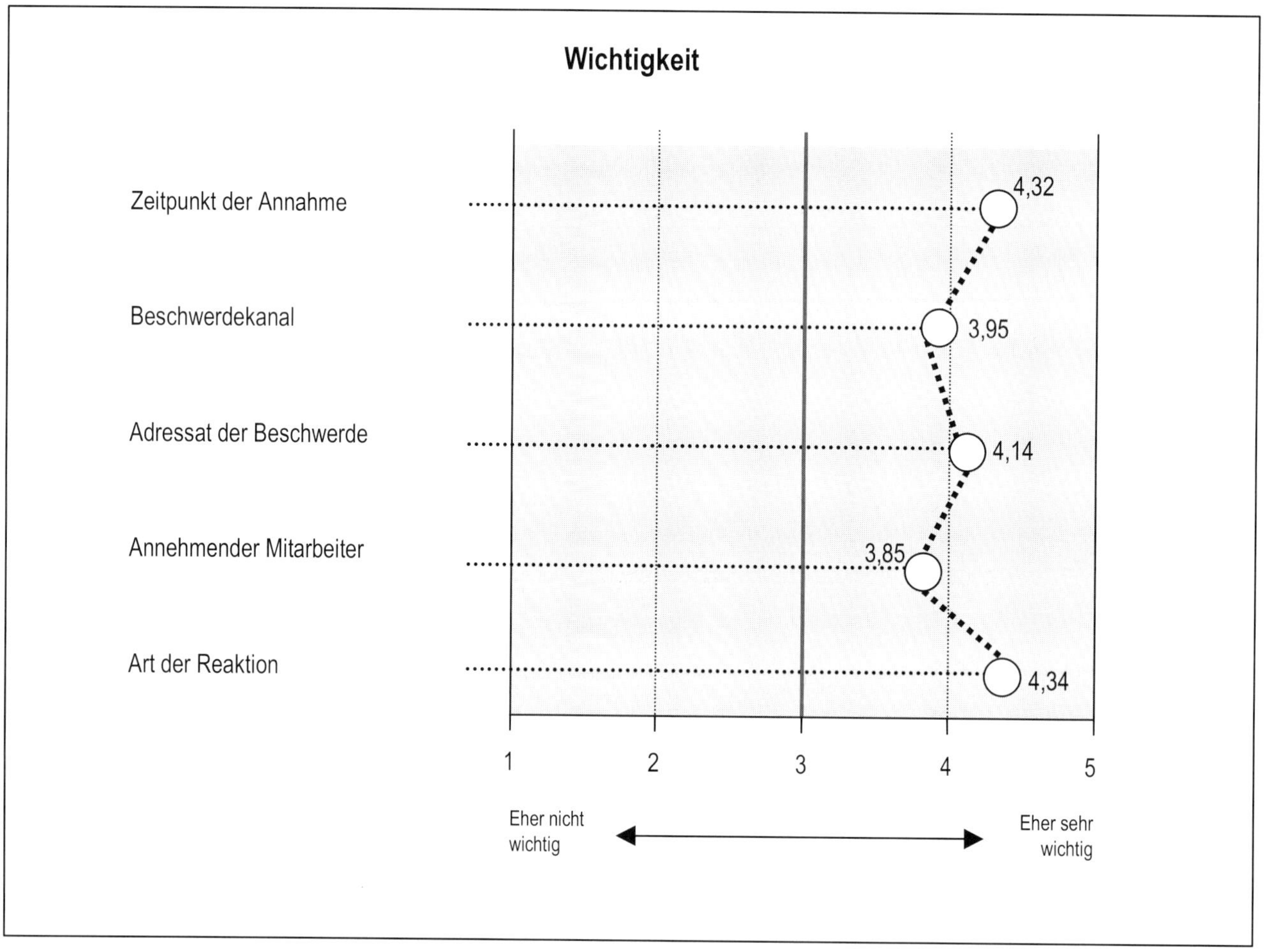

- Hinsichtlich der Beschwerdebearbeitung sehen es die befragten Unternehmen vor allem als wichtig an, die Art der Reaktion (4,34) und den Zeitpunkt der Beschwerdeannahme (4,32) sowie den Adressaten der Beschwerde (4,14) zu erfassen.
- Die Erfassung von Informationen über den Beschwerdekanal (3,95) und den annehmenden Mitarbeiter (3,85) wird als vergleichsweise weniger bedeutsam angesehen.

Detaillierte Werte: Tabelle C6a; Branchenwerte: Tabelle C6b

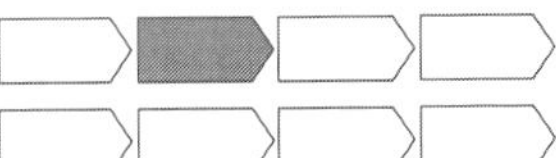

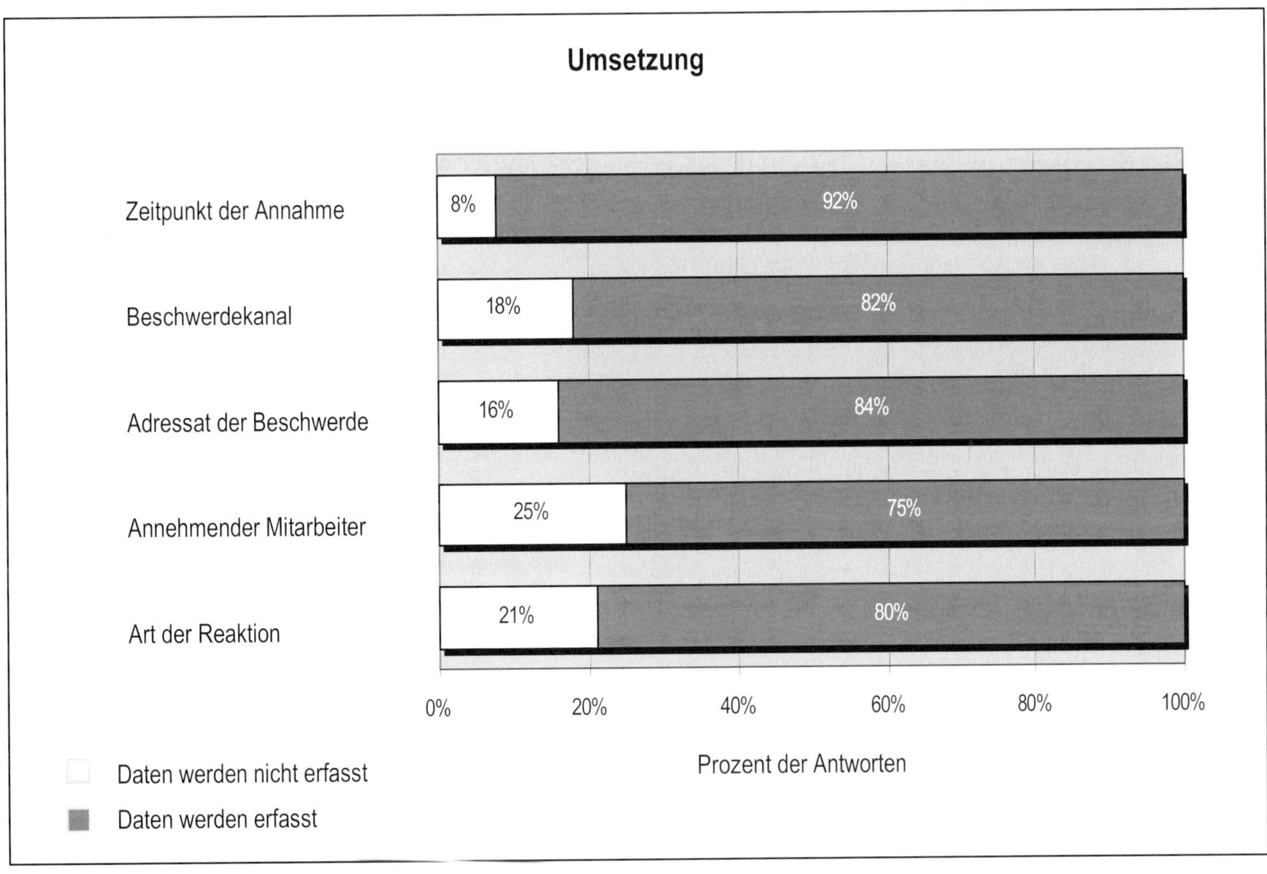

- Die wahrgenommene Wichtigkeit der Datenerfassung spiegelt sich auch weitgehend im unternehmerischen Realisierungsgrad wider. Alle Informationen werden zumindest von 75% der Befragten aufgenommen.
- Einen Spitzenwert erreicht der Zeitpunkt der Beschwerdeannahme: 92% der Befragten halten dieses Datum fest.
- Obwohl die Erfassung der Reaktion den höchsten Wichtigkeitswert (4,34) erhält, werden die entsprechenden Daten weniger aufgenommen als die der meisten anderen Kategorien: 21% der Befragten geben an, die Reaktionsdaten nicht zu erfassen. Somit stehen einem Fünftel der Befragten keine Informationen zur Verfügung, um die Angemessenheit der Reaktion und deren Wirkung auf die Zufriedenheit und Loyalität des Kunden zu überprüfen.
- Dass ein Viertel der Befragten (25%) darauf verzichtet, den Namen des annehmenden Mitarbeiters zu erfassen, wird wahrscheinlich nicht nur auf organisatorische Hindernisse, sondern auch auf Restriktionen anderer Art (z.B. Einwände von Seiten des Betriebsrats) zurückzuführen sein.
- Im Branchenvergleich fällt auf, dass zwar 86% der Unternehmen aus der Automobilindustrie den annehmenden Mitarbeiter erfassen, aber nur 47% der Versicherungen.

Detaillierte Werte: Tabelle C6a; Branchenwerte: Tabelle C6b

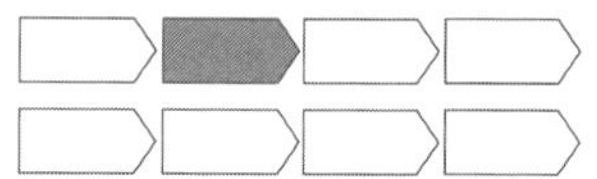

„In welcher Art von Datenbank werden die Informationen der Beschwerdevorgänge im Unternehmen gespeichert? (Mehrfachnennungen möglich)"

Zur Speicherung der Beschwerdevorgänge wird in der Mehrheit eine unternehmensweite zentrale Datenbank genutzt.

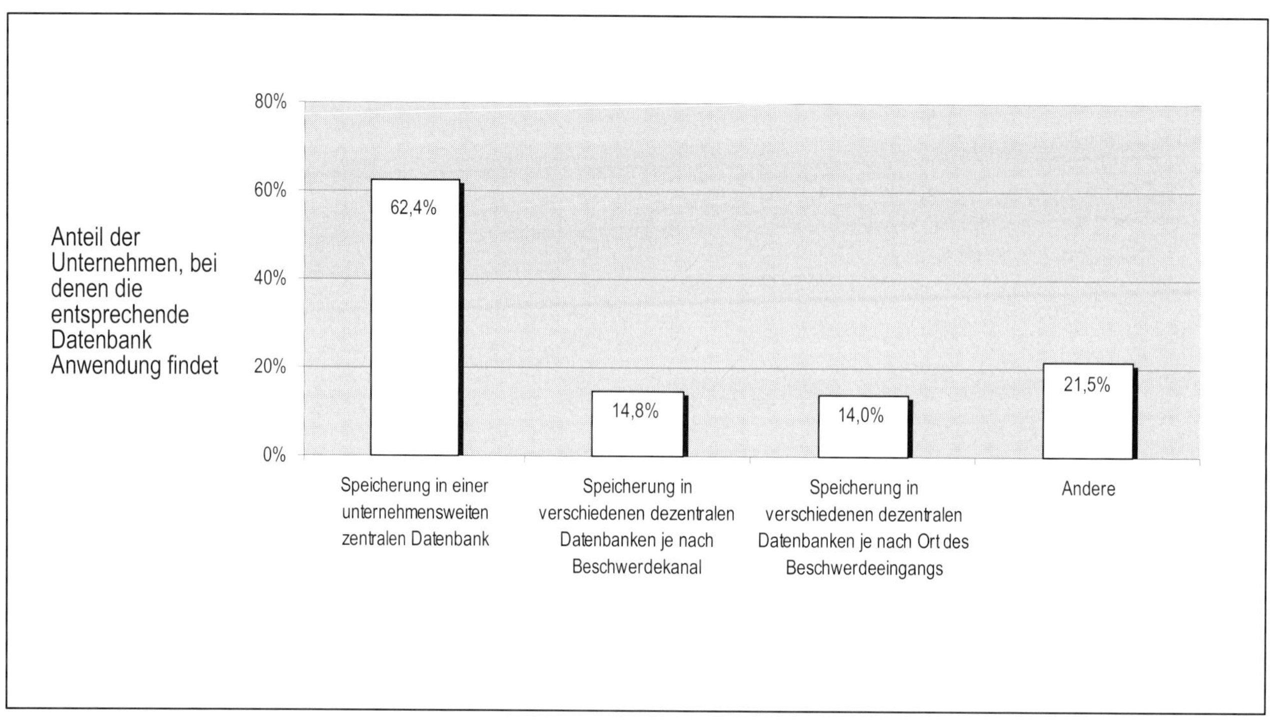

- Die zentralisierte Speicherung von beschwerderelevanten Daten ist weit fortgeschritten. 62,4% der Befragten gaben an, dass eine Speicherung in einer unternehmensweiten zentralen Datenbank erfolgt.
- Eine dezentrale Speicherung differenziert nach Beschwerdekanal (14,8%) bzw. nach Ort des Beschwerdeeingangs (14%) wird nur von einer Minderheit der Unternehmen vorgenommen.
- Eine relativ höhere Bedeutung kommt der Speicherung von Daten in verschiedenen dezentralen Datenbanken nach dem Beschwerdekanal in der Nahrungsmittelindustrie (23%) zu.
- Die Speicherung von Beschwerdedaten in verschiedenen dezentralen Datenbanken nach Ort des Beschwerdeeingangs ist im Versicherungsbereich von überdurchschnittlicher Bedeutung (33%).
- Ein Teil der Unternehmen (21,5%) gibt bei dieser Frage - die Mehrfachnennungen zuließ – weitere Speicherungsformen an. Dazu gehören u.a. zentrale Datenbanken, auf die nur innerhalb der für Beschwerden zuständigen Abteilung zugegriffen werden kann bzw. MS Office Anwendungen wie Excel oder Access.

Detaillierte Werte: Tabelle C7a; Branchenwerte: Tabelle C7b

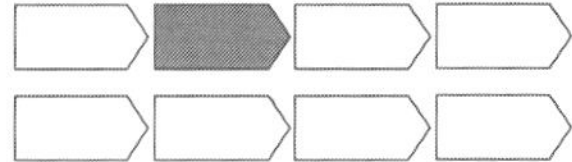

„Gemessen an allen eingehenden Beschwerden: Wie verteilt sich Ihr Beschwerdeaufkommen auf die folgenden Kontaktarten?“

Die große Mehrheit der eingehenden Beschwerden wird schriftlich oder telefonisch artikuliert. Fast jedes fünfte Unternehmen hat keine Kenntnis über die Verteilung des Beschwerdeaufkommens.

Anteil der befragten Unternehmen

0% 20% 40% 60% 80% 100%

84% | 16%

Frage beantwortet

Weiß nicht/Fehlend

Prozent der Antworten

60% 50% 40% 30% 20% 10% 0%

	Persönliche Beschwerde im direkten Kundenkontakt	Telefonische Beschwerde	Schriftliche Beschwerde (Brief, Fax, Mail, ...)
Prozent der Antworten	15,0%	40,5%	44,5%

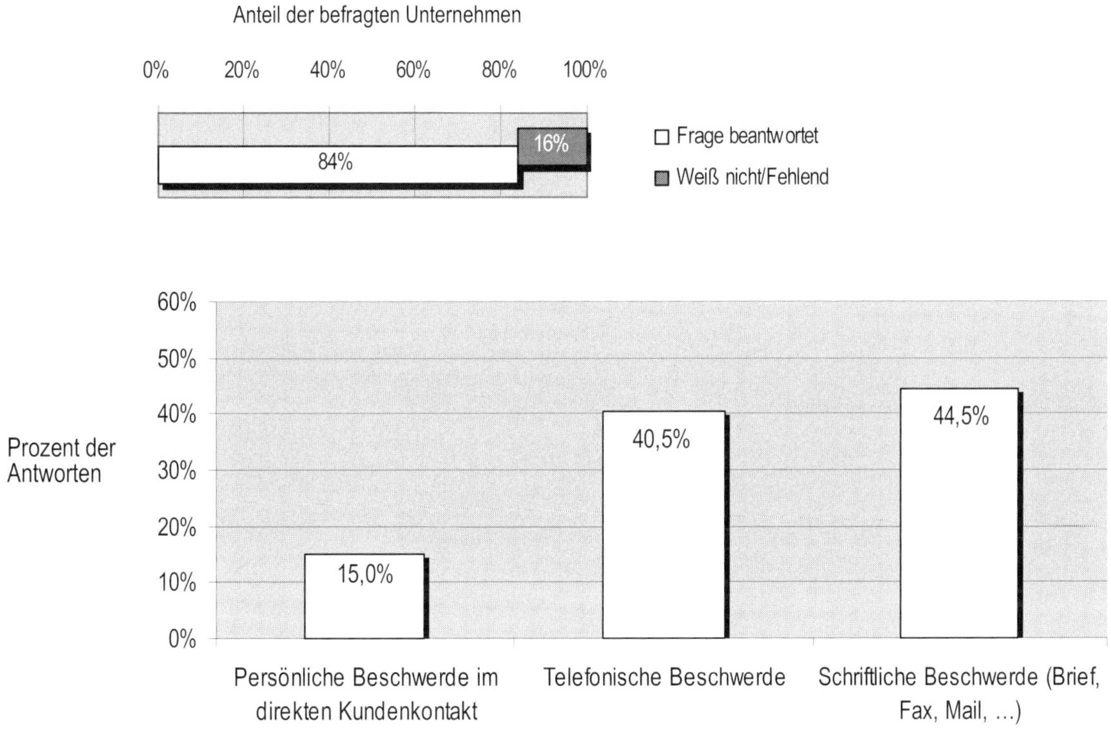

- Der größte Teil der Beschwerden erreicht die Unternehmen auf schriftlichem Wege (44,5%).
- Nicht sehr viel kleiner fällt der Anteil der telefonisch artikulierten Beschwerden aus (40,5%).
- Demgegenüber wird der Anteil der in persönlichen direkten Gesprächen vorgebrachten Beschwerden als vergleichsweise gering eingeschätzt (15%).
- Allerdings sind nur 84% der Befragten in der Lage, überhaupt eine Angabe über die Verteilung des Beschwerdeaufkommens auf die Kontaktarten vorzunehmen. Demnach 16% der Unternehmen keine Kenntnisse über die entsprechenden Anteilswerte.
- Die Branchenbetrachtung zeigt ein differenziertes Bild bezüglich der Verteilung des Beschwerdeaufkommens.
- So bewegt sich der Anteil der persönlichen Beschwerden im direkten Kundenkontakt zwischen 5% im Versicherungsbereich und 22% bei den Banken.
- Demgegenüber ist der Anteil der telefonischen Beschwerden bei den Banken am geringsten (32%) und bei den Versicherungen am höchsten (58%).
- Der Anteil schriftlicher Beschwerden ist in der Nahrungsmittelindustrie (56%) am größten, während er bei den Versicherungen relativ am niedrigsten ausfällt (37%).

Detaillierte Werte: Tabelle C8a; Branchenwerte: Tabelle C8b

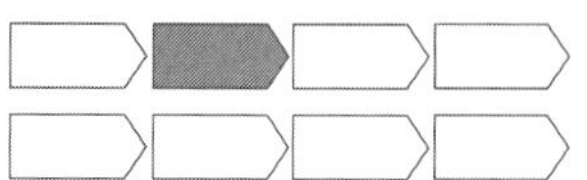

„Gemessen an allen schriftlichen Beschwerden: Wie verteilen sich diese auf die folgenden Beschwerdekanäle?"

Der klassische Brief dominiert deutlich bei den schriftlichen Beschwerden.

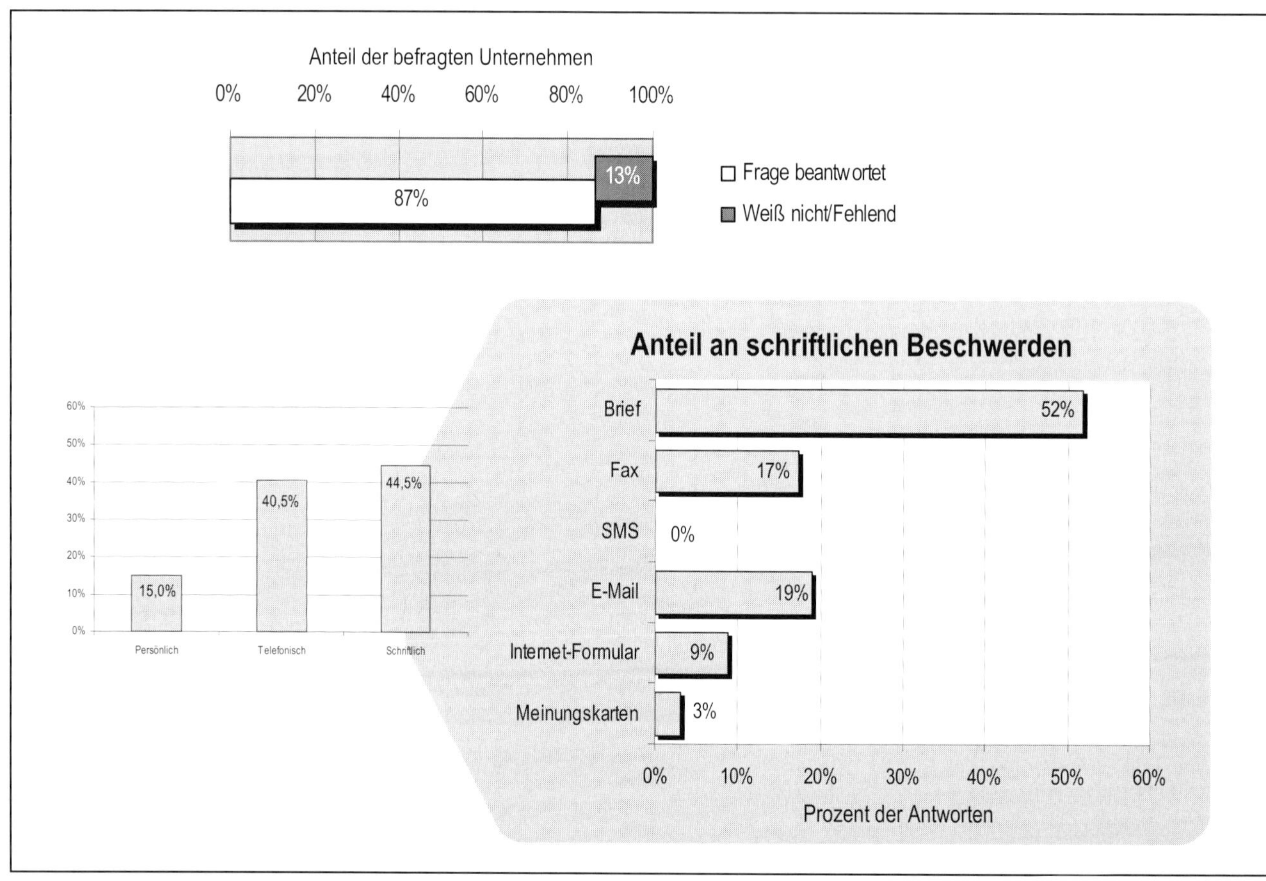

- Unter den schriftlichen Beschwerden nimmt der klassische Brief mit 52% eine dominierende Stellung ein.
- Mit großem Abstand an zweiter Stelle steht bereits die E-Mail (19%) vor dem Fax (17%).
- In Bezug auf die wahrgenommene Wichtigkeit der Beschwerdekanäle waren eine spezielle E-Mail-Adresse (3,90) und ein Internet-Formular (3,77) als bedeutsamer als eine spezielle postalische Adresse für Beschwerden (3,51) eingeschätzt worden. Dieses Wichtigkeitsurteil entspricht nicht dem aktuellen Beschwerdeaufkommen und scheint eher ein Ausdruck erwarteter zukünftiger Veränderungen zu sein.
- In den untersuchten Dienstleistungsbranchen ist der Anteil des klassischen Briefkanals an den schriftlichen Beschwerden im Versicherungsbereich mit 85% bei weitem am größten. Versorgungsunternehmen (66%) und Banken (63%) folgen mit erheblichem Abstand.
- Der E-Mail-Anteil ist bisher noch gering: 9% im Bereich der Banken und Versorgungsunternehmen, 4% bei den Versicherungen.
- Bemerkenswert ist, dass die Versicherungsunternehmen angeben, keine schriftlichen Beschwerden über Internet-Formulare (0%) zu erhalten, obwohl 33% von ihnen einen entsprechenden Kanal eingerichtet haben.
- Bei den sonstigen untersuchten Branchen (Automobilindustrie und Nahrungsmittel/Getränke) zeigen sich relativ ähnliche Profilverläufe.
- Bemerkenswert ist jedoch, dass der Anteil der Beschwerden per Brief in der Automobilindustrie mit 45% wesentlich höher ausfällt als im Bereich der Nahrungsmittelindustrie (28%). Demgegenüber fällt der Anteil der per Internet eingehenden Beschwerden in der Nahrungsmittelindustrie mit 17% sehr viel höher aus als in der Automobilindustrie (5%).

Detaillierte Werte: Tabelle C9a; Branchenwerte: Tabelle C9b

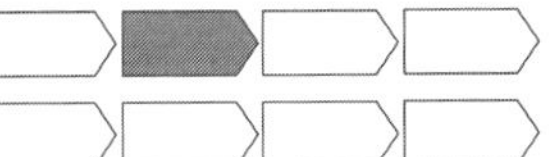

„Gemessen an allen eingehenden Beschwerden: Welcher Anteil wird direkt an die Geschäftsleistung adressiert?"

Durchschnittlich werden 14% aller Beschwerden an die Geschäftsleitung adressiert.

Anteil der befragten Unternehmen

0% 20% 40% 60% 80% 100%

83% 17%

□ Frage beantwortet
■ Weiß nicht/Fehlend

Anteil der Beschwerden, die direkt an die Geschäftsleitung adressiert werden

40% 30% 20% 10% 0%

14,2%

Mittelwert

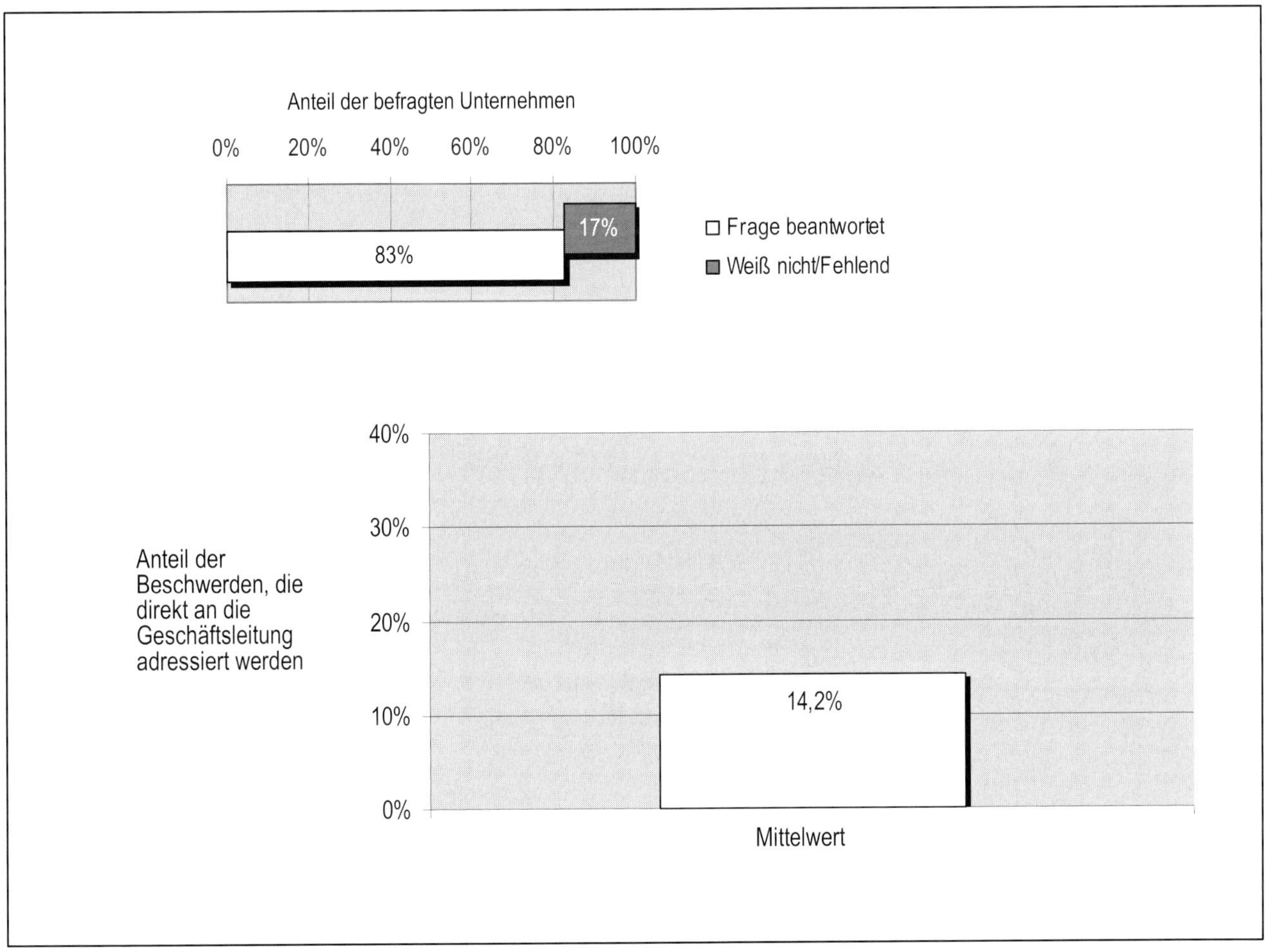

- Eine nicht unerhebliche Minderheit der Beschwerdeführer (14,2%) wendet sich mit ihrem Anliegen direkt an die Geschäftsleitung.
- Im Bankenbereich wird der Anteil sogar mit durchschnittlich 26% angegeben.
- Wenn Kunden nicht die eingerichteten Beschwerdekanäle wählen, sondern sich direkt an die Geschäftsleitung wenden, kann dies mehrere Gründe haben: ihnen ist der Beschwerdekanal nicht bekannt, sie versprechen sich von der Adressierung an die Geschäftsleitung eine schnellere oder kulantere Problemlösung zu erhalten, oder es handelt sich um eine Folgebeschwerde von Kunden, die mit der Art der Beschwerdeabwicklung unzufrieden sind.
- Ein erster Schritt zur Reduzierung dieser nicht erwünschten Beschwerdeadressierung liegt in einer systematischen Ursachenanalyse. Mindestvoraussetzung hierfür ist die kontinuierliche Erfassung der an die Geschäftsleitung gerichteten Beschwerden. Dies ist aber nicht bei allen Unternehmen der Fall: 17% der Befragten sind nicht in der Lage, den Anteil dieser Beschwerdeartikulationen zu benennen.

Detaillierte Werte: Tabelle C10a; Branchenwerte: Tabelle C10b

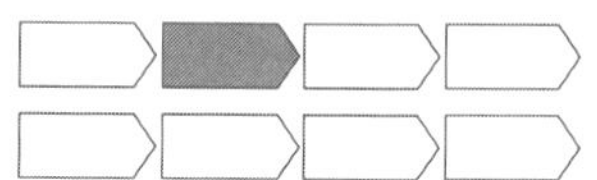

„Gemessen an allen direkt persönlich vorgebrachten Beschwerden: Welcher Anteil wird Ihrer Schätzung nach auch in einer Datenbank erfasst?“

Nur etwa 37% der persönlich vorgebrachten Beschwerden werden in einer Datenbank erfasst.

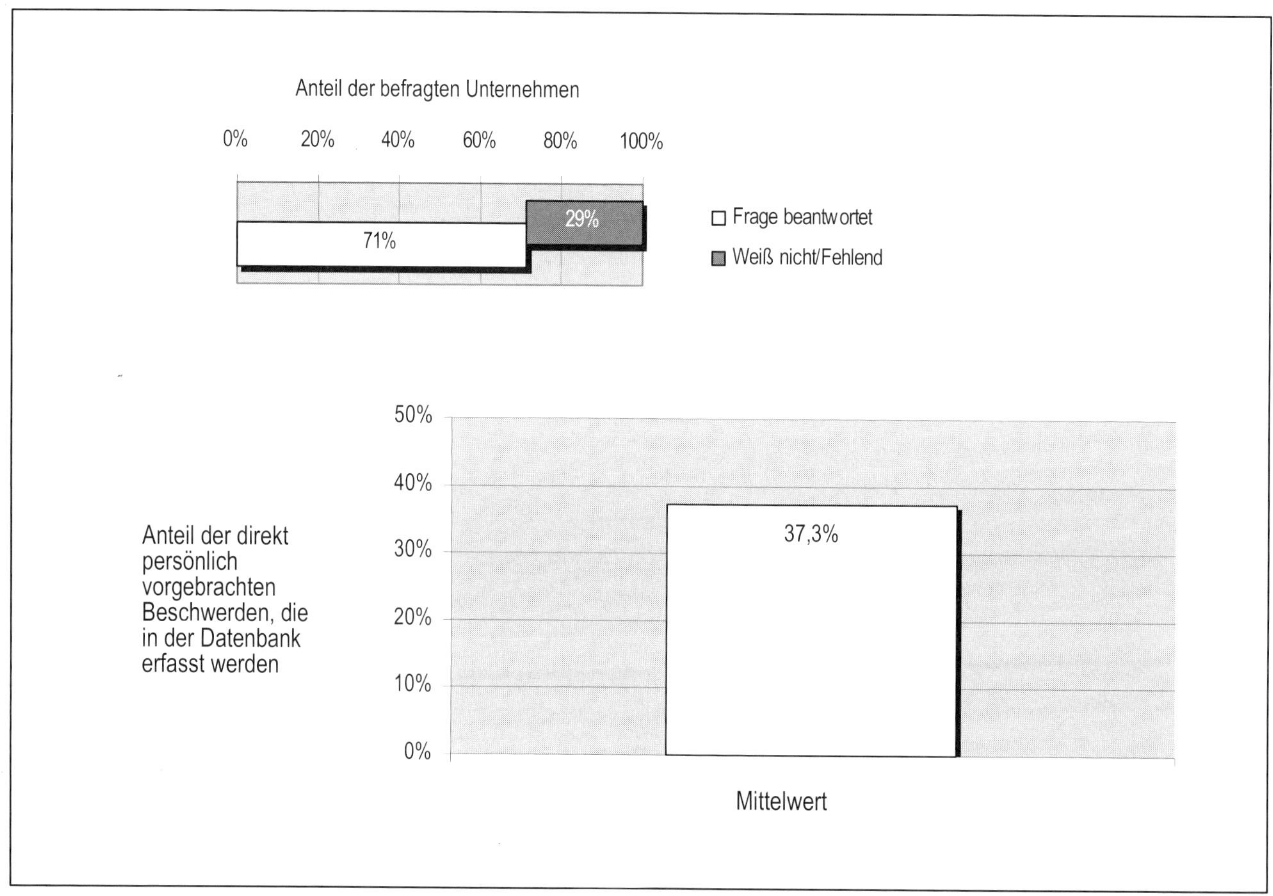

- Wenn Kunden ihre Beschwerden im direkten Kontakt gegenüber Mitarbeitern artikulieren, werden diese nur teilweise erfasst, in einer Datenbank gespeichert und systematisch ausgewertet. Auf nicht sehr viel mehr als ein Drittel der Kundenbeschwerden (37,3%) wird der Anteil geschätzt, der in das Beschwerdemanagementsystem eingeht. Damit liefert das Beschwerdemanagement nur ein unvollkommenes Bild über die Unzufriedenheit und das Beschwerdeverhalten der Kunden.
- Im Finanzdienstleistungsbereich ist dieses Phänomen besonders ausgeprägt. So schätzen die Versicherungen den Anteil der erfassten persönlich vorgebrachten Beschwerden auf lediglich 25% und die Banken durchschnittlich nur auf 17%.
- Welche Unsicherheit über das Ausmaß der tatsächlich erfassten direkten mündlichen Beschwerden herrscht, ist auch daran abzulesen, dass 29% der Befragten sich nicht in der Lage sahen, diese Frage zu beantworten.

Detaillierte Werte: Tabelle C11a; Branchenwerte: Tabelle C11b

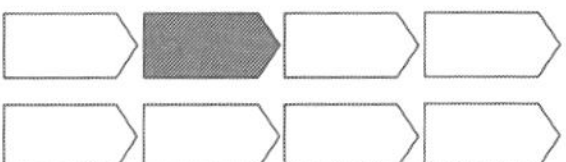

„Gemessen an allen telefonisch vorgebrachten Beschwerden: Welcher Anteil wird Ihrer Schätzung nach auch in einer Datenbank erfasst?"

Im Durchschnitt erfassen die Unternehmen 62% der telefonisch vorgebrachten Beschwerden in einer Datenbank.

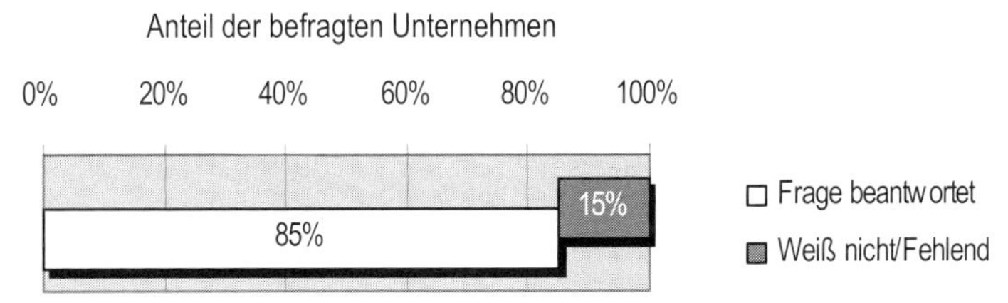

Anteil der befragten Unternehmen

0% 20% 40% 60% 80% 100%

85% 15%

□ Frage beantwortet
■ Weiß nicht/Fehlend

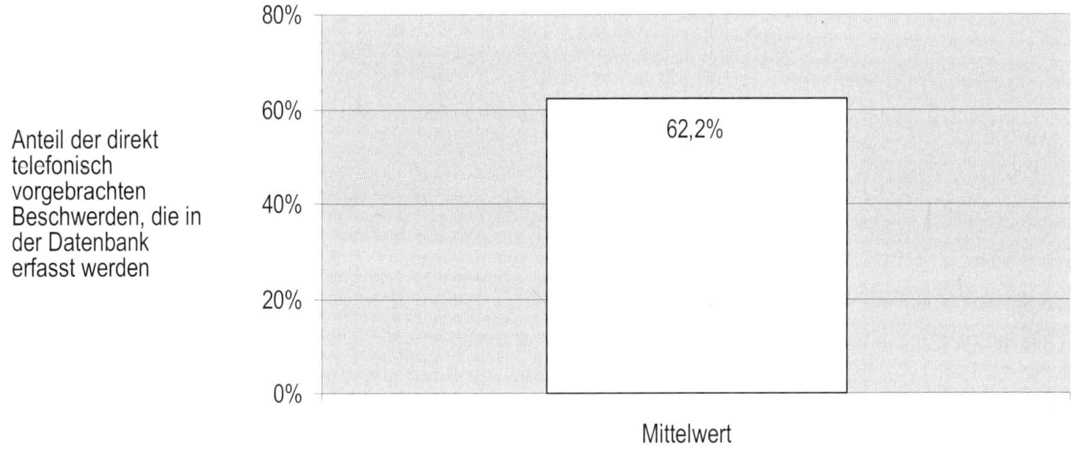

Anteil der direkt telefonisch vorgebrachten Beschwerden, die in der Datenbank erfasst werden

80% 60% 40% 20% 0%

62,2%

Mittelwert

- Telefonisch eingehende Beschwerden werden mehrheitlich (zu 62,2%) in einer Datenbank erfasst.
- Dementsprechend schätzen die befragten Unternehmen, dass mehr als ein Drittel der telefonischen Beschwerden nicht aufgenommen wird, und die entsprechenden Informationen daher für die weitere Bearbeitung und Auswertung nicht zur Verfügung stehen.
- Der Erfassungsgrad der telefonisch vorgebrachten Beschwerden fällt in den verschiedenen Branchen sehr unterschiedlich aus. Er ist am höchsten in der Nahrungsmittelindustrie (81%), während der niedrigste Wert im Bereich der Versicherungen (39%) erreicht wird.
- Auch in Bezug auf den Grad der Erfassung von telefonisch artikulierten Beschwerden besteht ein recht hoher Unsicherheitsgrad. 15% der Befragten konnten hier keinen Anteilswert für ihr Unternehmen angeben.

Detaillierte Werte: Tabelle C12a; Branchenwerte: Tabelle C12b

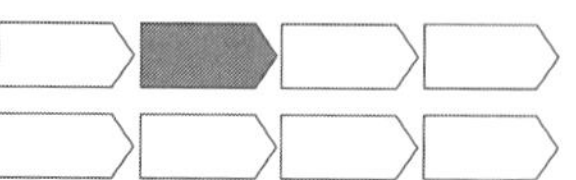

„Nach welchen Aspekten erfolgt primär die Priorisierung der Beschwerden für die weitere Bearbeitung? (Mehrfachnennungen möglich)“

Beschwerden werden für ihre Bearbeitung am häufigsten nach ihrer Dringlichkeit priorisiert.

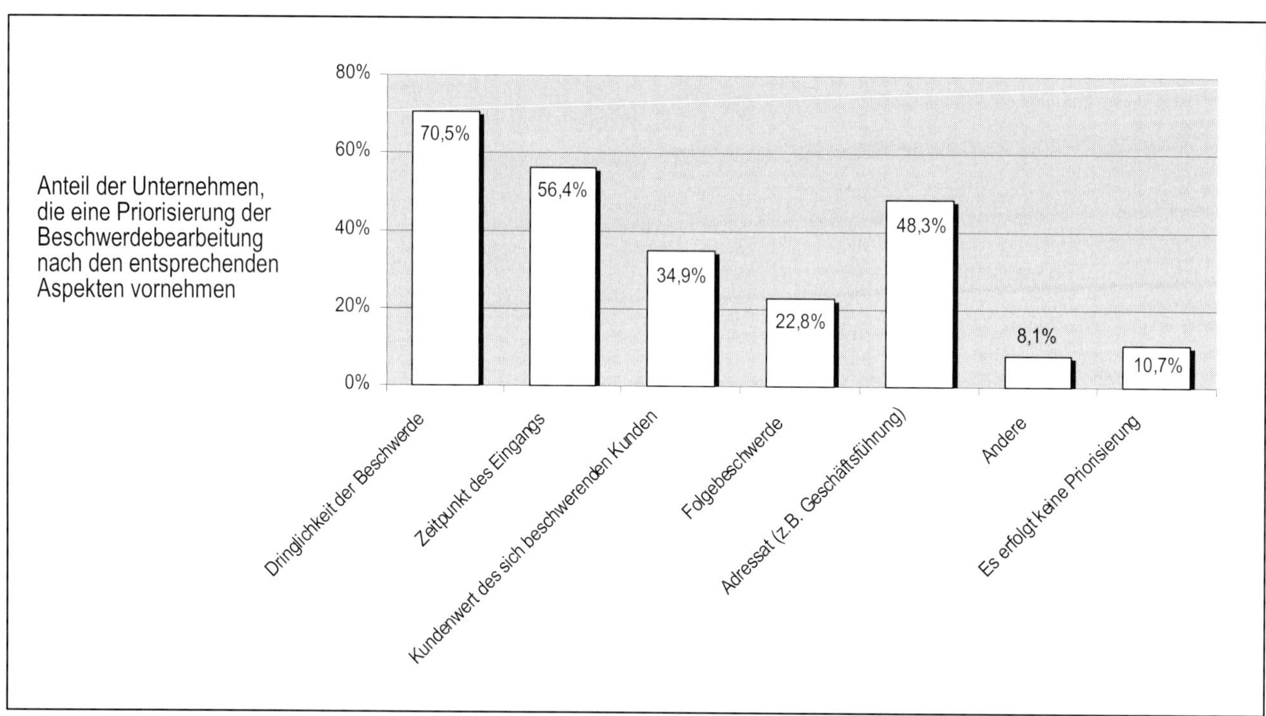

- Bei hohem Beschwerdeaufkommen und begrenzten Ressourcen kann es sinnvoll sein, eine Regel zur Priorisierung von Beschwerden für die Beschwerdebearbeitung anzuwenden. Eine entsprechende Vorgehensweise ist in den befragten Unternehmen in hohem Maße festzustellen.
- Vor allem erfolgt eine Prioritätensetzung nach der Dringlichkeit der Beschwerde (70,5%). Dies erscheint naheliegend angesichts der Tatsache, dass bestimmte Probleme mit erheblichen Folgen für die Kunden – z.B. Gesundheitsrisiken – verbunden sein können.
- Am zweithäufigsten wird eine Priorisierung nach dem Zeitpunkt des Eingangs genannt (56,4%), was für eine eher kontinuierliche Abwicklungspraxis spricht.
- Schon an dritter Stelle wird eine Priorisierung nach dem Adressaten – z.B. der Geschäftsführung – angegeben (48,3%). Damit bestätigt das Beschwerdemanagement die Kunden in ihrer Annahme, dass sie eine schnellere (und gegebenenfalls auch günstigere) Antwort erhalten, wenn sie nicht die eingerichteten Beschwerdewege nutzen, sondern sich gleich an die Geschäftsleitung wenden. Dementsprechend besteht hier ein Anreizsystem für die Kunden, sich auch in Zukunft entsprechend zu verhalten.
- Eine Differenzierung in der Priorität der Beschwerdebearbeitung nach dem Wert des Kunden erfolgt durchschnittlich in mehr als einem Drittel der Fälle (34,9%).
- Im Branchenvergleich zeigt sich eine besondere Sensibilität der Nahrungsmittelindustrie für die Dringlichkeit der Beschwerde. Hier erfolgt eine diesbezügliche Priorisierung in 87,5% der Fälle.
- Bezüglich einer Priorisierung entsprechend dem internen Adressaten (Geschäftsführung) liegen extreme Verhaltensunterschiede vor. Eine entsprechende Vorgehensweise wird im Bereich der Versicherungen zu knapp 87% vorgenommen, in der Nahrungsmittelindustrie aber nur zu 6,3 %.
- Eine Ausrichtung der Bearbeitungspriorität am Kundenwert erfolgt am stärksten in der Automobilindustrie (57,1%), aber nur zu 20% im Bereich der Versicherungen.

Detaillierte Werte: Tabelle C13a; Branchenwerte: Tabelle C13b

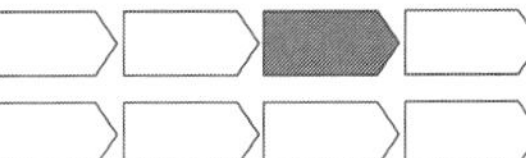

3.2.3. Beschwerdebearbeitung

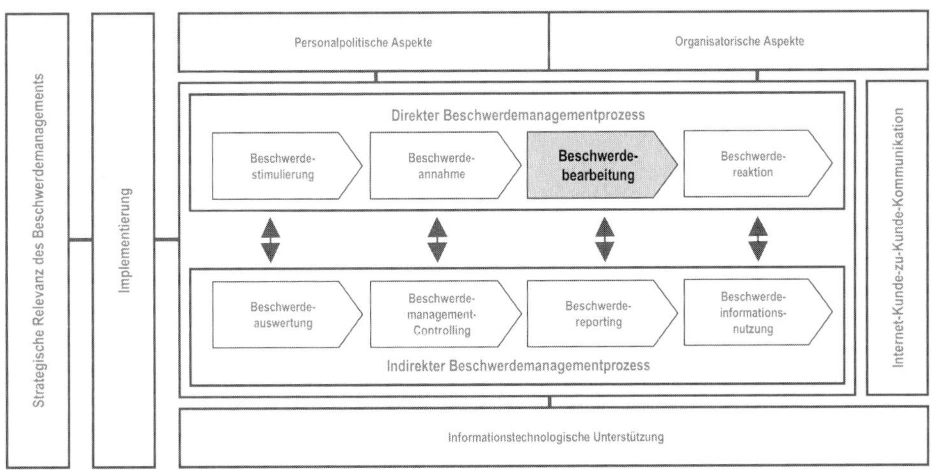

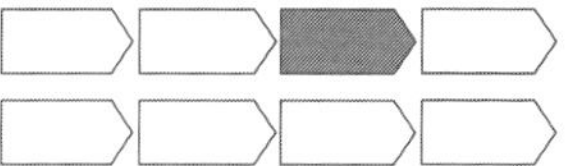

„Für wie wichtig halten Sie die folgenden Aspekte der Beschwerdebearbeitung? Bitte beurteilen Sie auch den Umsetzungsstatus dieser Aspekte in Ihrem Unternehmen."

Im Rahmen der Bearbeitung von Beschwerden bestehen noch Umsetzungslücken.

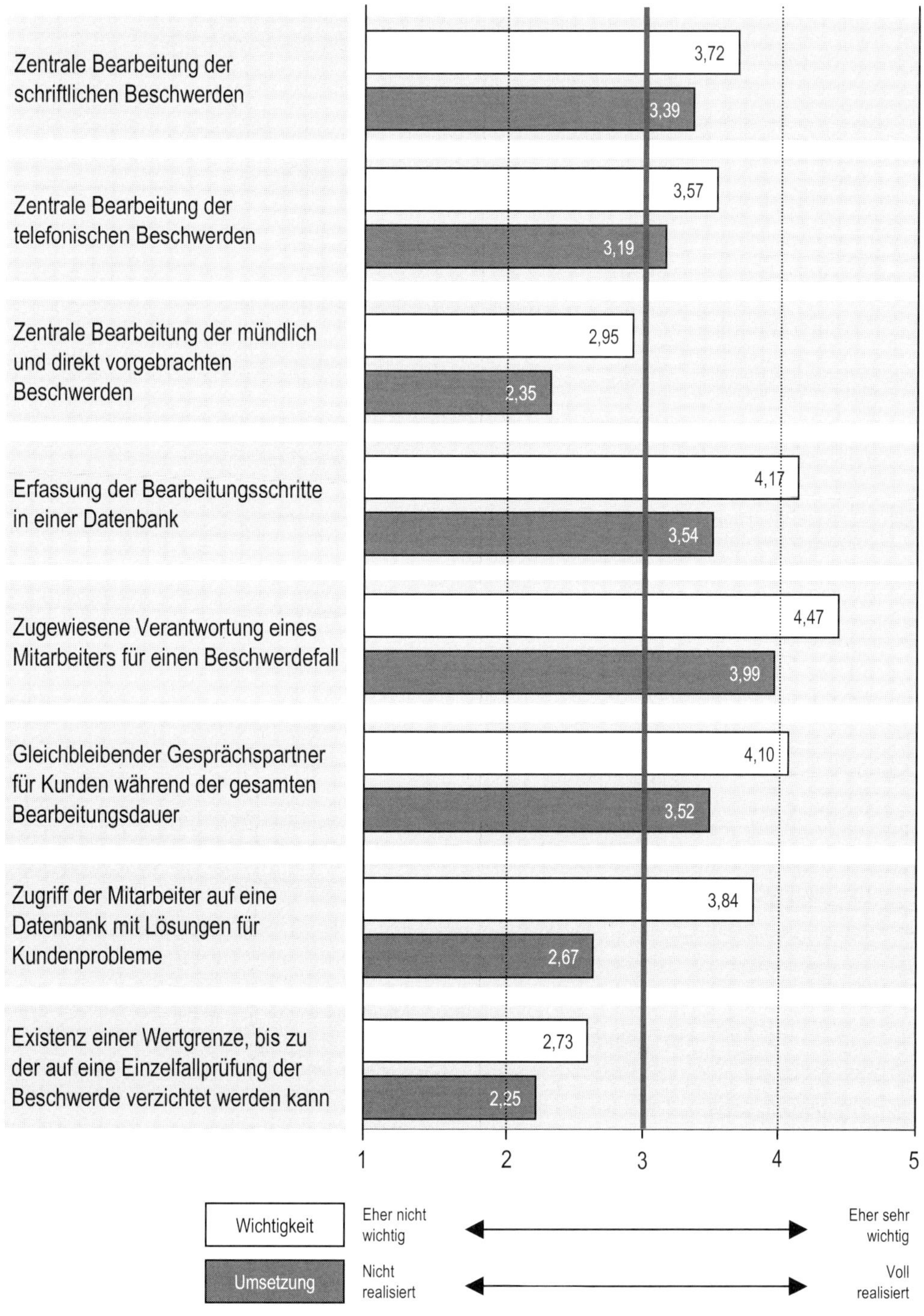

Aspekt	Wichtigkeit	Umsetzung
Zentrale Bearbeitung der schriftlichen Beschwerden	3,72	3,39
Zentrale Bearbeitung der telefonischen Beschwerden	3,57	3,19
Zentrale Bearbeitung der mündlich und direkt vorgebrachten Beschwerden	2,95	2,35
Erfassung der Bearbeitungsschritte in einer Datenbank	4,17	3,54
Zugewiesene Verantwortung eines Mitarbeiters für einen Beschwerdefall	4,47	3,99
Gleichbleibender Gesprächspartner für Kunden während der gesamten Bearbeitungsdauer	4,10	3,52
Zugriff der Mitarbeiter auf eine Datenbank mit Lösungen für Kundenprobleme	3,84	2,67
Existenz einer Wertgrenze, bis zu der auf eine Einzelfallprüfung der Beschwerde verzichtet werden kann	2,73	2,25

Skala: 1 – 2 – 3 – 4 – 5

Wichtigkeit: Eher nicht wichtig ↔ Eher sehr wichtig

Umsetzung: Nicht realisiert ↔ Voll realisiert

Detaillierte Werte: Tabelle D1a; Branchenwerte: Tabelle D1b

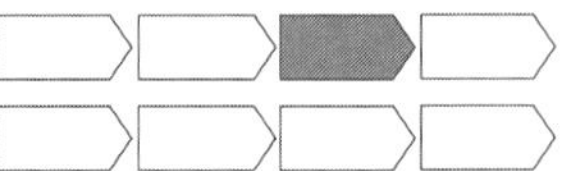

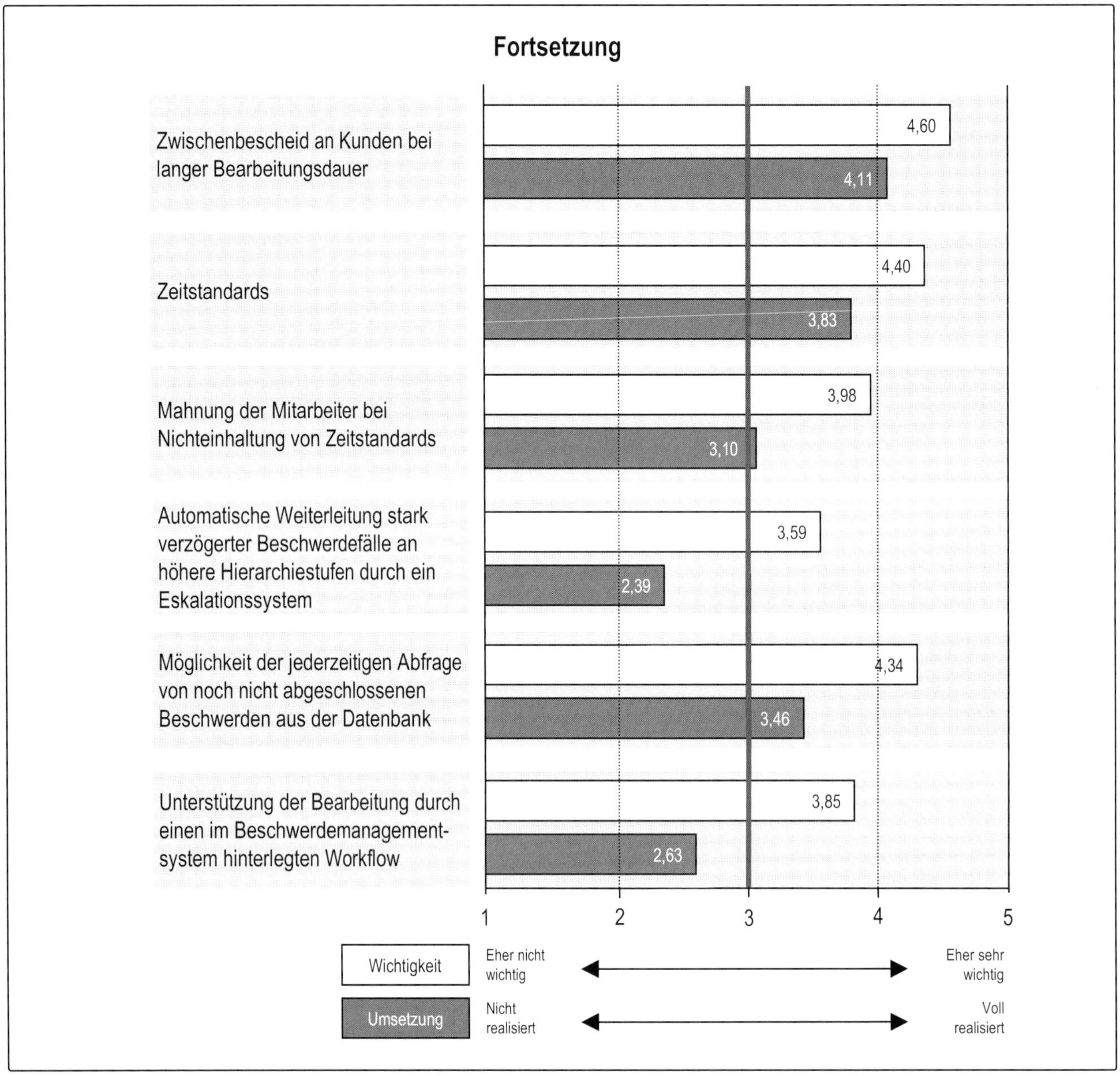

Fortsetzung

- Von den verschiedenen Aspekten der Beschwerdebearbeitung werden vor allem folgende vier als besonders wichtig eingeschätzt: Ein Zwischenbescheid an Kunden bei langer Bearbeitungsdauer (4,60), eine Verantwortungszuweisung eines Mitarbeiters für einen Beschwerdefall (4,47), Zeitstandards (4,40) und die Möglichkeit der jederzeitigen Abfrage von noch nicht abgeschlossenen Beschwerden aus der Datenbank (4,34).
- Die geringste Bedeutung wird der Existenz einer Wertgrenze beigemessen, bis zu der auf eine Einzelfallprüfung verzichtet werden kann (2,73). Auch der entsprechende Realisierungsgrad ist sehr gering. Das überrascht insofern, als dass damit mehrheitlich auch die Berechtigung von Beschwerden im Einzelfall geprüft wird, wenn die Prüfung mehr Kosten verursacht als eine kulante Beschwerderegulierung.
- Zieht man die Differenz zwischen den Werten der Wichtigkeits- und Umsetzungsskala wieder als Indikator für Handlungsdefizite heran, dann bestehen die höchsten Handlungsnotwendigkeiten bei folgenden Aspekten: Unterstützung der Bearbeitung durch einen im Beschwerdemanagementsystem hinterlegten Workflow (Skalendifferenz: 1,22), automatische Weiterleitung stark verzögerter Beschwerdefälle an höhere Hierarchiestufen (Skalendifferenz: 1,20), Zugriff der Mitarbeiter auf eine Datenbank mit Lösungen für Kundenprobleme (Skalendifferenz: 1,17) und Mahnung der Mitarbeiter bei Nichteinhaltung von Zeitstandards (Skalendifferenz: 0,88). Demnach spricht viel dafür, dass es am Einsatz von Beschwerdemanagementsoftware mangelt, die in der Lage wäre, diese Aktivitäten zu ermöglichen bzw. zu unterstützen.

Detaillierte Werte: Tabelle D1a; Branchenwerte: Tabelle D1b

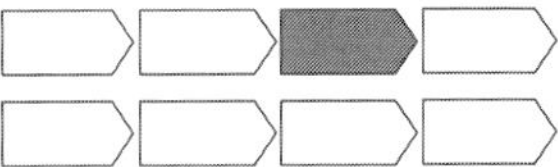

„Gemessen an allen erfassten Beschwerden: Welcher Anteil wird in Ihrem Unternehmen in die Fachabteilungen zur Bearbeitung weitergeleitet?“

Etwa die Hälfte aller Beschwerden wird an Fachabteilungen weitergeleitet.

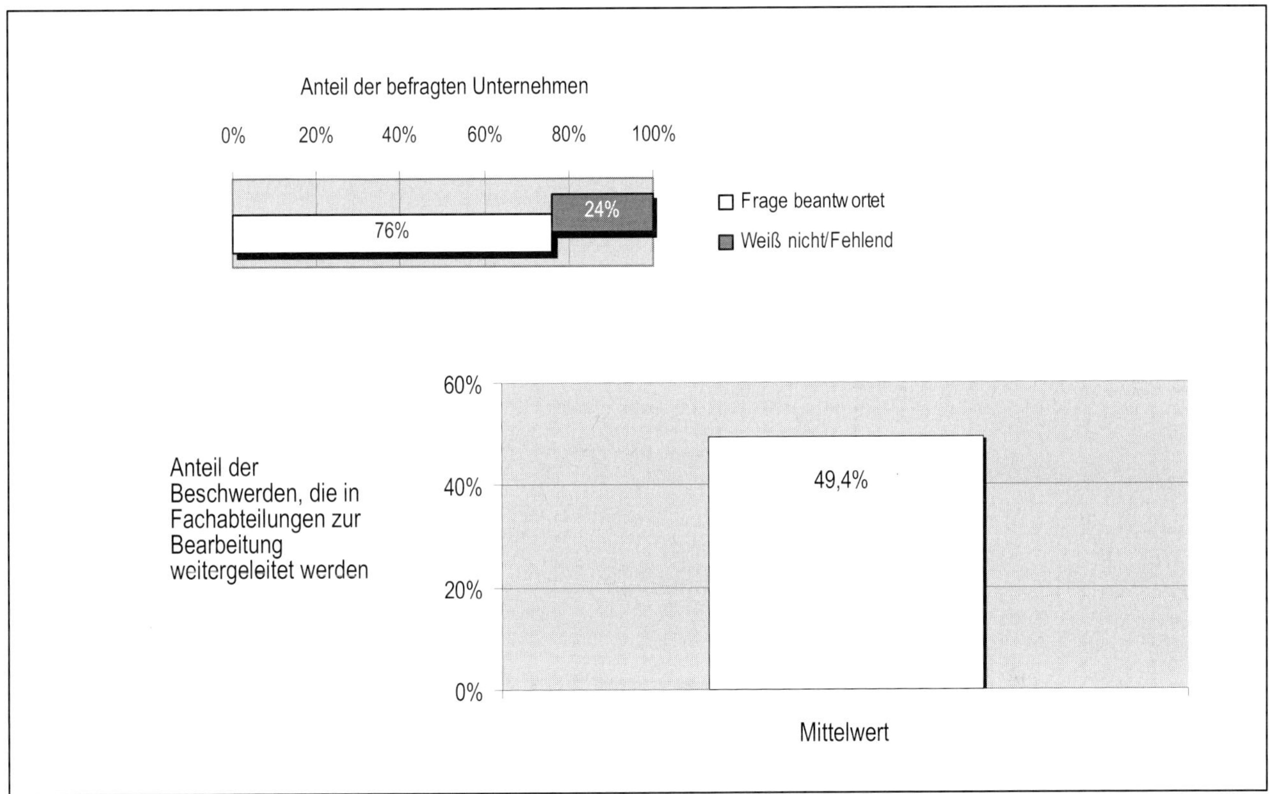

- Je höher der Anteil der Beschwerden ausfällt, der im unmittelbaren Erstkontakt mit dem sich beschwerenden Kunden endgültig gelöst werden kann, desto kürzer fällt die durchschnittliche Bearbeitungsdauer aus, desto niedriger sind die Bearbeitungskosten pro Beschwerde und desto schneller erhält der Kunde eine Problemlösung bzw. Antwort. Insofern ist es sinnvoll, dass Unternehmen sich bemühen, eine möglichst hohe Erstkontaktquote - im Erstkontakt abschließend gelöste Probleme/Gesamtzahl der Beschwerden - zu erreichen und die Einschaltung weiterer unternehmerischer Abteilungen zu vermeiden.
- In der Realität werden aber etwa die Hälfte aller Beschwerden an Fachabteilungen zur weiteren Bearbeitung weitergeleitet (49,4%).
- In verschiedenen Branchen ist der entsprechende Weiterleitungsanteil noch höher. Er beträgt beispielsweise 66% im Versicherungsbereich und 61% im Bereich der Nahrungsmittelindustrie.
- Allerdings besteht über das Ausmaß der Weiterleitung von Beschwerden an Fachabteilungen in vielen Unternehmen keine präzise Vorstellung. Fast ein Viertel der Befragten (24%) sieht sich nicht in der Lage, diese Frage zu beantworten.

Detaillierte Werte: Tabelle D2a; Branchenwerte: Tabelle D2b

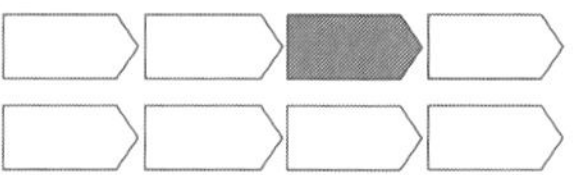

„Wie schnell nach Eingang beginnt die Bearbeitung einer schriftlichen Beschwerde?"

Die Bearbeitung schriftlicher Beschwerden beginnt überwiegend kurz nach Beschwerdeeingang.

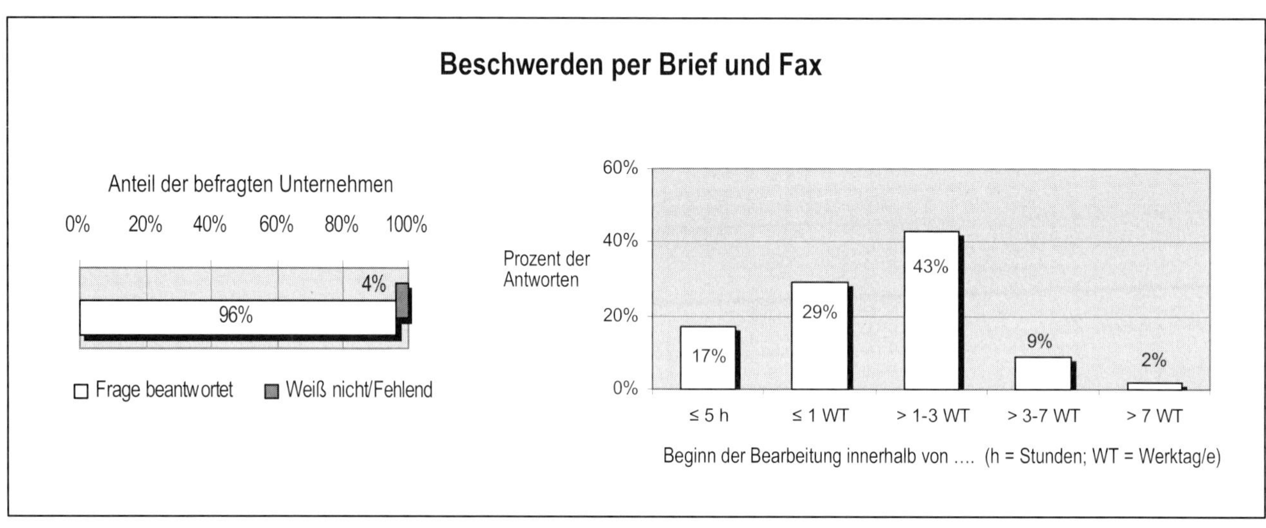

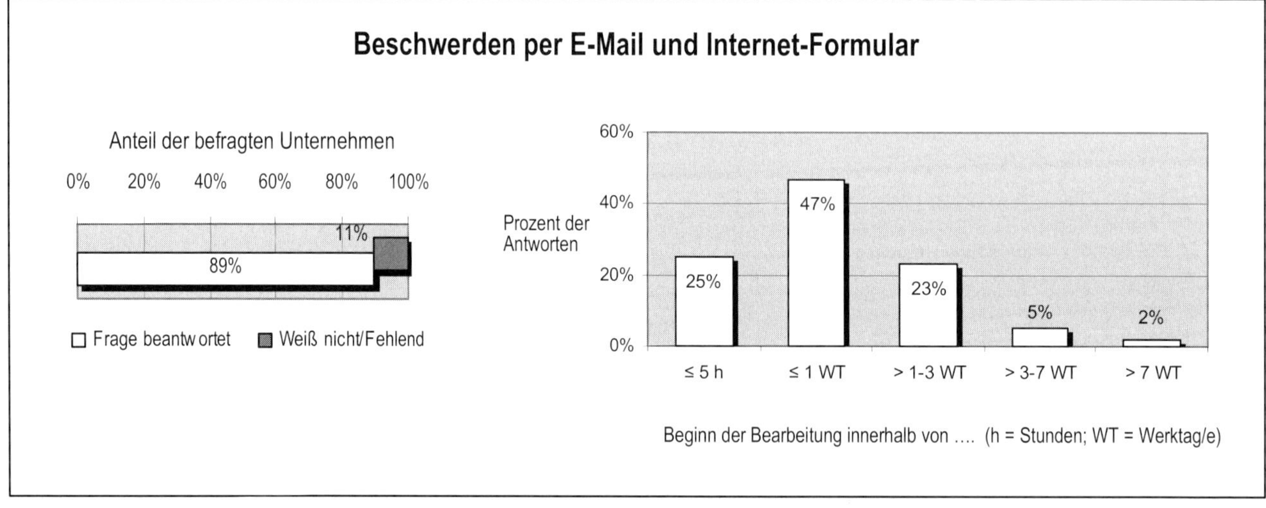

- In 89% der befragten Unternehmen beginnt die Bearbeitung von Beschwerdebriefen und -faxen innerhalb von 3 Werktagen. In 29% der Unternehmen wird die Bearbeitung am Tag des Beschwerdeeingangs begonnen. In 17% startet die Bearbeitung in einem Zeitraum von weniger als 5 Stunden nach Eingang der Beschwerde.
- Noch unmittelbarer ist der durchschnittliche Bearbeitungsbeginn bei Beschwerden, die per E-Mail oder Internet-Formular eingehen. Hier wird in fast der Hälfte der Unternehmen (47%) am Tag des Beschwerdeeingangs mit der Bearbeitung begonnen, und ein Viertel der Unternehmen (25%) beginnt bereits in dem 5-Stunden-Zeitabschnitt nach Eingang mit der Bearbeitung.

Detaillierte Werte: Tabelle D3a; Branchenwerte: Tabelle D3b

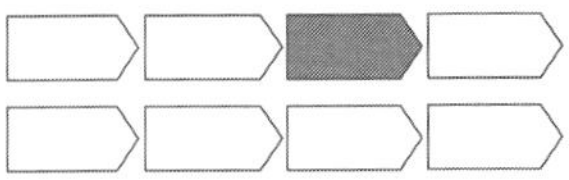

„Wie schnell erfolgt bei schriftlichen Beschwerden eine Eingangsbestätigung?"

Eingangsbestätigungen werden schnell versandt – wenn sie überhaupt eingesetzt werden.

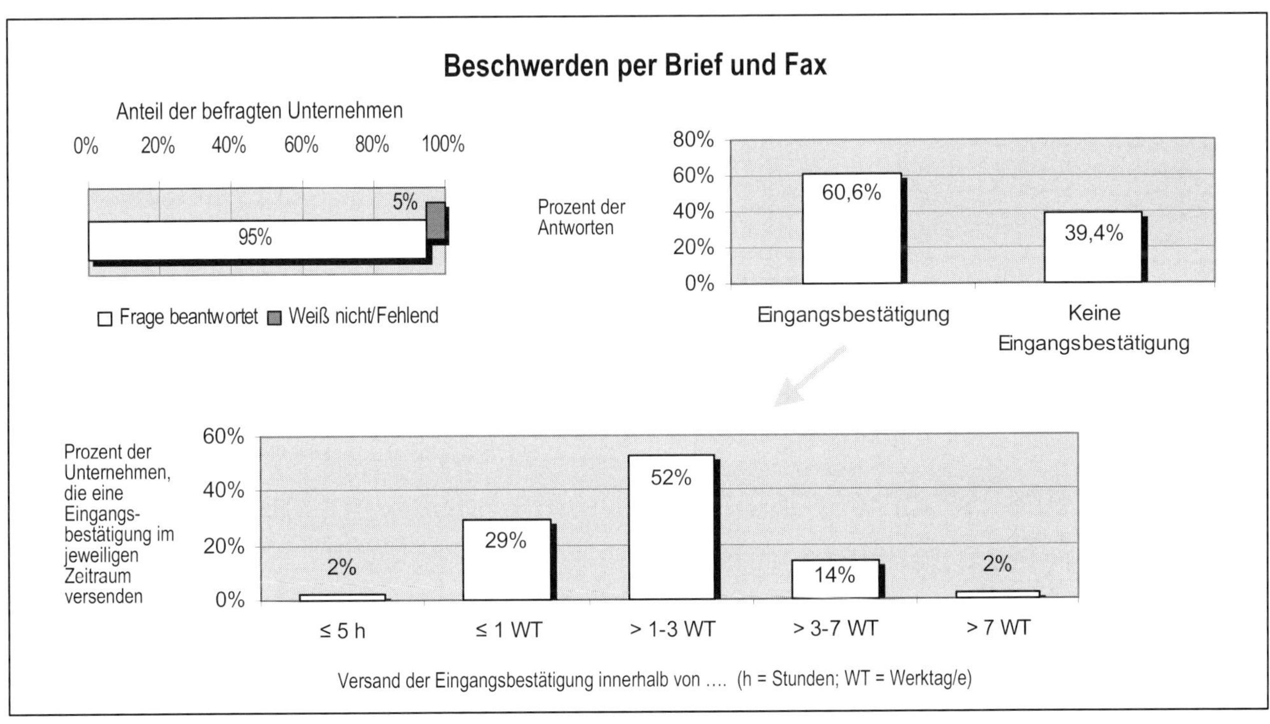

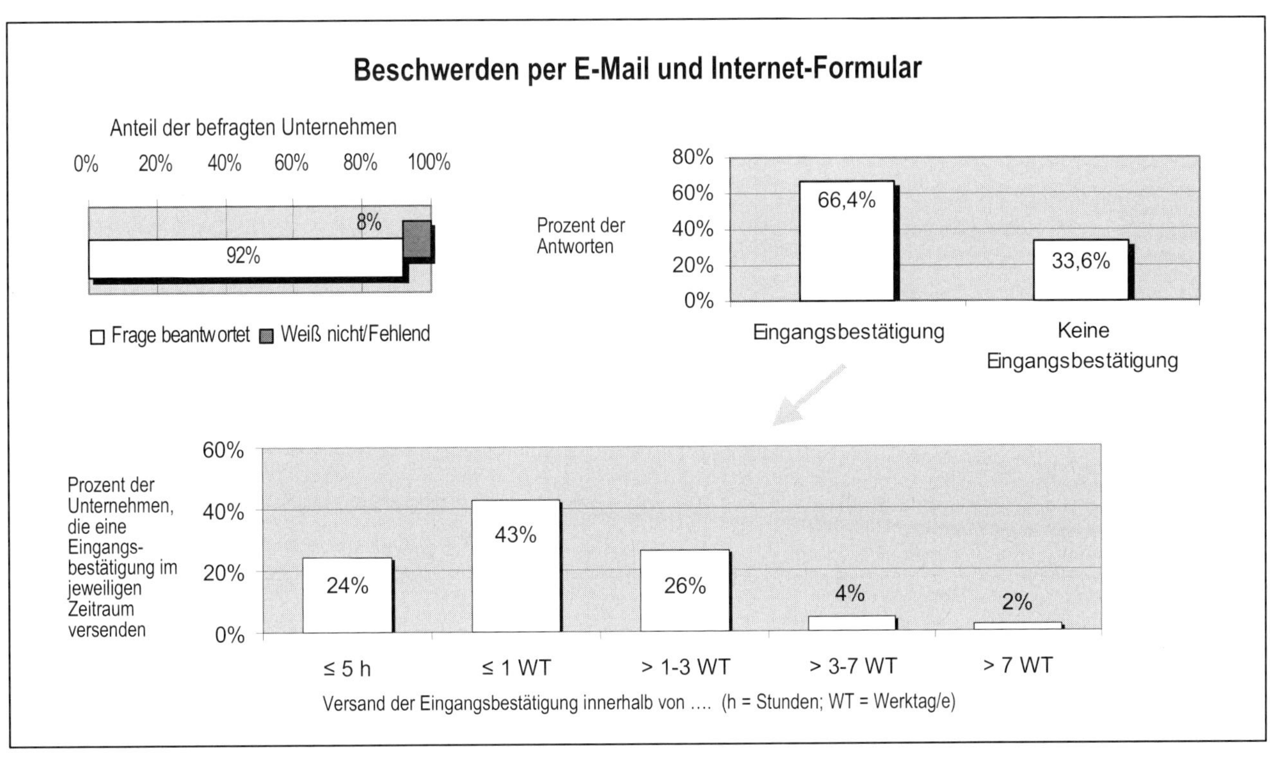

Detaillierte Werte: Tabelle D4a; Branchenwerte: Tabelle D4b

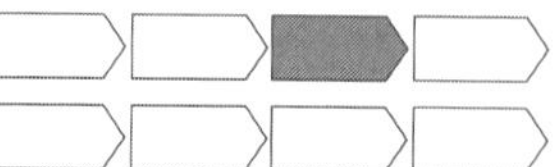

- Unternehmen, die auf eine per Brief oder Fax artikulierte Beschwerde mit einer Eingangsbestätigung reagieren, versenden diese schnell. Die meisten verschicken diese innerhalb der ersten drei Werktage (83%), ein erheblicher Teil davon sogar innerhalb eines Werktages (31%).
- Schneller noch ist der Versand einer Eingangsbestätigung bei Beschwerden über E-Mail oder Internet-Formular. Hier dominiert die Versendung innerhalb eines Werktages (43%), und 24% der antwortenden Unternehmen versenden die Bestätigung sogar innerhalb von 5 Stunden.
- Allerdings verzichtet ein Großteil der Unternehmen auf den Versand von Eingangsbestätigungen. Bei Beschwerden per Brief oder Fax erhalten 39,4% der Beschwerdeführer keine Eingangsbestätigung, bei Beschwerden per E-Mail oder Internet-Formular liegt der entsprechende Anteil bei 33,6%.

? „Für wie wichtig halten Sie den Zugriff der Mitarbeiter des Beschwerdemanagements auf die folgenden Kundendaten während der Beschwerdebearbeitung? Bitte geben Sie auch an, ob in Ihrem Unternehmen diese Mitarbeiter Zugriff auf diese Daten haben."

Mitarbeiter des Beschwerdemanagements haben nur begrenzt Zugriff auf relevante Kundendaten.

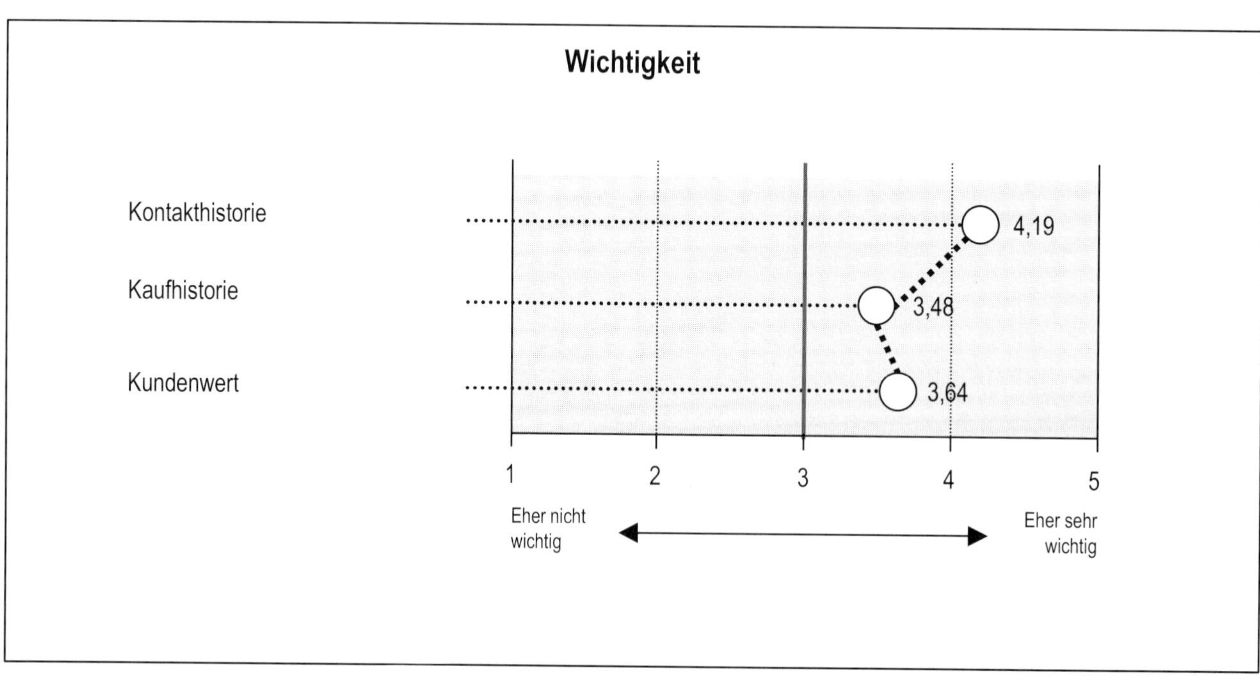

Detaillierte Werte: Tabelle D5a; Branchenwerte: Tabelle D5b

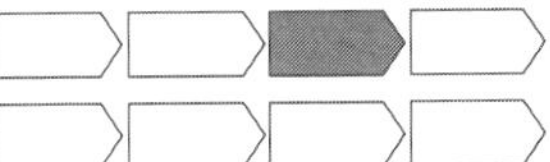

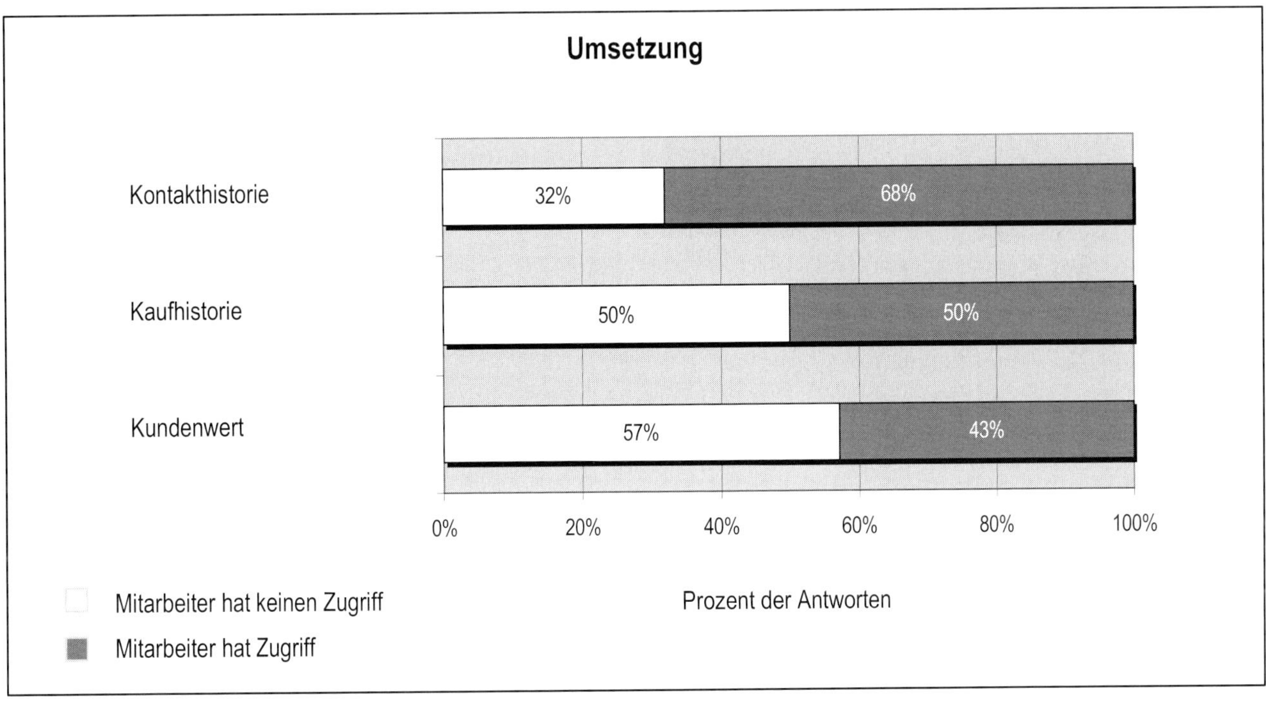

- Die befragten Unternehmen halten es insbesondere für wichtig, dass Mitarbeiter Zugriff auf die Kundendaten bezüglich der Kontakthistorie haben (4,19).
- In 68% der Unternehmen ist dieser Zugriff auch realisiert.
- Der Zugriff der Mitarbeiter auf Kundendaten bezüglich Kundenwert (3,64) und Kaufhistorie (3,48) wird ebenfalls noch für wichtig angesehen, wenn auch auf niedrigerem Niveau. Maximal die Hälfte der Unternehmen gewährt ihren Mitarbeitern einen entsprechenden Zugriff.
- Demnach kennen in 57% der Unternehmen die Mitarbeiter nicht den Wert des beschwerenden Kunden, 50% sind nicht über die Kaufhistorie informiert, und in 32% der Unternehmen verfügen die Mitarbeiter nicht einmal über die Daten der Kontakthistorie. In diesen Fällen sind die Möglichkeiten einer kundenindividuellen und differenzierten Reaktion durch die Mitarbeiter des Beschwerdemanagements stark begrenzt.

Detaillierte Werte: Tabelle D5a; Branchenwerte: Tabelle D5b

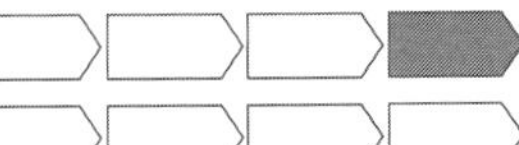

3.2.4. Beschwerdereaktion

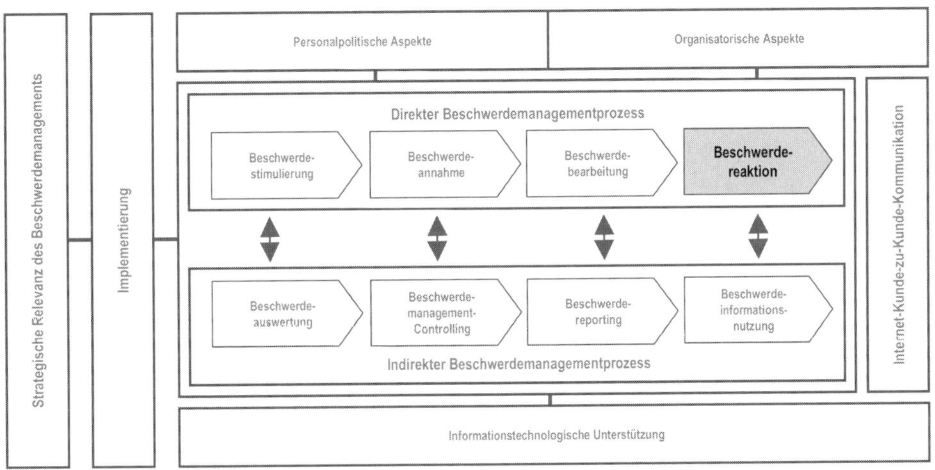

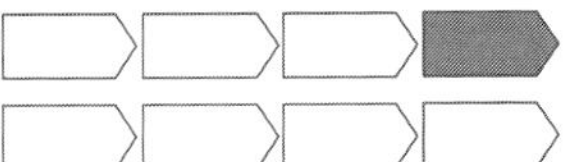

„Für wie wichtig halten Sie die folgenden Aspekte der unternehmensseitigen Reaktion auf Kundenbeschwerden in Ihrem Unternehmen? Bitte beurteilen Sie auch den Umsetzungsstatus dieser Aspekte in Ihrem Unternehmen."

Die unternehmensseitigen Antworten auf Beschwerden sind zumeist individuell und enthalten eine Entschuldigung.

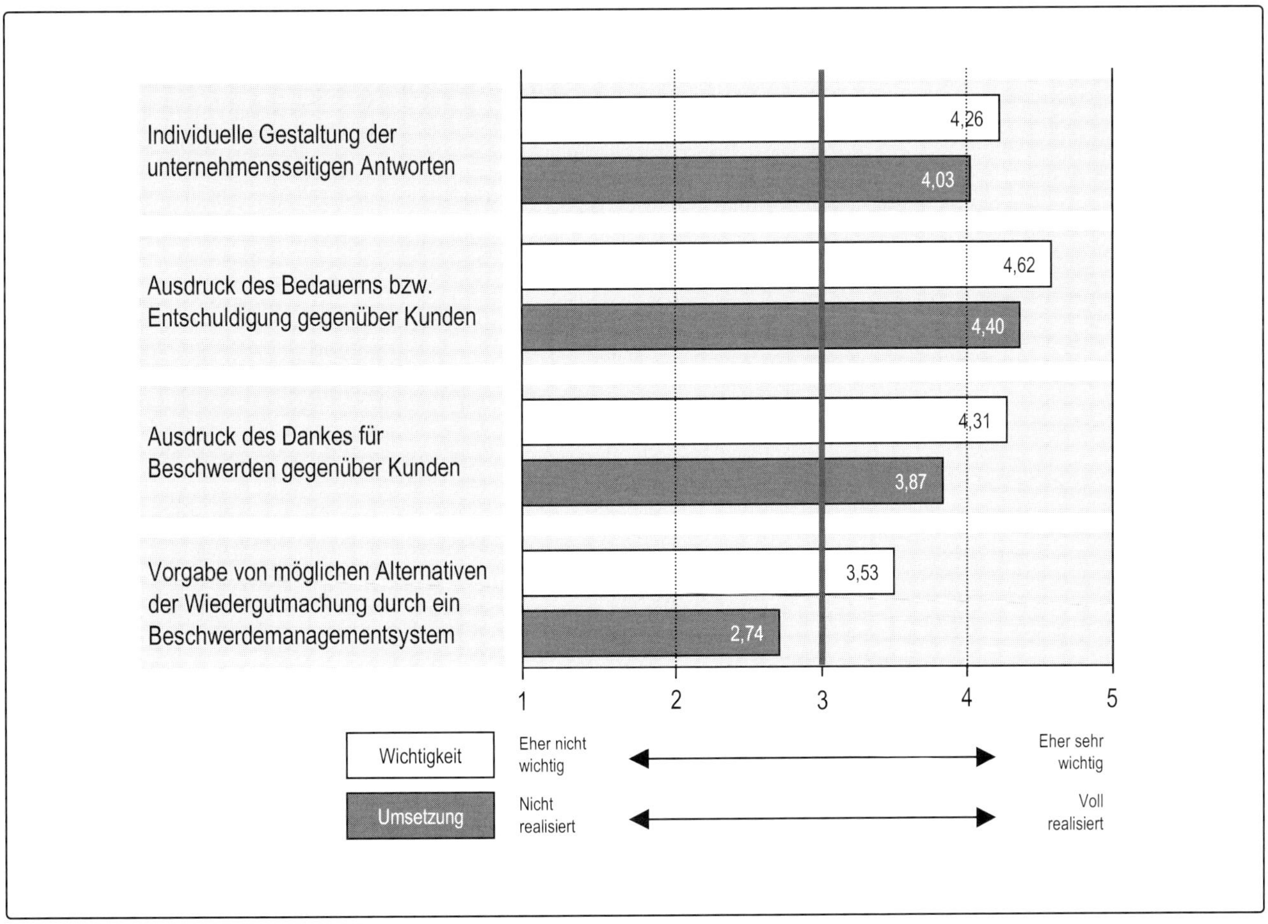

	Wichtigkeit	Umsetzung
Individuelle Gestaltung der unternehmensseitigen Antworten	4,26	4,03
Ausdruck des Bedauerns bzw. Entschuldigung gegenüber Kunden	4,62	4,40
Ausdruck des Dankes für Beschwerden gegenüber Kunden	4,31	3,87
Vorgabe von möglichen Alternativen der Wiedergutmachung durch ein Beschwerdemanagementsystem	3,53	2,74

Skala: 1 2 3 4 5

Wichtigkeit: Eher nicht wichtig ↔ Eher sehr wichtig

Umsetzung: Nicht realisiert ↔ Voll realisiert

- Die große Mehrheit der befragten Unternehmen hält es für wichtig, in ihrer Antwort an den Beschwerdeführer ihr Bedauern über die Verärgerung des Kunden auszudrücken bzw. sich zu entschuldigen (4,62), sich beim Kunden für die kritische Rückmeldung zu bedanken (4,31) und die Beschwerdeantwort individuell zu gestalten (4,26).
- Diese Handlungsintentionen werden auch mehrheitlich umgesetzt. Dabei zeigt ein Vergleich der Handlungsweisen in Bezug auf den Realisierungsstatus, dass dieser der Rangfolge der wahrgenommenen Wichtigkeit entspricht: Ein Ausdruck des Bedauerns wird fast immer formuliert (4,40). Eine individuelle Antwortgestaltung (4,03) und ein Dank an den Beschwerdeführer (3,87) erfolgen durchschnittlich weniger häufig.
- Die Bereitschaft, sich beim beschwerdeführenden Kunden zu bedanken, fällt branchenspezifisch unterschiedlich aus. Während dies in der Nahrungsmittelindustrie weit verbreitet ist (4,06), ist dies im Versicherungsbereich weit weniger der Fall (3,13).
- Ebenfalls für wichtig wird es angesehen, dass dem bearbeitenden Mitarbeiter durch ein Beschwerdemanagementsystem mögliche Handlungsalternativen für seine Entscheidung angeboten werden (3,53). Der entsprechende Realisierungsgrad ist allerdings vergleichsweise gering (2,74). Dementsprechend liegt hier ein wichtiger Ansatzpunkt für Verbesserungen der Beschwerdereaktion vor.

Detaillierte Werte: Tabelle E1a; Branchenwerte: Tabelle E1b

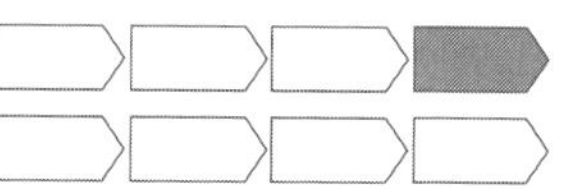

„Für wie geeignet halten Sie die nachfolgenden materiellen Wiedergutmachungen als Kompensation für die vom Kunden erlebten Unannehmlichkeiten? Bitte geben Sie auch an, welche Wiedergutmachungen in Ihrem Unternehmen eingesetzt werden."

Geldgeschenke und Gutscheine werden zur Wiedergutmachung nur nachrangig genutzt. Im Vordergrund stehen Schadensersatz und Sachgeschenke.

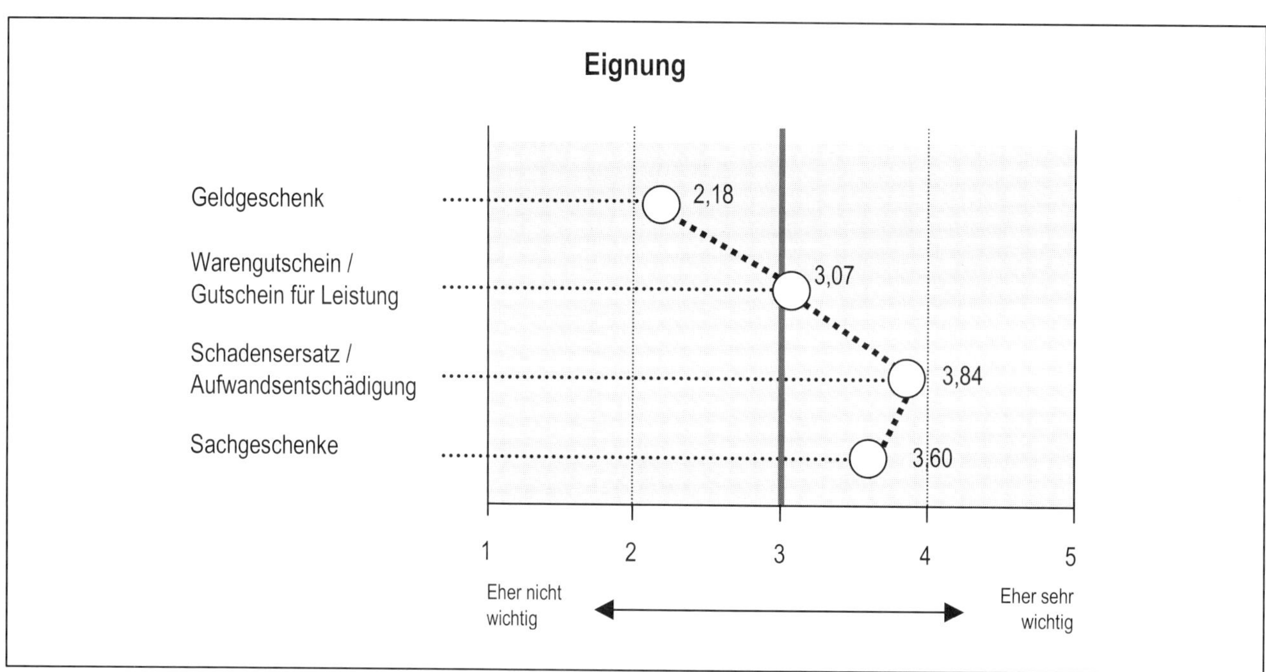

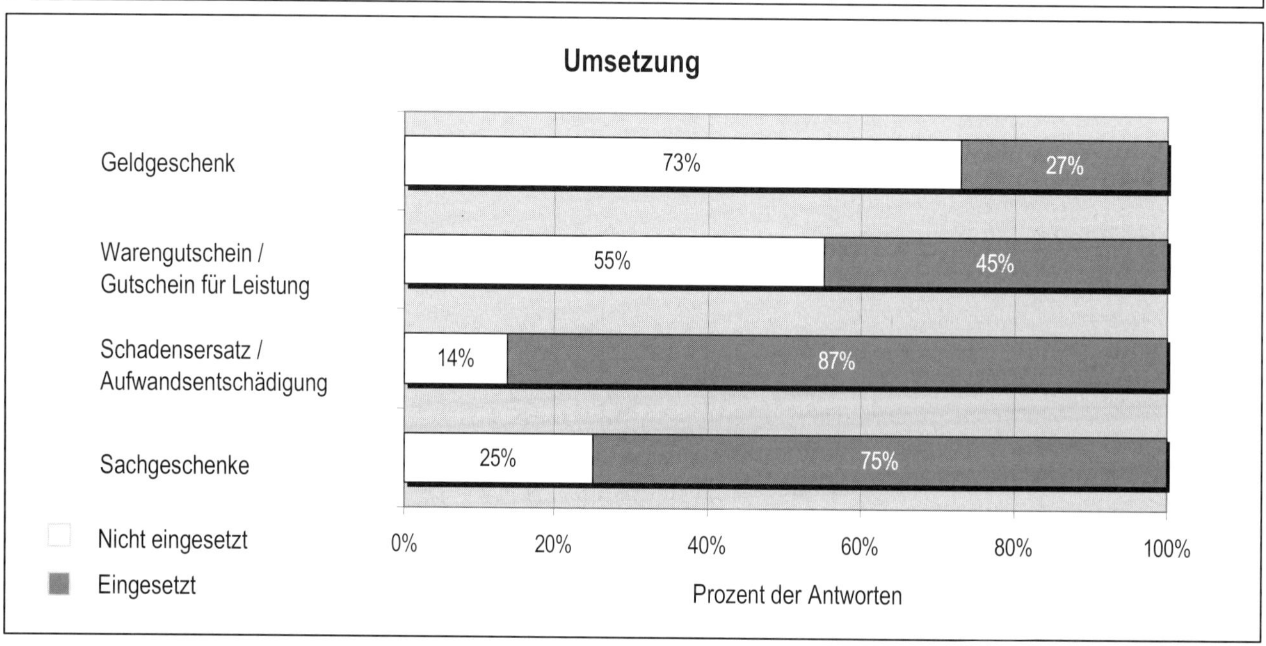

- Von den verschiedenen Formen der materiellen Wiedergutmachung stehen Schadensersatz/Aufwandsentschädigung und Sachgeschenke eindeutig im Vordergrund: 87% der befragten Unternehmen leisten einen Ersatz für den eingetretenen Schaden, 75% bieten eine Kompensation über Sachgeschenke an.
- Demgegenüber werden Waren- bzw. Leistungsgutscheine nur von einer Minderheit (45%) und Geldgeschenke nur von etwas mehr als einem Viertel der Befragten eingesetzt (27%).

Detaillierte Werte: Tabelle E2a; Branchenwerte: Tabelle E2b

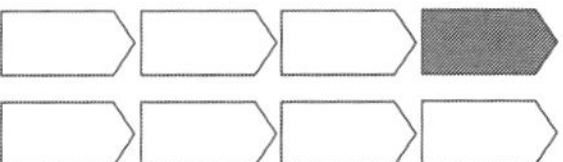

„Welche Richtlinien sind in Ihrem Unternehmen für Art und Umfang der Wiedergutmachung definiert?"

In fast einem Viertel der Unternehmen gibt es keine Richtlinien für Art und Umfang der Wiedergutmachung.

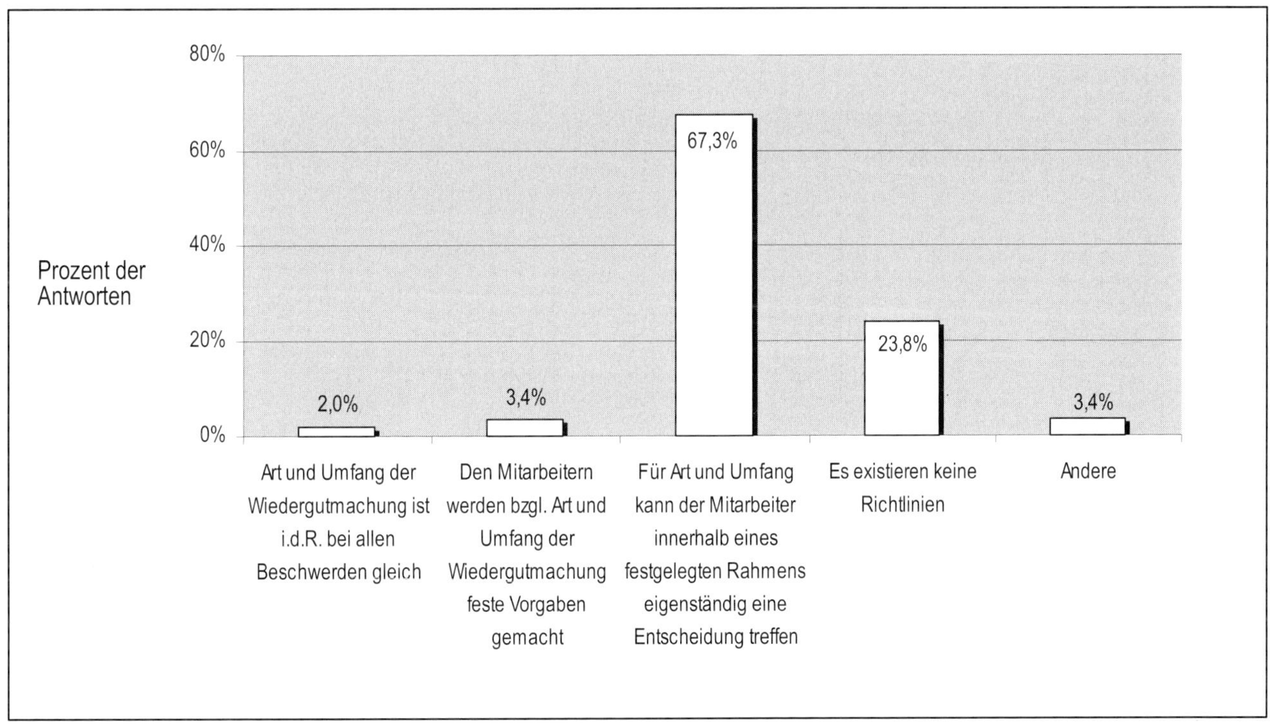

- In der großen Mehrheit der Fälle (91,1%) können Mitarbeiter Beschwerden differenziert bearbeiten und entsprechend reagieren, da ihnen Entscheidungsspielräume eingeräumt werden oder gar keine Richtlinien existieren.
- In 67,3% der befragten Unternehmen können Mitarbeiter innerhalb eines festgelegten Rahmens eigenständig eine Entscheidung treffen.
- In fast einem Viertel der Unternehmen (23,8 %) existieren überhaupt keine Richtlinien.
- Dabei bestehen branchenbezogen erhebliche Unterschiede. Während in manchen Branchen wie dem Banken- und Versicherungsbereich oder der Automobilindustrie eine Standardreaktion ausgeschlossen wird (0%), geben immerhin 13,3% der Unternehmen aus der Branche Nahrung/Getränke an, dass Art und Umfang der Wiedergutmachung in der Regel bei allen Beschwerden gleich ausfallen.
- Auch der Einsatz von Richtlinien differiert sehr stark. Während im Bereich Nahrung/Getränke nur zu 13,3% und in der Automobilindustrie nur zu 14,3% keine Richtlinien für die Reaktion existieren, ist dies in der Versicherungsindustrie zu 40% der Fall.

Detaillierte Werte: Tabelle E3a; Branchenwerte: Tabelle E3b

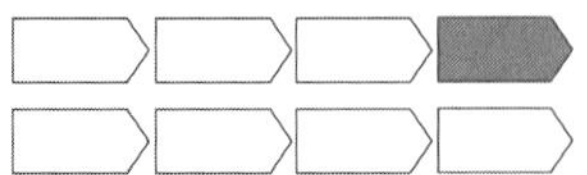

„Wonach orientieren sich Art und Umfang der Wiedergutmachung? (Mehrfachnennungen möglich)"

Art und Umfang der Wiedergutmachung orientieren sich vor allem an der Relevanz des Problems aus Kundensicht, aber auch am Wert und Status des Kunden.

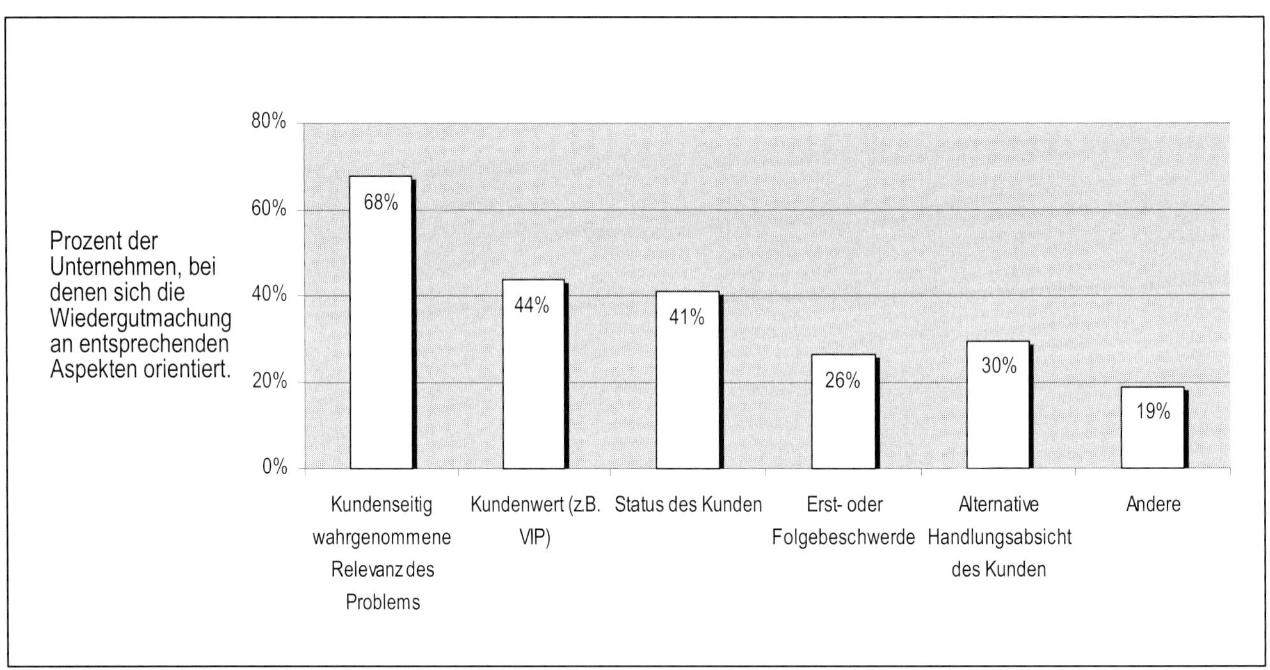

- Mehr als zwei Drittel der Unternehmen orientieren Art und Umfang der Wiedergutmachung an der vom Kunden wahrgenommenen Bedeutung des Problems.
- Allerdings spielt auch der ökonomische Wert bzw. Status des Kunden eine große Rolle: 44% der befragten Unternehmen variieren ihre Reaktion entsprechend dem Kundenwert bzw. 41% entsprechend dem Kundenstatus.
- Vom Kunden mitgeteilte oder angedrohte Handlungsabsichten – wie z.B. Abwanderung oder die Einschaltung von Medien – beeinflussen nur bei 30% der Unternehmen Art oder Umfang der Wiedergutmachung.
- Auch hier sind große branchenspezifische Unterschiede festzustellen. Während die Nahrungs-/Getränkebranche nur in relativ geringem Umfang auf artikulierte Handlungsabsichten der Beschwerdeführer reagiert, ist dies in der Automobilindustrie weit häufiger der Fall (57,1%).

Detaillierte Werte: Tabelle E4a; Branchenwerte: Tabelle E4b

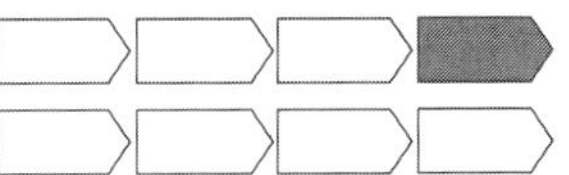

„Wie schnell ist die Bearbeitung einer Beschwerde in Ihrem Unternehmen durchschnittlich abgeschlossen?“

Die Bearbeitung von E-Mail- und Internet-Beschwerden wird schneller abgeschlossen als Beschwerden per Brief/Fax.

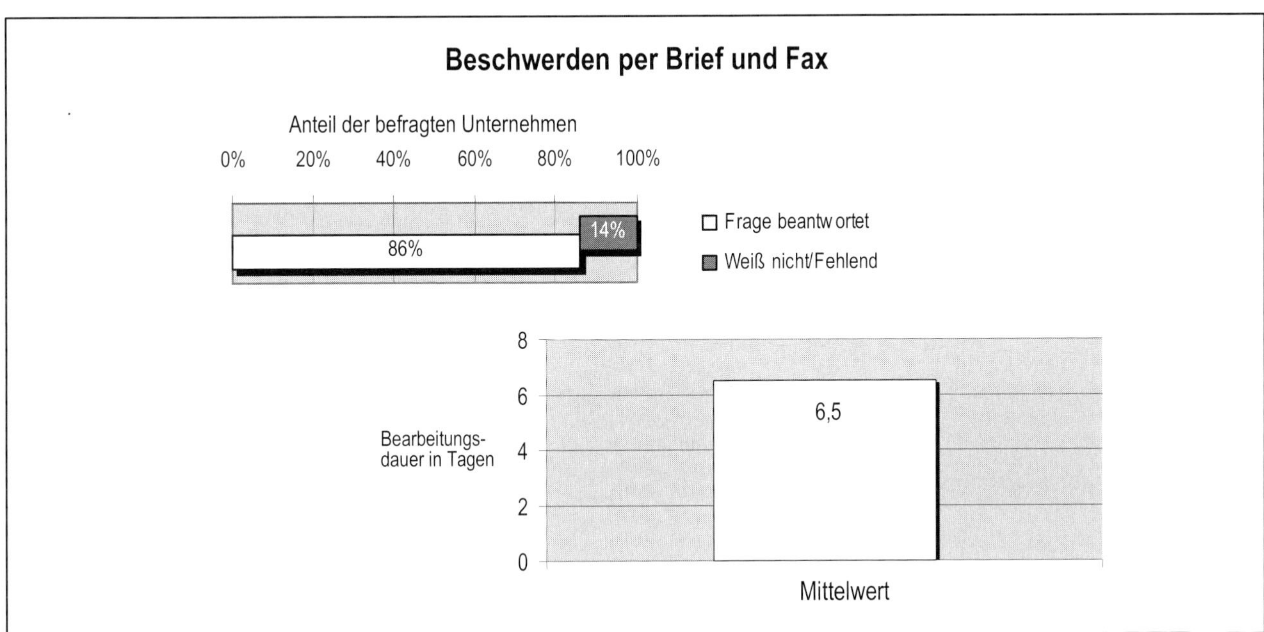

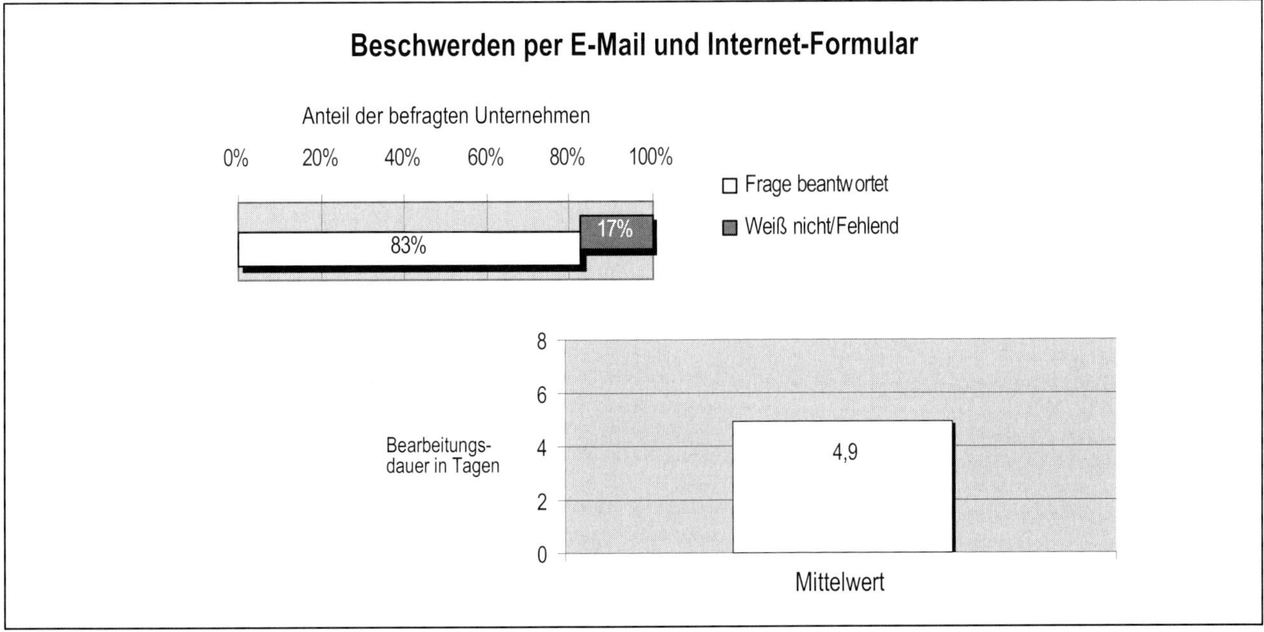

- Die durchschnittliche Bearbeitungsdauer von Beschwerden, die per Brief oder Fax eingehen, beträgt 6,5 Tage. Beschwerden per E-Mail oder Internet-Formular sind dagegen bereits durchschnittlich nach 4,9 Tagen abgeschlossen. Dementsprechend liegt hier ein Reaktionsvorsprung von etwa 1 ½ Tagen vor.
- Bemerkenswert ist, dass bei einem nennenswerten Teil der befragten Unternehmen (zwischen 14% und 17%) keine Kenntnis über die durchschnittliche Zeit bis zum Abschluss einer Beschwerdebearbeitung besteht.

Detaillierte Werte: Tabelle E5a; Branchenwerte: Tabelle E5b

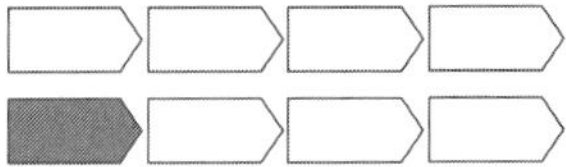

3.3. Der indirekte Beschwerdemanagementprozess

3.3.1. Beschwerdeauswertung

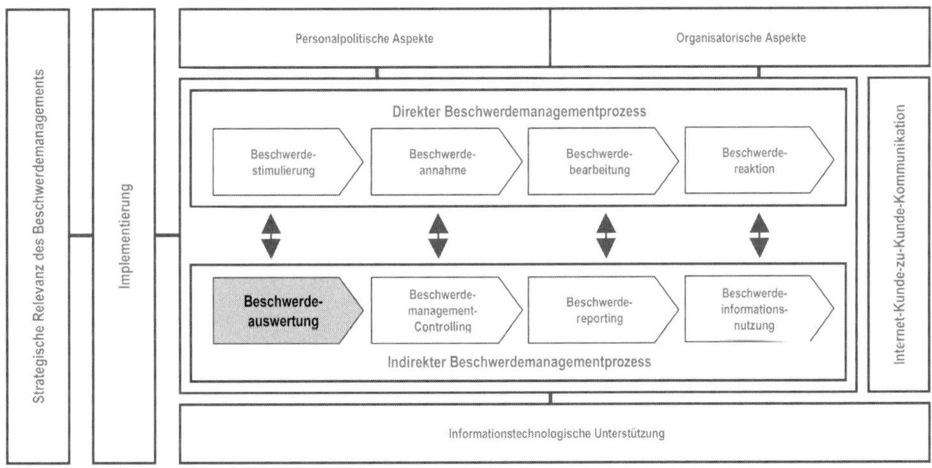

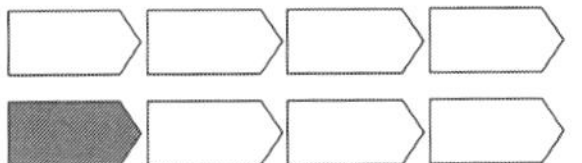

„Für wie wichtig halten Sie die folgenden quantitativen Auswertungsmöglichkeiten (Häufigkeitsauswertungen) für Ihr Beschwerdemanagement? Bitte geben Sie auch an, ob Sie diese Auswertungsmöglichkeiten in Ihrem Unternehmen nutzen."

Der Schwerpunkt der quantitativen Auswertungen liegt auf der unternehmensseitigen Perspektive der Beschwerdevorfälle.

Häufigkeitsauswertungen nach Aspekten des Beschwerdeproblems

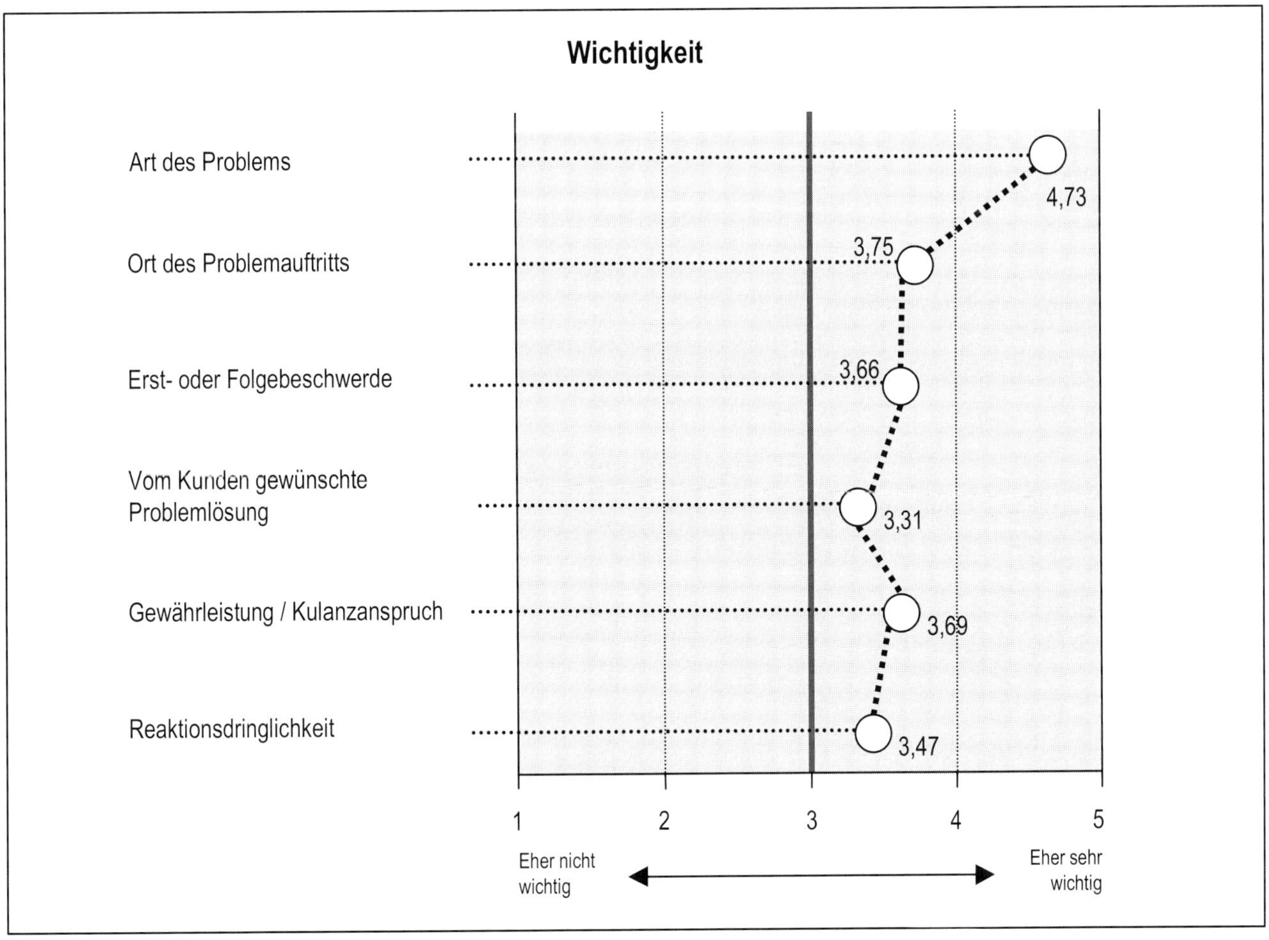

Wichtigkeit

Art des Problems 4,73
Ort des Problemauftritts 3,75
Erst- oder Folgebeschwerde 3,66
Vom Kunden gewünschte Problemlösung 3,31
Gewährleistung / Kulanzanspruch 3,69
Reaktionsdringlichkeit 3,47

1 2 3 4 5
Eher nicht wichtig ◄——► Eher sehr wichtig

- Im Rahmen der quantitativen Beschwerdeauswertung werden vor allem Häufigkeitsauswertungen bezüglich der Art des Problems für wichtig erachtet (4,73).
- In Bezug auf die Wichtigkeitseinschätzung erhalten die Reaktionsdringlichkeit (3,47) und die vom Kunden gewünschte Problemlösung (3,31) die geringsten Durchschnittswerte.

Detaillierte Werte: Tabelle F1a; Branchenwerte: Tabelle F1b

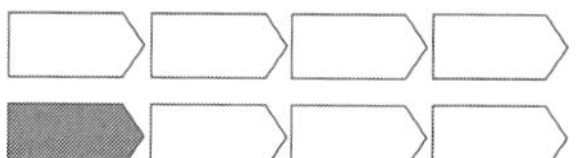

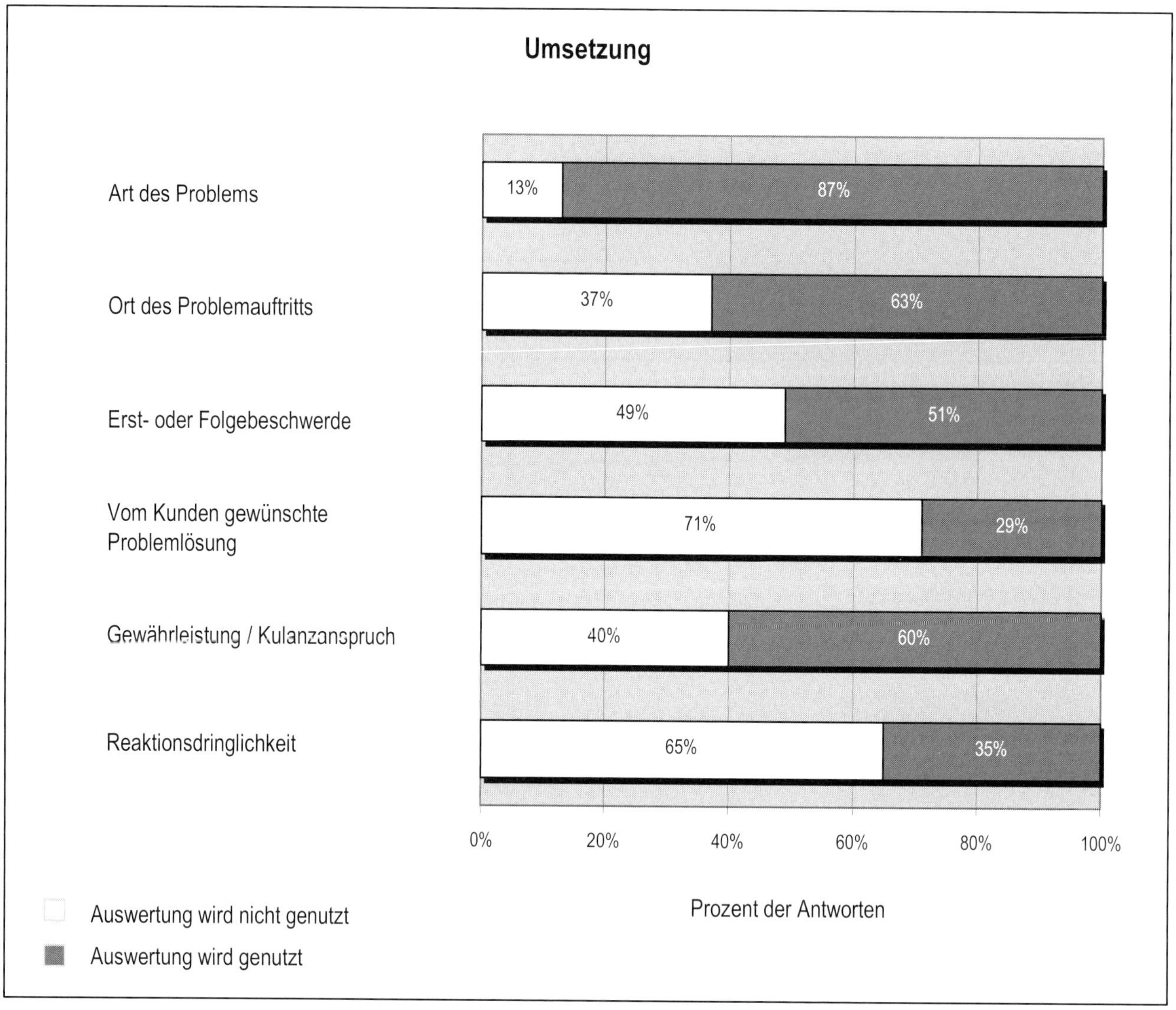

Umsetzung

	Auswertung wird nicht genutzt	Auswertung wird genutzt
Art des Problems	13%	87%
Ort des Problemauftritts	37%	63%
Erst- oder Folgebeschwerde	49%	51%
Vom Kunden gewünschte Problemlösung	71%	29%
Gewährleistung / Kulanzanspruch	40%	60%
Reaktionsdringlichkeit	65%	35%

- Die Ergebnisse bezüglich des Einsatzes quantitativer Auswertungsverfahren zeigen ein ähnliches Bild. Danach werden Häufigkeitsauswertungen hinsichtlich der Art des Problems von der großen Mehrheit der befragten Unternehmen vorgenommen (87%).
- Mehrheitlich erfolgen auch Auswertungen in Bezug auf den Ort des Problemauftritts (63%), Gewährleistung/Kulanzanspruch (60%) und die Frage, ob es sich um eine Erst- bzw. Folgebeschwerde handelt (51%).
- Im Branchenvergleich zeigt sich die unterschiedliche Relevanz der Gewährleistungs- bzw. Kulanzproblematik. Während in der Automobilindustrie zu 86% diesbezügliche Auswertungen erfolgen, ist dies in der Nahrungs-/Getränkebranche nur zu 31% der Fall.
- Bezüglich der Reaktionsdringlichkeit (65%) bzw. der vom Kunden gewünschten Problemlösung (71%) verzichtet die Mehrheit der Unternehmen auf Häufigkeitsauswertungen. Somit fehlen ihr Informationen, die für die Fundierung der Beschwerdeinformationsnutzung sowie für die Beschwerdereaktion sinnvoll genutzt werden könnten.

Detaillierte Werte: Tabelle F1a; Branchenwerte: Tabelle F1b

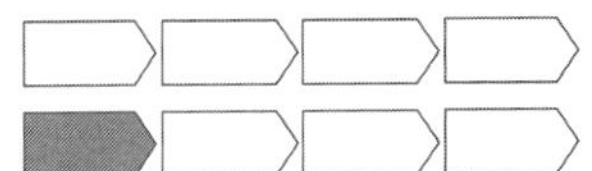

Die Mehrheit der Unternehmen verzichtet auf eine differenzierte Auswertung von Merkmalen der Beschwerdeführer.

Häufigkeitsauswertungen nach Aspekten der sich beschwerenden Kunden

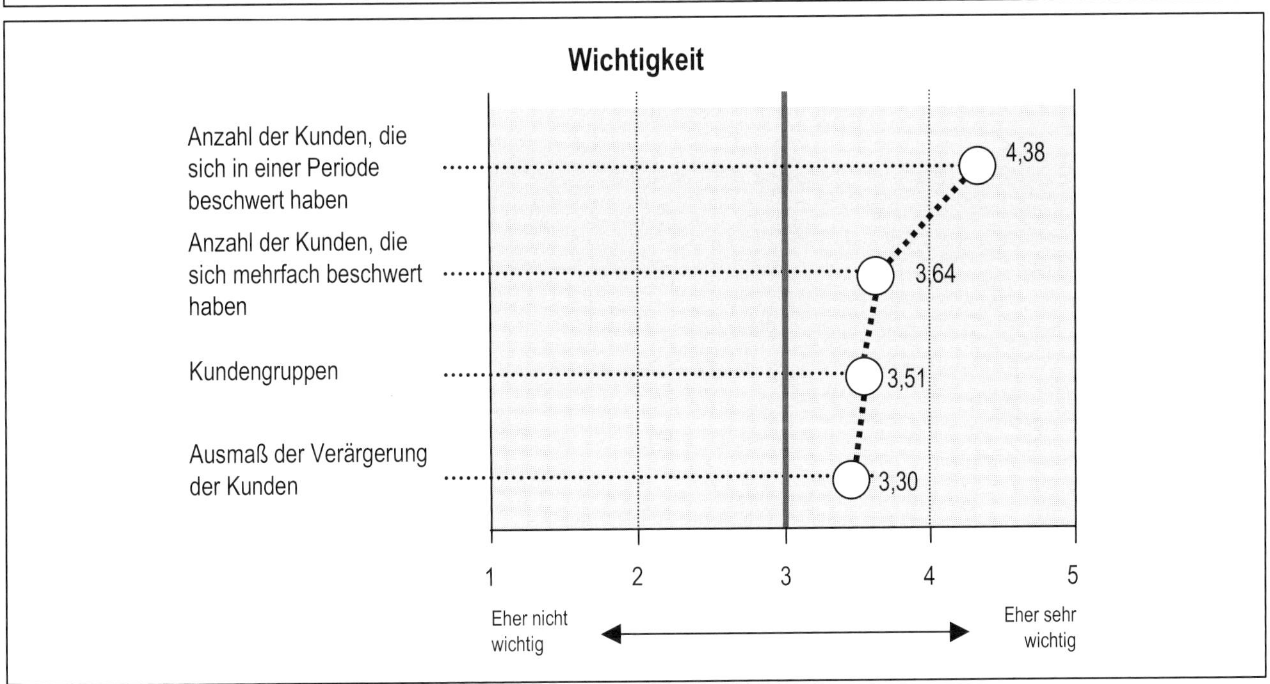

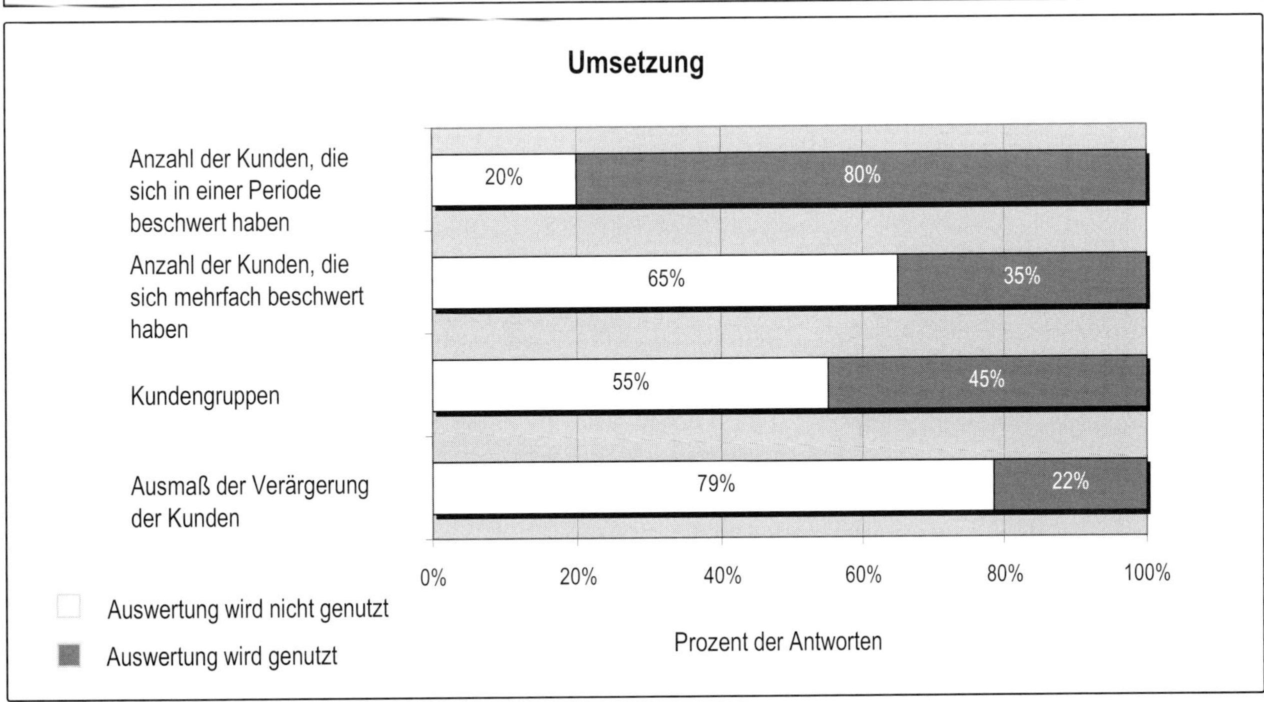

- Zwar erheben 80% der befragten Unternehmen die Anzahl der Kunden, die sich in einer Periode beschweren, doch die Mehrheit verzichtet auf eine weitergehende und differenzierte Auswertung im Hinblick auf Merkmale der Beschwerdeführer.
- In 55% der Unternehmen erfolgt keine Differenzierung nach Kundengruppen. 65% der Befragten haben keine Kenntnis über die Anzahl von Kunden, die sich mehrfach beschwert haben. Eine entsprechende Auswertung wäre aber sinnvoll, um durch eine Sonderauswertung zum einen besonders abwanderungsgefährdete Kunden oder aber Querulanten und Nörgler identifizieren zu können. Nur eine Minderheit (22%) berücksichtigt in ihrer quantitativen Auswertung das Ausmaß der Verärgerung ihrer Kunden.

Detaillierte Werte: Tabelle F1a; Branchenwerte: Tabelle F1b

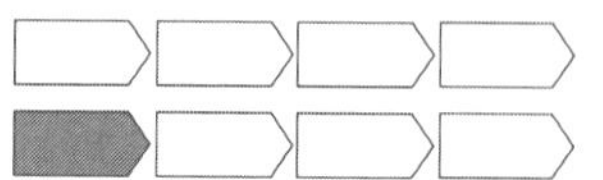

Gesellschaftsbezogene Probleme werden nur von einer Minderheit in die Beschwerdeauswertung einbezogen.

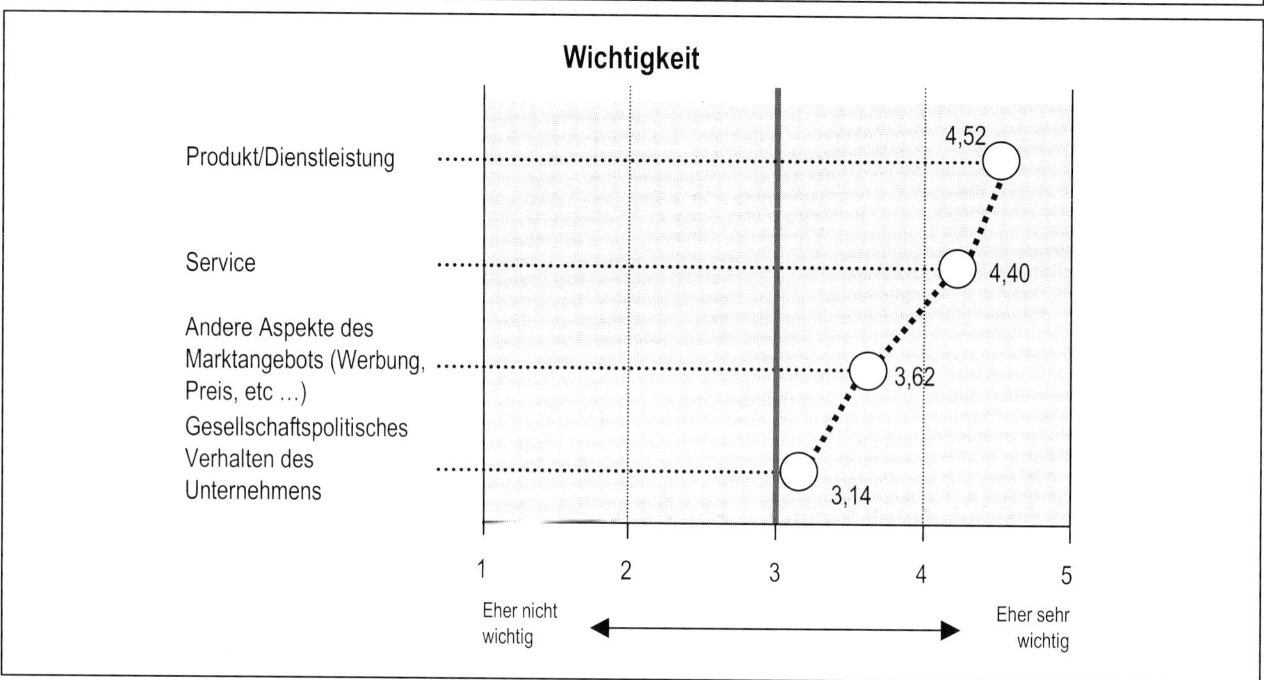

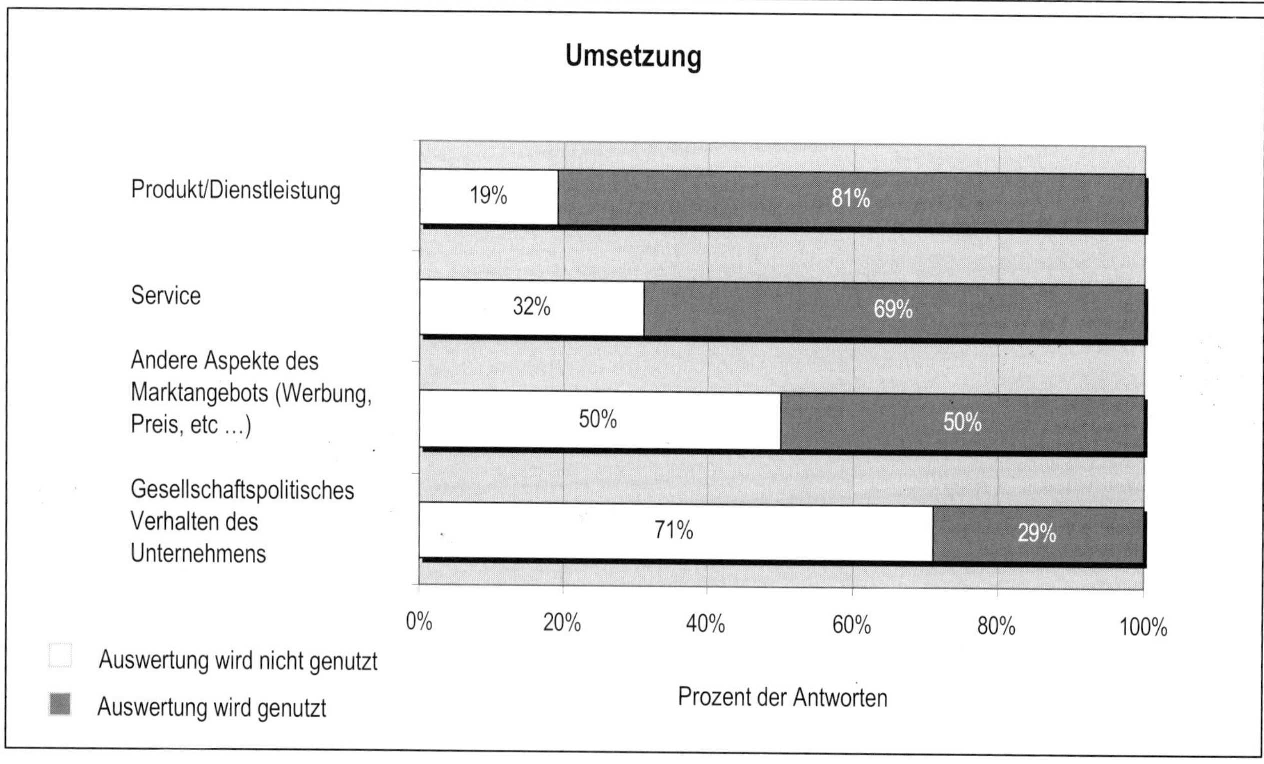

- Bezüglich des Objekts der Beschwerde sehen es die Befragten vor allem für wichtig an, quantitativ das betroffene Produkt oder die Dienstleistung (4,52) bzw. die kritisierten Aspekte begleitender Services (4,40) zu erfassen.
- Der Umfang faktisch durchgeführter Auswertungen entspricht der Rangordnung dieser Wichtigkeitseinschätzungen. Während die betroffenen Produkte/Dienstleistungen zu 81% zum Inhalt quantitativer Auswertungen gemacht werden, ist dies beim gesellschaftspolitischen Verhalten nur zu 29% der Fall.

Detaillierte Werte: Tabelle F1a; Branchenwerte: Tabelle F1b

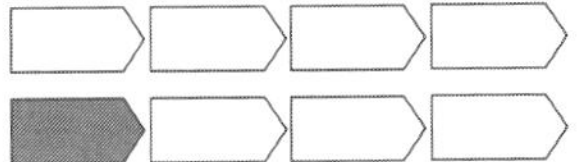

„In welchen Abständen werten Sie Beschwerden aus? (Mehrfachnennungen möglich)"

Die Auswertung im Monatsabstand dominiert – 15% der Unternehmen nehmen keine regelmäßige Auswertung vor.

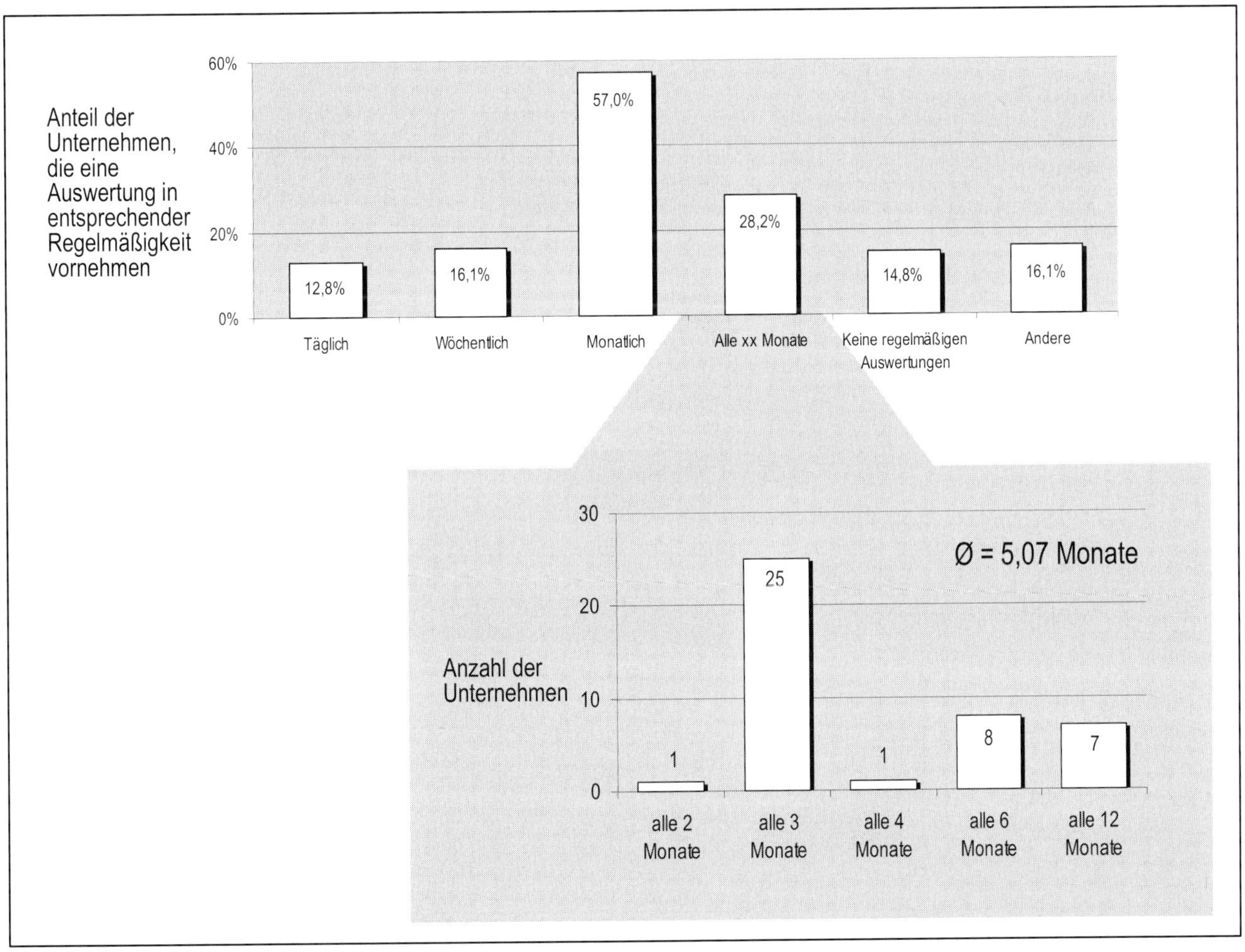

Anteil der Unternehmen, die eine Auswertung in entsprechender Regelmäßigkeit vornehmen	Täglich	Wöchentlich	Monatlich	Alle xx Monate	Keine regelmäßigen Auswertungen	Andere
	12,8%	16,1%	57,0%	28,2%	14,8%	16,1%

Anzahl der Unternehmen	alle 2 Monate	alle 3 Monate	alle 4 Monate	alle 6 Monate	alle 12 Monate
	1	25	1	8	7

Ø = 5,07 Monate

- In Bezug auf den Auswertungsrhythmus geben (bei Mehrfachnennungen) 57% der Befragten an, dass die Auswertungen monatlich erfolgen. Ein beachtlicher Anteil wertet in kürzeren Abständen aus, nämlich wöchentlich (16,1%) oder auch täglich (12,8%). In immerhin 14,8% der Fälle werden keine regelmäßigen Auswertungen vorgenommen, so dass auch keine kontinuierlichen Vergleichsanalysen durchgeführt werden können.
- Die Branchenbetrachtung zeigt wiederum große Handlungsunterschiede auf. So fällt auf, dass im Bank- und Versicherungsbereich Auswertungen vor allem in größeren als monatlichen Abständen (jeweils 57%) vorgenommen werden. Demgegenüber finden im Versorgungsbereich zu 18% tägliche und zu 24% wöchentliche Auswertungen statt.
- Allerdings ist die Spannweite der Vorgehensweisen auch innerhalb der Versorgerbranche groß. So nimmt hier fast ein Viertel (24%) überhaupt keine regelmäßigen Auswertungen vor.
- Auch die Automobil- und Nahrungs-/Getränkebranche zeigen erhebliche Verhaltensunterschiede auf. Von den Unternehmen der Automobilindustrie, die regelmäßige Auswertungen durchführen, gibt es keinen Auswertungsrhythmus, der den Monatszeitraum überschreitet. 29% nehmen sogar eine tägliche Auswertung vor. Unternehmen der Nahrungs-/Getränkebranche weisen einen geringeren Anteil von Unternehmen mit täglicher Auswertung (18%) auf. Gleich groß ist der Anteil von Unternehmen, die Auswertungen in längeren Zeitabständen als einem Monat vornehmen (18%) mit einem durchschnittlichen Zeitabstand von mehr als 6 Monaten).

Detaillierte Werte: Tabelle F2a; Branchenwerte: Tabelle F2b

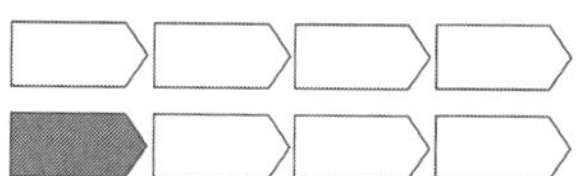

„Für wie wichtig halten Sie die folgenden Aspekte der Auswertung von Kundenbeschwerden in Ihrem Unternehmen? Bitte beurteilen Sie auch den Umsetzungsstatus dieser Aspekte in Ihrem Unternehmen."

Im Bereich der Beschwerdeauswertung bestehen noch erhebliche Defizite. Dies gilt auch im Hinblick auf eine systematische Ursachenanalyse.

	Wichtigkeit	Umsetzung
Abgleich von Informationen aus Beschwerden mit anderen Marktforschungsdaten (z.B. aus der Kundenzufriedenheitsanalyse)	3,80	2,56
Unterstützung der quantitativen Auswertung durch eine Beschwerdemanagementsoftware	4,13	3,23
Weitergehende komplexe statistische Auswertungen, z.B. Kreuztabellierungen	3,32	2,27
Systematische Ursachenanalyse hinsichtlich der Beschwerdegründe	4,44	3,42

1 2 3 4 5

Wichtigkeit: Eher nicht wichtig ◄──► Eher sehr wichtig

Umsetzung: Nicht realisiert ◄──► Voll realisiert

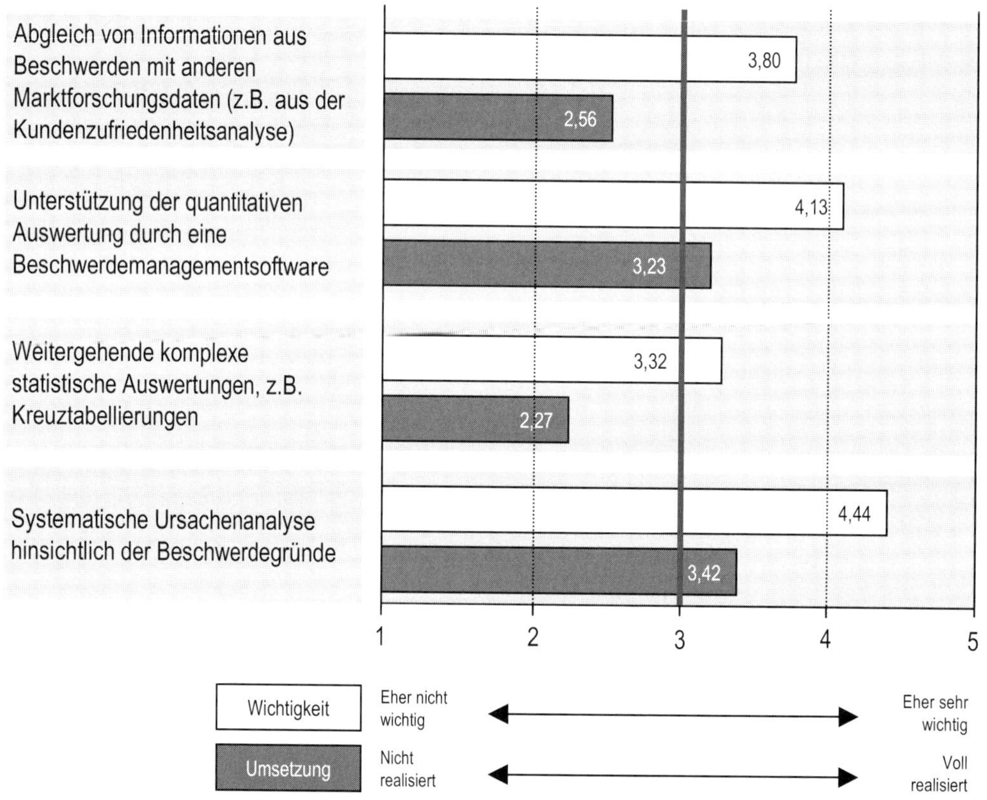

- Als weitere Aspekte der Beschwerdeauswertung sieht die Mehrheit der Befragten vor allem eine systematische Ursachenanalyse (4,44), die Unterstützung der quantitativen Auswertung durch eine Beschwerdemanagementsoftware (4,13) und den Abgleich von Informationen aus Beschwerden mit anderen Marktforschungsdaten (3,80) für wichtig an.
- In Bezug auf diese beiden Aspekte bestehen aber offenbar noch erhebliche Umsetzungsdefizite. Nimmt man die Differenz der durchschnittlichen Wichtigkeit und des durchschnittlichen Realisierungsgrads als Indikator für ein Umsetzungsdefizit, dann ist dieses am stärksten ausgeprägt hinsichtlich des Abgleichs von Informationen aus Beschwerden mit anderen Marktforschungsdaten, z.B. aus der Zufriedenheitsanalyse (Skalendifferenz: 1,24). Bemerkenswert ist aber auch das beträchtliche Realisierungsdefizit bezüglich einer systematischen Analyse von Ursachen der Beschwerden (Skalendifferenz: 1,02).
- Für weniger wichtig als die bisher genannten Aspekte werden weitergehende statistische Auswertungen angesehen. Aber auch hier entspricht die Umsetzung nicht der Wichtigkeitseinschätzung (Skalendifferenz: 1,05).

Detaillierte Werte: Tabelle F3a; Branchenwerte: Tabelle F3b

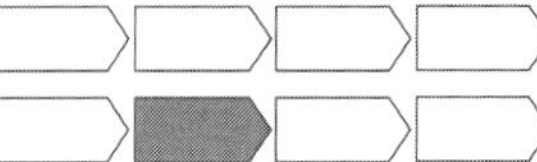

3.3.2. Beschwerdemanagement-Controlling

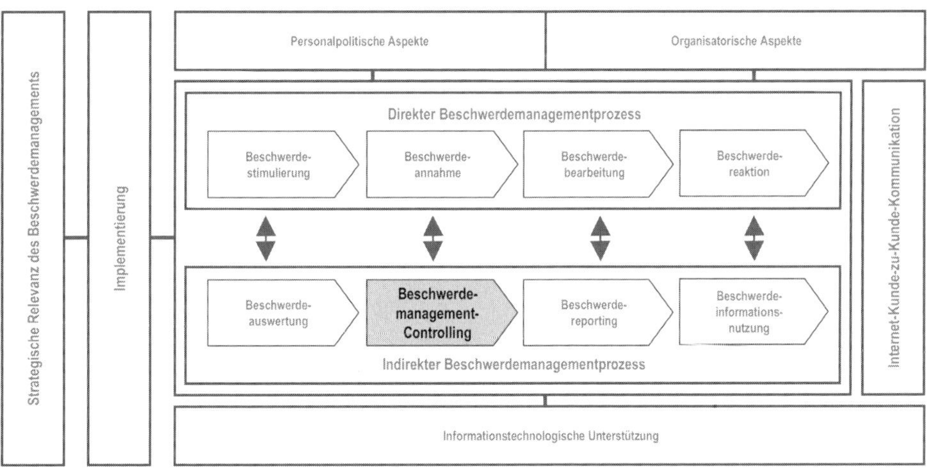

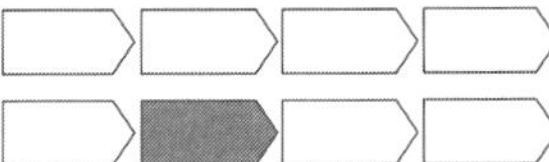

„Kennen Sie den Anteil der unzufriedenen Kunden in Ihrem Unternehmen?"

Die Kenntnis über den Anteil der unzufriedenen Kunden ist eher gering.

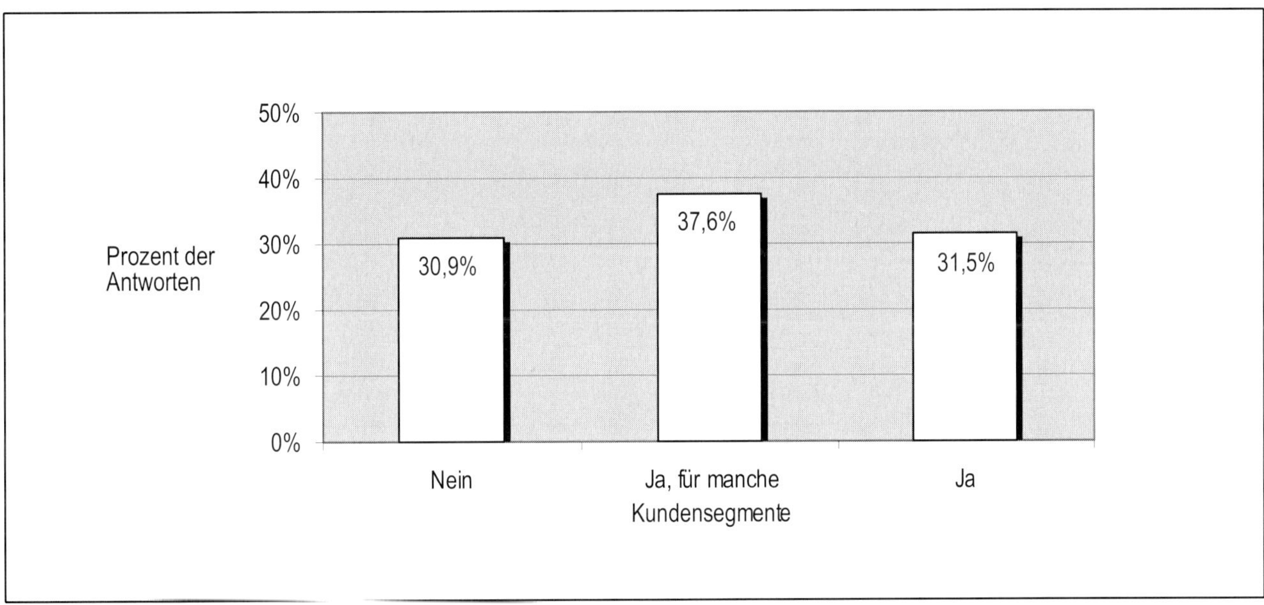

- Eine grundlegende Aufgabe des Beschwerdemanagement-Controlling besteht in der Feststellung, inwieweit sich im Beschwerdeaufkommen das Ausmaß der unter den Kunden verbreiteten Unzufriedenheit widerspiegelt. Dazu ist es allerdings erforderlich, dass Unternehmen mittels regelmäßiger Zufriedenheitsmessungen über exakte Vorstellungen hinsichtlich des Anteils der Unzufriedenen unter ihren Kunden verfügen.
- Dies ist aber keineswegs immer der Fall. Nur 31,5% der befragten Unternehmen beantworten die Frage nach der Kenntnis des Anteils der unzufriedenen Kunden ohne Einschränkungen mit „Ja". 37,6% geben an, über entsprechende Kenntnisse in Bezug auf manche Segmente zu verfügen, während ein knappes Drittel (30,9%) keine diesbezüglichen Kenntnisse besitzt.
- Der Anteil an Unternehmen, die über keine diesbezüglichen Kenntnisse verfügen, ist in der Branche Nahrung/Getränke am höchsten (41,2%), in der Automobilindustrie fällt er dagegen am geringsten aus (14,2%).

Detaillierte Werte: Tabelle G1a; Branchenwerte: Tabelle G1b

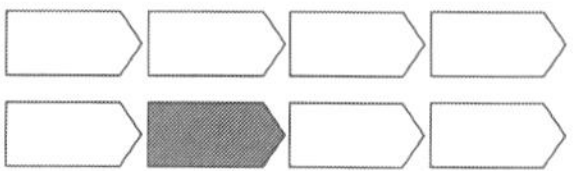

„Kennen Sie den Anteil der abwanderungsgefährdeten Kunden in Ihrem Unternehmen?“

Fast die Hälfte der befragten Unternehmen kennt nicht den Anteil abwanderungsgefährdeter Kunden.

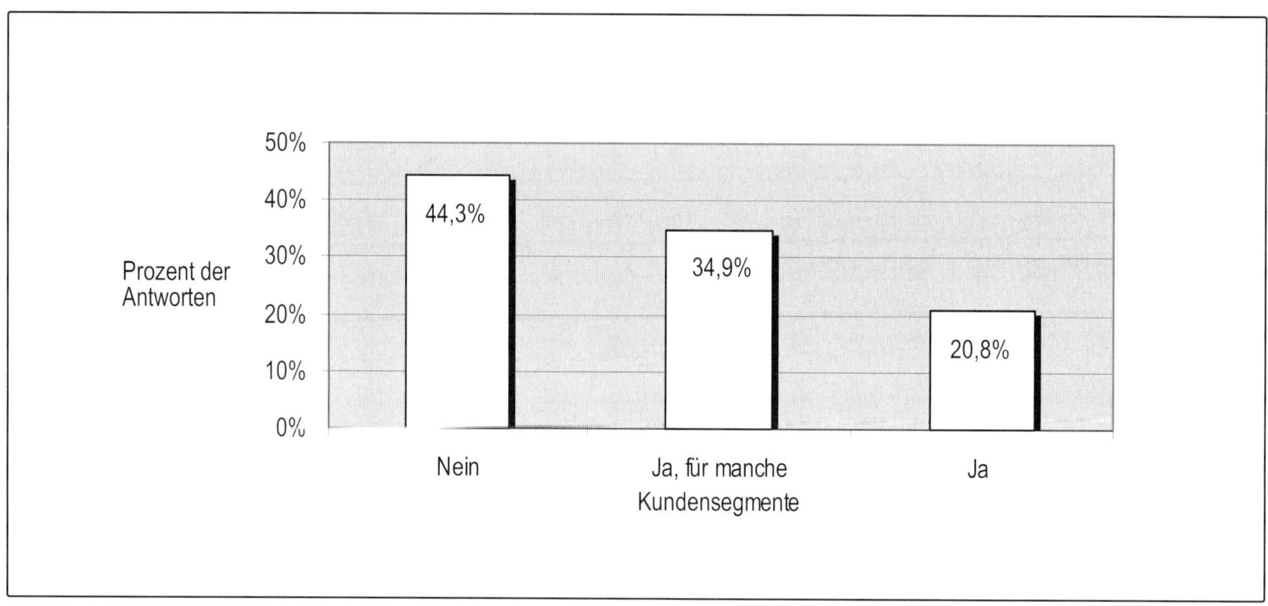

- Noch geringer als die Kenntnis über das Ausmaß der Unzufriedenheit unter den Kunden ist das unternehmerische Wissen über die Abwanderungsgefahr unter den Kunden. Hier kann nur eine Minderheit von 20,8% der Unternehmen eine entsprechende Frage einschränkungslos bejahen.
- Immerhin 34,9% der Unternehmen verfügen über diesbezügliche Kenntnisse für manche Kundensegmente.
- Fast die Hälfte (44,3%) der Befragten gibt jedoch an, über keine diesbezüglichen Kenntnisse zu verfügen.

Detaillierte Werte: Tabelle G1a; Branchenwerte: Tabelle G1b

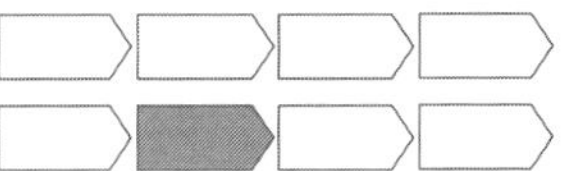

„Welche der folgenden Kennzahlen eines Beschwerdemanagement-Controlling erheben Sie? Bitte geben Sie auch an, welche der Kennzahlen Sie für die Vorgabe von Leistungsstandards für das Beschwerdemanagement nutzen."

Die Größe des „Unzufriedenheits-Eisberges" ist weitgehend unbekannt.

Beschwerdequote

Anteil der Kunden, die sich beschweren, gemessen an der gesamten Kundenzahl

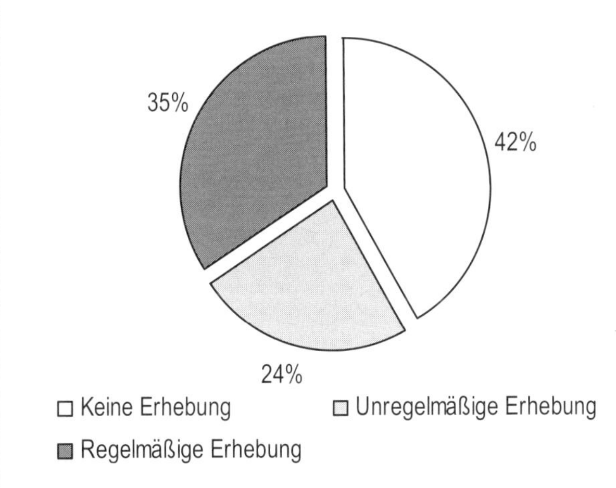

Artikulationsquote

Anteil der Kunden, die sich beschweren, gemessen an allen unzufriedenen Kunden

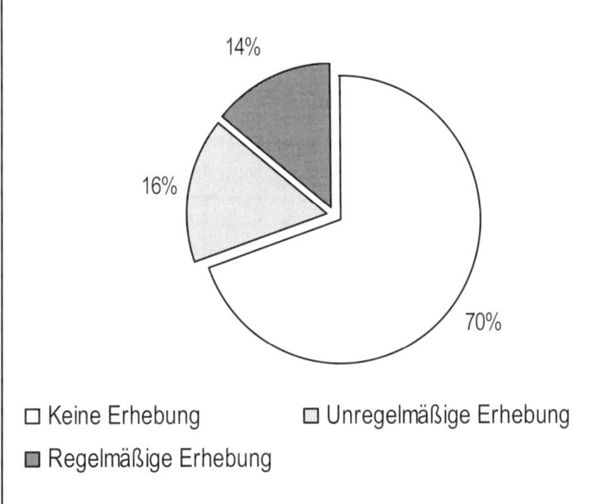

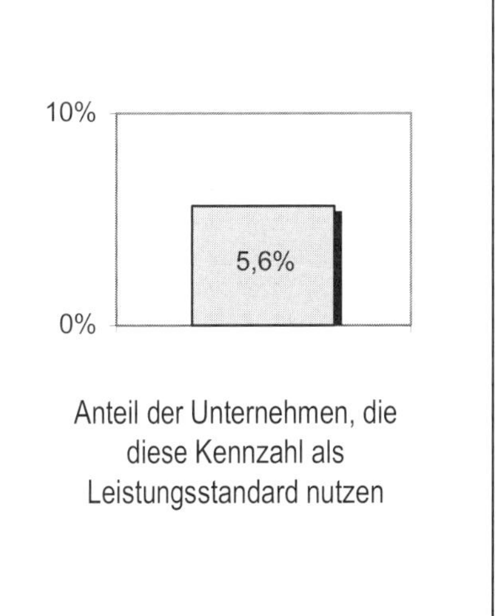

- Die Beschwerdequote beschreibt den Anteil aller Kunden, die sich beim Unternehmen beschweren, bezogen auf den gesamten Kundenstamm. In 35% der befragten Unternehmen liegen entsprechende Werte regelmäßig, in weiteren 24% unregelmäßig vor. In 42% der Unternehmen wird diese Quote nicht erhoben.
- Die Artikulationsquote umfasst das Verhältnis der Beschwerdeführerzahl zur Gesamtzahl aller unzufriedenen Kunden. Je größer die Artikulationsquote ausfällt, desto mehr gelingt es dem Unternehmen, unzufriedene Kunden zur Beschwerde zu bewegen. Insofern handelt es sich dabei um eine relevante Kennzahl des Beschwerdemanagement-Controlling, die Auskunft über die Größe des „Unzufriedenheits-Eisberges" gibt, von dem nur die Spitze in den Beschwerden sichtbar wird. Die Höhe der Artikulationsquote ist bei der Mehrheit der befragten Unternehmen unbekannt. In 70% der Unternehmen erfolgt keine Erhebung. Regelmäßig wird die Artikulationsquote nur von 14% der befragten Unternehmen erhoben.
- Noch weitaus weniger werden diese Quoten als Leistungsstandards genutzt. Immerhin 16,1% der Befragten geben an, dass die Beschwerdequote als Standard eingesetzt wird. Dies ist problematisch, da eine niedrige Beschwerdequote keineswegs als Beleg hoher Kundenzufriedenheit interpretiert werden kann.
- Die als Leistungsstandard sinnvolle Artikulationsquote wird nur in 5,6% der Unternehmen entsprechend genutzt.

Detaillierte Werte: Tabelle G2a; Branchenwerte: Tabelle G2b

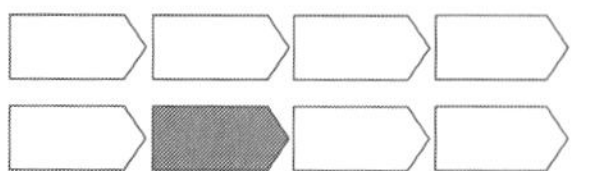

„Welche der folgenden Kennzahlen eines Beschwerdemanagement-Controlling erheben Sie? Bitte geben Sie auch an, welche der Kennzahlen Sie für die Vorgabe von Leistungsstandards für das Beschwerdemanagement nutzen."

Im Aufgaben-Controlling werden in nennenswerter Weise nur Zeitstandards genutzt.

Adressatenquote pro Kontaktkanal

Anteil der Beschwerden pro Kontaktkanal

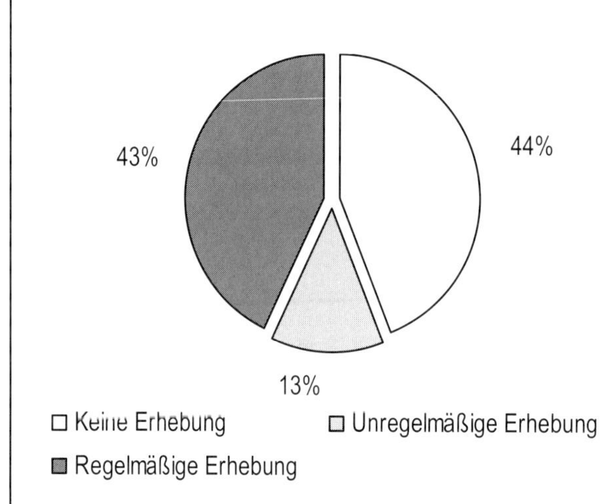

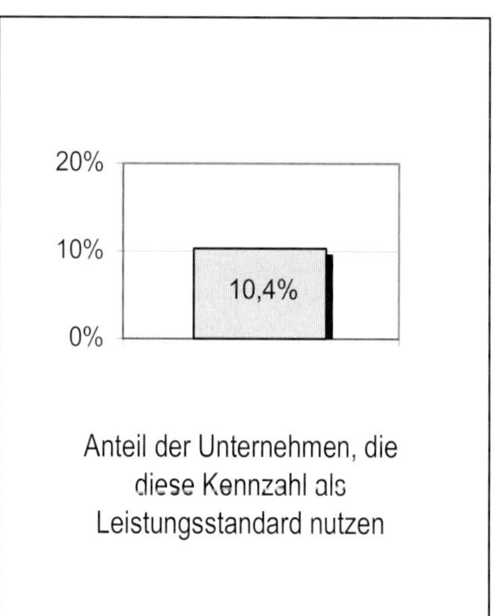

Anteil der Unternehmen, die diese Kennzahl als Leistungsstandard nutzen

Erstkontaktquote

Anteil der Beschwerden, die in einem ersten Kontakt mit dem Kunden gelöst werden können

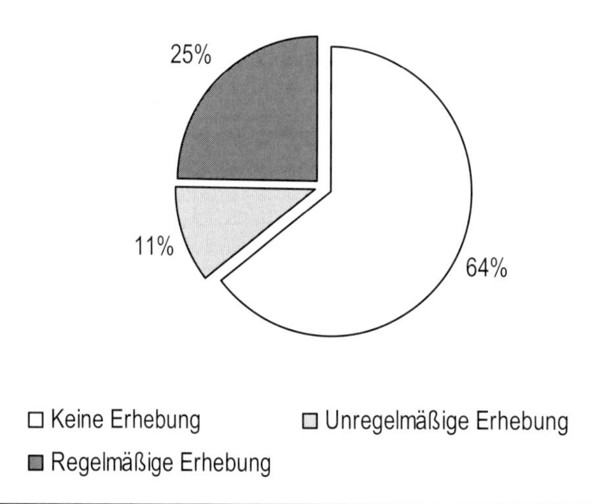

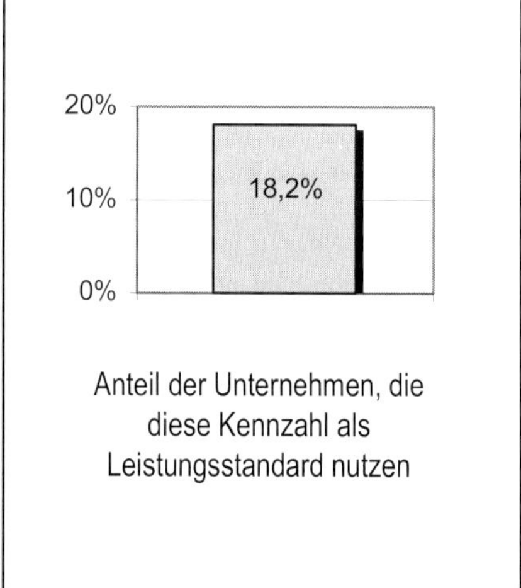

Anteil der Unternehmen, die diese Kennzahl als Leistungsstandard nutzen

Detaillierte Werte: Tabelle G3a; Branchenwerte: Tabelle G3b

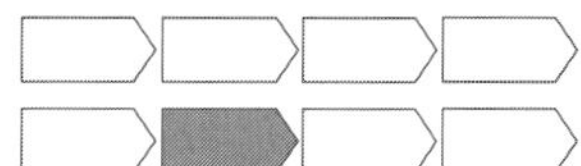

Bearbeitungs-dauer

Durchschnittlicher Zeitbedarf, um eine Beschwerde zu lösen

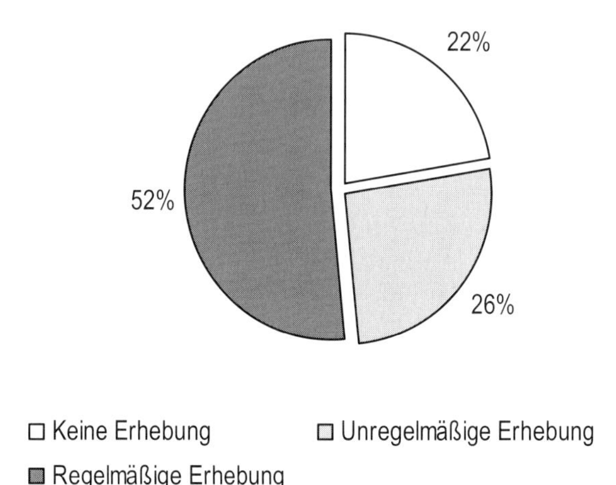

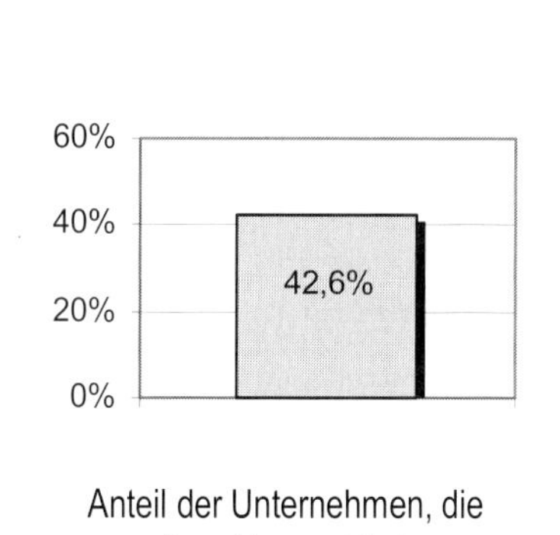

Anteil der Unternehmen, die diese Kennzahl als Leistungsstandard nutzen

Liegedauer

Zeitdauer, die eine Beschwerde unbearbeitet nach Eingang liegen bleibt

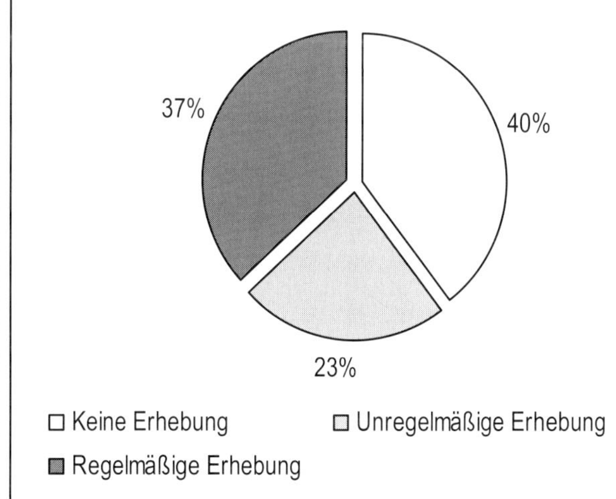

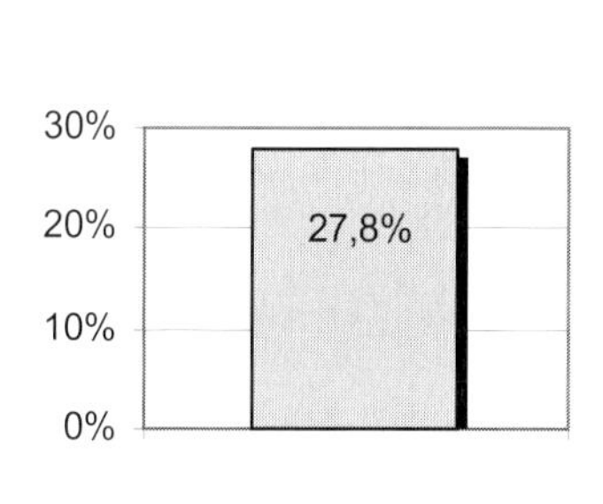

Anteil der Unternehmen, die diese Kennzahl als Leistungsstandard nutzen

Eskalationsquote

Anteil der Beschwerden, die an die höhere Hierarchie-Ebene weitergeleitet werden

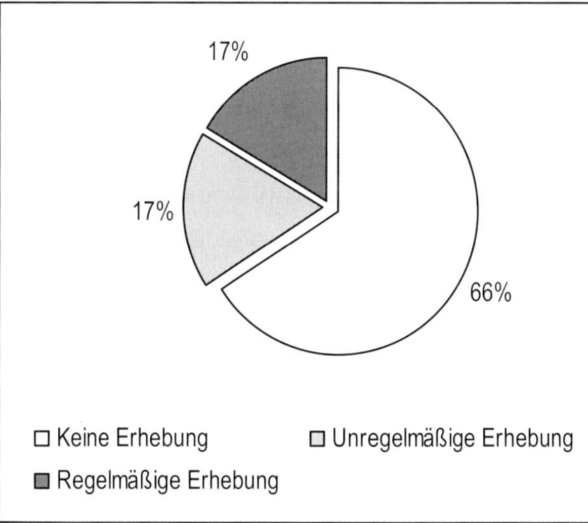

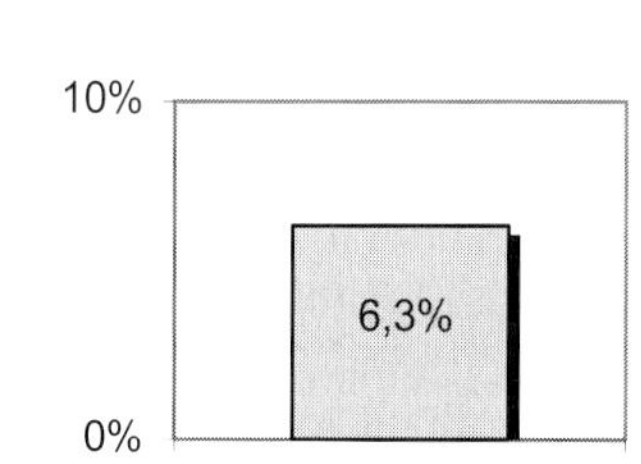

Anteil der Unternehmen, die diese Kennzahl als Leistungsstandard nutzen

Detaillierte Werte: Tabelle G3a; Branchenwerte: Tabelle G3b

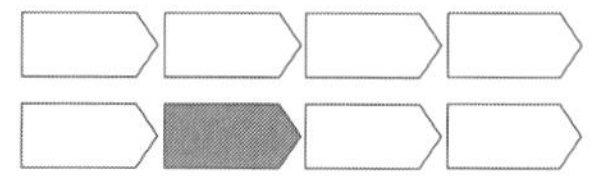

Folgequote

Anteil der Beschwerden, die eine Folgebeschwerde sind

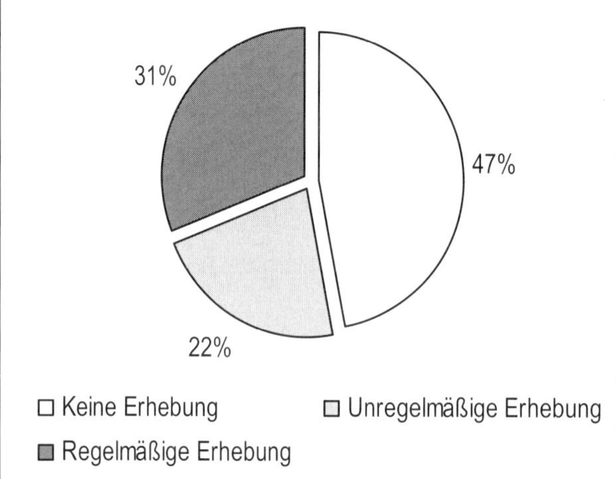

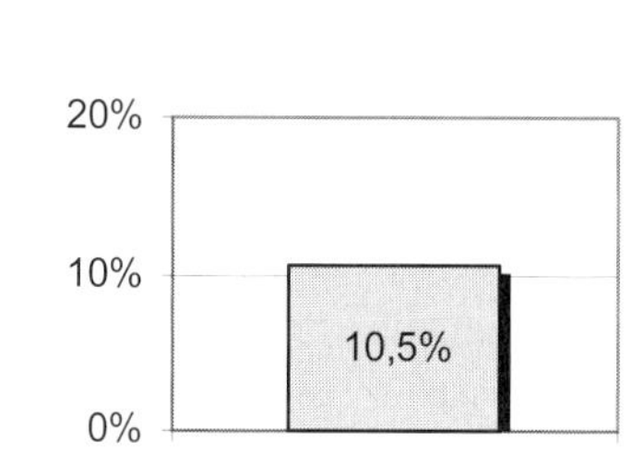

Anteil der Unternehmen, die diese Kennzahl als Leistungsstandard nutzen

Verlustquote

Anteil der Kunden, die trotz einer Beschwerde abgewandert sind

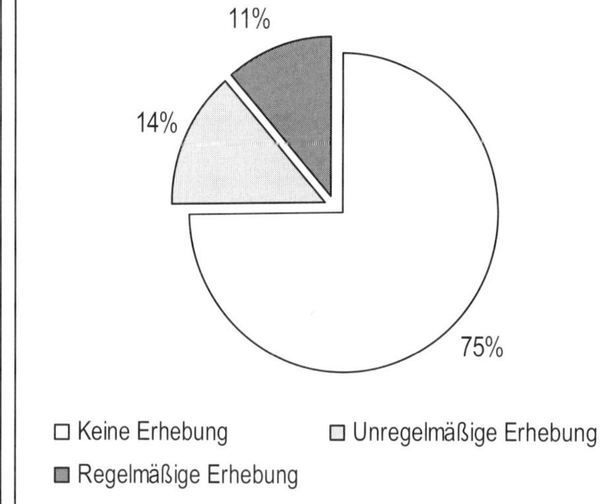

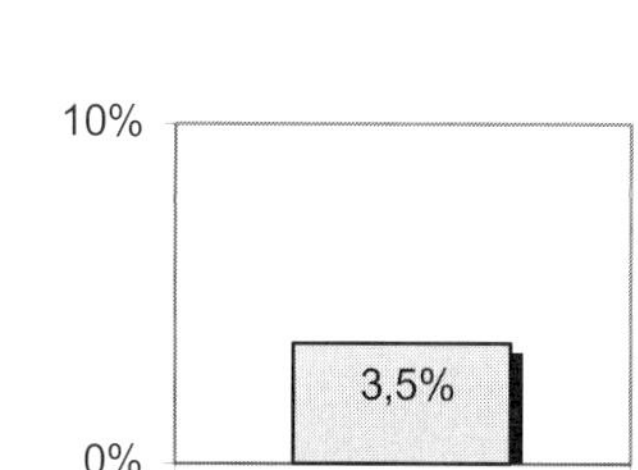

Anteil der Unternehmen, die diese Kennzahl als Leistungsstandard nutzen

Zahl der zentral bearbeiteten schriftlichen Beschwerden pro Arbeitsstunde

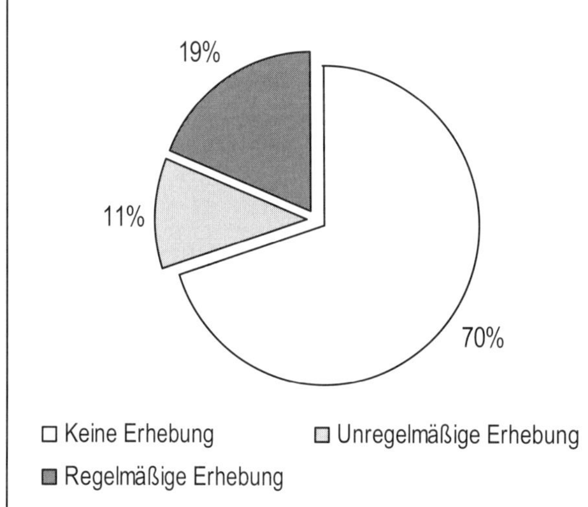

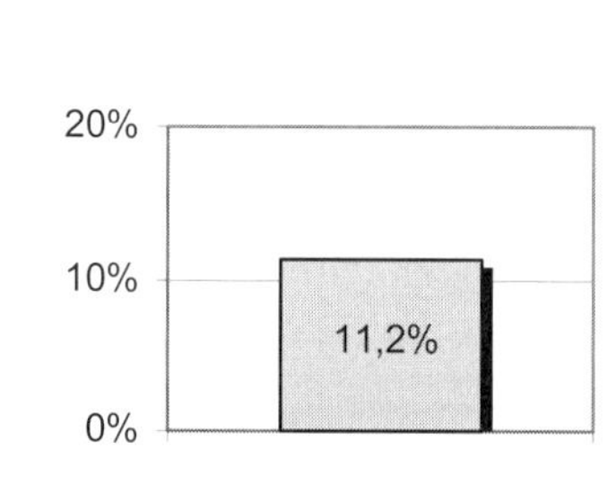

Anteil der Unternehmen, die diese Kennzahl als Leistungsstandard nutzen

Detaillierte Werte: Tabelle G3a; Branchenwerte: Tabelle G3b

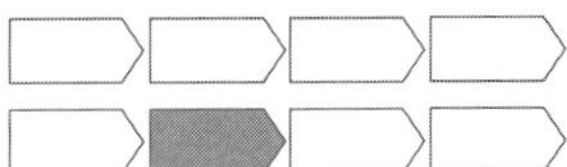

Zahl der zentral angenommenen telefonischen Beschwerden pro Arbeitsstunde

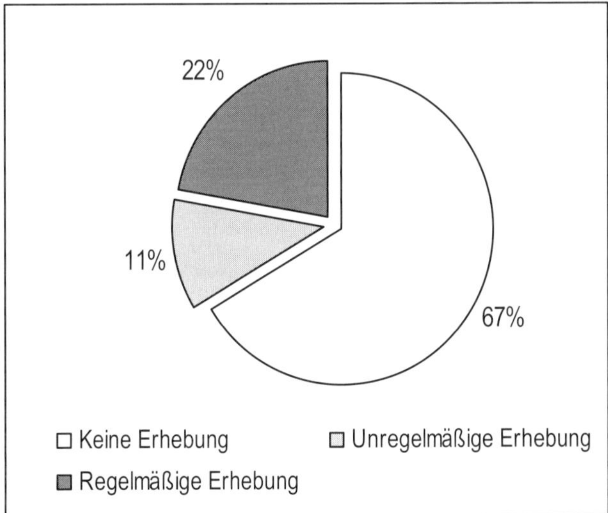

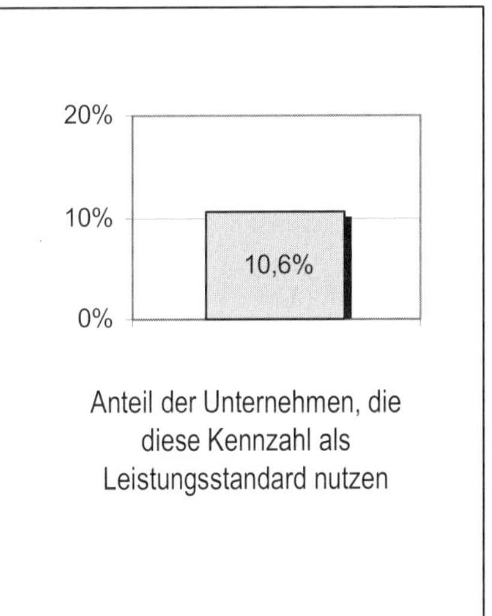

- Die meisten der möglichen Kennzahlen eines Aufgaben-Controlling werden von der Mehrheit der befragten Unternehmen nicht erhoben. Die Antwortkategorie „Keine Erhebung“ erhält Zustimmungsraten zwischen 60% und 70%.
- Dementsprechend dienen die jeweiligen Kennzahlen auch nur in vergleichsweise geringem Umfang als Leistungsstandards für das Beschwerdemanagement.
- Ausnahmen bilden hier nur die zeitbezogenen Kennzahlen. Die Bearbeitungsdauer als durchschnittlicher Zeitbedarf, um eine Beschwerde zu lösen, wird von etwas mehr als der Hälfte der Befragten regelmäßig erhoben (52%), von weiteren 26% in unregelmäßigen Abständen.
- Vergleichsweise oft wird auch die Liegedauer, d.h. die Zeitdauer, die eine Beschwerde unbearbeitet nach Eingang liegen bleibt, regelmäßig (37%) oder unregelmäßig (23%) erhoben.
- Beide Kennziffern – Bearbeitungsdauer und Liegedauer – werden auch in nennenswerter Weise als Leistungsstandards eingesetzt. Immerhin 42,6% geben an, für die Bearbeitungsdauer Standards zu formulieren, 27,8% tun dies bezüglich der Liegedauer.
- Bemerkenswert ist, dass in der großen Mehrheit der Unternehmen keine Kenntnis über die Produktivität im Beschwerdemanagement besteht. 70% der Unternehmen verzichten beispielsweise darauf, zu ermitteln, wie viele schriftliche Beschwerden durchschnittlich pro Stunde bearbeitet werden. In Bezug auf die Annahme telefonischer Beschwerden beläuft sich der Anteil der Unternehmen, die diese Daten nicht erfassen, auf 67%. Von den Unternehmen, die diese Werte erheben, nutzt nur ein Bruchteil diese Daten als Leistungsstandards: 11,2% bei schriftlichen Beschwerden, 10,6% bei telefonischen Beschwerden.

Detaillierte Werte: Tabelle G3a; Branchenwerte: Tabelle G3b

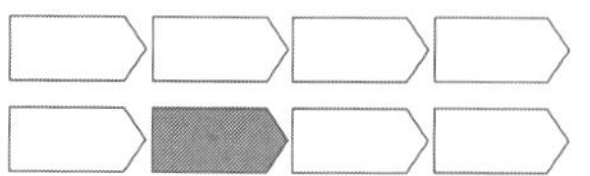

„Welche der folgenden Dimensionen der kundenseitigen Zufriedenheit mit dem unternehmerischen Umgang mit Beschwerden ermitteln Sie? Bitte geben Sie auch an, welche dieser Dimensionen Sie für die Vorgabe von Leistungsstandards für das Beschwerdemanagement nutzen."

Viele Unternehmen kennen die Wirkung ihres Beschwerdemanagements auf die Zufriedenheit ihrer Kunden nicht.

Globale Zufriedenheit mit der unternehmensseitigen Reaktion auf eine Beschwerde insgesamt

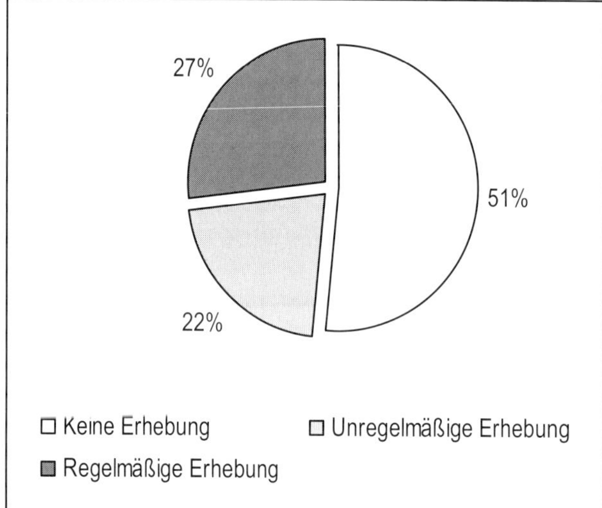

Anteil der Unternehmen, die diese Kennzahl als Leistungsstandard nutzen

Zugänglichkeit

Leichtigkeit, mit der eine Beschwerde artikuliert werden kann

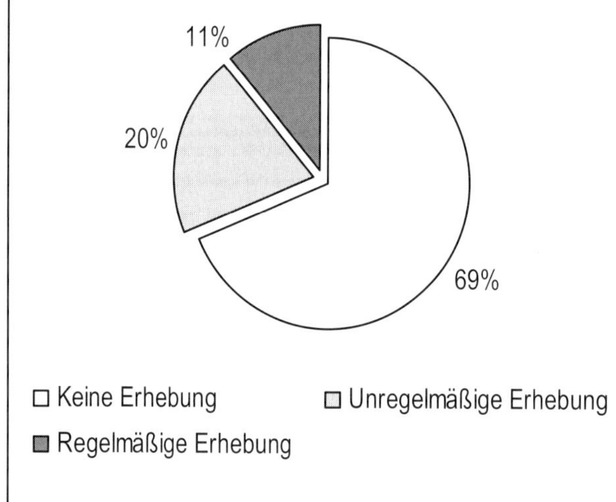

Anteil der Unternehmen, die diese Kennzahl als Leistungsstandard nutzen

Detaillierte Werte: Tabelle G4a; Branchenwerte: Tabelle G4b

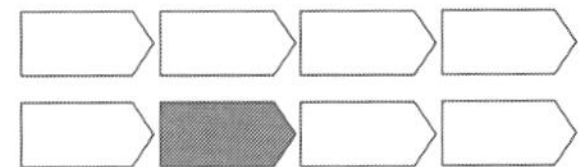

Interaktionsqualität

Gestaltung der Interaktion während der Annahme und Bearbeitung der Beschwerde (u.a. Freundlichkeit, Höflichkeit)

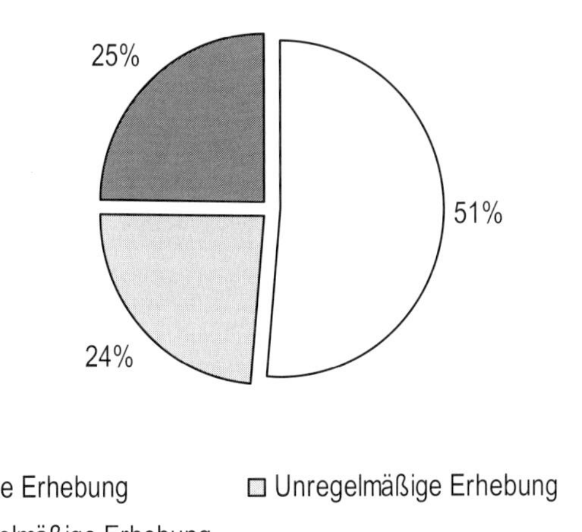

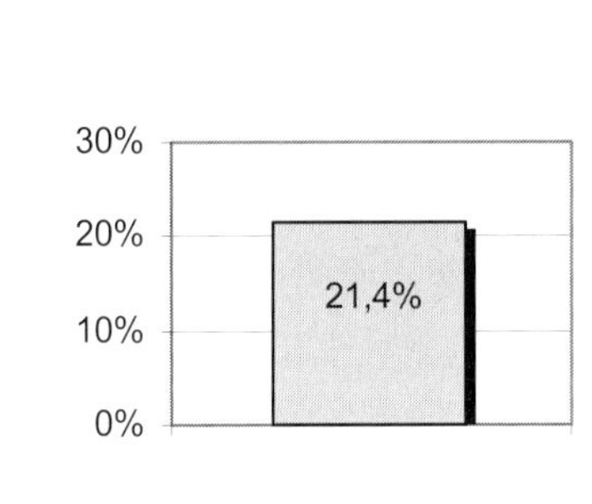

Anteil der Unternehmen, die diese Kennzahl als Leistungsstandard nutzen

Reaktionsschnelligkeit, mit der auf das Kundenanliegen reagiert wird

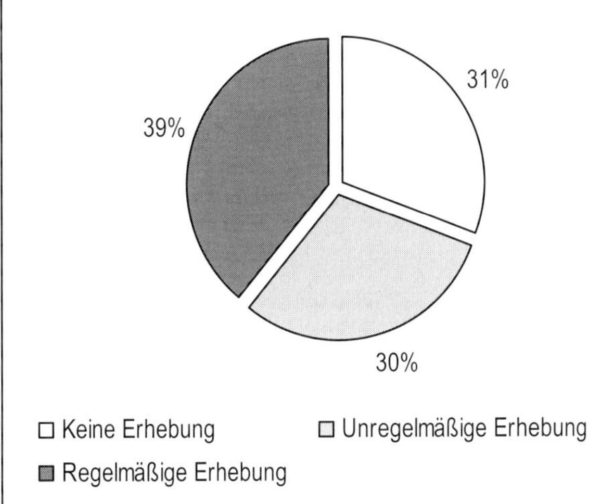

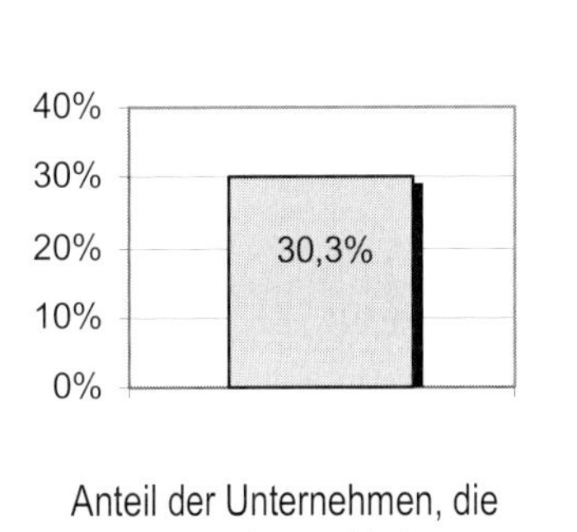

Anteil der Unternehmen, die diese Kennzahl als Leistungsstandard nutzen

Angemessenheit der Problemlösung bzw. der Fairness der angebotenen Lösung

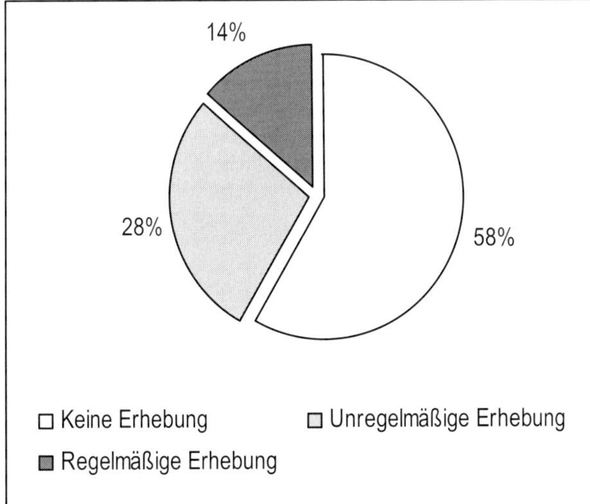

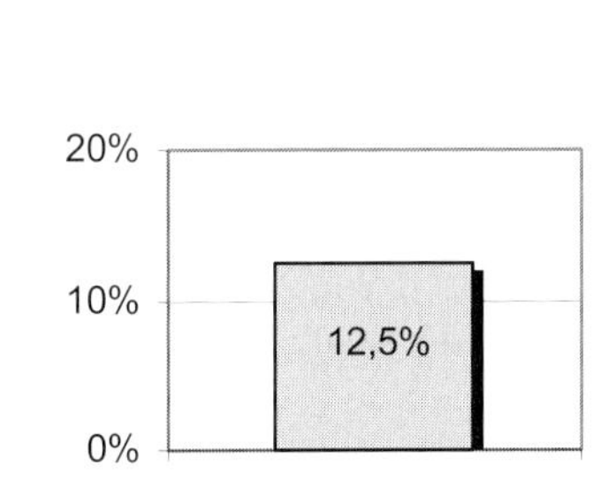

Anteil der Unternehmen, die diese Kennzahl als Leistungsstandard nutzen

Detaillierte Werte: Tabelle G4a; Branchenwerte: Tabelle G4b

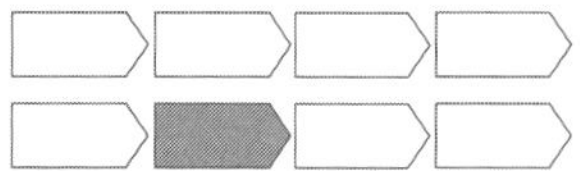

Unternehmens-interne Zufriedenheit von Stellen/Abteilungen mit Reports und Auswertungen

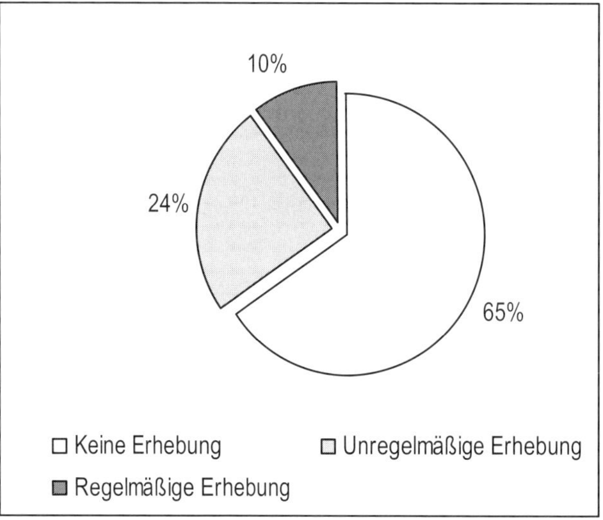

- Ein wesentliches Ziel des Beschwerdemanagements liegt in der Wiederherstellung von Kundenzufriedenheit als Voraussetzung für Kundenbindung und die Erreichung ökonomischer Unternehmensziele.
- Die Zufriedenheit der Beschwerdeführer mit der unternehmerischen Antwort auf ihre Beschwerden wird aber mehrheitlich nicht oder nur partiell erhoben. Fast drei Viertel geben an, die globale Beschwerdezufriedenheit ihrer Kunden nicht regelmäßig zu erheben (73 %).
- Von den Einzeldimensionen der Beschwerdezufriedenheit (wie Zugänglichkeit, Interaktionsqualität, Reaktionsschnelligkeit und Angemessenheit der Problemlösung) ist es nur die Reaktionsschnelligkeit, die in knapp 40% der Unternehmen gemessen wird (39%).
- Eine regelmäßige Erhebung, inwiefern die Kunden mit der Problemlösung bzw. der Fairness der angebotenen Lösung zufrieden sind, findet nur in 14% aller Unternehmen statt. Damit fehlt der großen Mehrheit der Führungskräfte im Beschwerdemanagement eine wichtige Informationsbasis für die Beurteilung der Effektivität ihrer Arbeit.
- Von der Aufgabenerfüllung durch einen Bereich Beschwerdemanagement sind nicht nur die Beschwerdeführer betroffen, sondern auch interne Zielgruppen wie die Geschäftsführung, das Qualitätsmanagement oder das Marketing. Daher erscheint es plausibel, auch die Zufriedenheit der internen Kunden zu messen. Nur 10% der befragten Unternehmen gehen regelmäßig in dieser Weise vor, 65% führen eine entsprechende Messung nicht durch.

Detaillierte Werte: Tabelle G4a; Branchenwerte: Tabelle G4b

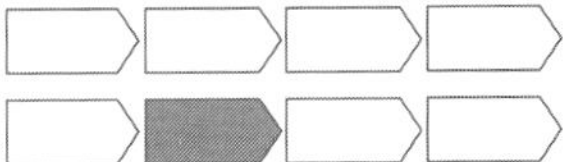

„Wie beurteilen Sie die Güte der Prozesse und Instrumente der verschiedenen Aufgaben des Beschwerdemanagements in Ihrem Unternehmen?"

Die Unternehmen sehen in der Beschwerdebearbeitung, -reaktion und -annahme ihre Stärken und in Beschwerdestimulierung sowie Beschwerdemanagement-Controlling ihre Schwächen.

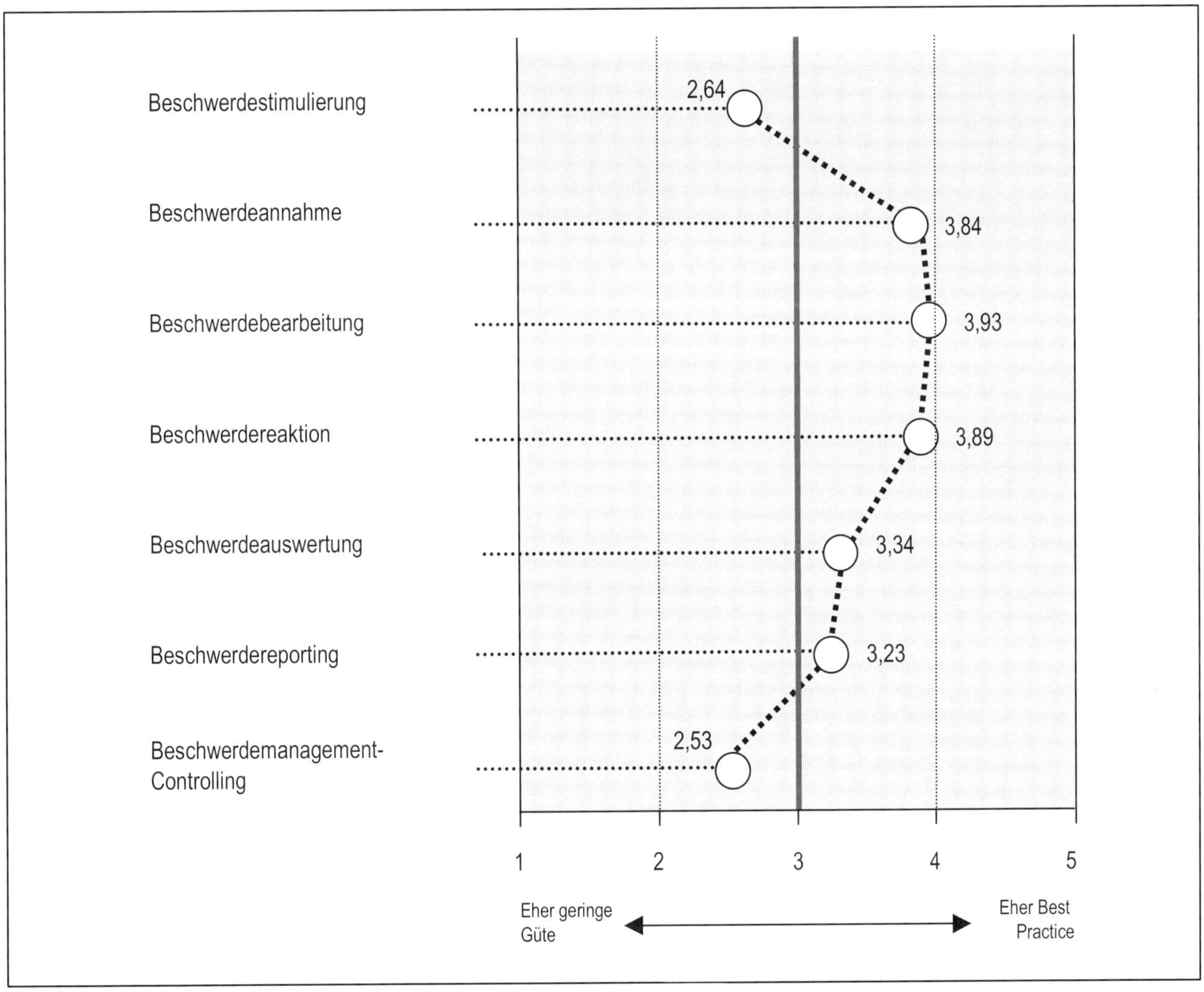

- Die befragten Beschwerdemanager beurteilen die Güte der Aufgabenerfüllung im Beschwerdemanagement ihrer Unternehmen sehr differenziert.
- Im Durchschnitt am besten beurteilen sie die Güte der Beschwerdebearbeitung (3,93), vor der Beschwerdereaktion (3,89) und der Beschwerdeannahme (3,84).
- Als schon wesentlich geringer wird die Güte der Prozesse in den Bereichen Beschwerdeauswertung (3,34) und Beschwerdereporting (3,23) eingeschätzt.
- Als vergleichsweise schwach wird im Durchschnitt die Aufgabenerfüllung im Bereich der Beschwerdestimulierung beurteilt (2,64). Am Ende der Güteeinschätzung durch die unternehmerischen Experten liegt das Beschwerdemanagement-Controlling (2,53).

Detaillierte Werte: Tabelle G5a; Branchenwerte: Tabelle G5b

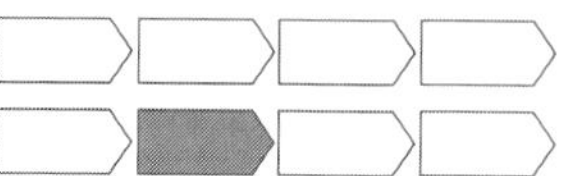

„Welche Kosten des Beschwerdemanagements erheben Sie in Ihrem Unternehmen?“

Nur einzelne Kostenarten des Beschwerdemanagements werden regelmäßig erhoben.

Unmittelbare Personalkosten der im Beschwerdemanagement beschäftigten Mitarbeiter

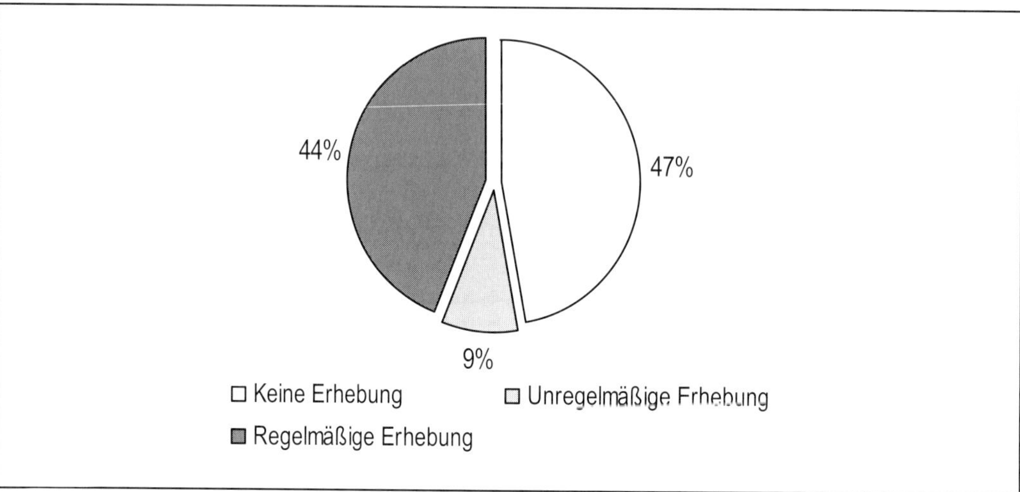

Mittelbare Personalkosten der für das Beschwerdemanagement tätigen Mitarbeiter aus anderen Bereichen (z.B. Unterstützung der Fachabteilungen bei der Suche nach einer Lösung für einen Kunden)

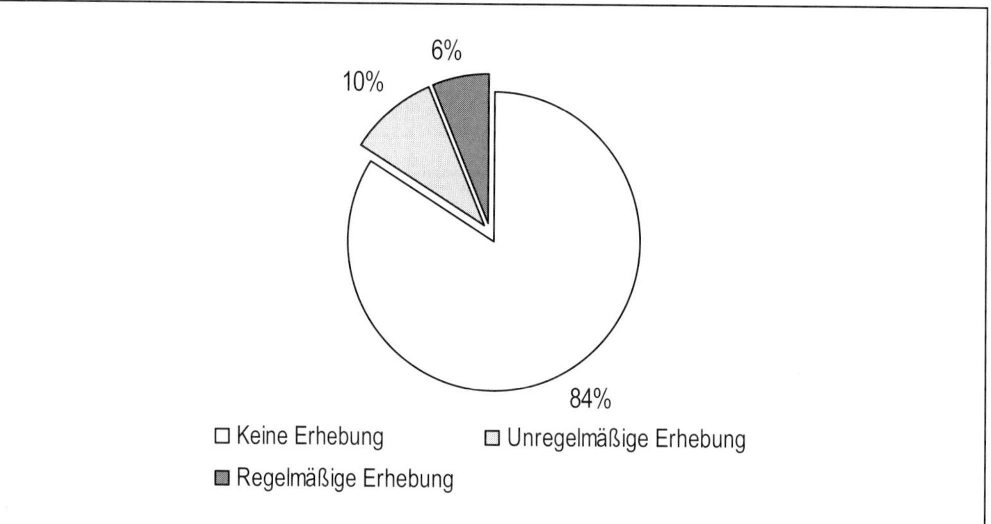

Detaillierte Werte: Tabelle G6a; Branchenwerte: Tabelle G6b

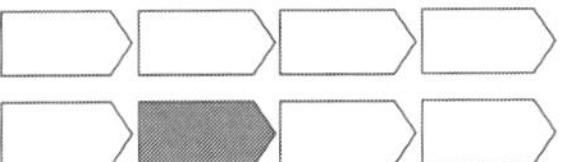

Verwaltungskosten für Büromaterial, Raumkosten, etc.

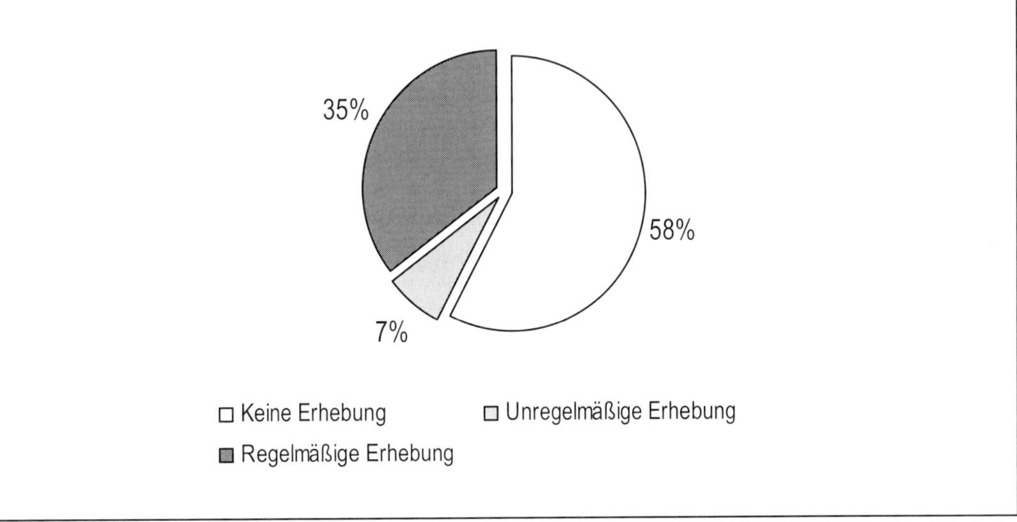

Kommunikationskosten im Rahmen kommunikativer Prozesse zur Lösung des Kundenproblems

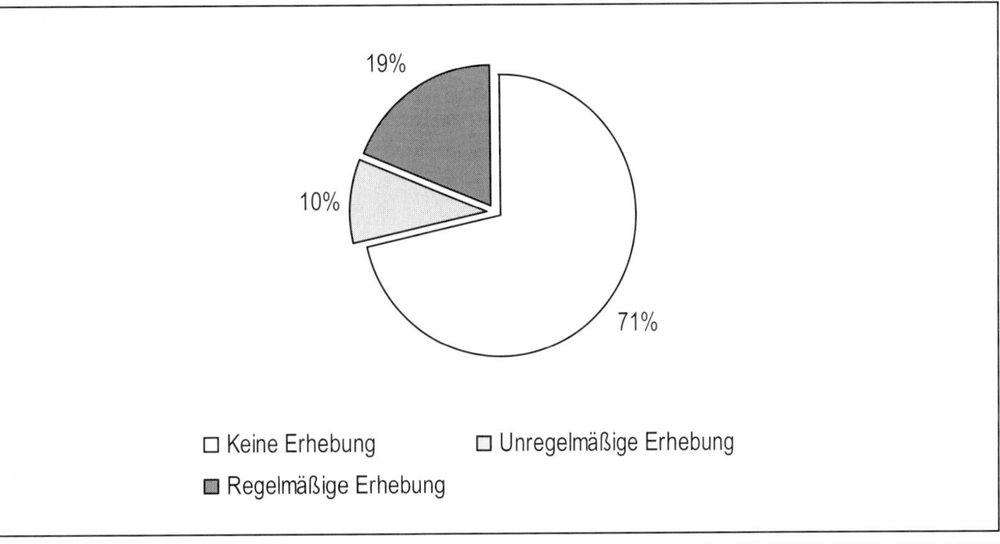

Kosten für kleine Geschenke, Give-Aways oder Gutscheine als Wiedergutmachung

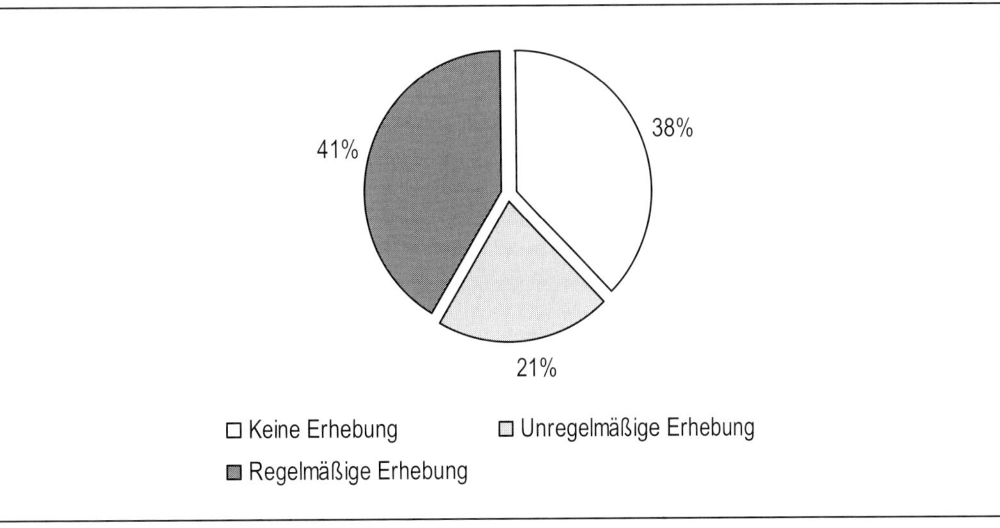

Detaillierte Werte: Tabelle G6a; Branchenwerte: Tabelle G6b

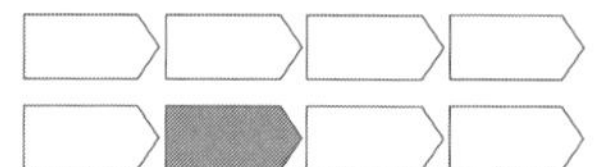

Kulanzkosten für freiwillige Leistungen, auf die der Kunde *keinen* gesetzlichen oder vertraglichen Anspruch hat	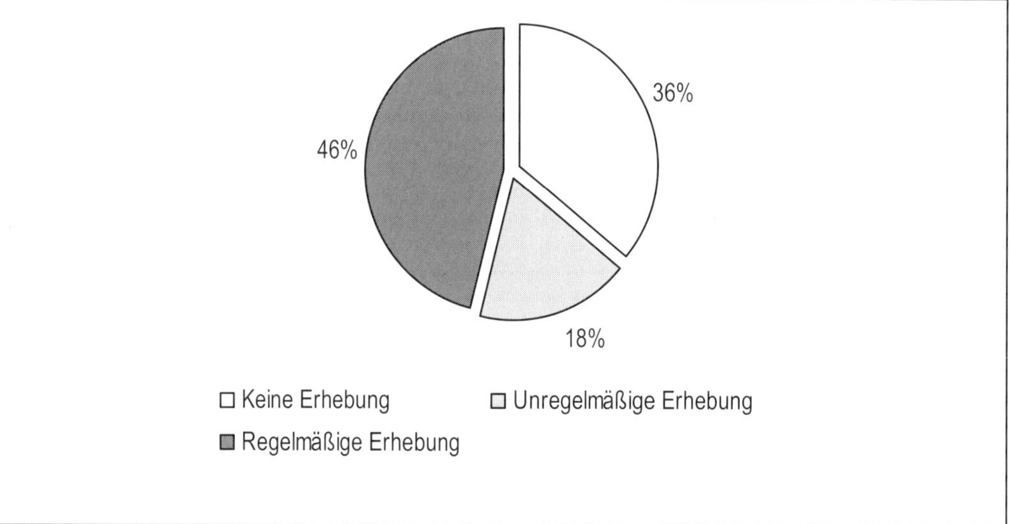
Gewährleistungs-kosten für Leistungen, auf die der Kunde einen gesetzlichen/ vertraglichen Anspruch hat	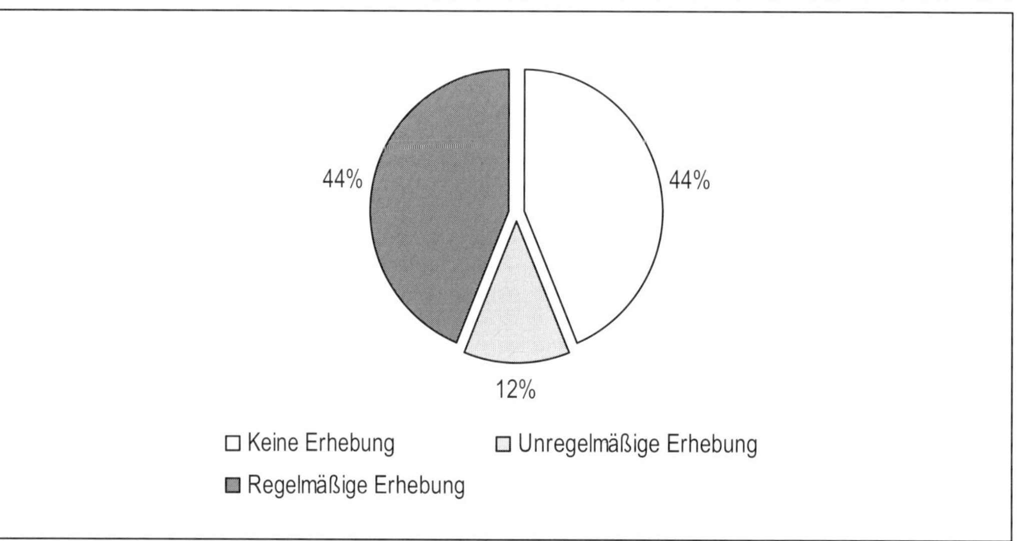

- Als relevante Kostenarten des Beschwerdemanagements sind unmittelbare und mittelbare Personalkosten, Verwaltungskosten, Kommunikationskosten, Kosten für kleine Geschenke, Kulanz- und Gewährleistungskosten zu nennen. Eine regelmäßige Erhebung all dieser Kosten erfolgt bei der Mehrheit der Unternehmen nicht.
- Am weitesten verbreitet ist noch die Erhebung der relativ einfach zurechenbaren Kulanzkosten (46%), Gewährleistungskosten (44%), unmittelbaren Personalkosten (44%) sowie der Kosten für kleine Geschenke (41%).
- Die Verwaltungskosten werden nur von etwas mehr als einem Drittel der befragten Unternehmen regelmäßig ermittelt (35%), die Kosten für die Kommunikation mit dem Kunden nur von 19%.
- Kosten, die entstehen, weil Mitarbeiter aus anderen Bereichen in Beschwerdemanagementprozesse eingebunden sind (mittelbare Personalkosten), werden nur von einer kleinen Minderheit der Unternehmen regelmäßig erfasst (6%).
- Im Branchenvergleich zeigen sich zum Teil extreme Unterschiede. So erfolgt beispielsweise im Versicherungsbereich zu 92% keine Erhebung der unmittelbaren Personalkosten für die im Beschwerdemanagement beschäftigten Mitarbeiter, während der entsprechende Anteil in der Nahrungs-/Getränkebranche 40% beträgt. Die Ermittlung von Kulanz- und Gewährleistungskosten spielt in der Automobilindustrie eine große Rolle (jeweils 86%), während bei den Versicherungen ein fast gleich großer Anteil auf die Ermittlung von Kulanzkosten (72%) bzw. Gewährleistungskosten (85%) verzichtet.

Detaillierte Werte: Tabelle G6a; Branchenwerte: Tabelle G6b

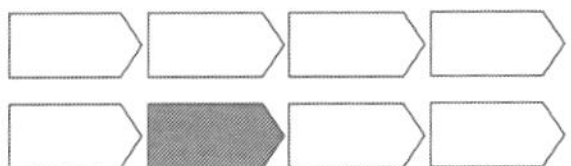

„Wie hoch schätzen Sie die Kosten pro bearbeiteter Beschwerde in Ihrem Unternehmen im Durchschnitt ein?"

Über 70% der Unternehmen wissen nicht, wie hoch die Kosten pro bearbeiteter Beschwerde sind.

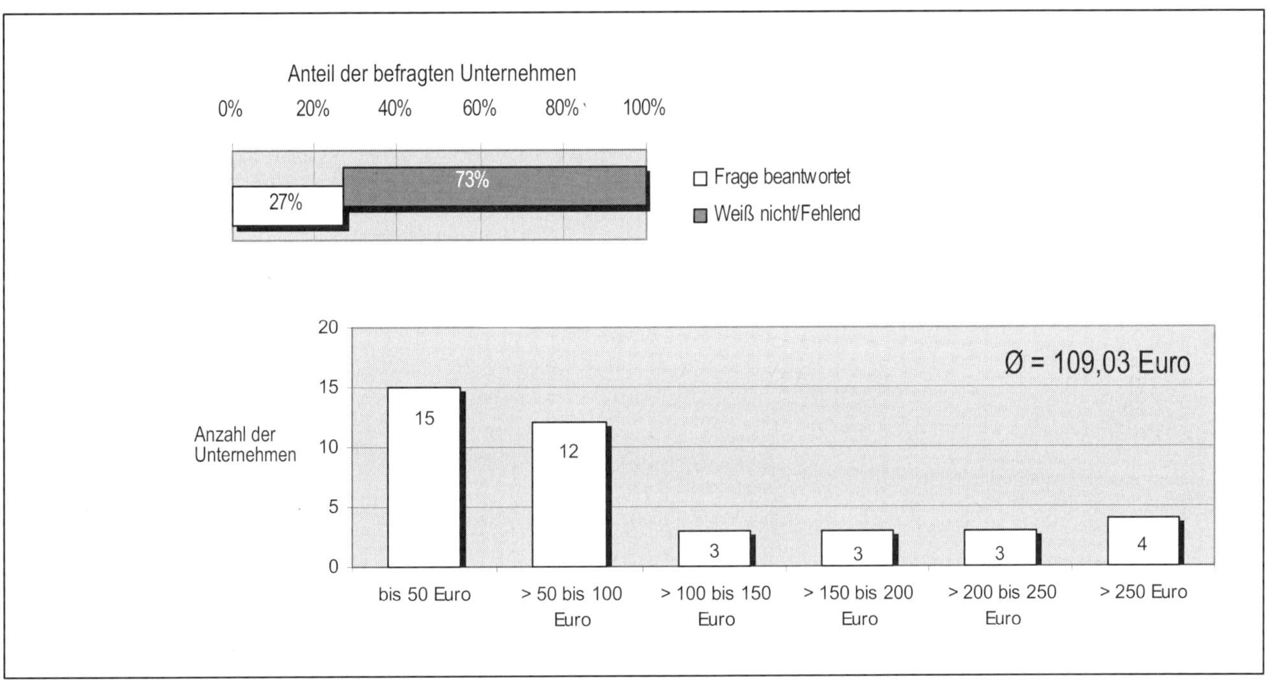

- Im errechneten Durchschnitt über alle Branchen kostet die Bearbeitung einer Beschwerde 109,03 €.
- Dieser Wert ist aber wenig aussagefähig, da die angegebenen Kosten pro Beschwerde zwischen den Unternehmen, die überhaupt eine Berechnung vornehmen und die entsprechenden Angaben machen, außerordentlich stark schwanken. Auf der einen Seite wird schwerpunktartig angegeben, dass die Bearbeitungskosten pro Beschwerde sich in den Größenordnungen „bis 50 €" bzw. „zwischen 50 und 100 €" bewegen. Auf der anderen Seite melden Unternehmen Bearbeitungskosten von 200 bis mehr als 250 €.
- Diese enorme Spannweite in den Kostenangaben zeigt auch der Branchenvergleich. Während die Banken einen durchschnittlichen Wert von 165 € angeben, liegen die Durchschnittskosten im Bereich Nahrung/Getränke bei 55 €. Diese Zahlen sind aber nur als grobe Anhaltspunkte zu nehmen, weil die Fallzahlen für eine aussagefähige Branchenauswertung zu klein sind.
- Nur 27% der Befragten beantworteten die Frage nach den Kosten pro Beschwerde. Selbst wenn auch andere Gründe für die Nichtbeantwortung dieser Frage vorliegen können, so spricht doch im Gesamtkontext vieles dafür, dass ein Großteil der Unternehmen nicht über die entsprechenden Daten verfügt.

Detaillierte Werte: Tabelle G7a; Branchenwerte: Tabelle G7b

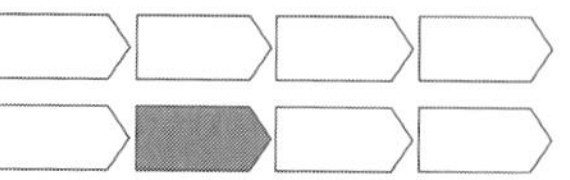

„Wenn Beschwerden per E-Mail oder per Internet-Formular eingehen: Wie groß schätzen Sie die Ersparnis pro bearbeiteter Beschwerde im Durchschnitt ein?"

Die Kostenvorteile einer Bearbeitung von E-Mail-Beschwerden sind weitgehend unbekannt.

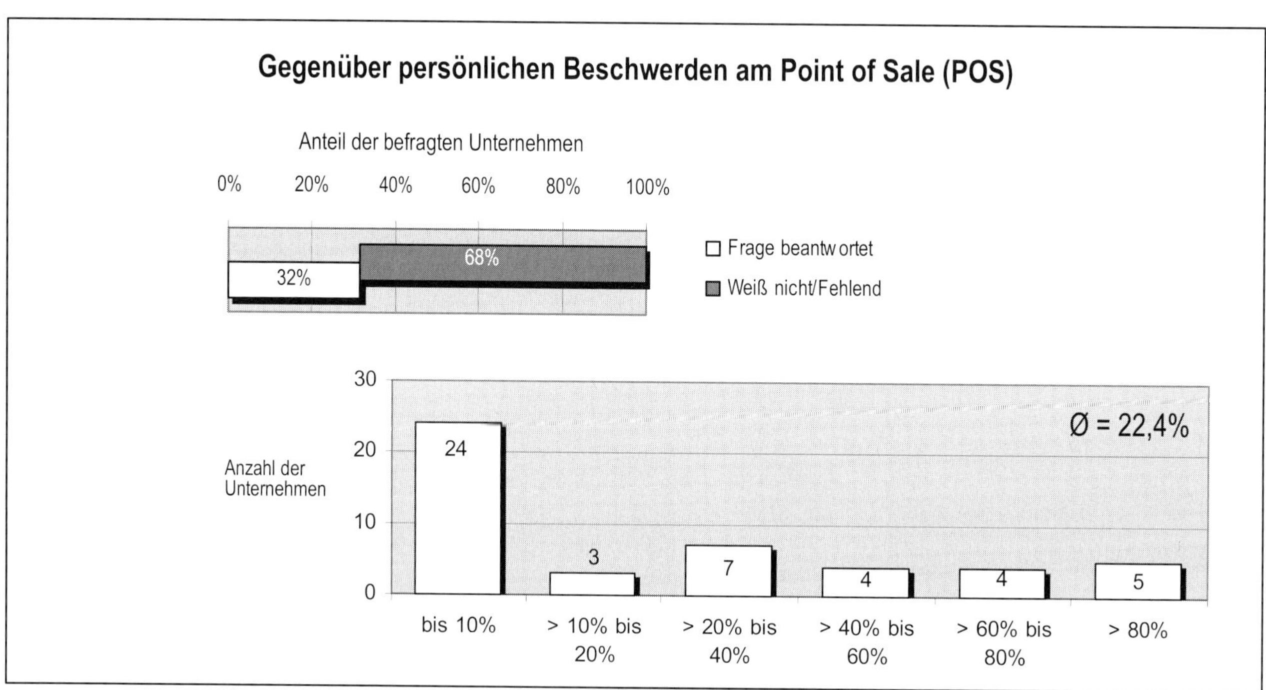

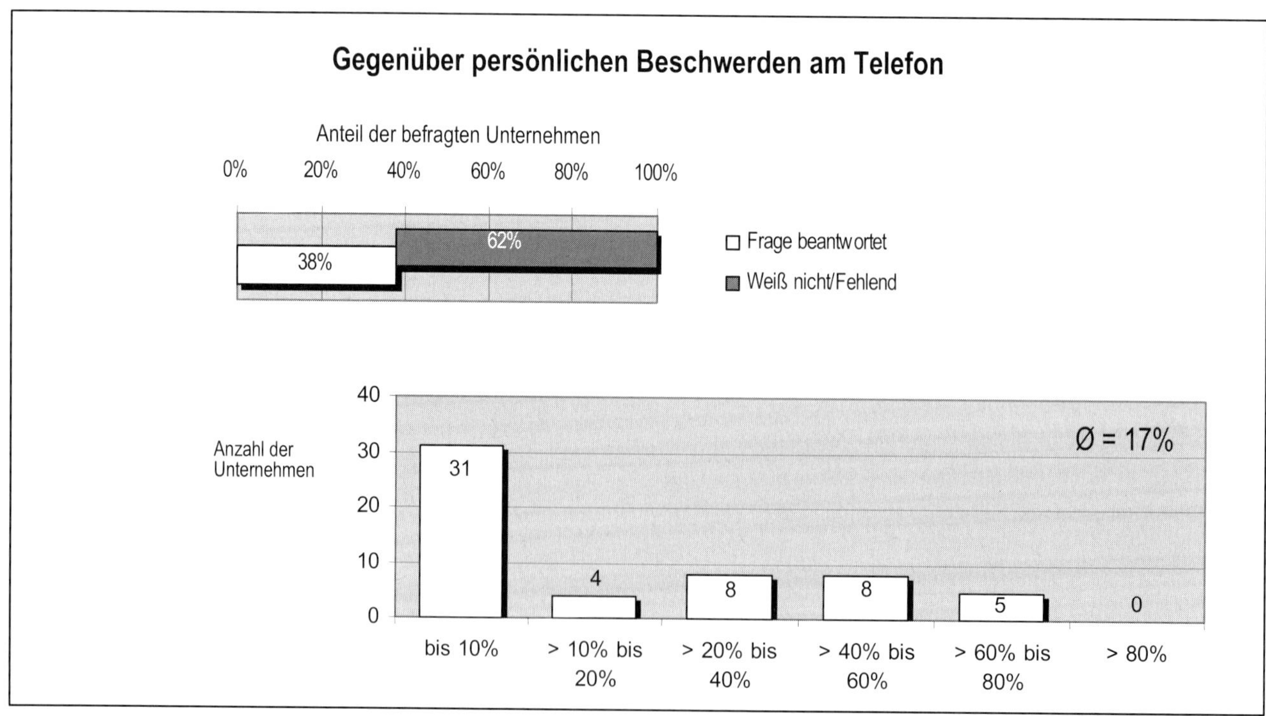

Detaillierte Werte: Tabelle G8a; Branchenwerte: Tabelle G8b

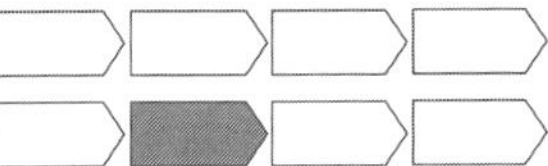

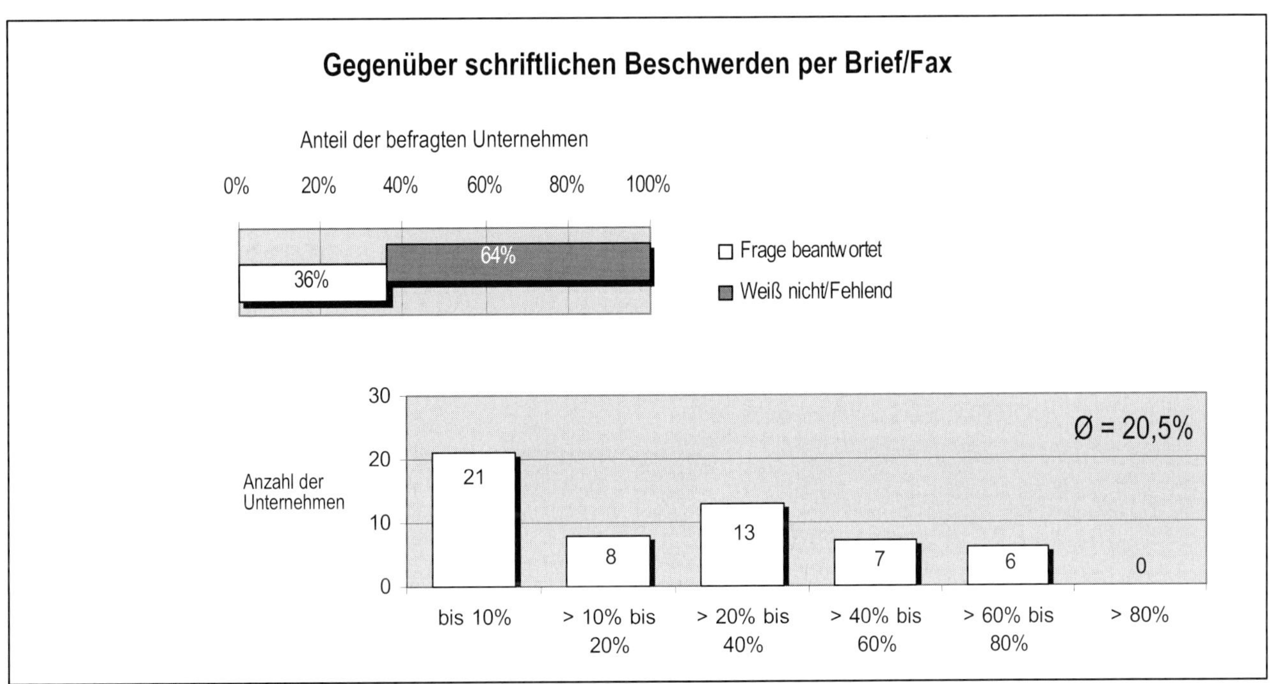

- Es ist zu erwarten, dass die Bearbeitung einer per E-Mail oder Internet-Formular artikulierten Beschwerde wesentlich kostengünstiger ist als die Bearbeitung von mündlich, telefonisch und auf andere Weise schriftlich eingehenden Beschwerden. Allerdings gibt es keine präzisen Angaben zu den Kostenvorteilen, die durch eine verstärkte Nutzung des elektronischen Beschwerdeweges realisiert werden können.
- Diese Unkenntnis herrscht auch in den Unternehmen selbst. Rund zwei Drittel der Befragten können hier keine Auskunft geben.
- Die Antworten, die das verbleibende Drittel gibt, streuen sehr stark.
- So wird der Kostenvorteil gegenüber persönlichen Beschwerden am Point of Sale von einer Mehrheit in einer Größenordnung von bis zu 10% gesehen. Doch es gibt auch Unternehmen, die von einer 80%igen Kostenersparnis berichten.
- Auch in Relation zu den Kosten der Bearbeitung einer telefonischen Beschwerde sehen die meisten antwortenden Unternehmen eine Ersparnis bis zu 10%. Hier zeigt sich aber ein weiterer Schwerpunkt der Antworten bei den Größenklassen „zwischen 20% und 40%" sowie „zwischen 40% und 60%.
- Im Verhältnis zu schriftlichen Beschwerden per Brief/Fax wird die Kostenersparnis durchschnittlich mit 20,5% angegeben, mit Schwerpunkten in den Antwortkategorien „bis 10%" und „zwischen 20% und 40%.

Detaillierte Werte: Tabelle G8a; Branchenwerte: Tabelle G8b

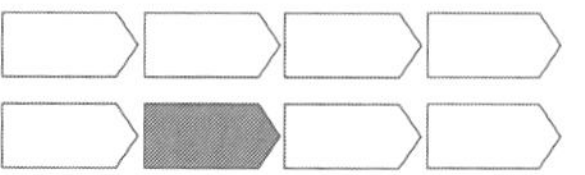

„Welche der folgenden Kosten einer Beschwerde werden einer verursachenden Stelle/Teilbereich in Ihrem Unternehmen weiterverrechnet? (Mehrfachnennungen möglich)"

Die Mehrheit der Unternehmen verrechnet die Kosten einer Kundenbeschwerde nicht an eine verursachende Stelle weiter.

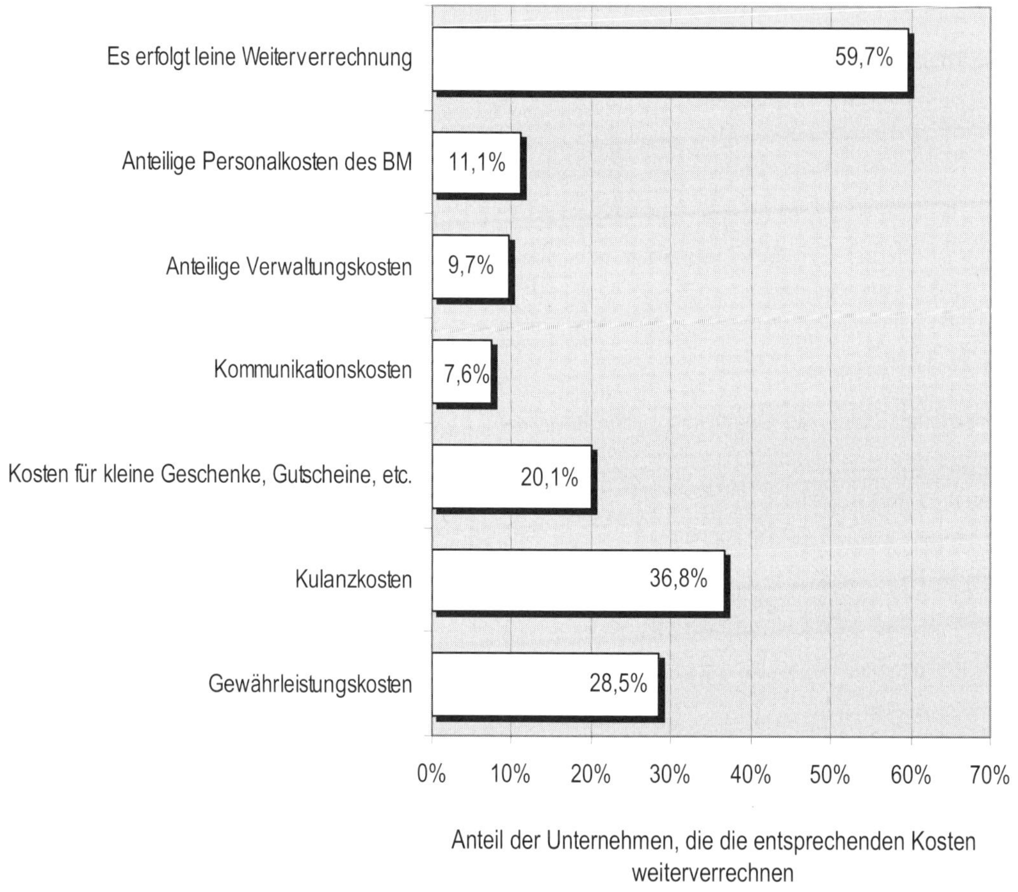

	Anteil der Unternehmen, die die entsprechenden Kosten weiterverrechnen
Es erfolgt leine Weiterverrechnung	59,7%
Anteilige Personalkosten des BM	11,1%
Anteilige Verwaltungskosten	9,7%
Kommunikationskosten	7,6%
Kosten für kleine Geschenke, Gutscheine, etc.	20,1%
Kulanzkosten	36,8%
Gewährleistungskosten	28,5%

- Angesichts der nur sehr eingeschränkten Kostentransparenz überrascht es nicht, dass die Mehrheit der befragten Unternehmen (59,7%) auch keine Weiterverrechnung von Beschwerdekosten an eine verursachende Stelle bzw. unternehmerische Einheit vornimmt.
- Nennenswerte Verrechnungen erfolgen vor allem in Bezug auf Kulanzkosten (36,8%) und Gewährleistungskosten (28,5%).
- Dabei existieren jedoch erhebliche Unterschiede zwischen den einzelnen Branchen. Während in der Automobilindustrie Kulanzkosten zu 85,7% und Gewährleistungskosten zu 71,4% weiterverrechnet werden, liegen die entsprechenden Werte bei den Versicherungen bei 20% (Kulanzkosten) bzw. 6,7% (Gewährleistungskosten).

Detaillierte Werte: Tabelle G9a; Branchenwerte: Tabelle G9b

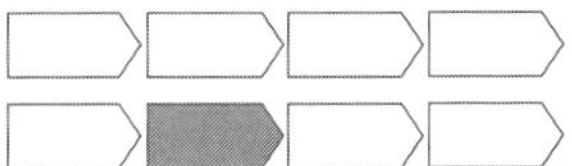

„Für wie wichtig halten Sie die folgenden Nutzenkomponenten des Beschwerdemanagements? Bitte geben Sie auch an, wie Sie die Messbarkeit der Nutzengrößen beurteilen und welche Größen in Ihrem Unternehmen quantifiziert werden."

Der Informationsnutzen wird vor dem Kommunikationsnutzen als wichtigste Nutzenkomponente des Beschwerdemanagements betrachtet.

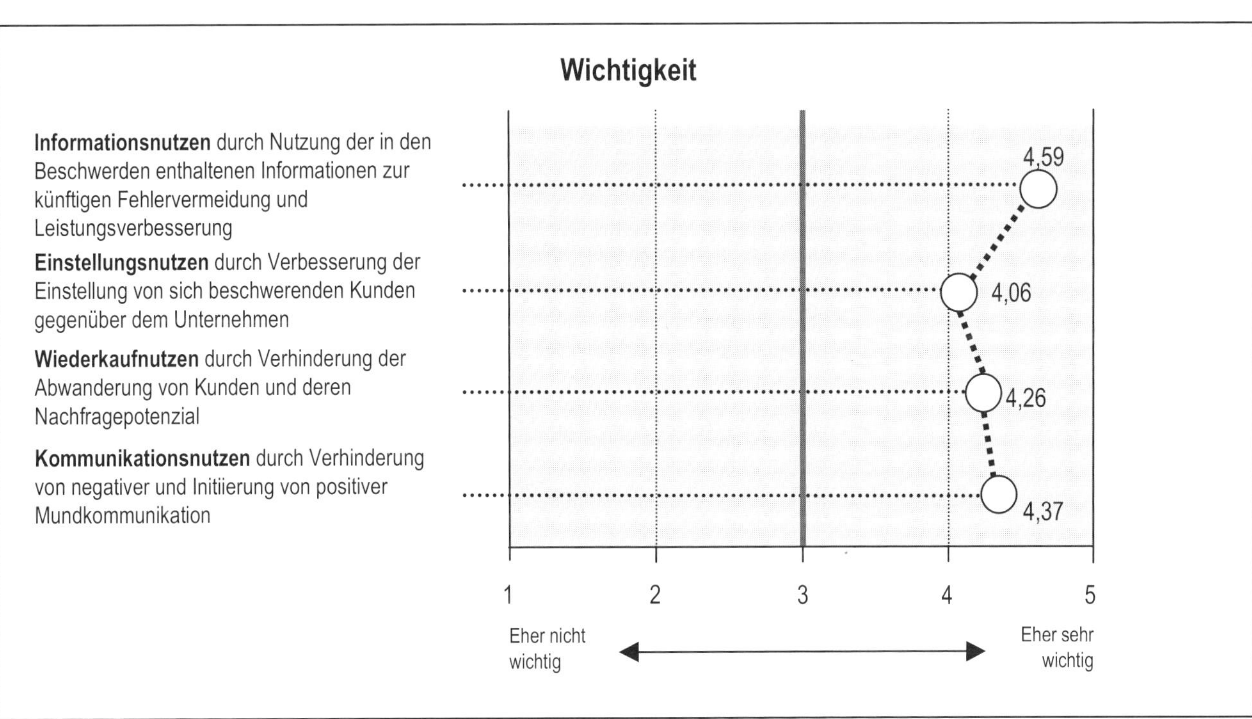

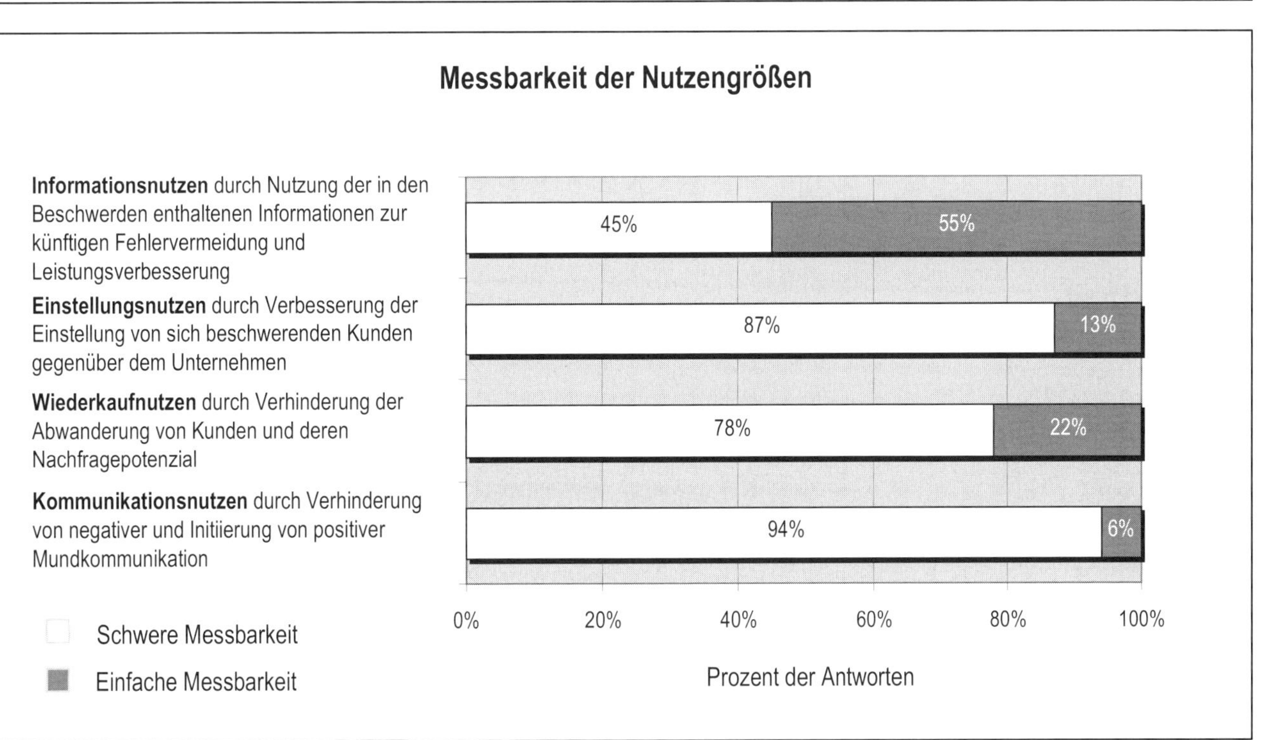

Detaillierte Werte: Tabelle G10a; Branchenwerte: Tabelle G10b

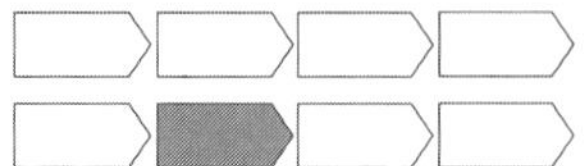

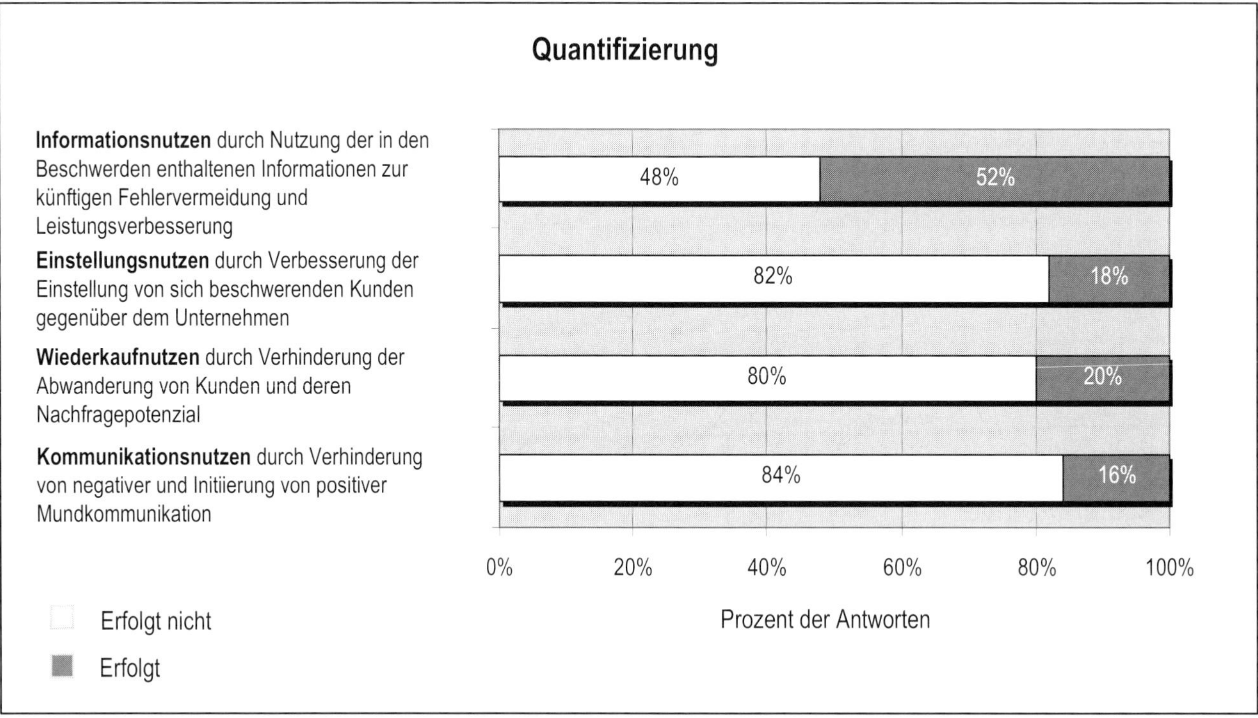

- Beschwerdemanagement zielt auf die Wiederherstellung von Kundenzufriedenheit ab, um die Einstellung des Kunden gegenüber dem Unternehmen und damit sein Wiederkauf- und persönliches Kommunikationsverhalten positiv zu beeinflussen. Daraus resultieren drei wesentliche Nutzenkomponenten des Beschwerdemanagements: der Einstellungsnutzen, der Wiederkaufnutzen und der Kommunikationsnutzen. Darüber hinaus ergibt sich aus der Nutzung von Informationen aus der Beschwerdeauswertung ein Informationsnutzen des Beschwerdemanagements.
- Von diesen Nutzenkategorien wird im Durchschnitt der Informationsnutzen (4,59) als am wichtigsten eingeschätzt, vor dem Kommunikationsnutzen (4,37) und dem Wiederkaufnutzen (4,26). Während die hohe Gewichtung des Informationsnutzens in Übereinstimmung mit der strategischen Einbindung des Beschwerdemanagements in das Qualitätsmanagement steht, erstaunt die geringere Gewichtung der Vermeidung von Kundenabwanderungen und der damit verbundenen Umsatz- und Gewinneinbußen.
- Dieses relativ niedrige Ergebnis für die Gewichtung des Wiederkaufnutzens kann dadurch mit beeinflusst sein, dass in der Versorgungsindustrie die unmittelbare Abwanderung unzufriedener Kunden noch kaum zu befürchten ist und daher dieser Nutzenkategorie ein unterdurchschnittliches Gewicht (3,78) beigemessen wurde.
- Die Messbarkeit der verschiedenen Nutzenkategorien wird überwiegend als sehr schwer angesehen. Einzige Ausnahme ist die Messung des Informationsnutzens. 55% der Befragten geben an, die Ermittlung des Informationsnutzens sei einfach.
- Damit in Übereinstimmung steht, dass 52% der Befragten angeben, den Informationsnutzen auch tatsächlich zu quantifizieren, während die anderen Nutzenkategorien zu mehr als 80% nicht ermittelt werden. Diese Aussage ist in verschiedener Hinsicht bedenkenswert. Zum einen ist der Informationswert von Beschwerdeinformationen häufig offensichtlich, doch seine monetäre Quantifizierung ist methodisch sehr schwierig. Zum anderen haben 82% der befragten Unternehmen keine Vorstellung von den durch das Beschwerdemanagement erreichten Loyalitätseffekten, so dass keine aussagekräftige Basis für die Ermittlung der Profitabilität dieses Bereichs vorliegt.

Detaillierte Werte: Tabelle G10a; Branchenwerte: Tabelle G10b

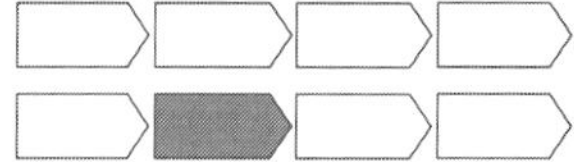

„Analysieren Sie die Profitabilität Ihres Beschwerdemanagements?"

Etwa 70% aller Unternehmen messen die Profitabilität ihres Beschwerdemanagements nicht.

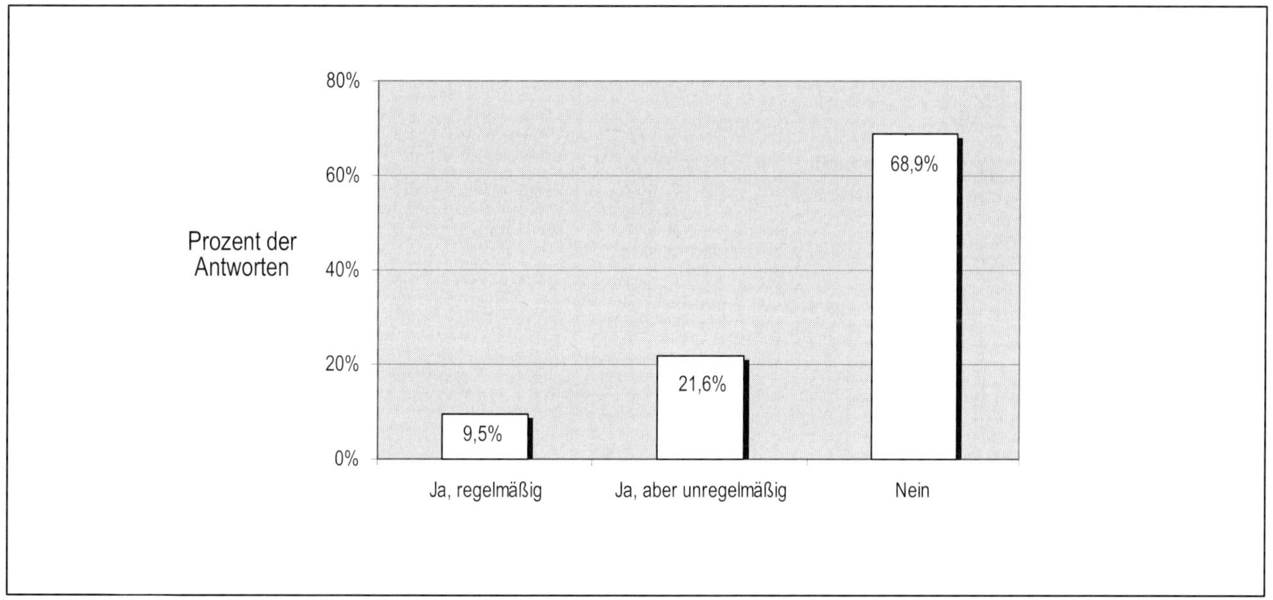

- Eine wesentliche unternehmensinterne Legitimationsgrundlage des Beschwerdemanagements liegt in seinem Beitrag zum Unternehmenserfolg. In der großen Mehrheit der Fälle kann das Beschwerdemanagement allerdings keine Aussagen darüber machen, weil entsprechende Daten nicht vorliegen.
- 68,9% der Unternehmen geben an, keine Profitabilitätsanalyse für das Beschwerdemanagement durchzuführen.
- Nur 9,5% der befragten Unternehmen führen eine Profitabilitätsanalyse regelmäßig durch.

Detaillierte Werte: Tabelle G11a; Branchenwerte: Tabelle G11b

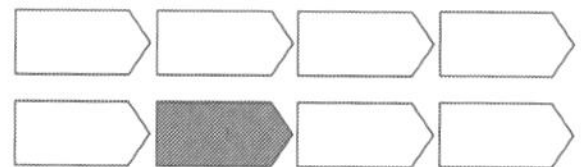

„Wie schätzen Sie die Profitabilität Ihres Beschwerdemanagements ein? Bitte beantworten Sie diese Frage auch, wenn Sie keine konkrete Berechnung durchführen."

Die Unternehmen, die eine Analyse der Profitabilität ihres Beschwerdemanagements durchführen, schätzen diese deutlich höher ein als Unternehmen, die dies nicht tun.

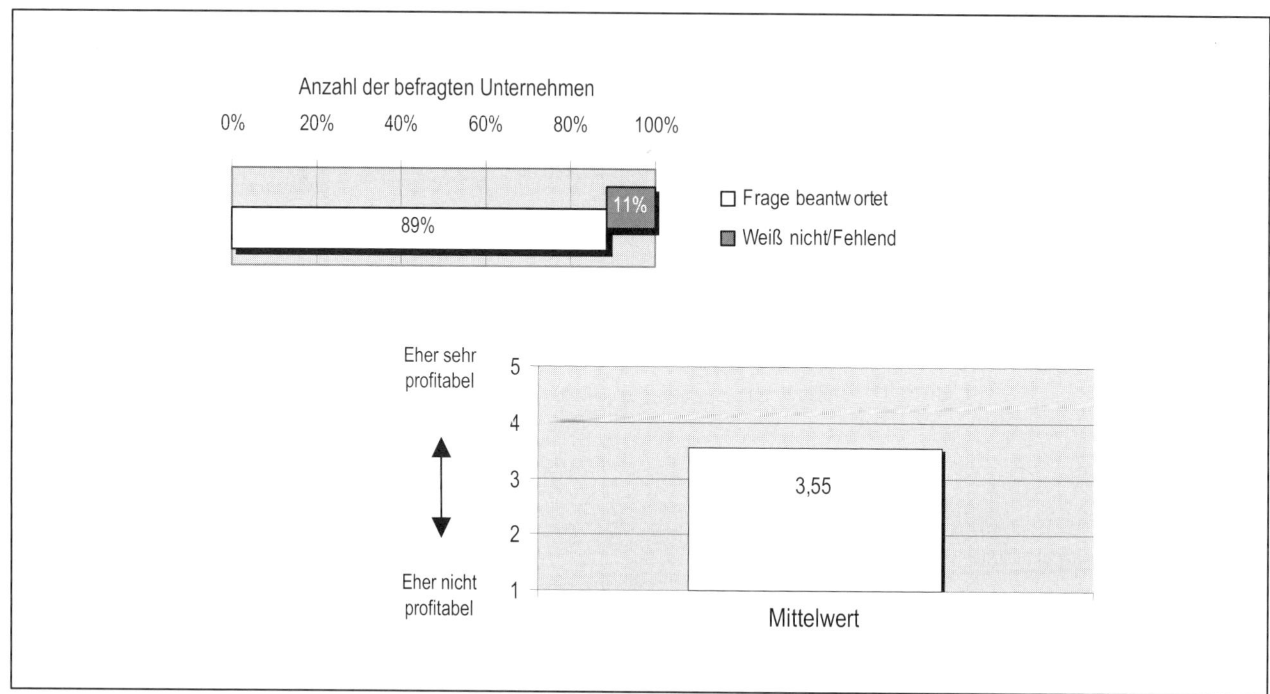

- Auch wenn nur ein vergleichsweise kleiner Teil der Unternehmen regelmäßig Profitabilitätsanalysen im Bereich des Beschwerdemanagements durchführt, so bestehen doch diesbezügliche Vorstellungen.
- Danach schätzt die Mehrheit der Befragten das Beschwerdemanagement als profitabel ein. Der Durchschnittswert auf der 5-er-Skala von „eher nicht profitabel" bis „eher sehr profitabel" liegt bei 3,55.
- Setzt man die Profitabilitätsschätzungen mit den Angaben über die Durchführung von Profitabilitätsanalysen in Beziehung, so zeigt sich ein interessantes Bild. Unternehmen, die regelmäßig Profitabilitätsanalysen durchführen, geben die bei weitem höchsten Durchschnittswerte in Bezug auf die Profitabilität ihres Beschwerdemanagements an (4,28). Unternehmen, die in unregelmäßigen Abständen Profitabilitätsanalysen durchführen, folgen mit Abstand (3,55). Am niedrigsten fällt die Profitabilitätsschätzung in den Unternehmen aus, die keine Analyse der Profitabilität ihres Beschwerdemanagements durchführen.

 Detaillierte Werte: Tabelle G12a; Branchenwerte: Tabelle G12b

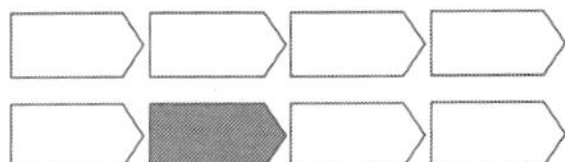

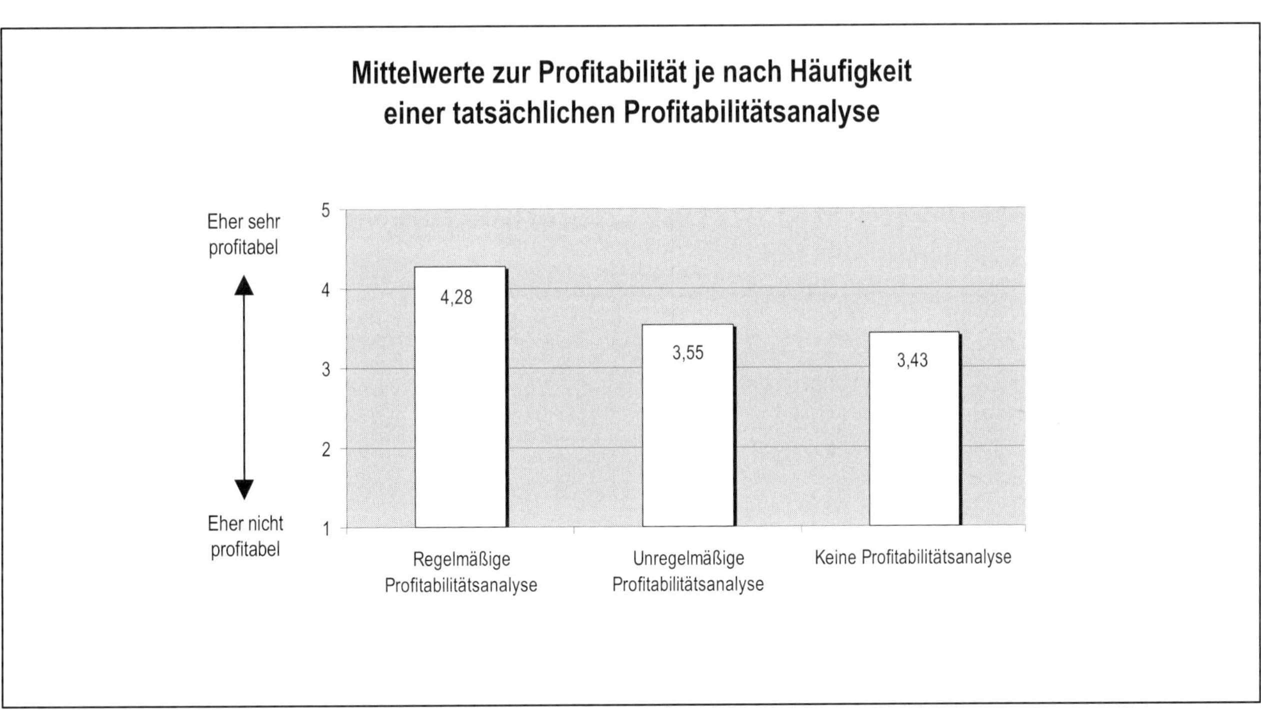

Detaillierte Werte: Tabelle G12a

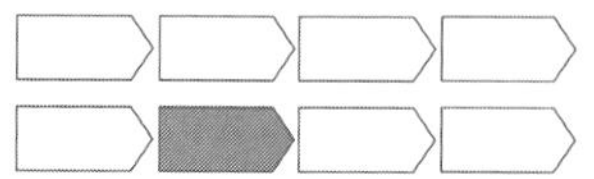

„Für wie wichtig halten Sie die folgenden Aspekte des Beschwerdemanagement-Controlling in Ihrem Unternehmen? Bitte beurteilen Sie auch den Umsetzungsstatus dieser Aspekte in Ihrem Unternehmen."

Im Beschwerdemanagement-Controlling werden Defizite in der Unterstützung der Controlling-Aufgaben durch eine Beschwerdemanagement-Software und im Benchmarking gesehen.

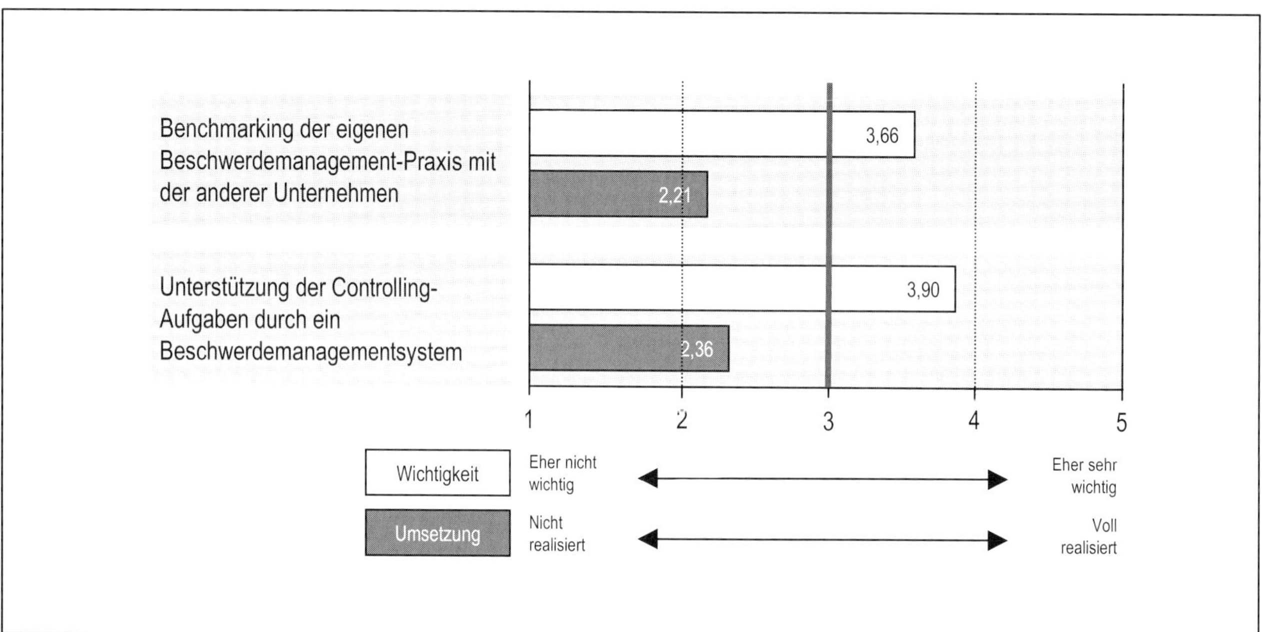

- Die befragten Unternehmen halten es für wichtig, dass die Controlling-Aufgaben durch ein Beschwerdemanagementsystem unterstützt werden (3,90) und dass sie ihr Beschwerdemanagement einem Benchmarking mit dem anderer Unternehmen unterziehen (3,66).
- In Bezug auf beide Aspekte sehen die Unternehmen erhebliche Umsetzungsdefizite. Zieht man die Differenz der Mittelwerte zwischen Wichtigkeits- und Realisierungsskala als Indikator hierfür heran, dann erweist sich das Defizit bezüglich der Unterstützung durch ein Beschwerdemanagementsystem als besonders groß (Umsetzungsgrad: 2,36; Skalendifferenz: 1,54). Aber auch ein Beschwerdemanagement-Benchmarking wird kaum praktiziert (Umsetzungsgrad: 2,21; Skalendifferenz: 1,45).

Detaillierte Werte: Tabelle G13a; Branchenwerte: Tabelle G13b

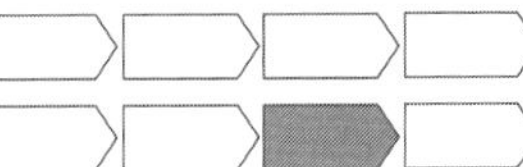

3.3.3. Beschwerdereporting

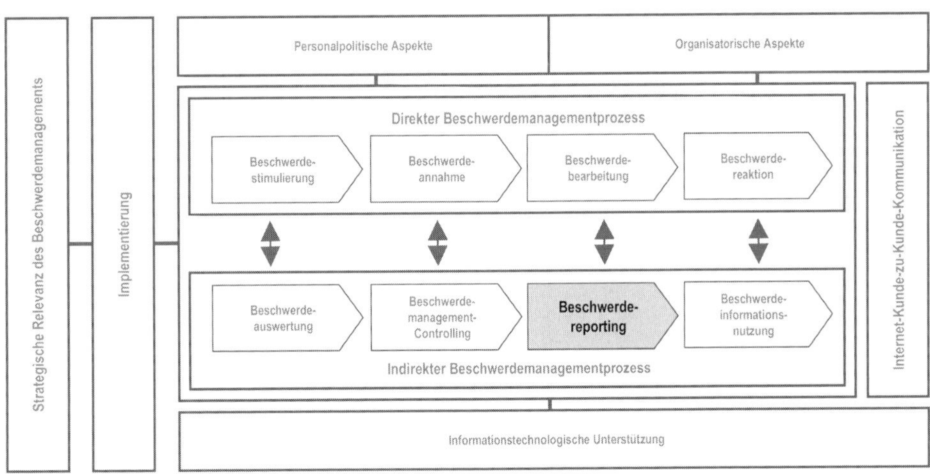

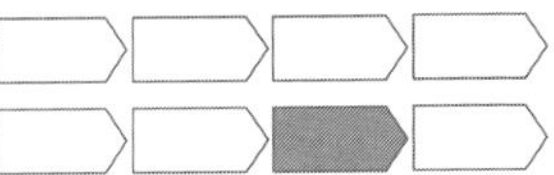

„Für wie wichtig halten Sie die folgenden Aspekte des Beschwerdereportings in Ihrem Unternehmen? Bitte beurteilen Sie auch den Umsetzungsstatus dieser Aspekte in Ihrem Unternehmen."

Report-Erstellung, individuelle Sonderauswertungen und zielgruppengerechte Reports werden als besonders wichtig angesehen. Defizite bestehen bei Softwareunterstützung und den Zugriffsmöglichkeiten interner Kunden.

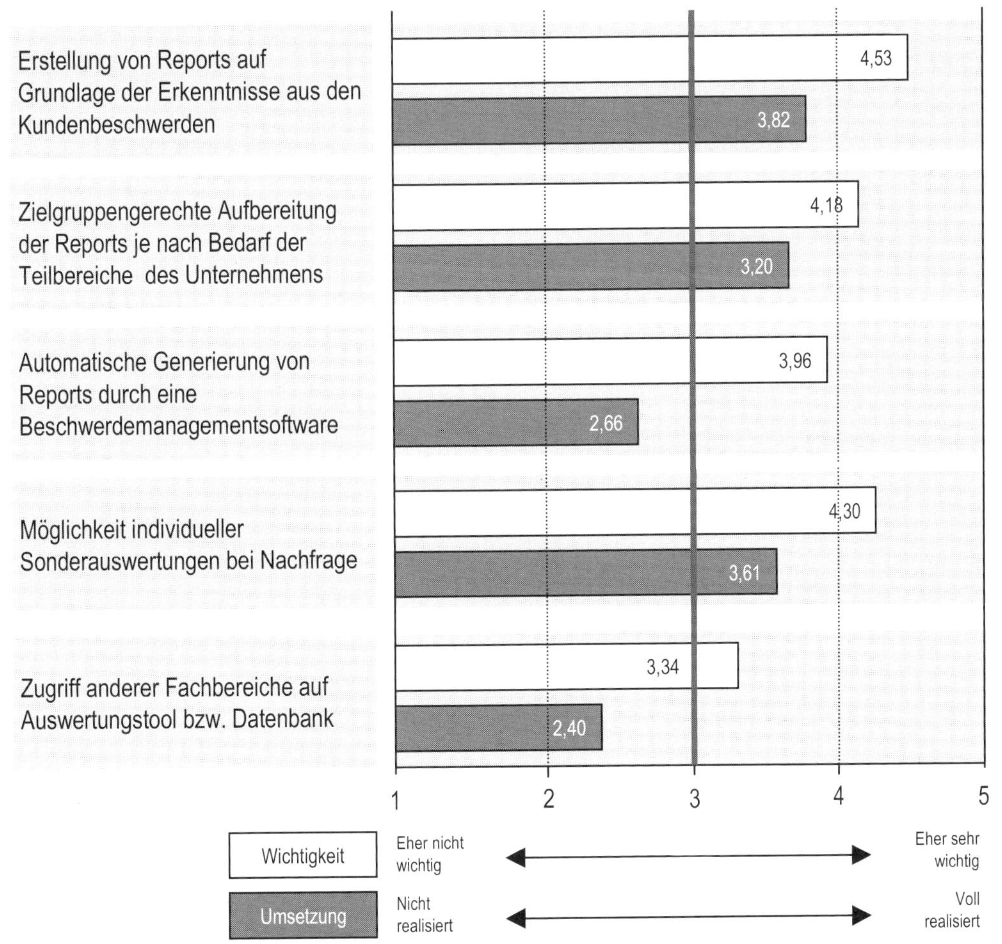

	Wichtigkeit	Umsetzung
Erstellung von Reports auf Grundlage der Erkenntnisse aus den Kundenbeschwerden	4,53	3,82
Zielgruppengerechte Aufbereitung der Reports je nach Bedarf der Teilbereiche des Unternehmens	4,18	3,20
Automatische Generierung von Reports durch eine Beschwerdemanagementsoftware	3,96	2,66
Möglichkeit individueller Sonderauswertungen bei Nachfrage	4,30	3,61
Zugriff anderer Fachbereiche auf Auswertungstool bzw. Datenbank	3,34	2,40

Skala 1–5: Wichtigkeit: Eher nicht wichtig ↔ Eher sehr wichtig; Umsetzung: Nicht realisiert ↔ Voll realisiert

- Von den verschiedenen Aspekten des Beschwerdereportings werden durchschnittlich vor allem die Erstellung von Reports auf der Grundlage der Beschwerdeauswertung (4,53), die Möglichkeit individueller Sonderauswertungen (4,30) und die zielgruppengerechte Aufbereitung der Reports nach Bedarf der internen Kunden (4,18) angesehen.
- Bezüglich dieser Aspekte besteht jedoch ein zum Teil erhebliches Realisierungsdefizit. Vergleicht man die Mittelwerte der Wichtigkeits- und Umsetzungsskala, so ist die Umsetzungslücke am stärksten bei der zielgruppenorientierten Aufbereitung der Reports (Skalendifferenz: 0,98), gefolgt von der Reporterstellung (Skalendifferenz: 0,71) und der Lieferung individueller Sonderauswertungen auf Nachfrage (Skalendifferenz: 0,69).
- Noch größere Realisierungsdefizite sind bei zwei weiteren für wichtig angesehenen Aspekten des Beschwerdereportings festzustellen. Mehrheitlich nicht umgesetzt sind eine automatische Generierung von Reports durch eine Beschwerdemanagementsoftware (Umsetzungsgrad 2,66; Skalendifferenz: 1,30) sowie ein Zugriff anderer Fachbereiche auf Auswertungstools bzw. auf die Beschwerdedatenbank (Umsetzungsgrad 2,40; Skalendifferenz: 0,94).

Detaillierte Werte: Tabelle H1a; Branchenwerte: Tabelle H1b

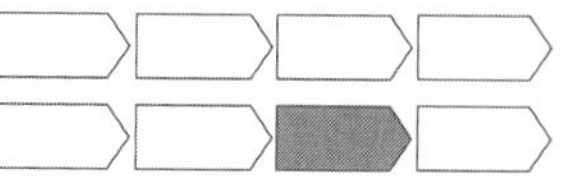

„Für wie wichtig halten Sie die folgenden inhaltlichen Bestandteile der Beschwerdereports? Bitte geben Sie auch an, welche Bestandteile in Reports Ihres Unternehmens enthalten sind."

Die Reports enthalten mehrheitlich die relevanten Informationskategorien, auch wenn einige unterrepräsentiert sind.

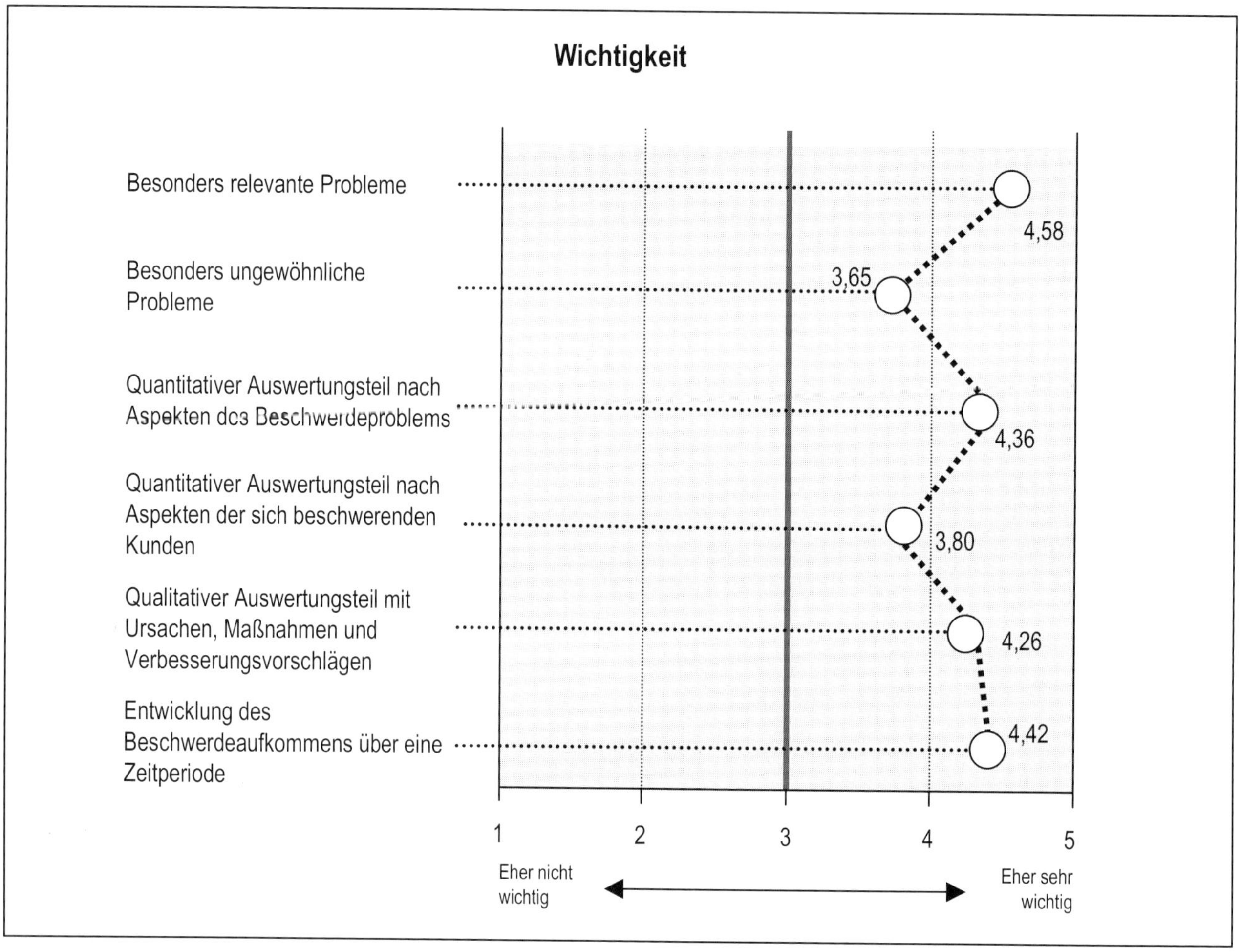

Wichtigkeit

Bestandteil	Wichtigkeit
Besonders relevante Probleme	4,58
Besonders ungewöhnliche Probleme	3,65
Quantitativer Auswertungsteil nach Aspekten des Beschwerdeproblems	4,36
Quantitativer Auswertungsteil nach Aspekten der sich beschwerenden Kunden	3,80
Qualitativer Auswertungsteil mit Ursachen, Maßnahmen und Verbesserungsvorschlägen	4,26
Entwicklung des Beschwerdeaufkommens über eine Zeitperiode	4,42

Skala: 1 = Eher nicht wichtig … 5 = Eher sehr wichtig

- Alle angeführten möglichen Inhalte von Beschwerdereports werden für wichtig erachtet. Als besonders bedeutsam wird eine Berichterstattung über besonders relevante Probleme (4,58), die Entwicklung des Beschwerdeaufkommens im Zeitablauf (4,42), ein quantitativer Teil mit Analysen von Aspekten des Beschwerdeproblems (4,36) sowie ein qualitativer Auswertungsteil mit Angaben zu Ursachen und Vorschlägen für Verbesserungsmaßnahmen (4,26) angesehen.

Detaillierte Werte: Tabelle H2a; Branchenwerte: Tabelle H2b

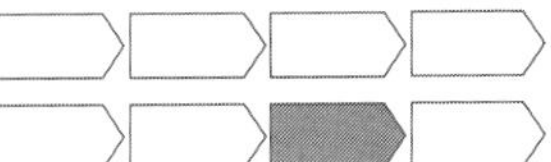

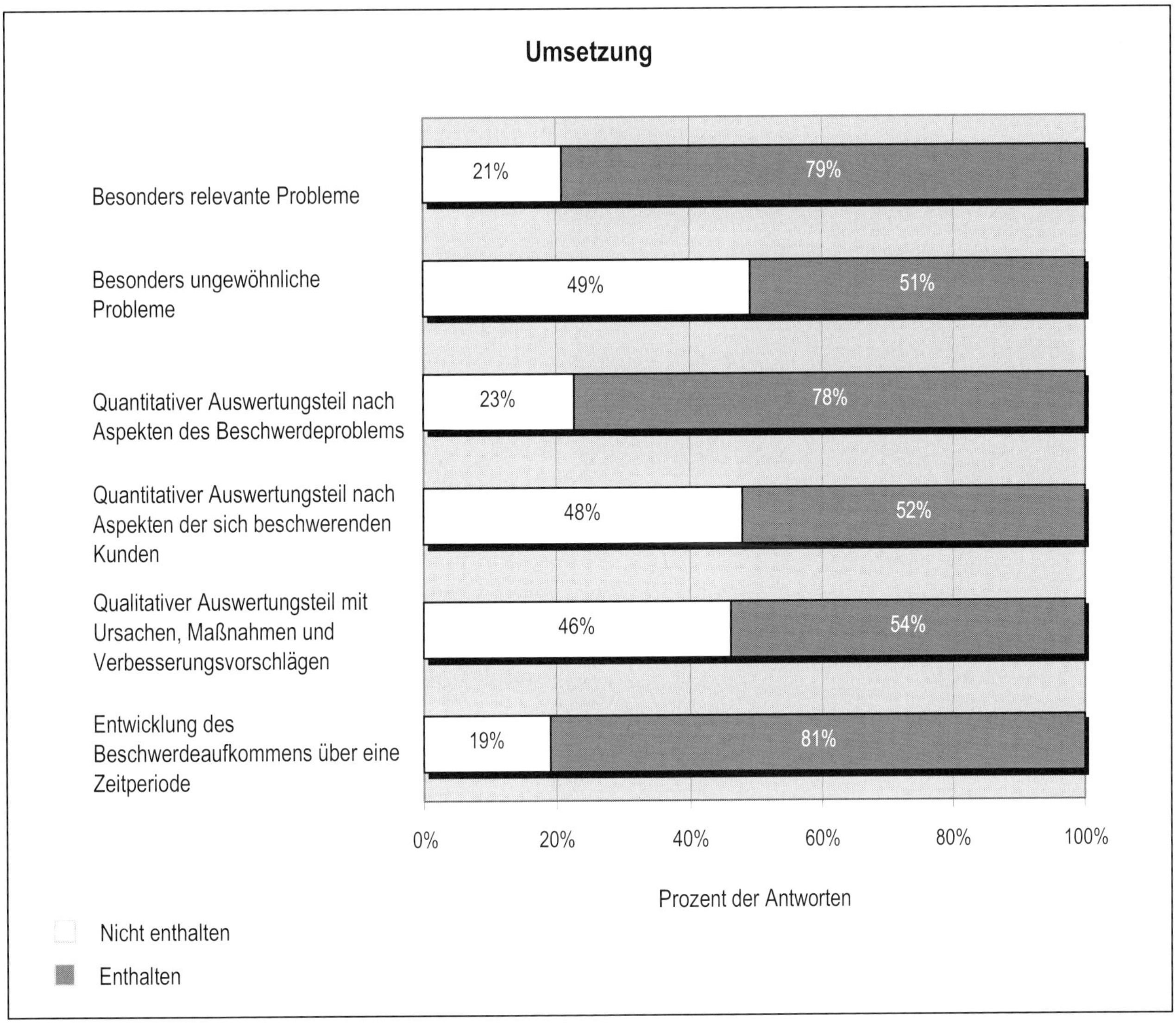

Umsetzung

	Nicht enthalten	Enthalten
Besonders relevante Probleme	21%	79%
Besonders ungewöhnliche Probleme	49%	51%
Quantitativer Auswertungsteil nach Aspekten des Beschwerdeproblems	23%	78%
Quantitativer Auswertungsteil nach Aspekten der sich beschwerenden Kunden	48%	52%
Qualitativer Auswertungsteil mit Ursachen, Maßnahmen und Verbesserungsvorschlägen	46%	54%
Entwicklung des Beschwerdeaufkommens über eine Zeitperiode	19%	81%

0% 20% 40% 60% 80% 100%

Prozent der Antworten

- In Bezug auf die Umsetzung dieser vier Aspekte sind große Unterschiede erkennbar. Die zeitliche Entwicklung des Beschwerdeaufkommens ist bei der großen Mehrheit (81%) Gegenstand der Berichterstattung. Ähnliches gilt für die besonders relevanten Probleme (79%) und die quantitative Analyse von Aspekten des Beschwerdeproblems. Demgegenüber geben nur 54% der Unternehmen an, dass ihre Reports qualitative Angaben zu Ursachen und möglichen Verbesserungsmaßnahmen enthalten.
- Relativ niedrig ist auch der Anteil von Unternehmen, in deren Beschwerdereports quantitative Angaben zu Merkmalen der Beschwerdeführer (52%) bzw. zu besonders ungewöhnlichen Problemen gemacht werden (51%).

Detaillierte Werte: Tabelle H2a; Branchenwerte: Tabelle H2b

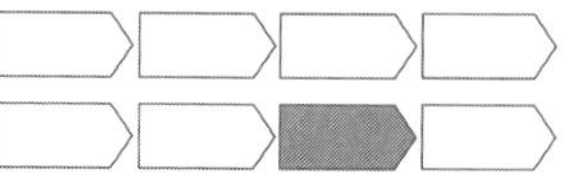

„Für wie wichtig halten Sie die folgenden Adressaten der Beschwerdereports? Bitte geben Sie auch an, welche der Adressaten in Ihrem Unternehmen Reports erhalten."

Leitung Service, Qualitäts- und Top-Management sind erste Adressaten der Beschwerdereports – auch darüber hinaus erfolgt eine breite Kommunikation.

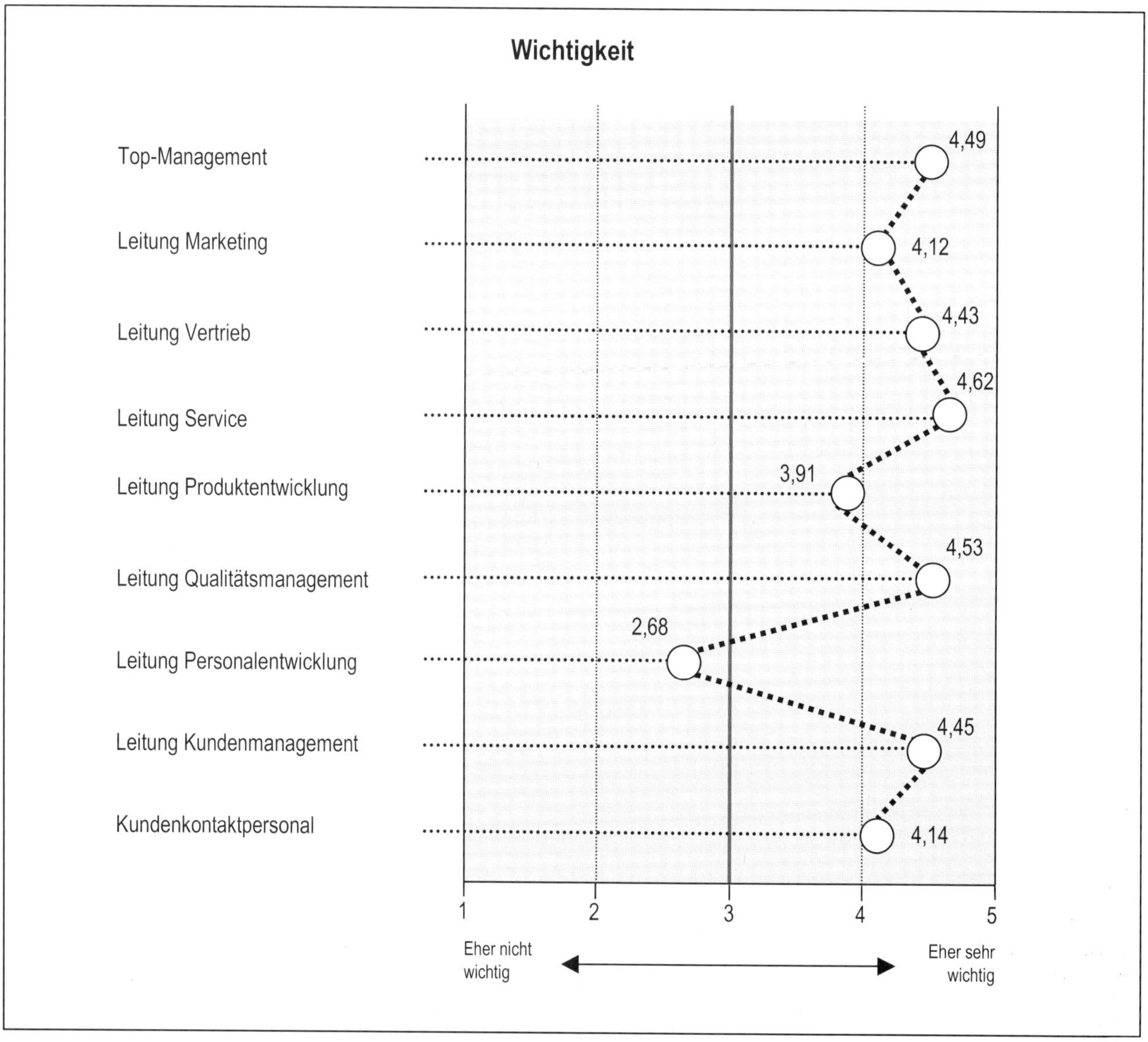

Wichtigkeit

Top-Management	4,49
Leitung Marketing	4,12
Leitung Vertrieb	4,43
Leitung Service	4,62
Leitung Produktentwicklung	3,91
Leitung Qualitätsmanagement	4,53
Leitung Personalentwicklung	2,68
Leitung Kundenmanagement	4,45
Kundenkontaktpersonal	4,14

1 2 3 4 5

Eher nicht wichtig ↔ Eher sehr wichtig

- Viele unternehmensinterne Kundengruppen werden als wichtige Adressaten von Beschwerdereports erkannt. Die stärkste Relevanz wird der Serviceleitung (4,62), der Leitung des Qualitätsmanagements (4,53), dem Top-Management (4,49), der Leitung Kundenmanagement (4,45) sowie der Vertriebsleitung (4,43) und dem Kundenkontaktpersonal (4,14) eingeräumt.

Detaillierte Werte: Tabelle H3a; Branchenwerte: Tabelle H3b

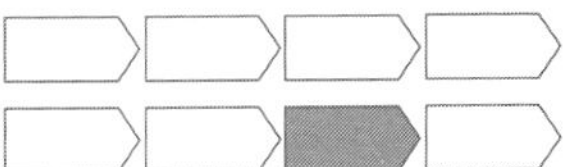

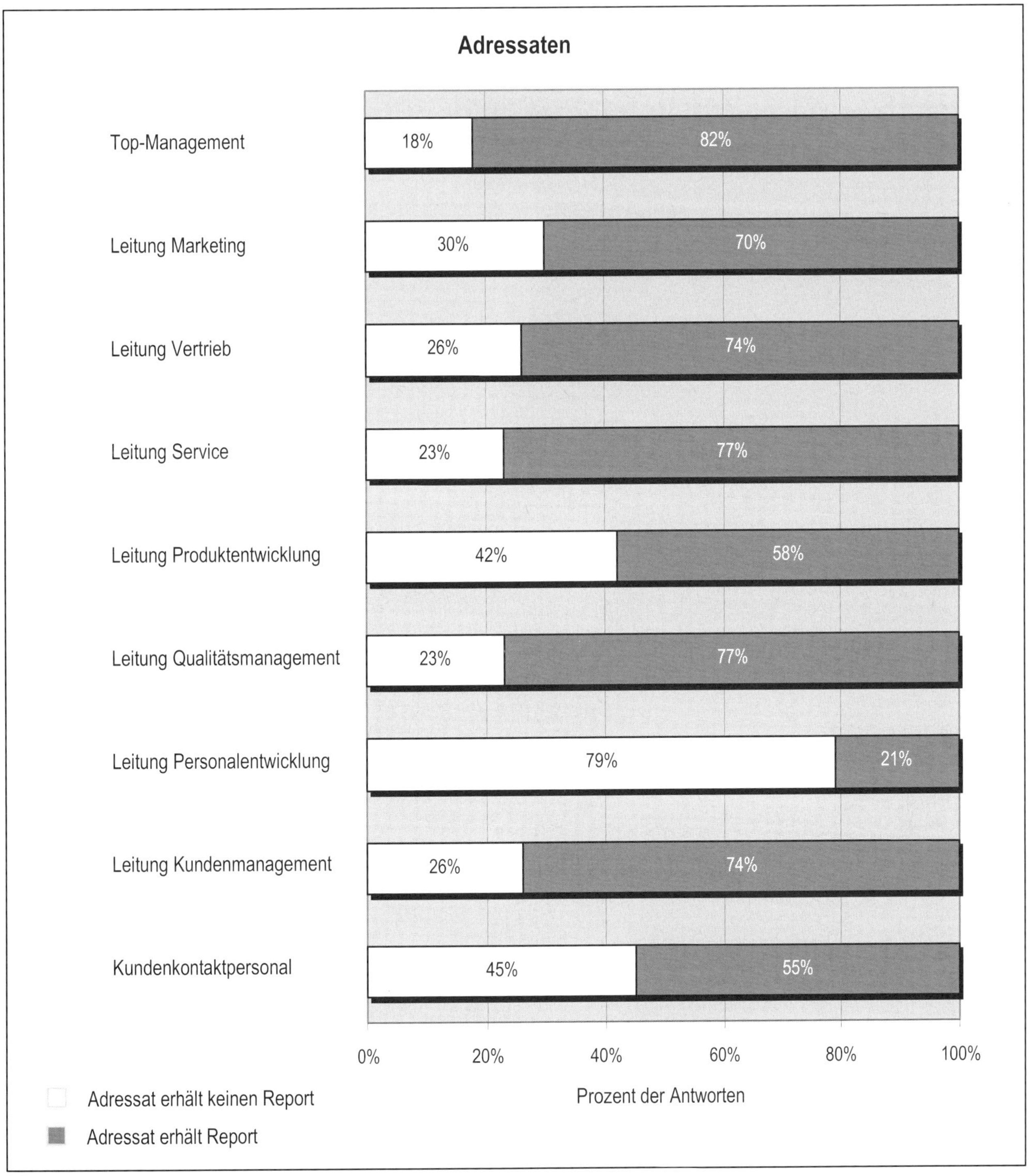

Adressaten

	Adressat erhält keinen Report	Adressat erhält Report
Top-Management	18%	82%
Leitung Marketing	30%	70%
Leitung Vertrieb	26%	74%
Leitung Service	23%	77%
Leitung Produktentwicklung	42%	58%
Leitung Qualitätsmanagement	23%	77%
Leitung Personalentwicklung	79%	21%
Leitung Kundenmanagement	26%	74%
Kundenkontaktpersonal	45%	55%

0% 20% 40% 60% 80% 100%

Prozent der Antworten

Adressat erhält keinen Report

Adressat erhält Report

- Die faktische Umsetzung entspricht weitgehend diesem Wichtigkeitsurteil. Das Top-Management erhält zu 82% einen Report, gefolgt von der Leitung des Qualitätsmanagements und des Service (jeweils 77%) sowie der Leitung von Kundenmanagement und Vertrieb (jeweils 74%).
- In Bezug auf das Kundenkontaktpersonal wird zwar erkannt, dass dieses über die Ergebnisse informiert werden müsste, doch nur in 55% der Unternehmen erfolgt dies durch seine Einbeziehung in das Reportingsystem.
- Auffällig ist auch, dass der Produktentwicklung als Adressat von Beschwerdereports ein vergleichsweise geringes Gewicht eingeräumt wird (3,91), und diese auch nur in 58% der Unternehmen zu den Adressaten zählt. Dies ist als Hinweis darauf zu werten, dass die Nutzung der in Beschwerden enthaltenen Informationen für Produkt- und Dienstleistungsinnovationen in vielen Unternehmen noch verstärkt werden kann.

Detaillierte Werte: Tabelle H3a; Branchenwerte: Tabelle H3b

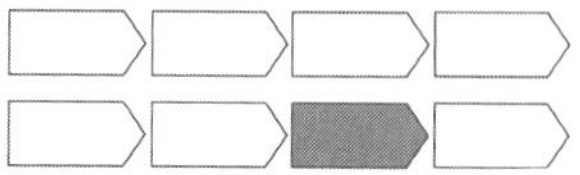

„Für wie wichtig halten Sie die folgenden Medien zur internen Kommunikation der Beschwerdereports? Bitte geben Sie auch an, welche der Medien Sie in Ihrem Unternehmen hierfür schon nutzen."

E-Mail und Intranet werden als wichtigste Kanäle zur Kommunikation der Beschwerdereports betrachtet. In der Umsetzung dominiert jedoch der Bericht in Papierform.

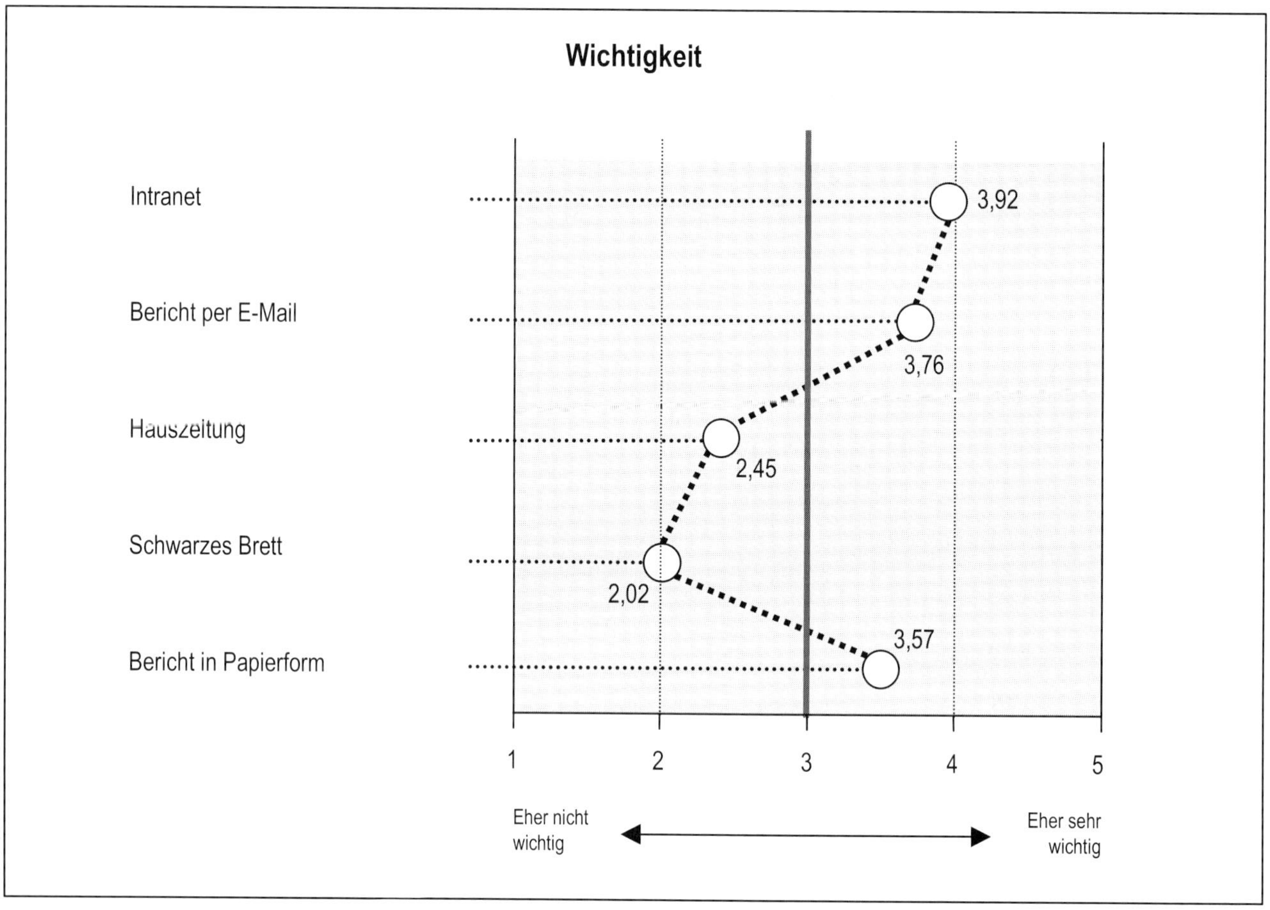

Wichtigkeit

	Wert
Intranet	3,92
Bericht per E-Mail	3,76
Hauszeitung	2,45
Schwarzes Brett	2,02
Bericht in Papierform	3,57

Skala: 1 – 2 – 3 – 4 – 5

Eher nicht wichtig ◄——► Eher sehr wichtig

- Auf die Frage nach der Wichtigkeit verschiedener Medien zur internen Kommunikation der Beschwerdereports erhalten das Intranet (3,92) und der Bericht per E-Mail (3,76) die höchsten Werte vor der traditionellen Variante eines Berichts in Papierform (3,57).

Detaillierte Werte: Tabelle H4a; Branchenwerte: Tabelle H4b

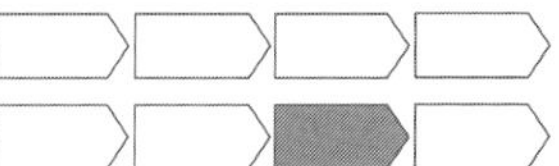

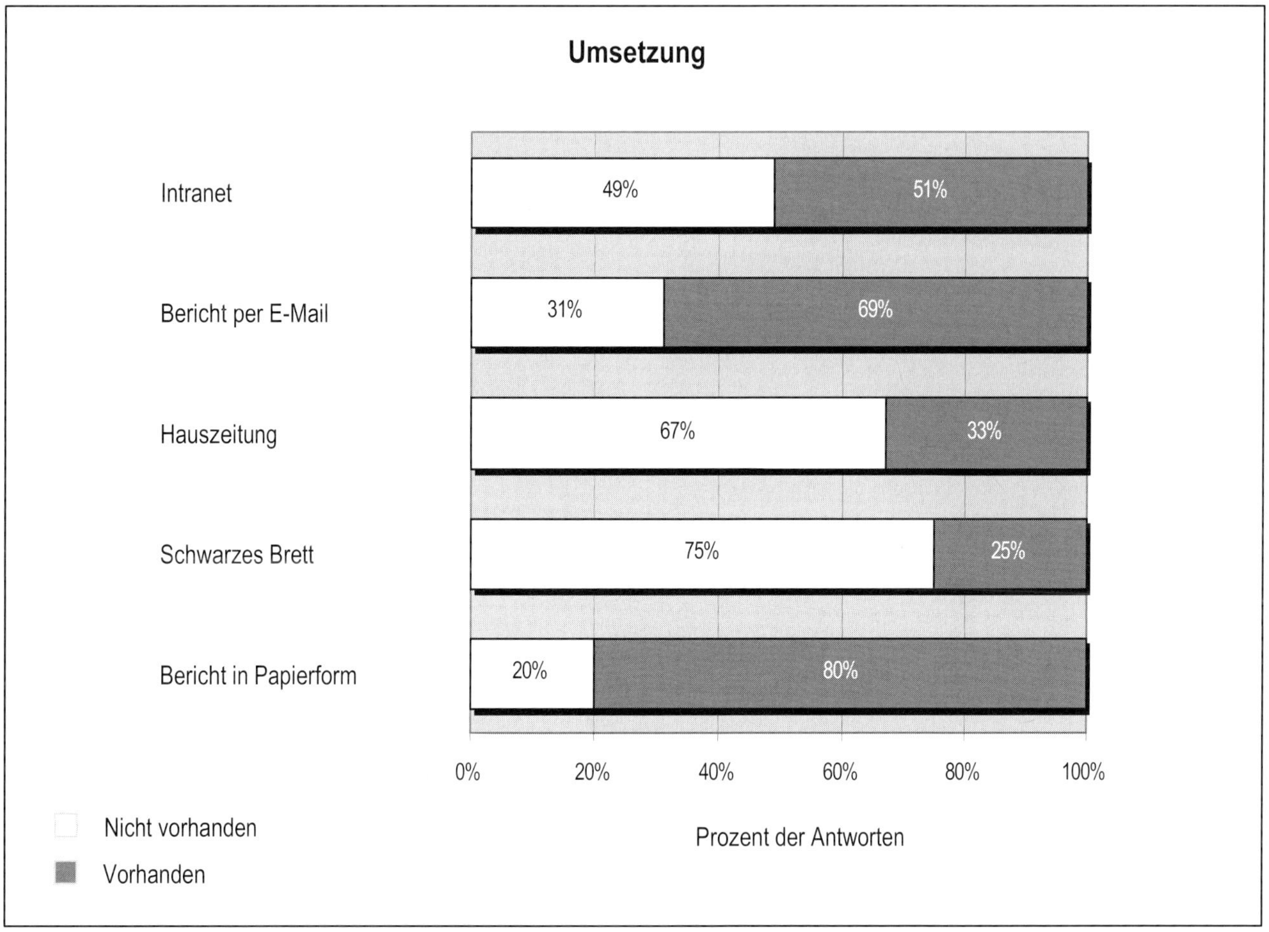

Umsetzung

	Nicht vorhanden	Vorhanden
Intranet	49%	51%
Bericht per E-Mail	31%	69%
Hauszeitung	67%	33%
Schwarzes Brett	75%	25%
Bericht in Papierform	20%	80%

0% 20% 40% 60% 80% 100%

Prozent der Antworten

- Soweit es jedoch die Umsetzung betrifft, so ist der Bericht in Papierform (80%) wesentlich stärker verbreitet als die E-Mail-Variante (69%) oder die Bereitstellung über das Intranet (51%).
- Als eher unwichtig werden eine Verbreitung der Informationen über die Mitarbeiterzeitung (2,45) oder das schwarze Brett (2,02) angesehen. Auch die entsprechenden Umsetzungen sind eher gering: Nur 33% der Unternehmen veröffentlichen Daten in der Hauszeitung, 25% durch Aushang am schwarzen Brett. Es ist offensichtlich, dass sich diese Medien nur für die Vermittlung ausgewählter Informationen eignen, dafür aber in der Lage sind, breite Mitarbeiterkreise (darunter auch die Kundenkontaktmitarbeiter) zu erreichen.

Detaillierte Werte: Tabelle H4a; Branchenwerte: Tabelle H4b

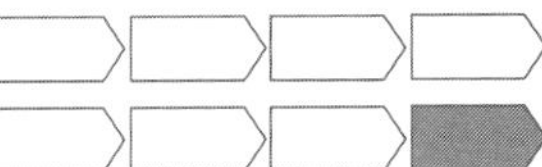

3.3.4. Beschwerdeinformationsnutzung

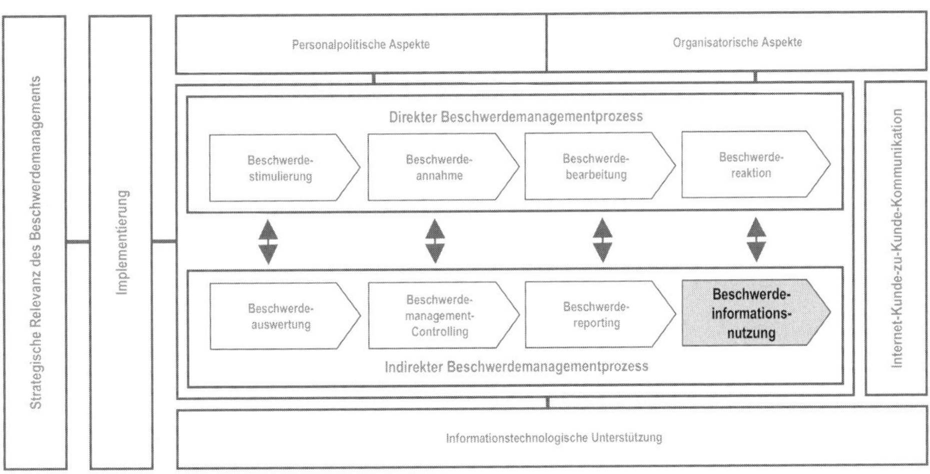

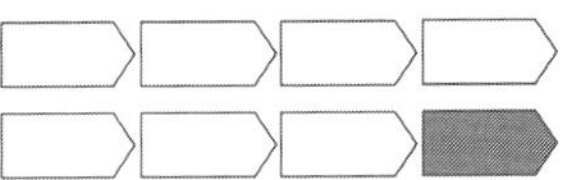

„Inwieweit treffen die folgenden Aussagen zur Beschwerdeinformationsnutzung auf Ihr Unternehmen zu?"

Beschwerdeinformationen werden erstrangig zur zukünftigen Fehlervermeidung genutzt. Nur zweitrangig fließen sie auch in Prozessinnovationen ein. Für Produktinnovationen werden sie nur von wenigen Unternehmen genutzt.

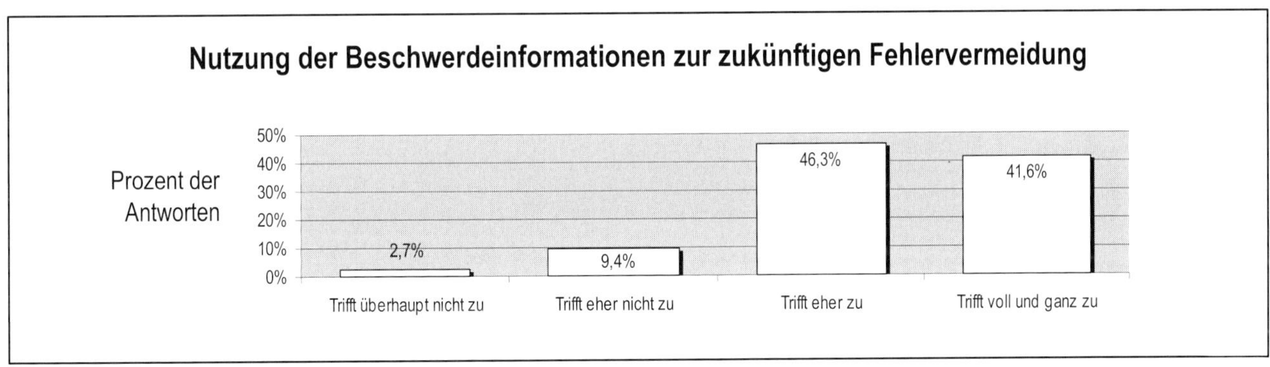

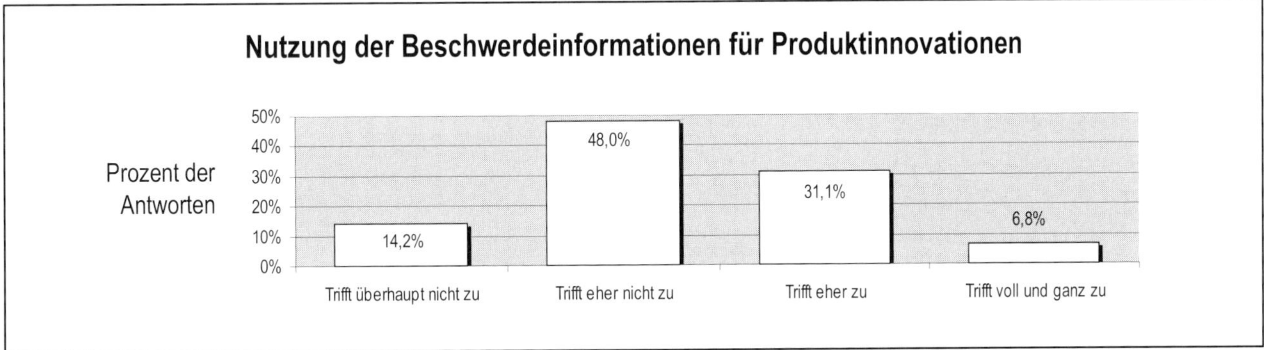

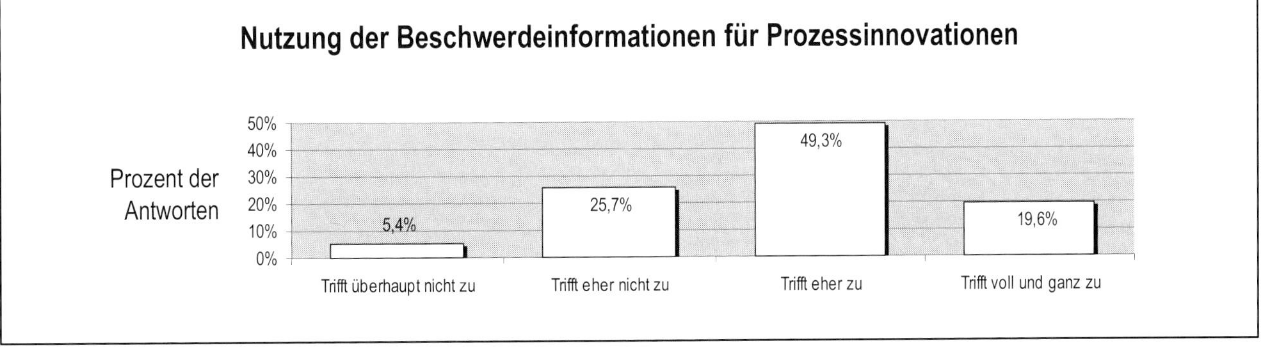

- Beschwerdeinformationen werden primär zur zukünftigen Fehlervermeidung genutzt. Knapp 88% der Unternehmen stimmen dieser Aussage zu, davon 41,6% sogar „voll und ganz".
- Die Nutzung von Beschwerdeinformationen für Prozessinnovationen wird von 68,9% der Unternehmen bestätigt, wenn auch nur „voll und ganz" von 19,6%.
- Demgegenüber wird die Nutzung von Beschwerdeinformationen für Produktinnovationen mehrheitlich verneint (62,2%), davon von 14,2% entschieden.
- Daraus ergibt sich das Bild einer stärker reaktiven Verwendung von Beschwerdeinformationen und eines weitgehenden Verzichts auf die in ihnen enthaltenen innovativen Impulse.
- Es finden sich aber auch Unternehmen, die Informationen sowohl für Prozess- als auch für Produktverbesserungen nutzen. Hier konnte ein entsprechender Zusammenhang von 0,505 (hoch signifikant auf einem Niveau von 0,000) identifiziert werden.

Detaillierte Werte: Tabelle I1a; Branchenwerte: Tabelle I1b

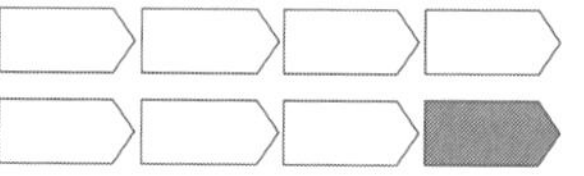

„Für wie wichtig halten Sie die folgenden Aspekte der Beschwerdeinformationsnutzung in Ihrem Unternehmen? Bitte beurteilen Sie auch den Umsetzungsstatus dieser Aspekte in Ihrem Unternehmen.“

Die von den Beschwerdemanagern gewünschte starke Beachtung von Beschwerdereports findet in der Realität nicht statt.

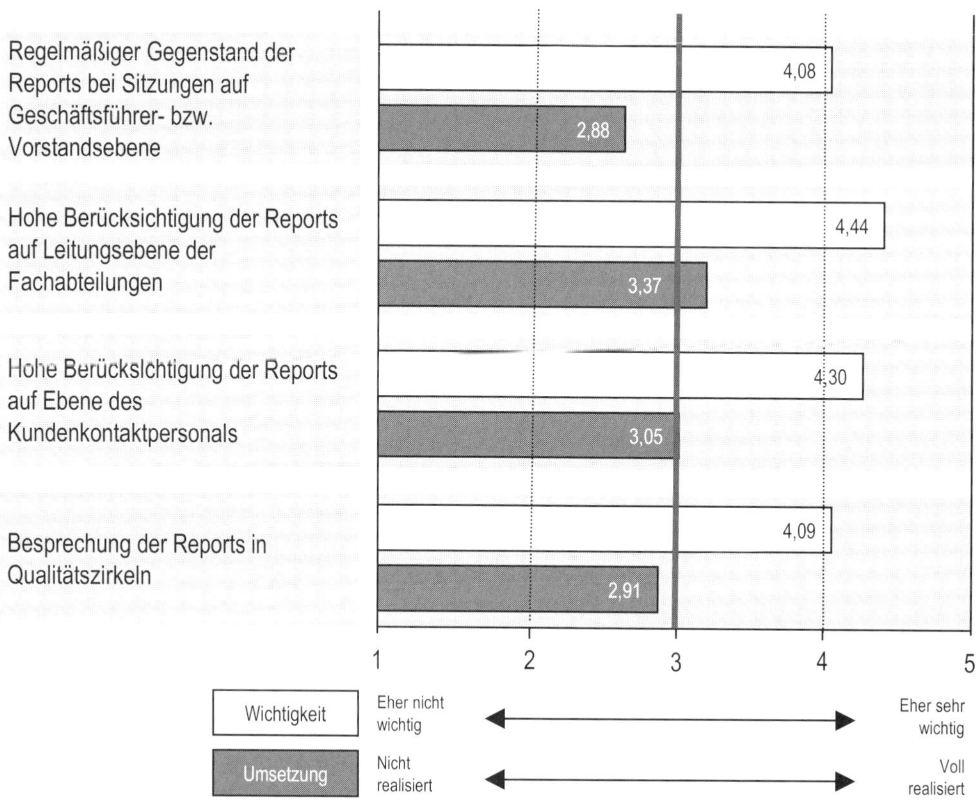

	Wichtigkeit	Umsetzung
Regelmäßiger Gegenstand der Reports bei Sitzungen auf Geschäftsführer- bzw. Vorstandsebene	4,08	2,88
Hohe Berücksichtigung der Reports auf Leitungsebene der Fachabteilungen	4,44	3,37
Hohe Berücksichtigung der Reports auf Ebene des Kundenkontaktpersonals	4,30	3,05
Besprechung der Reports in Qualitätszirkeln	4,09	2,91

Skala 1 – 5: Wichtigkeit: Eher nicht wichtig ↔ Eher sehr wichtig; Umsetzung: Nicht realisiert ↔ Voll realisiert

- Die befragten Beschwerdemanager halten alle Aspekte der Beschwerdeinformationsnutzung für wichtig. Die Reports sollten ihrer Ansicht nach auf Leitungsebene der Fachabteilungen ebenso Berücksichtigung finden (4,44) wie auf der Ebene des Kundenkontaktpersonals (4,30). Die Ergebnisse sollten zum Gegenstand der operativen Arbeit in Qualitätszirkeln (4,09), aber auch der strategischen Diskussionen auf Geschäftsführer- bzw. Vorstandsebene (4,08) gehören.
- Die Realität der Reportnutzung sieht allerdings anders aus. Die Werte für die jeweiligen Umsetzungsgrade sind vergleichsweise niedrig, die Handlungsdefizite beträchtlich. Zieht man für die Ermittlung dieser Defizite wieder die Skalendifferenzen zwischen Wichtigkeits- und Umsetzungsskala heran, dann erscheint die Lücke bezüglich der Berücksichtigung der Reports auf Ebene des Kundenkontaktpersonals am größten (Skalendifferenz: 1,25). Die Lücken in Bezug auf andere Aspekte fallen aber nahezu gleich groß aus: Reports als Gegenstand von Sitzungen auf Geschäftsführer- und Vorstandsebene (Skalendifferenz: 1,20), Besprechung der Ergebnisse in Qualitätszirkeln (Skalendifferenz 1,18), sowie Berücksichtigung der Reports auf Leitungsebene der Fachabteilungen (Skalendifferenz: 1,07).

Detaillierte Werte: Tabelle I2a; Branchenwerte: Tabelle I2b

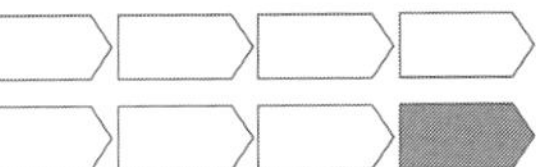

- Im Rahmen der Betrachtung der Nutzung der Reports lassen sich aber auch einige interessante Zusammenhänge erkennen. Ein regelmäßiger Gegenstand der Reports bei Sitzungen auf Geschäftsführer- bzw. Vorstandsebene korreliert mit einer hohen Berücksichtigung auf der Leitungsebene der Fachabteilungen (r = 0,550, hoch signifikant auf einem Niveau von 0,000). Diese wiederum weist einen Zusammenhang mit der hohen Berücksichtigung der Reports auf der Ebene des Kundenkontaktpersonals auf (r = 0,570, hoch signifikant auf einem Niveau von 0,000).
- In Bezug auf die Nutzung von Beschwerdereports weisen die verschiedenen untersuchten Branchen erhebliche Unterschiede auf. Beispielsweise erhält die Realisierung von Reportbesprechungen auf Geschäftsführer- bzw. Vorstandsebene in der Automobilindustrie einen Durchschnittswert von 3,67, während der entsprechende Wert in der Versorgungsindustrie nur 2,72 ausmacht.

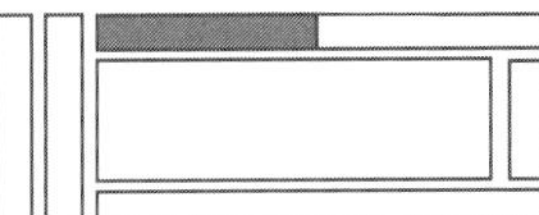

3.4. Rahmenfaktoren des Beschwerdemanagements

3.4.1. Personalpolitische Aspekte

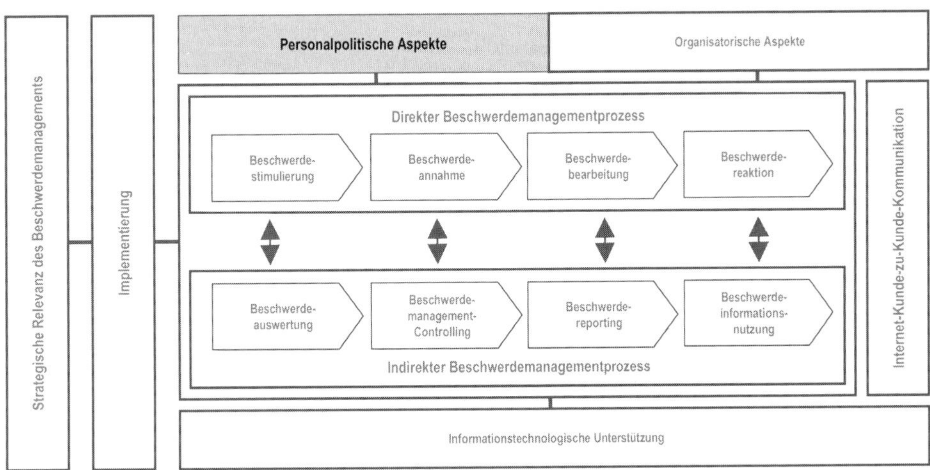

„Inwieweit treffen die folgenden Aussagen auf Ihr Unternehmen zu?“

Das Beschwerdemanagement wird von der Unternehmensführung akzeptiert, aber es fehlt an einer konsequenten Unterstützung.

Wir sehen Beschwerden als wertvolle Chancen

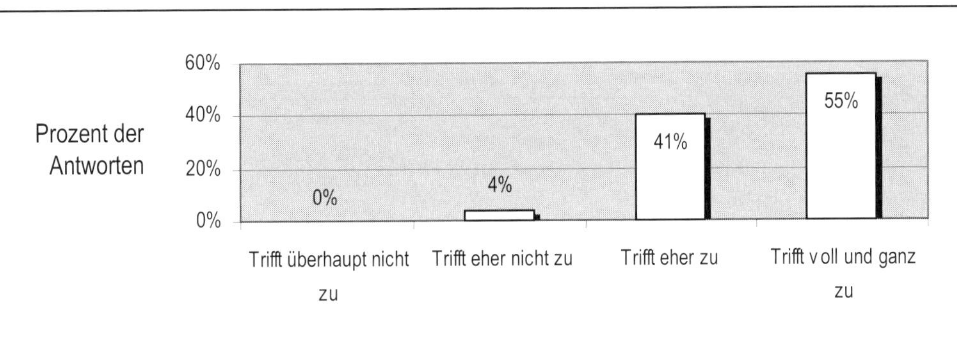

Mitarbeiter, die sich mit Kundenbeschwerden beschäftigen, werden im Unternehmen als Anwälte des Kunden gesehen

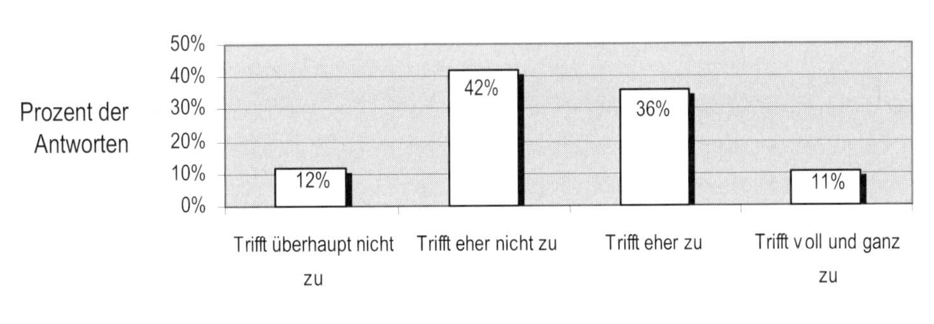

Führungskräfte erkennen die Arbeit des Beschwerde-managements an

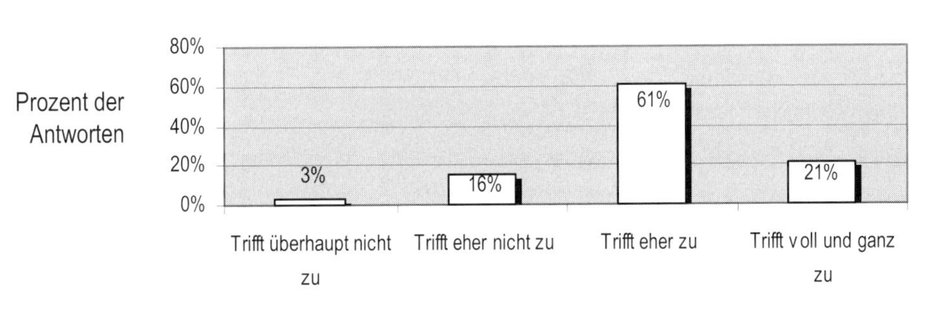

Detaillierte Werte: Tabelle J1a; Branchenwerte: Tabelle J1b

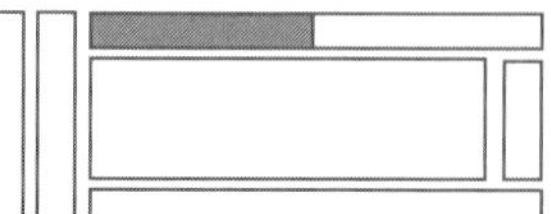

Führungskräfte zeichnen die vorbildliche Reaktion auf Kunden-beschwerden aus	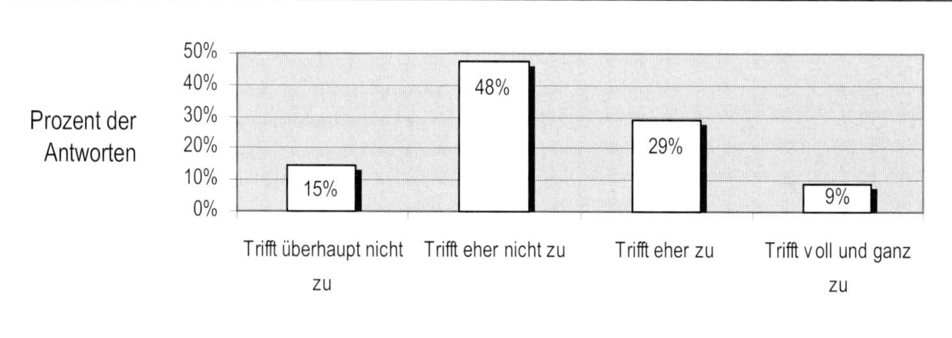

Führungskräfte planen Managementzeit für die Lektüre und Beantwortung von Beschwerden ein	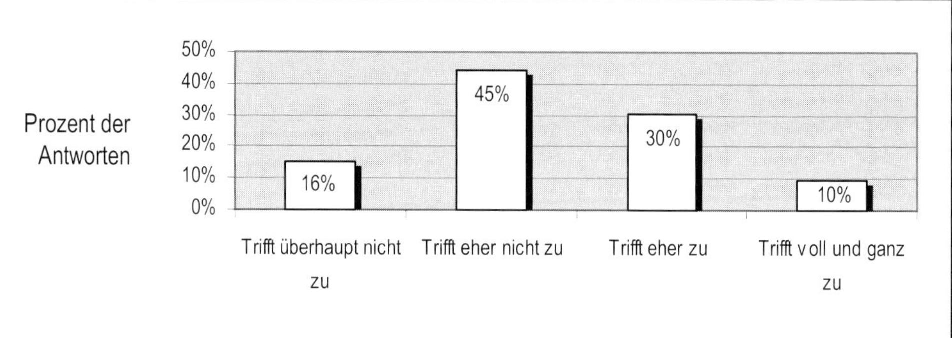

- Untersucht man, wie die für ein Beschwerdemanagement relevanten Werte in der Unternehmenskultur verankert sind und sich im Verhalten der Führungskräfte widerspiegeln, zeigt sich ein widersprüchliches Bild.
- Auf der einen Seite geben 96% der befragten Unternehmen an, dass bei ihnen Beschwerden als wertvolle Chancen gesehen werden. Darunter sind es 55% der Unternehmen, die diese Aussage „voll und ganz" bestätigen.
- Auch an Anerkennung ihrer Arbeit fehlt es den Mitarbeitern im Beschwerdemanagement nicht. Insgesamt 82% der Befragten neigen zu dieser Einschätzung, auch wenn nur etwa ein Fünftel (21%) diese Aussage „voll und ganz" für zutreffend aussieht.
- Diese grundsätzliche Akzeptanz spiegelt sich aber nicht konsequent im Verhalten der Führungskräfte wider. Vorbildliches Verhalten von Mitarbeitern im Beschwerdemanagement wird mehrheitlich nicht honoriert. Insgesamt 63% verneinen ein entsprechendes Statement, 15% davon sogar entschieden.
- Mehrheitlich demonstrieren Führungskräfte auch nicht die den Kundenbeschwerden beigemessene Bedeutung. Es mangelt an der Aufwendung persönlicher Zeit für die Lektüre bzw. Beantwortung von Beschwerden. Nur 10% der Befragten bestätigen eine entsprechende Verhaltensweise mit Nachdruck, weitere 30% bringen eine vorsichtige Zustimmung zum Ausdruck.
- In Bezug auf das Rollenverständnis des Beschwerdemanagements ist eine gewisse Polarisierung festzustellen. Fast gleich groß ist der Anteil derjenigen Unternehmen, in denen Mitarbeiter des Beschwerdemanagements als Anwälte des Kunden gesehen werden (47%) bzw. in denen eine entsprechende Sichtweise (eher) nicht zutrifft (54%).

Detaillierte Werte: Tabelle J1a; Branchenwerte: Tabelle J1b

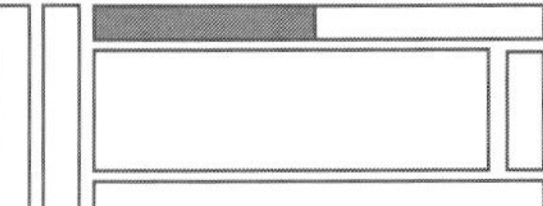

„Für wie wichtig halten Sie die folgenden personalpolitischen Aspekte für das Beschwerdemanagement in Ihrem Unternehmen? Bitte beurteilen Sie auch den Umsetzungsstatus dieser Aspekte in Ihrem Unternehmen."

Personalpolitische Aspekte im Rahmen des Beschwerdemanagements sind in der Umsetzung bis dato tendenziell eher vernachlässigt. So existiert in kaum einem befragten Unternehmen ein unterstützendes Anreiz-System.

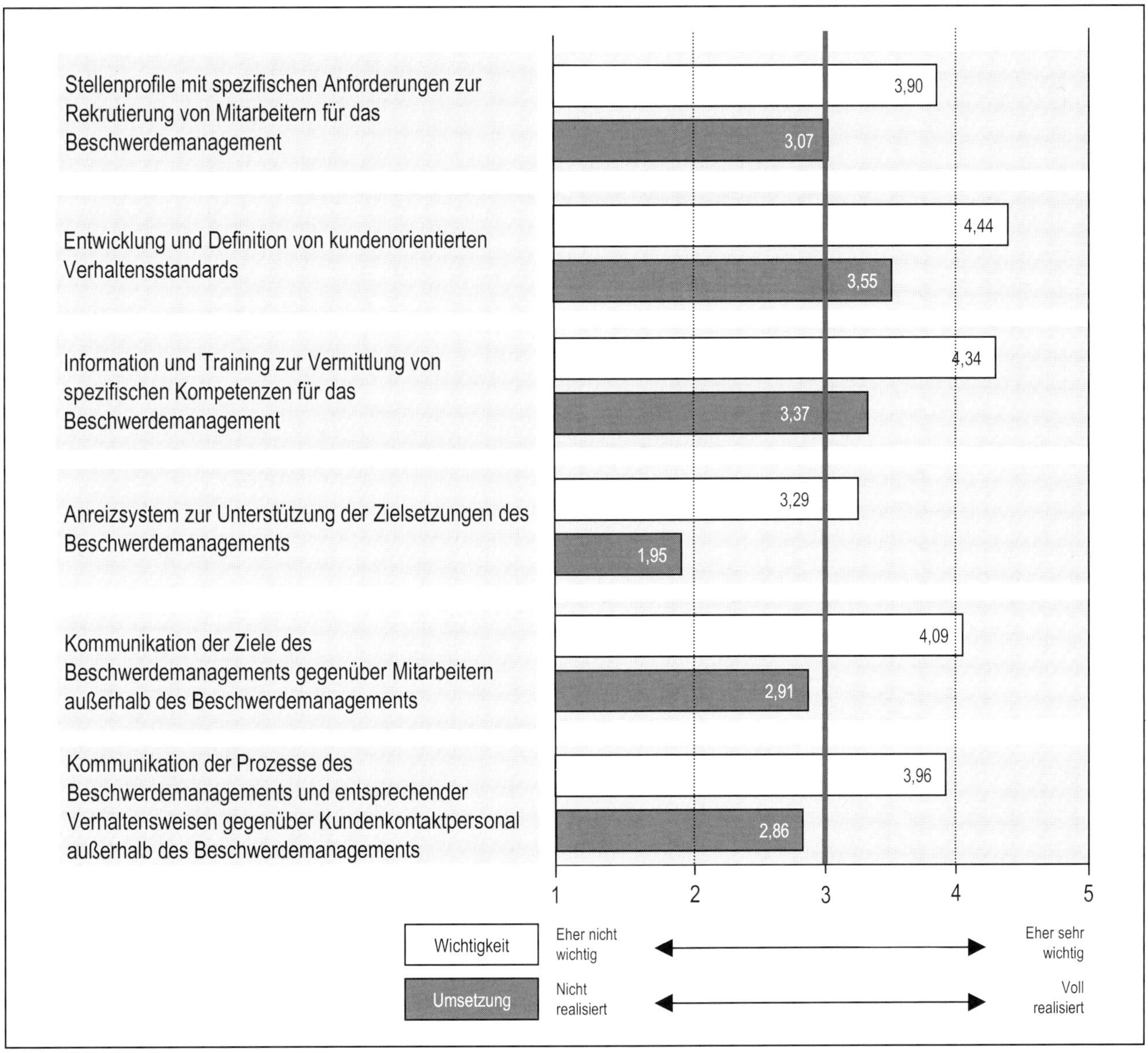

Aspekt	Wichtigkeit	Umsetzung
Stellenprofile mit spezifischen Anforderungen zur Rekrutierung von Mitarbeitern für das Beschwerdemanagement	3,90	3,07
Entwicklung und Definition von kundenorientierten Verhaltensstandards	4,44	3,55
Information und Training zur Vermittlung von spezifischen Kompetenzen für das Beschwerdemanagement	4,34	3,37
Anreizsystem zur Unterstützung der Zielsetzungen des Beschwerdemanagements	3,29	1,95
Kommunikation der Ziele des Beschwerdemanagements gegenüber Mitarbeitern außerhalb des Beschwerdemanagements	4,09	2,91
Kommunikation der Prozesse des Beschwerdemanagements und entsprechender Verhaltensweisen gegenüber Kundenkontaktpersonal außerhalb des Beschwerdemanagements	3,96	2,86

Skala: 1 2 3 4 5

Wichtigkeit: Eher nicht wichtig ↔ Eher sehr wichtig

Umsetzung: Nicht realisiert ↔ Voll realisiert

- Von den verschiedenen personalpolitischen Maßnahmen, die eingesetzt werden können, um geeignete Mitarbeiter für das Beschwerdemanagement zu gewinnen und eine zielorientierte Aufgabenerfüllung zu ermöglichen, werden vor allem drei als besonders wichtig angesehen: die Entwicklung und Definition von kundenorientierten Verhaltensstandards (4,44), Information und Training zur Vermittlung der erforderlichen Kompetenzen (4,34) und die Kommunikation der Ziele des Beschwerdemanagements gegenüber Mitarbeitern außerhalb des Beschwerdemanagements (4,09).

Detaillierte Werte: Tabelle J2a; Branchenwerte: Tabelle J2b

- In Bezug auf alle diese Ziele entspricht der Realisierungsgrad nicht der Wichtigkeitseinschätzung. Analysiert man die Differenzen der Mittelwerte auf der Wichtigkeits- und der Umsetzungskala, dann erkennt man, dass das Realisierungsdefizit am größten in Bezug auf die Kommunikation von Zielen des Beschwerdemanagements gegenüber den anderen Mitarbeitergruppen im Unternehmen ist (Skalendifferenz: 1,18). Ebenfalls hohe Realisierungsdefizite ergeben sich in den Bereichen Information und Training (Skalendifferenz: 0,97) und der Entwicklung von Verhaltensstandards (0,89).
- Auch in Bezug auf andere personalpolitische Aspekte des Beschwerdemanagements ist der Realisierungsgrad gering. Stellenprofile mit spezifischen Anforderungen zur Rekrutierung von Mitarbeitern für das Beschwerdemanagement sind keineswegs die Regel (Umsetzungsgrad: 3,07), eine Kommunikation von beschwerderelevanten Verhaltensweisen gegenüber dem Kundenkontaktpersonal findet mehrheitlich nicht statt (Umsetzungsgrad: 2,86), und Anreizsysteme zur Unterstützung der Zielsetzungen des Beschwerdemanagements sind weitgehend unbekannt (Umsetzungsgrad: 1,05).

„Wie viele Personen sind in Ihrem Unternehmen ausschließlich mit Beschwerdemanagement-Aufgaben betraut?“

Die Größe der Beschwerdeabteilungen variiert stark.

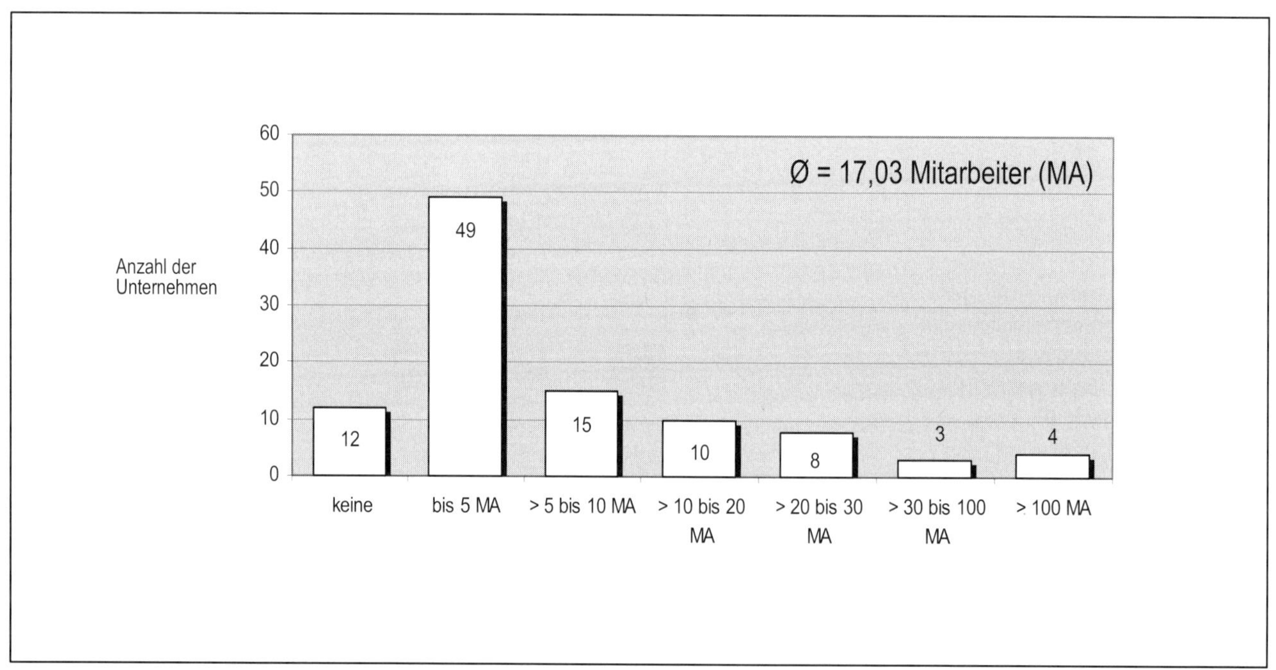

- Durchschnittlich sind in den befragten Unternehmen 17 Mitarbeiter ausschließlich mit Beschwerdemanagement-Aufgaben betraut.
- Dieser Durchschnittswert ist aber nicht repräsentativ. Die meisten Unternehmen geben an, bis zu 5 Mitarbeiter im Beschwerdemanagement zu beschäftigen. Dem stehen einige wenige Unternehmen gegenüber, die zwischen 30 und 100 oder sogar mehr Mitarbeiter in diesem Bereich einsetzen.

Detaillierte Werte: Tabelle J3a; Branchenwerte: Tabelle J3b

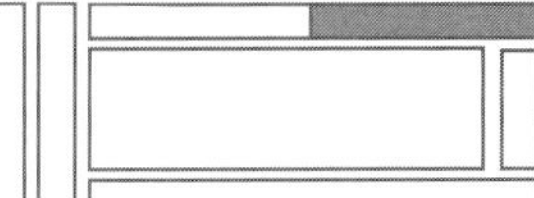

3.4.2. Organisatorische Aspekte

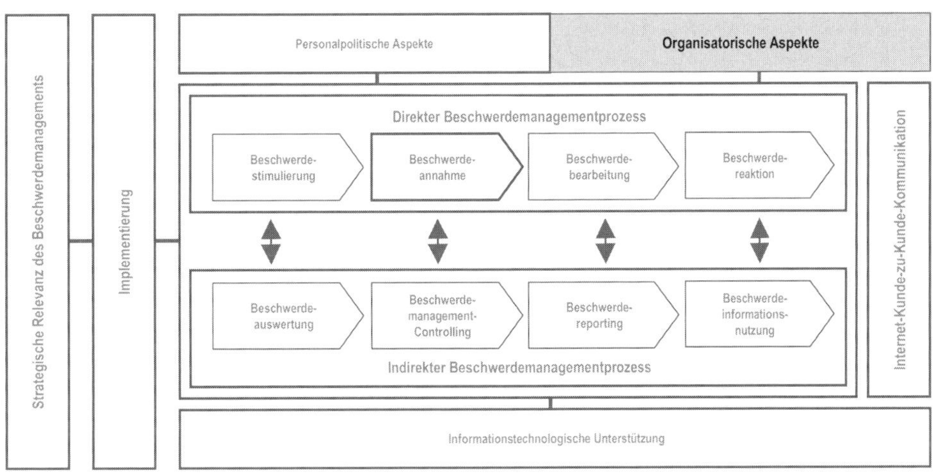

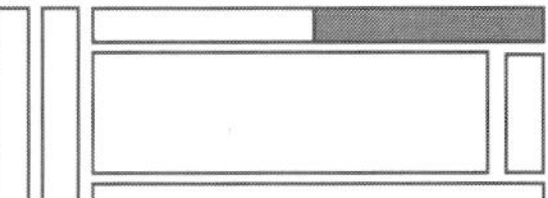

„Inwieweit sind die Prozesse Ihres Beschwerdemanagements eindeutig definiert?“

Die Prozesse der Beschwerdeannahme und -bearbeitung sind überwiegend eindeutig definiert – die der Beschwerdestimulierung und des Beschwerdemanagement-Controlling dagegen nicht.

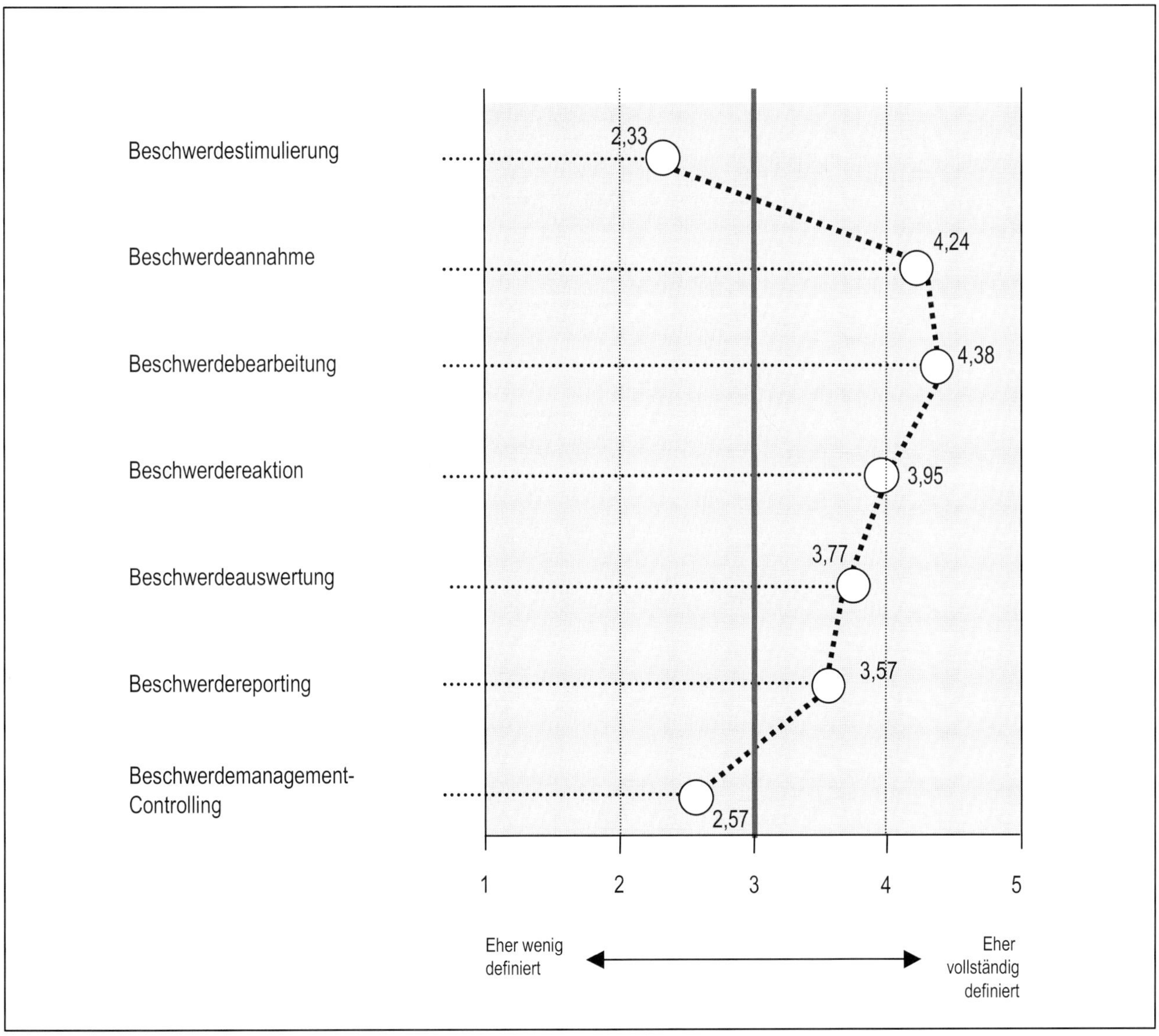

Beschwerdestimulierung 2,33
Beschwerdeannahme 4,24
Beschwerdebearbeitung 4,38
Beschwerdereaktion 3,95
Beschwerdeauswertung 3,77
Beschwerdereporting 3,57
Beschwerdemanagement-Controlling 2,57

1 2 3 4 5

Eher wenig definiert ◄——► Eher vollständig definiert

- Die Prozesse in den einzelnen Aufgabenbausteinen des Beschwerdemanagements sind in unterschiedlichem Maße eindeutig festgelegt.
- Eher vollständig definierte Prozesse liegen mehrheitlich für die Beschwerdebearbeitung (4,38) und die Beschwerdeannahme (4,24), in hohem Maße aber auch für die Beschwerdereaktion (3,95) vor.
- Auf mittlerem Niveau liegt die Prozessdefinition in Bezug auf Beschwerdeauswertung (3,77) und Beschwerdereporting (3,57).
- Mehrheitlich wenig definiert sind die Prozesse des Beschwerdemanagement-Controlling (2,57) und der Beschwerdestimulierung (2,33).

Detaillierte Werte: Tabelle K1a; Branchenwerte: Tabelle K1b

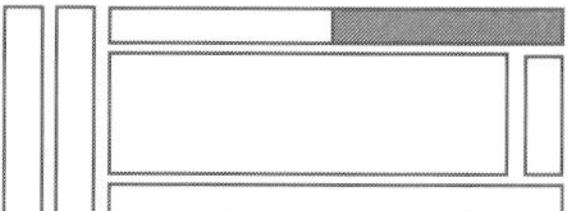

„Welche Quellen nutzen Sie zur Prozessoptimierung Ihres Beschwerdemanagements? (Mehrfachnennungen möglich)“

Nur ein Teil der Quellen zur Optimierung der Beschwerdemanagementprozesse wird genutzt.

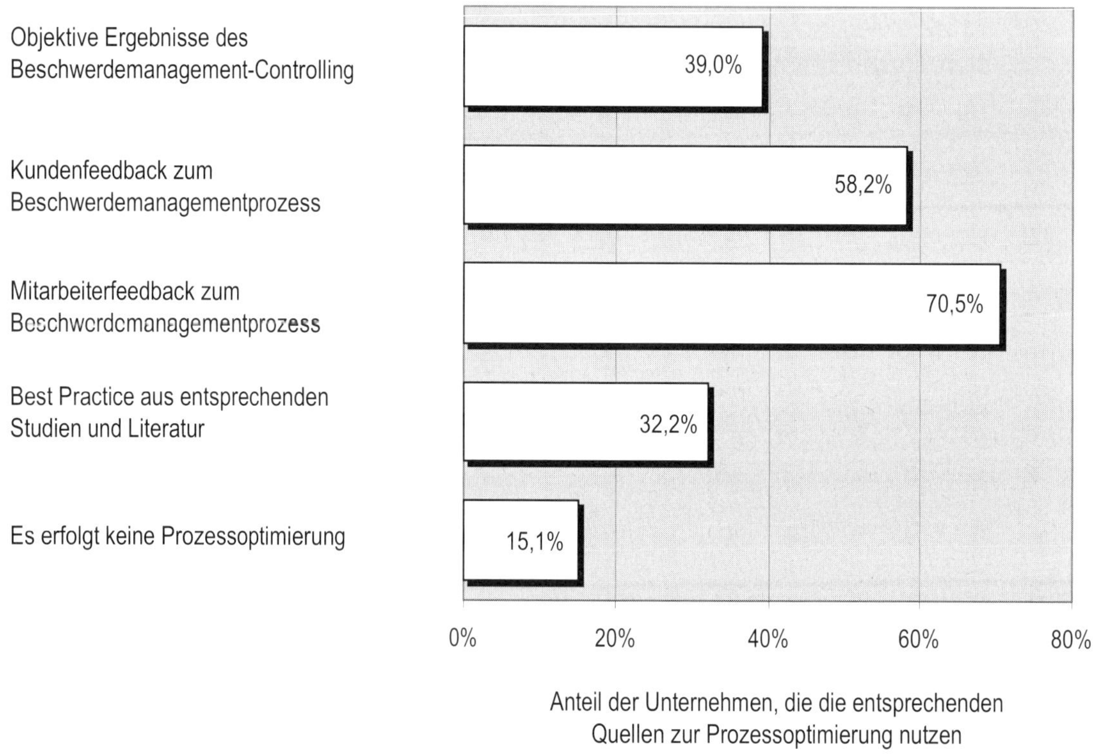

Quelle	Anteil
Objektive Ergebnisse des Beschwerdemanagement-Controlling	39,0%
Kundenfeedback zum Beschwerdemanagementprozess	58,2%
Mitarbeiterfeedback zum Beschwerdemanagementprozess	70,5%
Best Practice aus entsprechenden Studien und Literatur	32,2%
Es erfolgt keine Prozessoptimierung	15,1%

0% 20% 40% 60% 80%

Anteil der Unternehmen, die die entsprechenden Quellen zur Prozessoptimierung nutzen

- 70,5% der befragten Unternehmen nutzen Mitarbeiterfeedback zur Optimierung ihres Beschwerdemanagements. Damit ist aber keine Aussage darüber verbunden, inwieweit dies regelmäßig und systematisch erfolgt.
- Eine Mehrheit von 58,2% gibt an, Kundenfeedback zum Beschwerdemanagement für Optimierungsinitiativen zu nutzen.
- Objektive Kennzahlen des Beschwerdemanagement-Controlling, die Aussagen über die Effektivität und Effizienz der Aufgabenerfüllung zulassen, nutzt nur eine Minderheit von 39%.
- Etwa ein Drittel der Unternehmen greift für Optimierungsüberlegungen auf Best Practice-Beispiele in Studien bzw. in der Literatur zurück.
- Immerhin 15,1% der Unternehmen geben an, keine Prozessoptimierung für das Beschwerdemanagement zu betreiben.
- Im Branchenvergleich zeigen sich erhebliche Verhaltensunterschiede. So stützen zwar nur 14,3% der Automobilunternehmen, aber zwei Drittel aller Versicherungsunternehmen (66,7%) ihre Prozessverbesserungen auf Ergebnisse des Beschwerdemanagement-Controlling; und während nur 28,6% der Automobilunternehmen das Kundenfeedback heranziehen, sind es im Bereich der Versorgungsbranche 58,8%.

Detaillierte Werte: Tabelle K2a; Branchenwerte: Tabelle K2b

„Wo ist die Prozessverantwortung für die verschiedenen Beschwerdemanagement-Aufgaben aufbauorganisatorisch eingebettet und wo findet eine übergreifende Planung und Weiterentwicklung der Beschwerdemanagementaktivitäten in Ihrem Unternehmen statt?"

Die Zentralität der Prozessverantwortung fällt aufgabenspezifisch unterschiedlich aus.

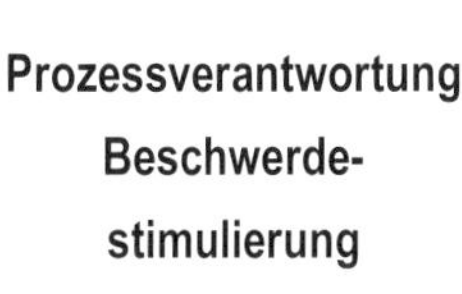

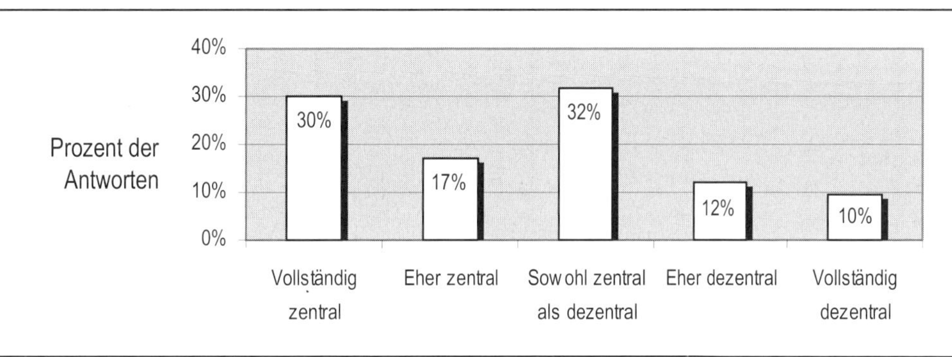

Prozessverantwortung Beschwerdeannahme

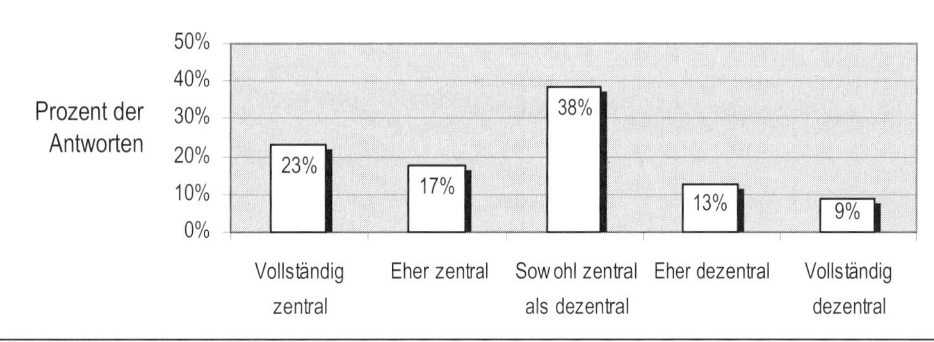

Prozessverantwortung Beschwerdebearbeitung

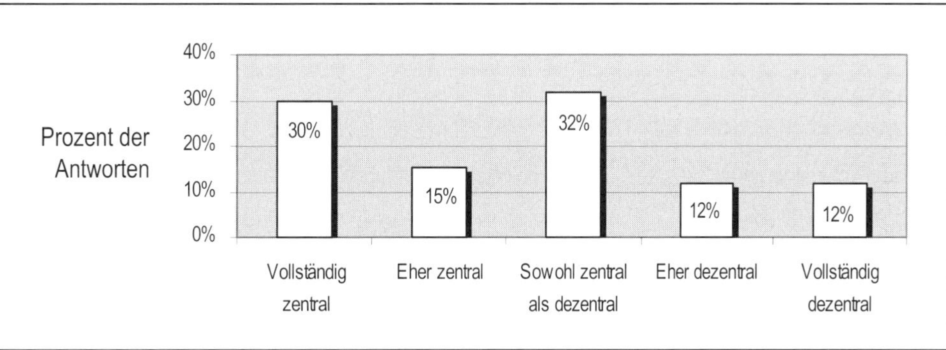

Prozessverantwortung Beschwerdereaktion

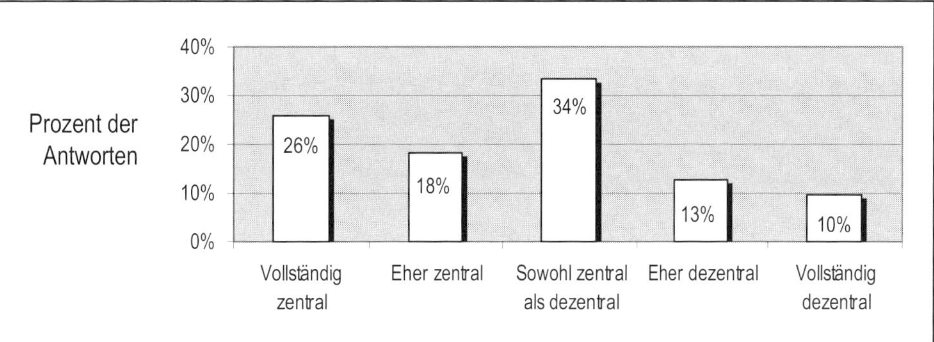

Detaillierte Werte: Tabelle K3a; Branchenwerte: Tabelle K3b

Prozessverantwortung Beschwerdeauswertung	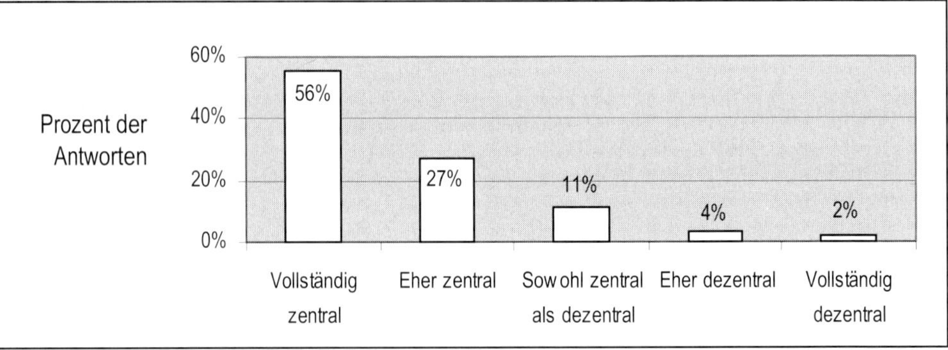
Prozessverantwortung Beschwerdereporting	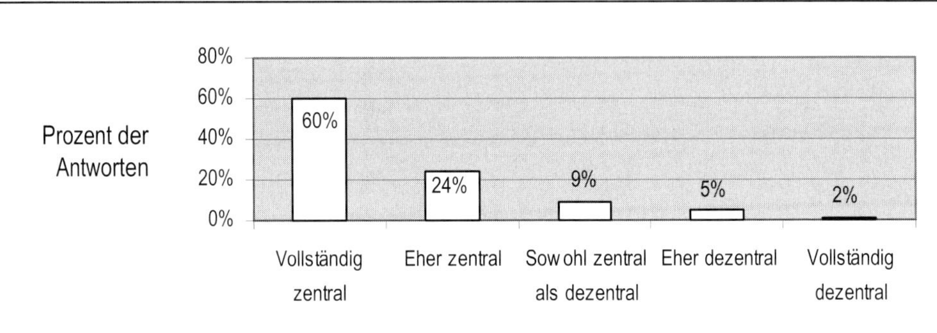
Prozessverantwortung Beschwerde-management-Controlling	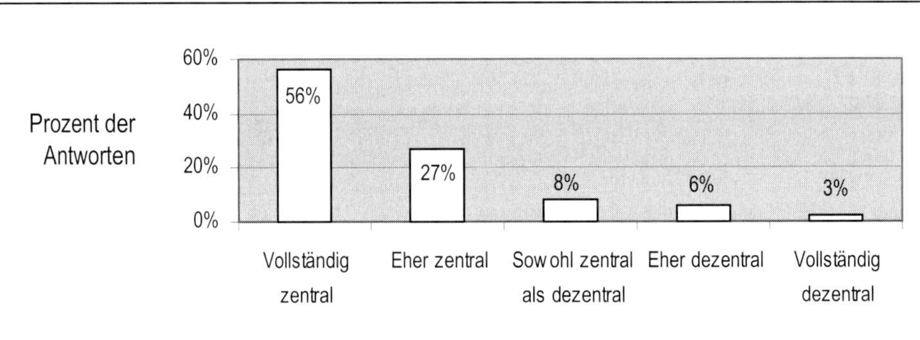

- Die Prozessverantwortung für die verschiedenen Aufgaben des Beschwerdemanagements ist nicht einheitlich zentral oder dezentral geregelt.
- Schwerpunktartig liegt die Prozessverantwortung für die Aufgaben des indirekten Beschwerdemanagements bei einer zentralen Stelle. Dies ist bei 83% bzw. 84% der Unternehmen der Fall.
- Demgegenüber liegt der Zentralisierungsgrad im Bereich der Aufgaben des direkten Beschwerdemanagements eindeutig niedriger (zwischen 40% und 47%).
- Aufgaben des direkten Beschwerdemanagements werden zudem in hohem Maße sowohl in zentraler als auch in dezentraler Verantwortung durchgeführt.

Detaillierte Werte: Tabelle K3a; Branchenwerte: Tabelle K3b

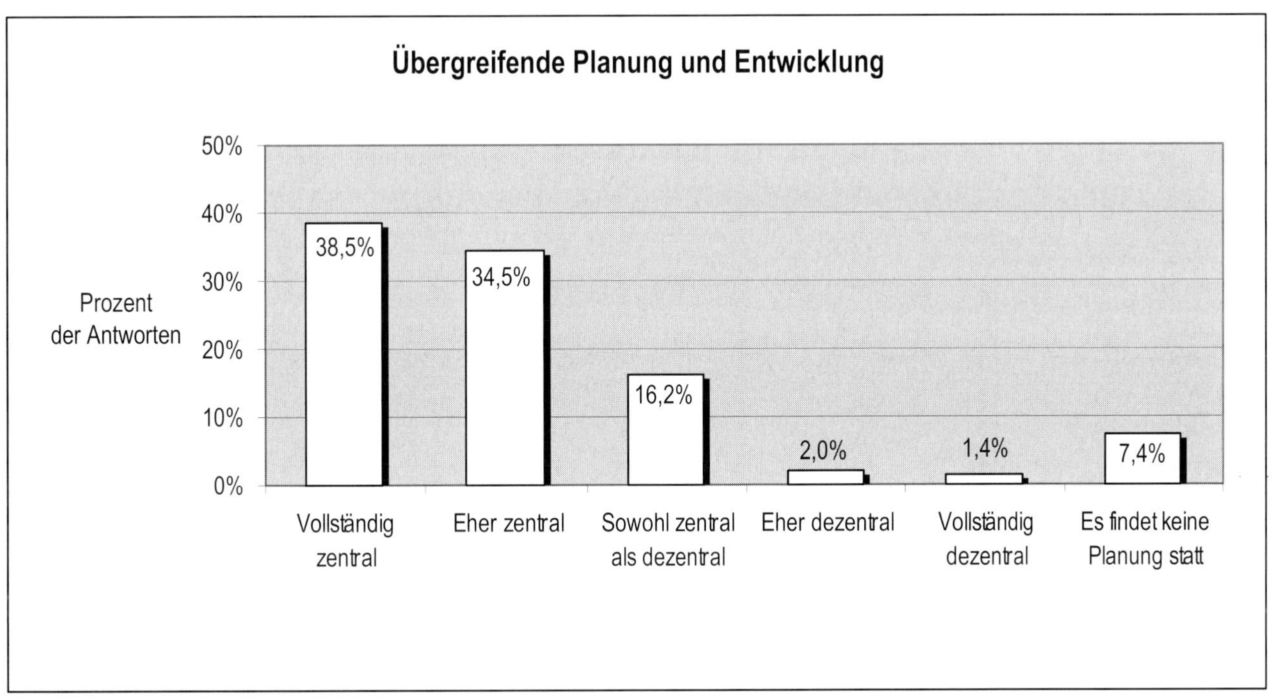

- In Übereinstimmung mit der starken Tendenz, die Verantwortung für die Aufgaben des indirekten Beschwerdemanagements zu zentralisieren, steht auch das Ergebnis, dass die strategisch relevante übergreifende Planung und Weiterentwicklung der Beschwerdemanagementaktivitäten überwiegend zentral stattfindet. 73% der Befragten geben an, dass diese Planungsaufgabe entweder vollständig zentral (38,5%) oder eher zentral (34,5%) wahrgenommen wird. Weitere 16,2% verfügen über ein Planungssystem für das Beschwerdemanagement mit sowohl zentralen als auch dezentralen Elementen.
- Die Vorgehensweise ist allerdings in den einzelnen Branchen unterschiedlich: Während im Bankbereich diese Planung zu 43% vollständig zentral und zu weiteren 43% eher zentral erfolgt, gibt es in der Automobilindustrie kein Unternehmen mit einer rein zentralen Planung (0%), und nur 29% charakterisieren ihre Planung als eher zentral. Demgegenüber ist eine sowohl zentrale als auch dezentrale Planung (42%) relativ stark verbreitet.

Detaillierte Werte: Tabelle K3a; Branchenwerte: Tabelle K3b

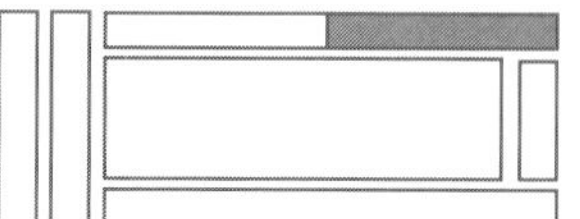

„Wo ist die Durchführung der verschiedenen Beschwerdemanagement-Aufgaben aufbauorganisatorisch in Ihrem Unternehmen eingebettet? Bitte geben Sie auch an, wenn Aufgaben von einem externen Dienstleister übernommen werden (Outsourcing)."

Aufgaben des indirekten Beschwerdemanagementprozesses werden zentral durchgeführt – eine nennenswerte dezentrale Aufgabenerfüllung gibt es nur bei Aufgaben des direkten Beschwerdemanagementprozesses.

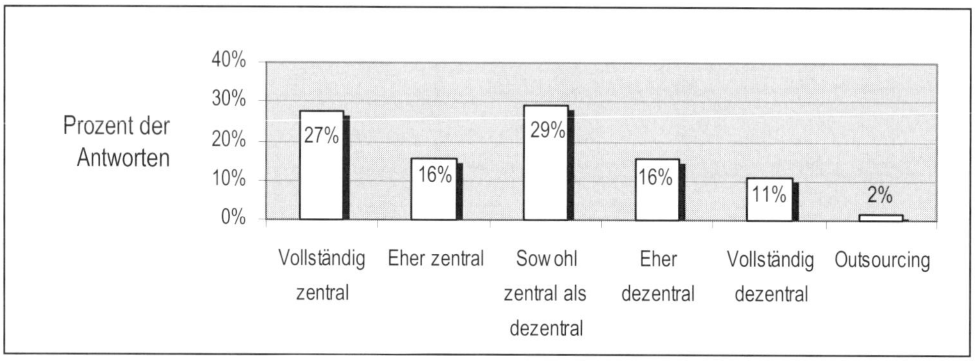

Prozent der Antworten

	Vollständig zentral	Eher zentral	Sowohl zentral als dezentral	Eher dezentral	Vollständig dezentral	Outsourcing
Beschwerde-stimulierung	27%	16%	29%	16%	11%	2%
Beschwerdeannahme	18%	14%	39%	12%	11%	6%
Beschwerdebearbeitung	22%	15%	35%	13%	11%	5%
Beschwerdereaktion	21%	16%	37%	11%	11%	4%

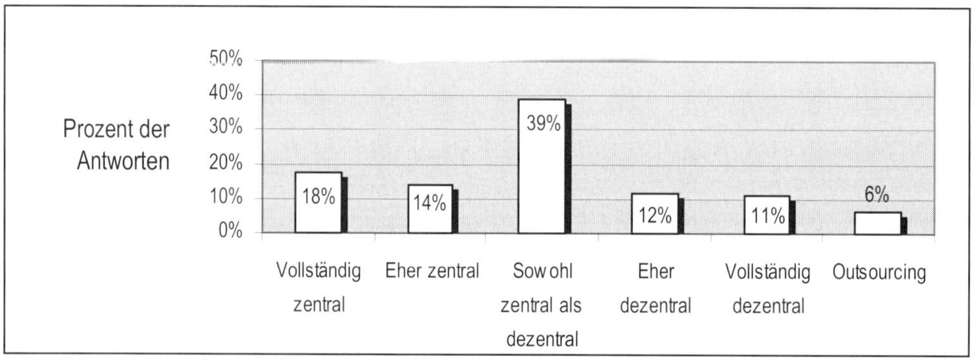

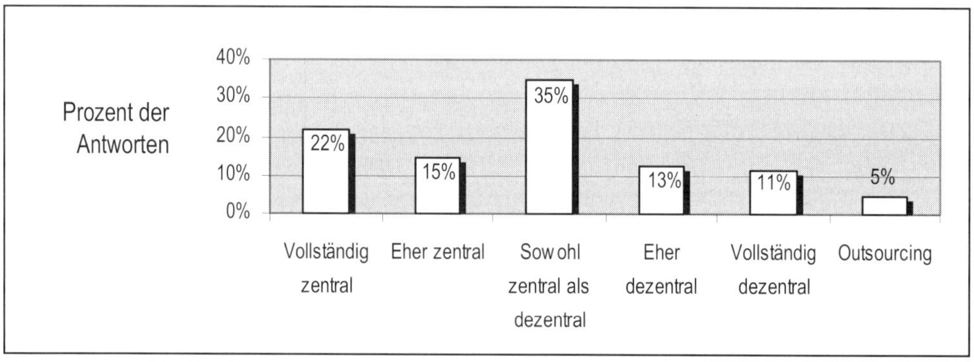

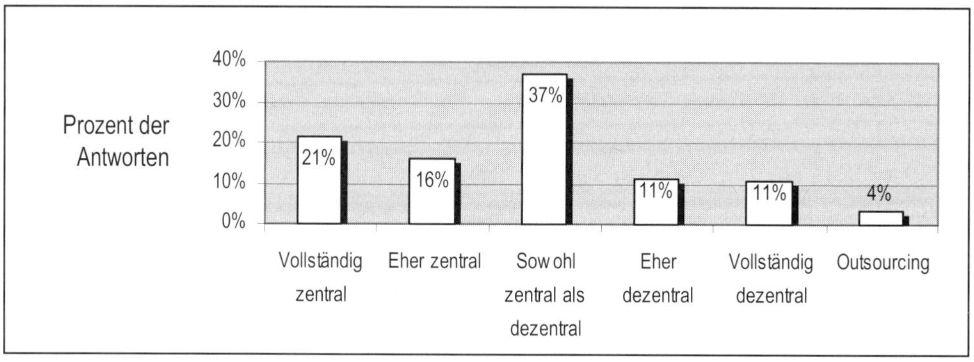

Detaillierte Werte: Tabelle K4a; Branchenwerte: Tabelle K4b

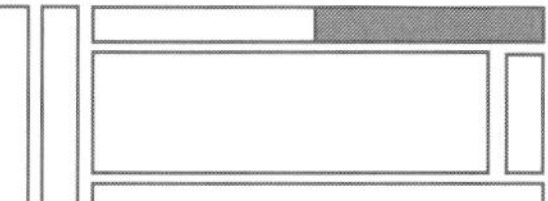

Beschwerdeauswertung	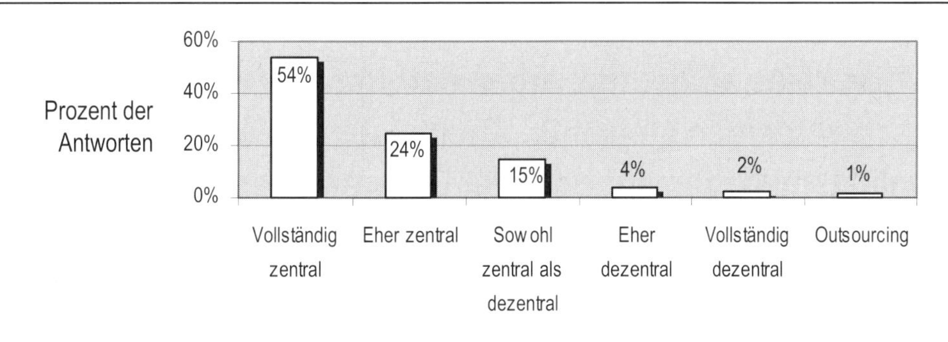
Beschwerdereporting	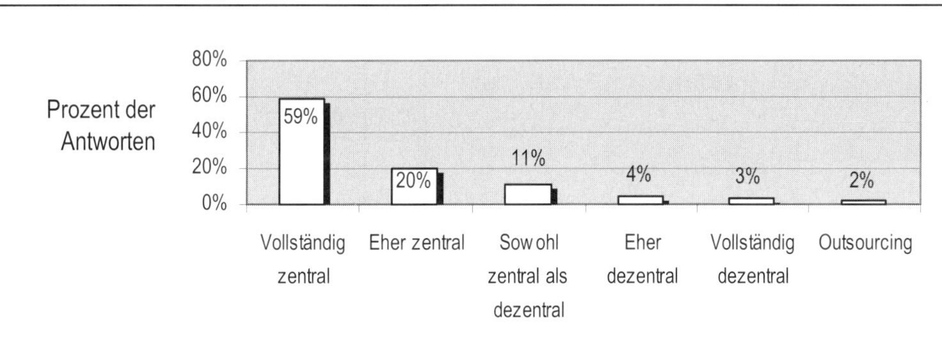
Beschwerde-management Controlling	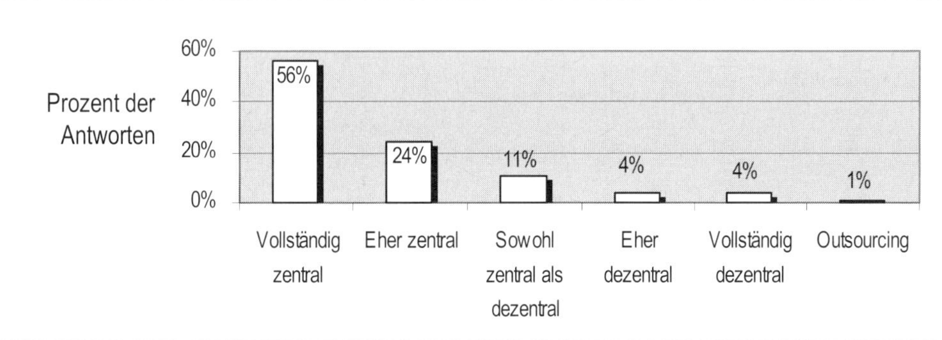

- Die Zentralität bzw. Dezentralität der Durchführung von Aufgaben des Beschwerdemanagements folgt dem Muster der Verantwortungszuweisung.
- Die Aufgaben des indirekten Beschwerdemanagementprozesses werden überwiegend zentral durchgeführt. In den befragten Unternehmen ist dies zwischen 78% (Beschwerdeauswertung) und 80% (Beschwerdemanagement-Controlling) der Fall.
- Der Anteil einer dezentralen Aufgabenerfüllung ist im Bereich des direkten Beschwerdemanagementprozesses wesentlich höher. Er reicht von 22% (Beschwerdereaktion) bis 27% (Beschwerdestimulierung).
- Eine erhebliche Rolle spielt beim direkten Beschwerdemanagement eine gleichermaßen zentrale wie auch dezentrale Aufgabendurchführung. Dies ist in der Regel bei etwas mehr als einem Drittel der Unternehmen der Fall, am stärksten ausgeprägt im Bereich der Beschwerdeannahme (39%).
- Nur im Bereich des direkten Beschwerdemanagements spielt die Vergabe von Beschwerdemanagementaufgaben an externe Dienstleister (Outsourcing) eine – wenn auch noch geringe – Rolle. Die höchsten Werte erhalten diesbezüglich die Beschwerdeannahme (6%), die Beschwerdebearbeitung (5%) und die Beschwerdereaktion (4%).

Detaillierte Werte: Tabelle K4a; Branchenwerte: Tabelle K4b

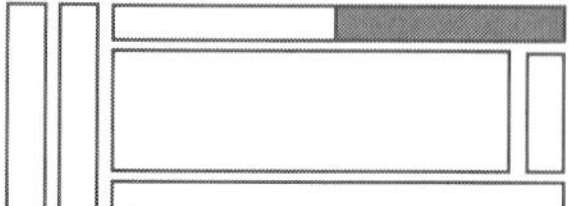

„Wo liegt die Gesamtverantwortung für das Beschwerdemanagement im Unternehmen? (Mehrfachnennungen möglich)"

Es gibt keine eindeutige organisatorische Verankerung des Beschwerdemanagements. Am meisten wird die Gesamtverantwortung dem Qualitätsmanagement oder der Unternehmensleitung zugewiesen.

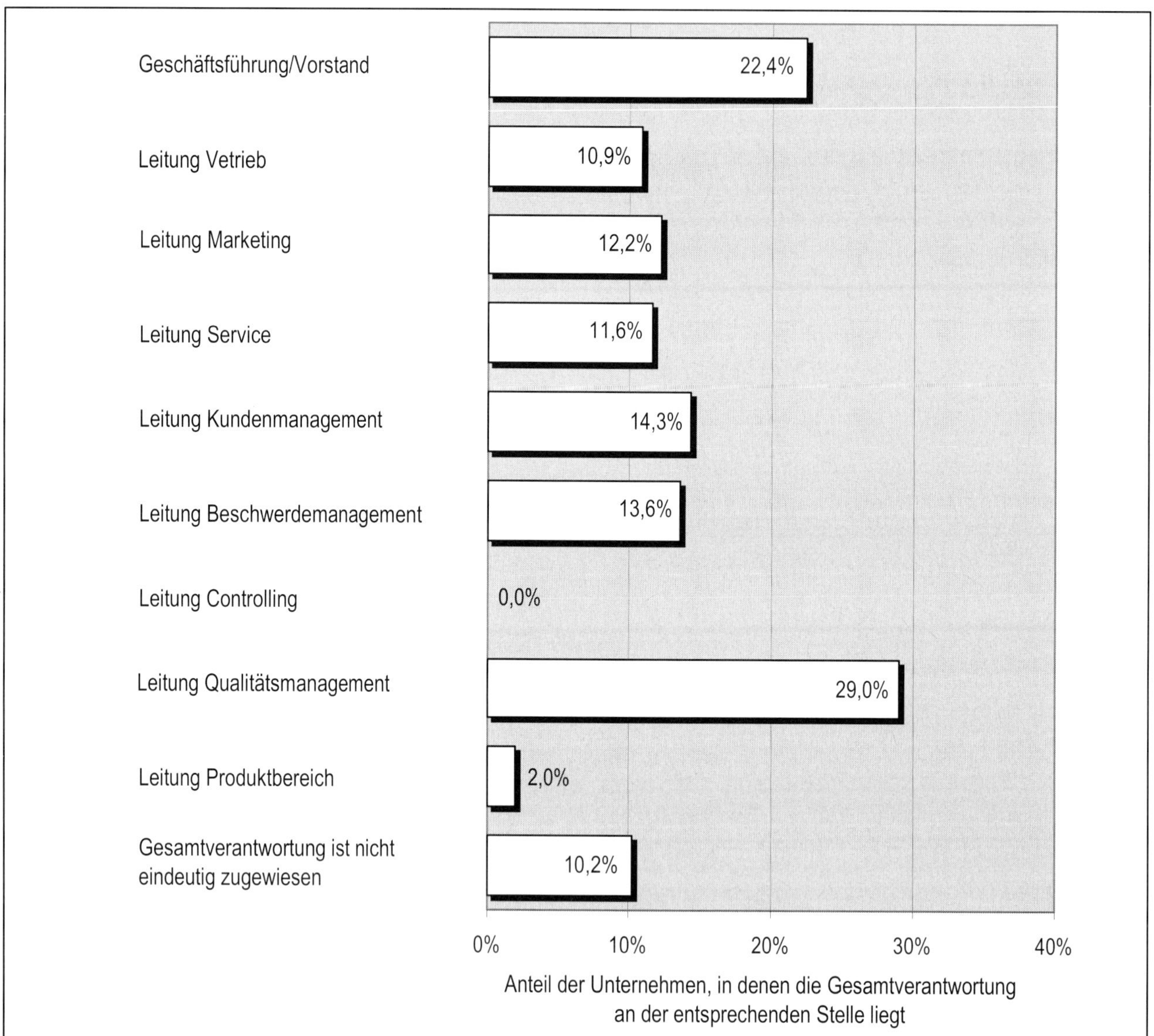

Stelle	Anteil der Unternehmen, in denen die Gesamtverantwortung an der entsprechenden Stelle liegt
Geschäftsführung/Vorstand	22,4%
Leitung Vetrieb	10,9%
Leitung Marketing	12,2%
Leitung Service	11,6%
Leitung Kundenmanagement	14,3%
Leitung Beschwerdemanagement	13,6%
Leitung Controlling	0,0%
Leitung Qualitätsmanagement	29,0%
Leitung Produktbereich	2,0%
Gesamtverantwortung ist nicht eindeutig zugewiesen	10,2%

- Die Gesamtverantwortung für das Beschwerdemanagement ist keineswegs einheitlich gelöst. Die befragten Unternehmen geben insgesamt neun unterschiedliche Organisationseinheiten an. Allerdings kristallieren sich bestimmte Schwerpunkte heraus.
- Am stärksten verbreitet ist die Zuordnung der Gesamtverantwortung zur Leitung des Qualitätsmanagements (29%). An zweiter Stelle wird die Geschäftsführung/der Vorstand genannt (22,4%).
- In 13,6% der Fälle gibt es einen eigenen Bereich Beschwerdemanagement, in nahezu gleichem Umfang erfolgt eine Zuordnung zur Leitung Kundenmanagement (14,3%).
- Die kundennahen Funktionsbereiche Service (11,6%), Marketing (12,2%) und Vertrieb (10,9%) sind etwa in gleichem Umfang mit der Verantwortung für das Beschwerdemanagement betraut.
- In immerhin 10,2% der Unternehmen gibt es keine eindeutige Zuweisung der Gesamtverantwortung.

Detaillierte Werte: Tabelle K5a; Branchenwerte: Tabelle K5b

„Für wie wichtig halten Sie spezifische Zielvereinbarungen für das Beschwerdemanagement? Bitte beurteilen Sie hierzu den Status, mit dem derartige Zielvereinbarungen in Ihrem Unternehmen umgesetzt sind."

Die meisten Unternehmen halten spezifische Zielvereinbarungen für das Beschwerdemanagement für wichtig – aber nur eine Minderheit setzt sie ein.

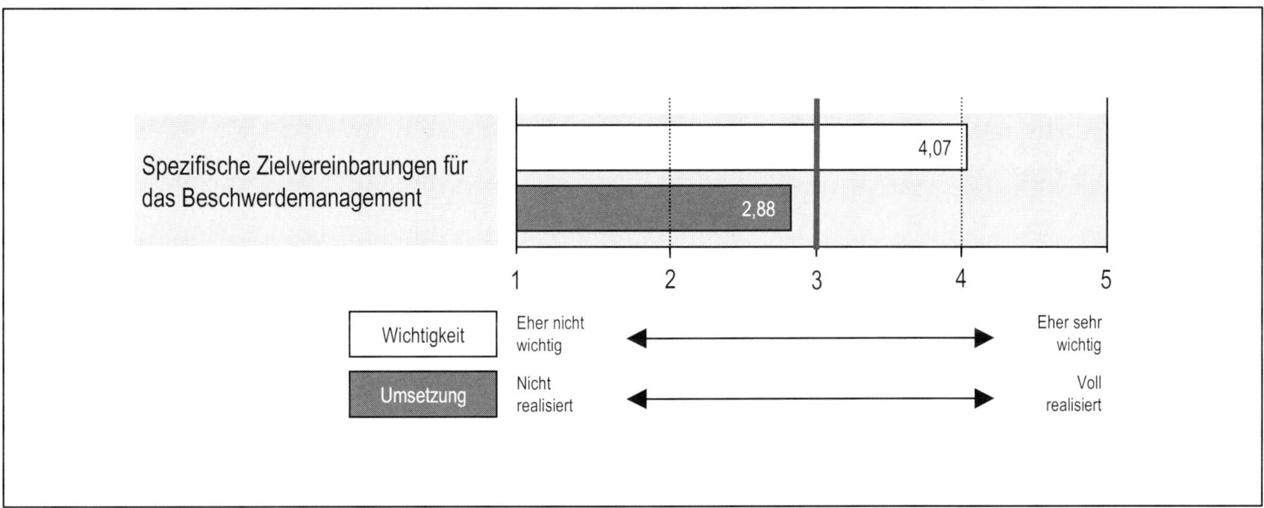

- Spezifische Zielvereinbarungen für das Beschwerdemanagement werden durchgehend als wichtig angesehen (4,07).
- Der Realisierungsgrad entspricht jedoch nicht dieser Wichtigkeitseinschätzung. Ein Indikator hierfür ist die Skalendifferenz in Höhe von 1,19 zwischen den Mittelwerten der Wichtigkeits- und der Umsetzungsskala.

Detaillierte Werte: Tabelle K6a; Branchenwerte: Tabelle K6b

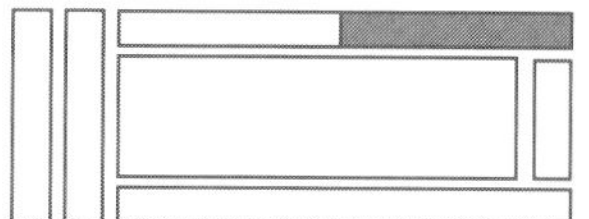

„Wie weit treffen die folgenden Aussagen auf die Funktion des Beschwerdemanagements in Ihrem Unternehmen zu?“

Die Abhilfe- und die interne Informationsfunktion stehen im Vordergrund der Beschwerdemanagement-Praxis.

Abhilfefunktion

Beseitigung individueller Kundenunzufriedenheit, die auf Missverständnissen oder unternehmerischen Fehlleistungen basiert

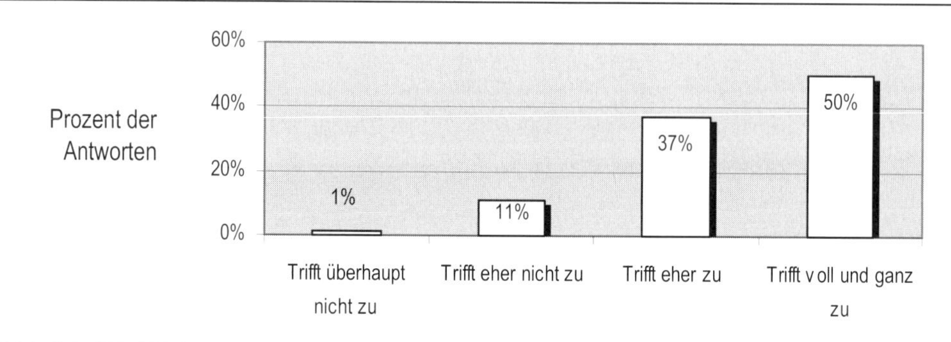

Zugangsfunktion

Abbau von Kommunikationsbarrieren der Kunden durch Publizieren der Beschwerdewege und explizite Zuständigkeitserklärungen

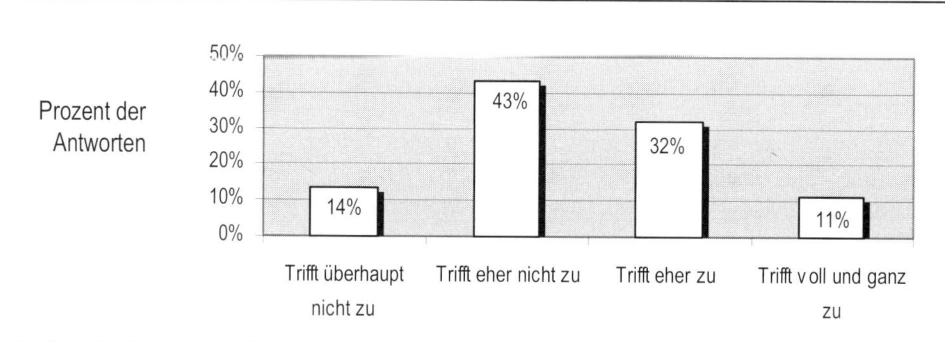

Externe Informationsfunktion

Versorgung der Kunden mit problemorientierten Informationen

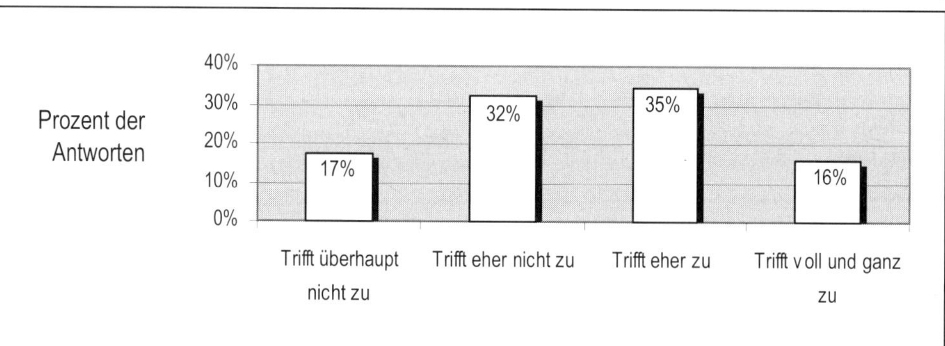

Interne Informationsfunktion

Aufbereitung und interne Weiterleitung der aus den Beschwerden gewonnenen Informationen

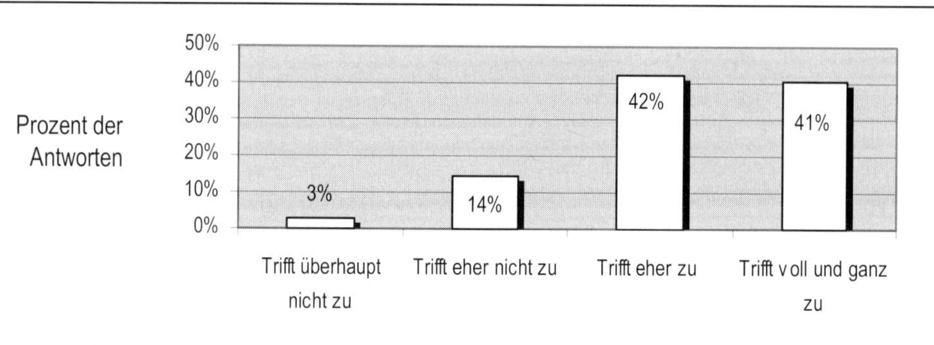

Detaillierte Werte: Tabelle K7a; Branchenwerte: Tabelle K7b

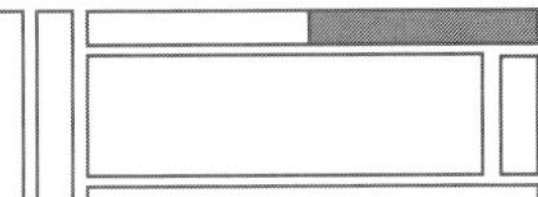

Impulsfunktion Formulierung von kundenorientierten Verbesserungs-vorschlägen auf Grundlage der gewonnenen Informationen	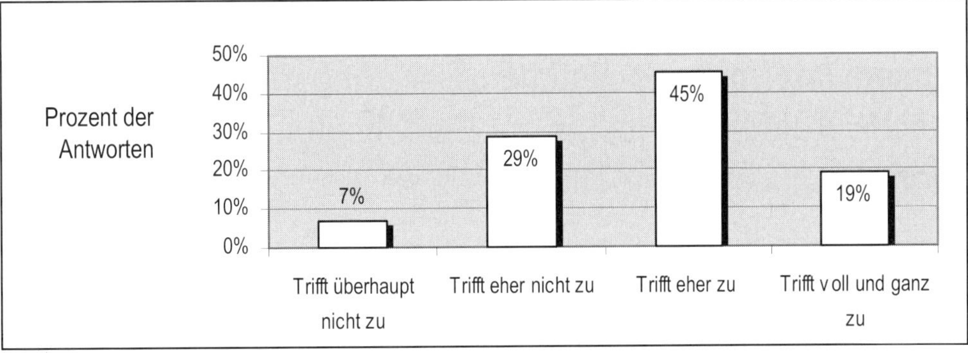

Bildungsfunktion Schulung der Mitarbeiter über die Grundlagen des Beschwerde-managements und über richtiges Verhalten gegenüber unzufriedenen Kunden	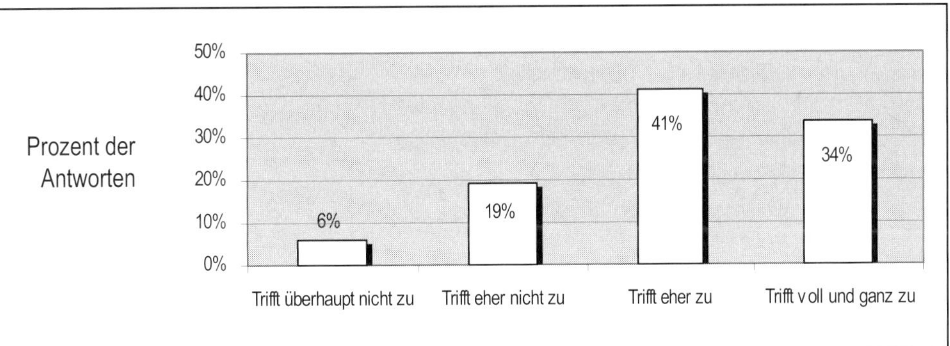

- Dem Bereich Beschwerdemanagement können in einem Unternehmen sehr verschiedene Funktionen bzw. Funktionsbündel zugewiesen werden.
- In den befragten Unternehmen kommt dem Beschwerdemanagement vor allem die Funktionen zu, individuelle Kundenunzufriedenheit zu beseitigen (Abhilfefunktion 87%) bzw. die aus den Beschwerden gewonnenen Informationen aufzubereiten und intern weiterzuleiten (Interne Informationsfunktion 83%). Auch die Schulung von Mitarbeitern im Hinblick auf die Grundlagen des Beschwerdemanagements und das richtige Verhalten gegenüber unzufriedenen Kunden stellt eine mehrheitliche Funktionszuweisung dar (Bildungsfunktion 75%).
- Weniger ausgeprägt ist die Impulsfunktion des Beschwerdemanagements im Sinne der Formulierung von kundenorientierten Verbesserungsvorschlägen. Zwar bestätigen 64% der Befragten eine entsprechende Funktionszuweisung, aber nur 19% davon mit Nachdruck.
- Noch geringer fällt die Übernahme der externen Informationsfunktion (51%) aus, d.h. die von Kunden gewünschten Informationsdefizite zu reduzieren und sie mit problemgerechten Informationen zu versorgen.
- Erstaunlich ist, dass die Mehrheit eine Erfüllung der Zugangsfunktion verneint (57%), die darin besteht, dass dem unzufriedenen Kunden ein Zugang zum Unternehmen eingerichtet und kommuniziert wird.

Detaillierte Werte: Tabelle K7a; Branchenwerte: Tabelle K7b

„Für wie wichtig halten Sie die folgenden Einflussrechte des Beschwerdemanagements auf die Entscheidungen anderer Abteilungen (z.B. Vertrieb) für seine Funktionserfüllung im Unternehmen? Bitte geben Sie auch an, über welche Einflussrechte das Beschwerdemanagement in Ihrem Unternehmen verfügt."

Mit dem Informations- und dem Beratungsrecht ist der Einfluss des Beschwerdemanagements auf Entscheidungen anderer Abteilungen eher gering.

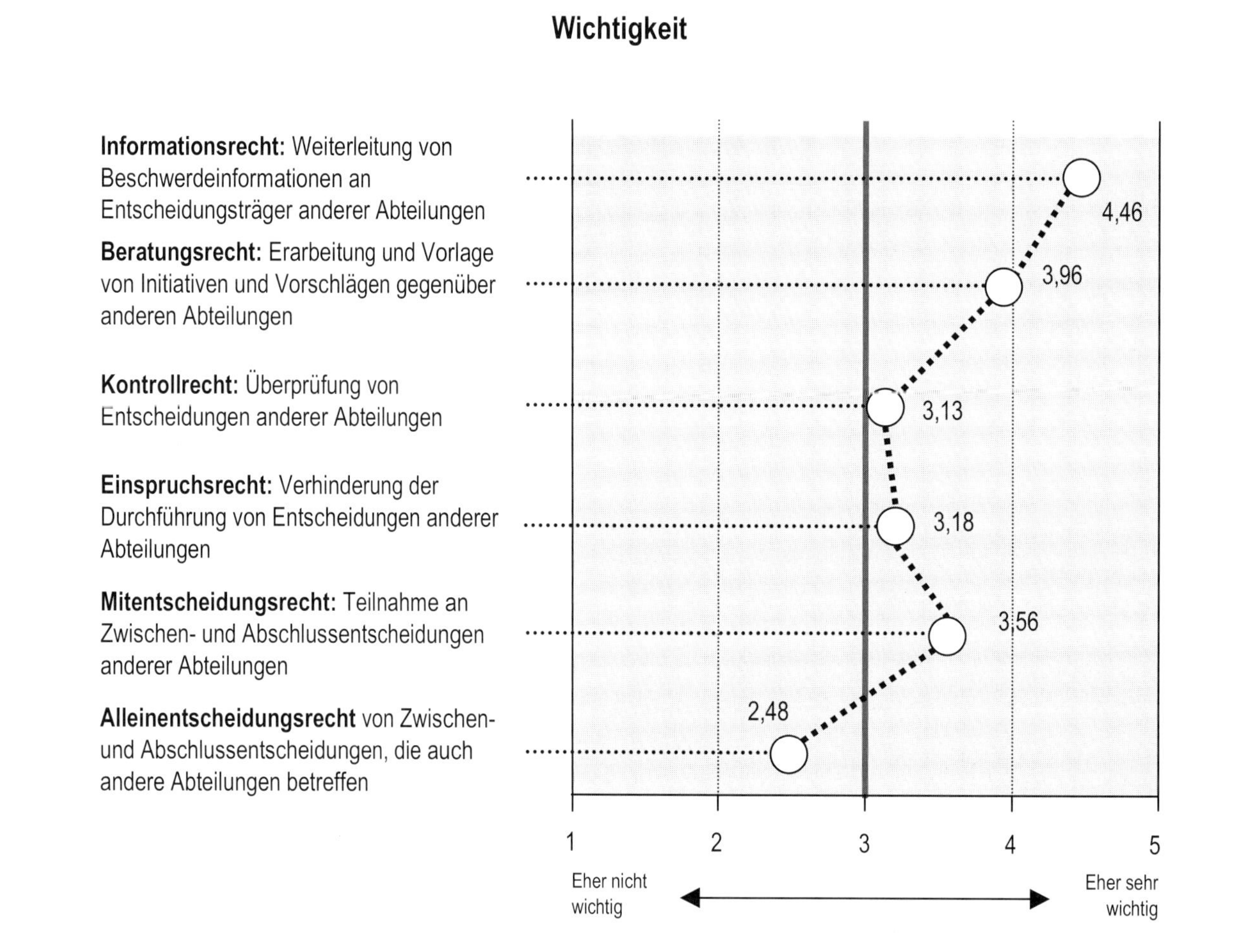

Wichtigkeit

Informationsrecht: Weiterleitung von Beschwerdeinformationen an Entscheidungsträger anderer Abteilungen — 4,46

Beratungsrecht: Erarbeitung und Vorlage von Initiativen und Vorschlägen gegenüber anderen Abteilungen — 3,96

Kontrollrecht: Überprüfung von Entscheidungen anderer Abteilungen — 3,13

Einspruchsrecht: Verhinderung der Durchführung von Entscheidungen anderer Abteilungen — 3,18

Mitentscheidungsrecht: Teilnahme an Zwischen- und Abschlussentscheidungen anderer Abteilungen — 3,56

Alleinentscheidungsrecht von Zwischen- und Abschlussentscheidungen, die auch andere Abteilungen betreffen — 2,48

1 2 3 4 5

Eher nicht wichtig ◄—► Eher sehr wichtig

- Gefragt nach den erforderlichen Einflussrechten, über die das Beschwerdemanagement verfügen sollte, um seine Funktionen auch erfüllen zu können, fordern die Beschwerdemanager vor allem das Recht zur Weiterleitung von Beschwerdeinformation an Entscheidungsträger anderer Abteilungen (Informationsrecht 4,46), das Recht zur Erarbeitung und Vorlage von Initiativen und Vorschlägen gegenüber anderen Abteilungen (Beratungsrecht 3,96) sowie das Recht zur Teilnahme an Zwischen- und Abschlussentscheidungen anderer Abteilungen (Mitentscheidungsrecht 3,56).

Detaillierte Werte: Tabelle K8a; Branchenwerte: Tabelle K8b

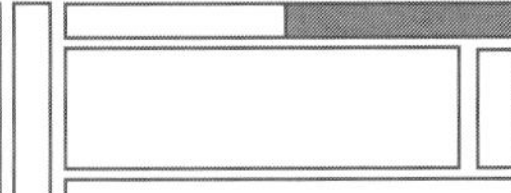

Umsetzung

Informationsrecht: Weiterleitung von Beschwerdeinformationen an Entscheidungsträger anderer Abteilungen

Beratungsrecht: Erarbeitung und Vorlage von Initiativen und Vorschlägen gegenüber anderen Abteilungen

Kontrollrecht: Überprüfung von Entscheidungen anderer Abteilungen

Einspruchsrecht: Verhinderung der Durchführung von Entscheidungen anderer Abteilungen

Mitentscheidungsrecht: Teilnahme an Zwischen- und Abschlussentscheidungen anderer Abteilungen

Alleinentscheidungsrecht von Zwischen- und Abschlussentscheidungen, die auch andere Abteilungen betreffen

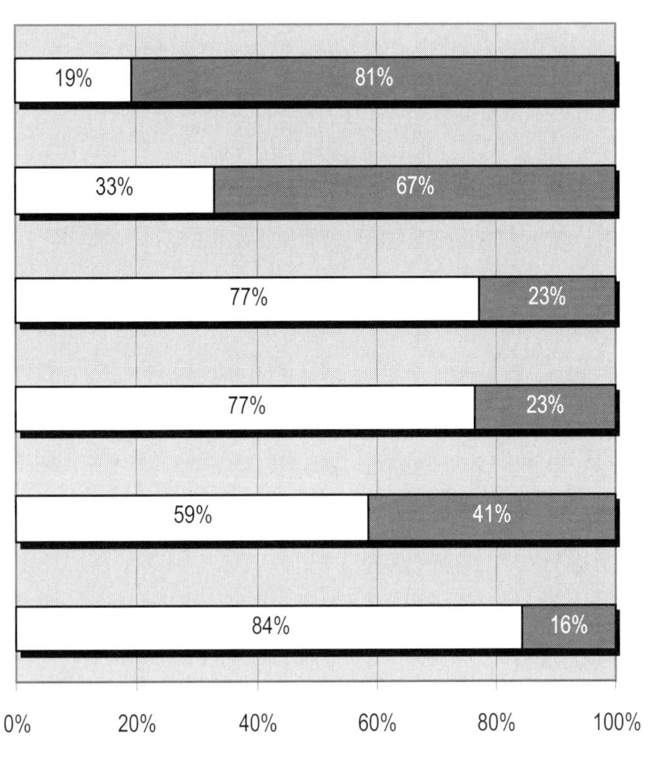

Kein Einflussrecht des Beschwerdemanagements

Einflussrecht des Beschwerdemanagements

- Betrachtet man die reale Zuweisung von Einflussrechten an das Beschwerdemanagement, so stellt man fest, dass dieses mehrheitlich nur über ein Informationsrecht (81%) und ein Beratungsrecht (67%) verfügt.
- Ein Mitentscheidungsrecht hat das Beschwerdemanagement nur in 41% der befragten Unternehmen.
- Über ein Kontrollrecht im Sinne der Überprüfung von Entscheidungen anderer Abteilungen oder ein Einspruchsrecht zur Verhinderung der Durchführung von Entscheidungen verfügt nur ein knappes Viertel (jeweils 23%) der Unternehmen.
- Allerdings fällt die Rechtezuweisung an das Beschwerdemanagement in den einzelnen Branchen unterschiedlich aus. Dem Beschwerdemanagement in der Automobilindustrie wird zu 57% ein Mitentscheidungsrecht eingeräumt, in der Versorgungsbranche nur zu 29%. Über ein Einspruchsrecht verfügt das Beschwerdemanagement in der Automobilindustrie zu 33% und im Versicherungsbereich zu 13%.

Detaillierte Werte: Tabelle K8a; Branchenwerte: Tabelle K8b

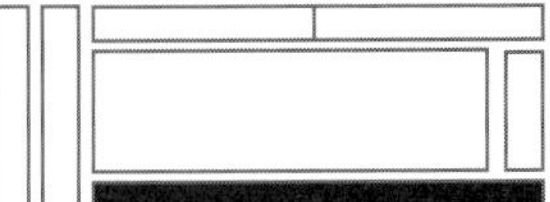

3.4.3. Übergreifende Aspekte der informationstechnologischen Unterstützung

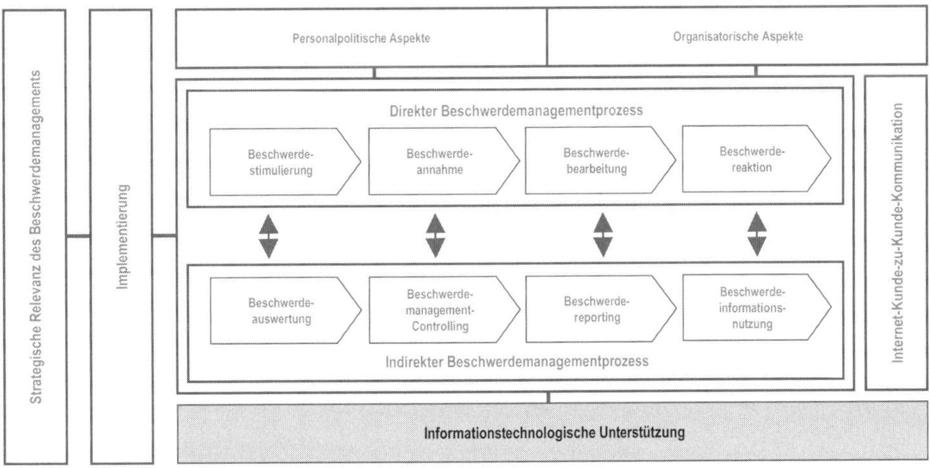

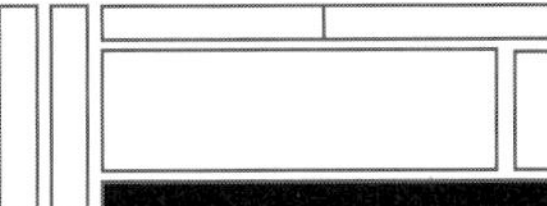

„Für wie wichtig halten Sie insgesamt die Unterstützung der verschiedenen Aufgaben des Beschwerdemanagements durch eine Softwarelösung in Ihrem Unternehmen? Bitte beurteilen Sie hierzu auch den Umsetzungsstatus in Ihrem Unternehmen."

Insgesamt wird die Unterstützung der Beschwerdemanagementprozesse durch eine Software als sehr wichtig angesehen. Die Umsetzung zeigt jedoch noch Defizite.

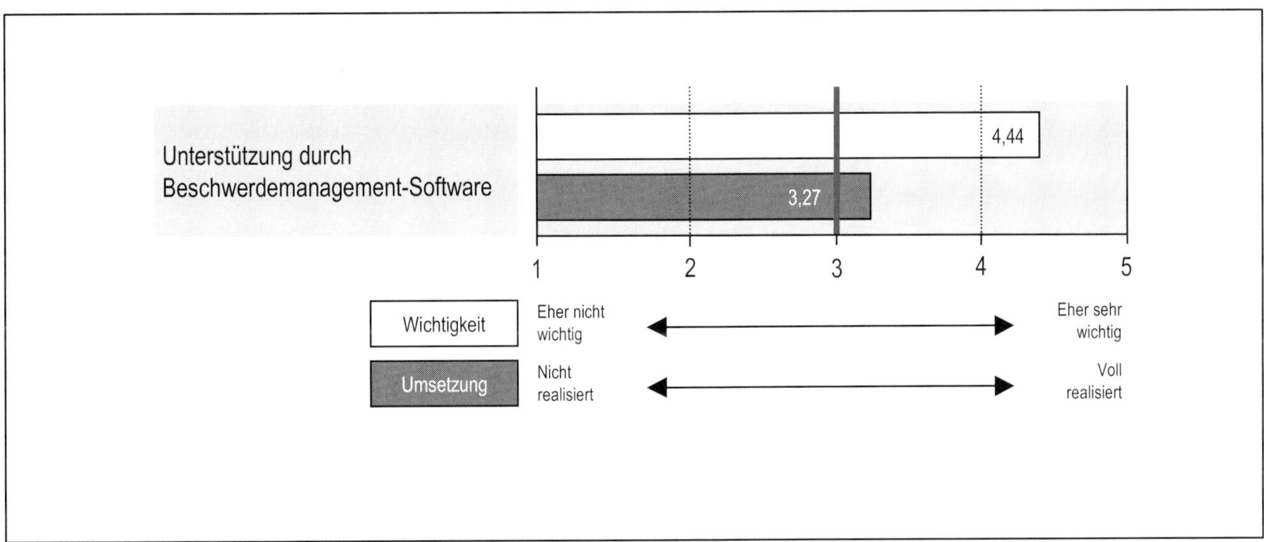

- Den meisten Unternehmen erscheint es unerlässlich, dass das Beschwerdemanagement bei der Erfüllung der verschiedenen Aufgaben durch eine Software unterstützt wird. Auf der Wichtigkeitsskala wird hier ein Durchschnittswert von 4,44 erreicht.
- Der Realisierungsgrad fällt jedoch geringer aus. Der entsprechende Wert auf der Umsetzungsskala beträgt 3,27, die Differenz der Mittelwerte beider Skalen beläuft sich demnach auf 1,17.
- In der Branchenbetrachtung wird ersichtlich, dass der Realisierungsgrad am stärksten in der Nahrungs-/Getränkebranche (3,50) erreicht wird, während bei den Versicherungen die geringste Umsetzung erfolgt ist (2,80).

Detaillierte Werte: Tabelle L1a; Branchenwerte: Tabelle L1b

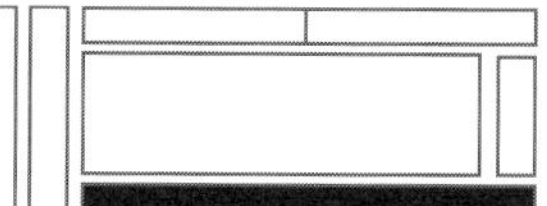

„Sofern Ihr Beschwerdemanagement informationstechnologisch unterstützt wird: Welchen Ursprung hat die informationstechnologische Unterstützung Ihres Beschwerdemanagements? (Mehrfachnennungen möglich)"

Bei der eingesetzten Beschwerdemanagementsoftware handelt es sich in den meisten Fällen um eine Eigenentwicklung.

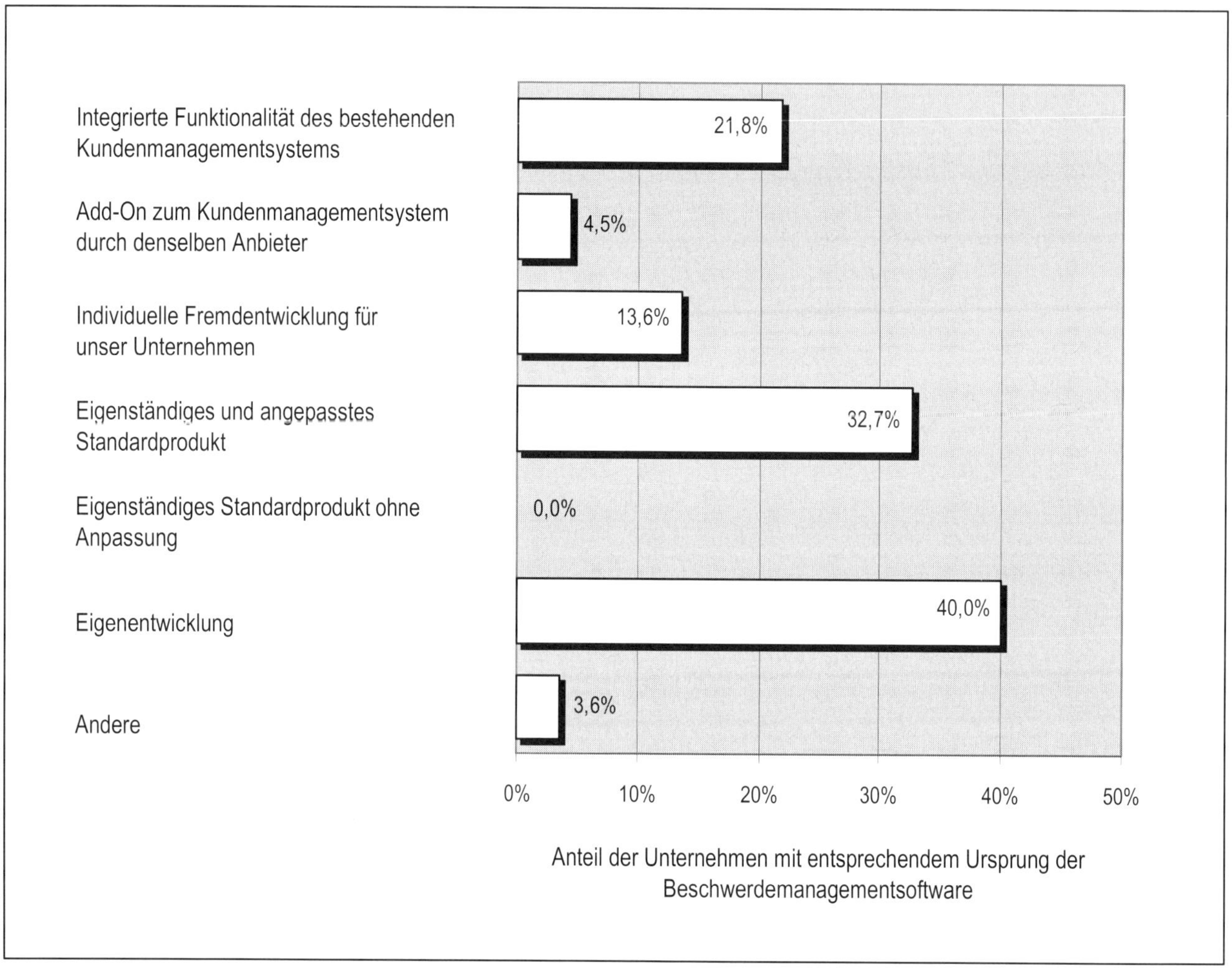

	Anteil der Unternehmen mit entsprechendem Ursprung der Beschwerdemanagementsoftware
Integrierte Funktionalität des bestehenden Kundenmanagementsystems	21,8%
Add-On zum Kundenmanagementsystem durch denselben Anbieter	4,5%
Individuelle Fremdentwicklung für unser Unternehmen	13,6%
Eigenständiges und angepasstes Standardprodukt	32,7%
Eigenständiges Standardprodukt ohne Anpassung	0,0%
Eigenentwicklung	40,0%
Andere	3,6%

- Unternehmen, die eine Beschwerdemanagementsoftware einsetzen, haben diese in vielen Fällen im eigenen Haus entwickeln lassen. 40% der Befragten nennen diese Vorgehensweise.
- Ein Drittel der Unternehmen (32,7%) gibt an, eine spezielle Beschwerdemanagementsoftware einzusetzen, die als Standardprodukt am Markt erhältlich ist und an die unternehmensspezifischen Bedingungen angepasst ist.
- Bei etwa einem Fünftel der Unternehmen handelt es sich bei der eingesetzten Software um ein integriertes Modul eines umfassenderen Kundenmanagementsystems (21,8%).
- Die Branchenbetrachtung zeigt, dass der Anteil der Eigenentwicklung im Versicherungsbereich besonders hoch ist (77,8%), während in der Automobilindustrie der Einsatz eines Standardproduktes relativ am größten ist (50%) und bei den Versorgungsunternehmen der Einsatz umfassender Kundenmanagementsysteme (42,9%) überwiegt.

Detaillierte Werte: Tabelle L2a; Branchenwerte: Tabelle L2b

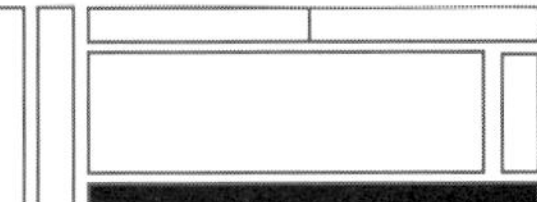

„Was waren die Gründe, die Sie zur Wahl der IT-Unterstützung bewogen haben? (Mehrfachnennungen möglich)“

Funktionsumfang und einfache Integration in die bestehende IT-Landschaft sind besonders wichtig bei der Entscheidung für eine Beschwerdemanagementsoftware.

	Anteil der Unternehmen, bei denen der jeweilige Grund ausschlaggebend für die Wahl der IT-Unterstützung war
Funktionsumfang	59,6%
Einfach Integration in bestehende EDV-Landschaft	55,8%
Image des Herstellers	5,8%
Empfehlung	6,7%
Preis	26,9%
Bestehende Beziehung zum Anbieter („alles aus einer Hand")	13,5%
Andere	14,4%

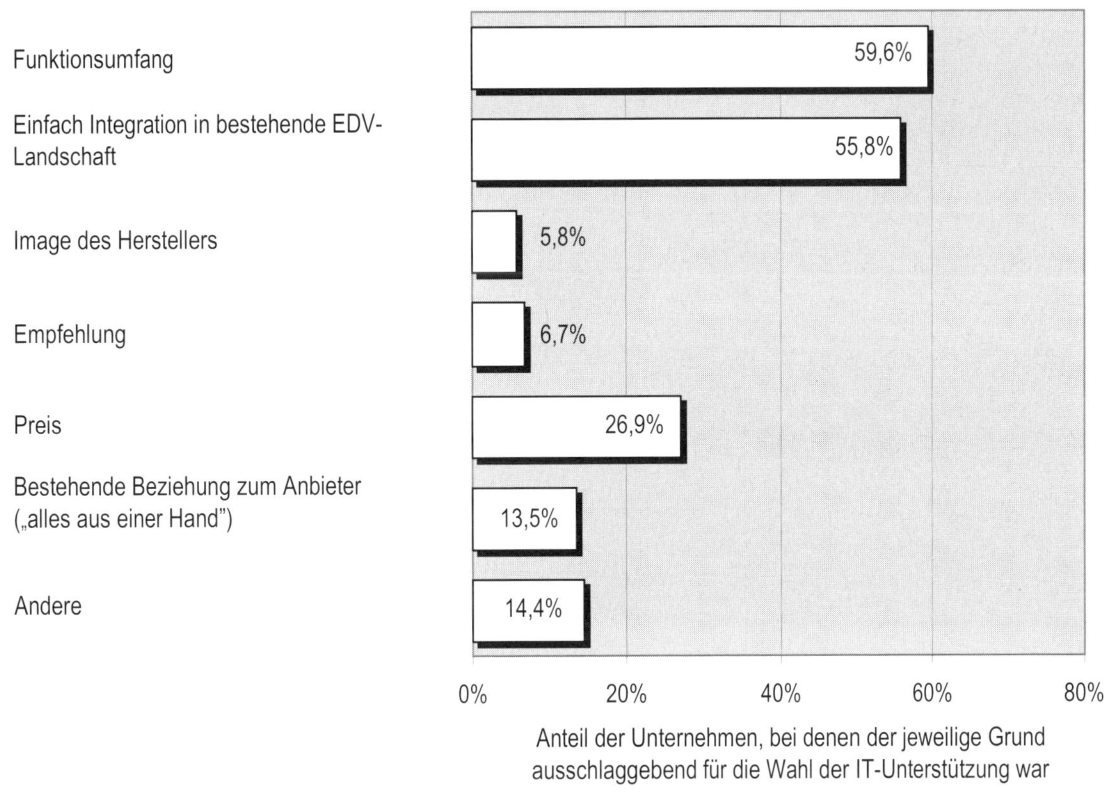

- Im Entscheidungsprozess für die Wahl einer Beschwerdemanagementsoftware spielen eine Reihe von Faktoren eine Rolle. Die Studie zeigt jedoch, dass zwei Merkmale von ausschlaggebender Bedeutung sind: der Funktionsumfang (59,6%) und die einfache Integration in die bestehende IT-Landschaft (55,8%).
- Der Preis wird dagegen (bei möglichen Mehrfachnennungen) nur von 26,9% der Befragten als relevanter Grund für die Entscheidung genannt.

Detaillierte Werte: Tabelle L3a; Branchenwerte: Tabelle L3b

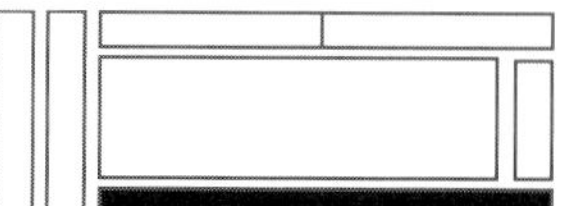

„Für wie wichtig halten Sie die Integration der folgenden Aspekte über Schnittstellen mit Ihrem Beschwerdemanagementsystem? Bitte beurteilen Sie auch den Umsetzungsstatus der Integration in Ihrem Unternehmen."

Bei sämtlichen Schnittstellen der Beschwerdemanagementsoftware bestehen deutliche Umsetzungsdefizite.

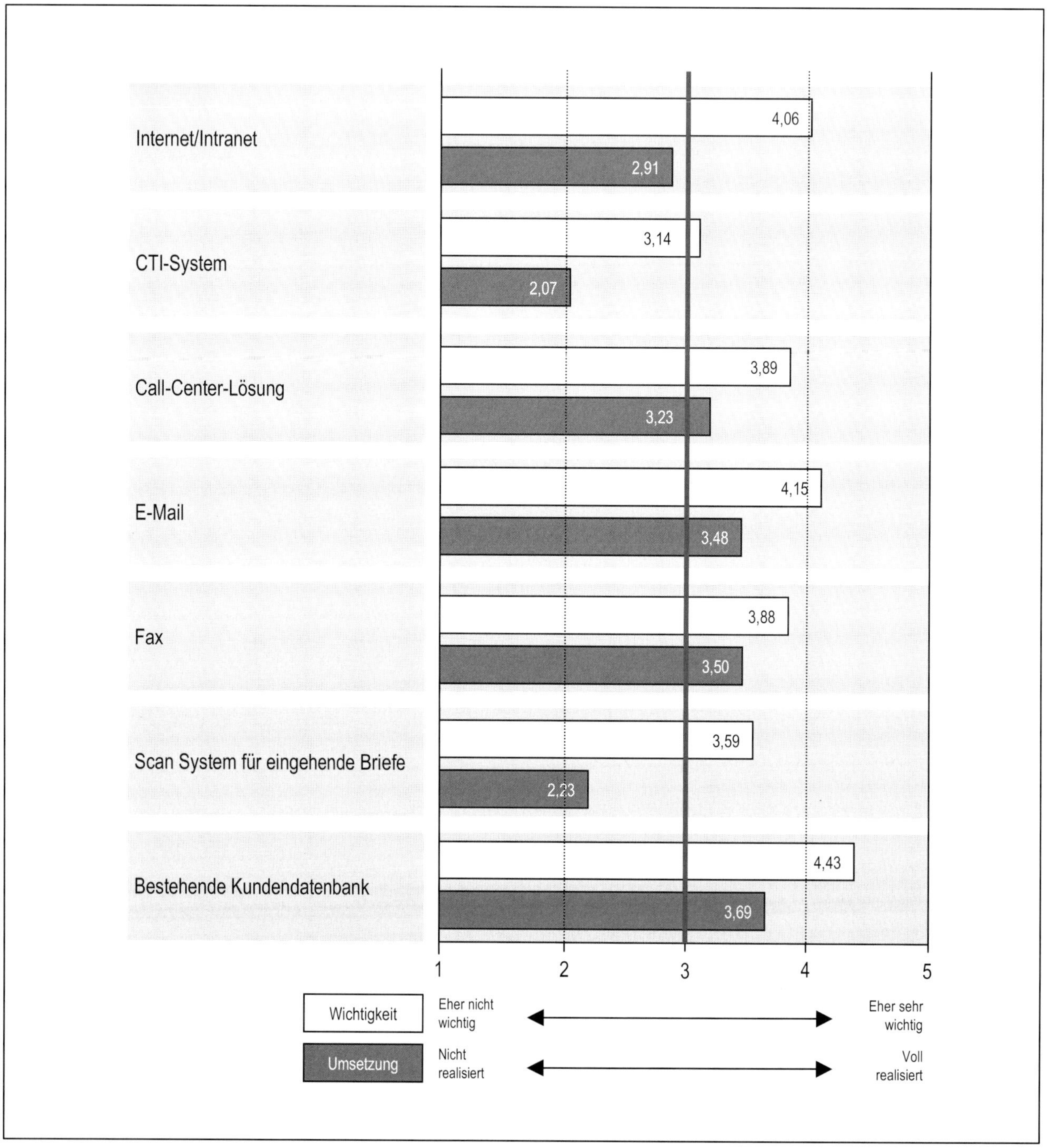

	Wichtigkeit	Umsetzung
Internet/Intranet	4,06	2,91
CTI-System	3,14	2,07
Call-Center-Lösung	3,89	3,23
E-Mail	4,15	3,48
Fax	3,88	3,50
Scan System für eingehende Briefe	3,59	2,23
Bestehende Kundendatenbank	4,43	3,69

Skala 1–5:
Wichtigkeit: Eher nicht wichtig ↔ Eher sehr wichtig
Umsetzung: Nicht realisiert ↔ Voll realisiert

Detaillierte Werte: Tabelle L4a; Branchenwerte: Tabelle L4b

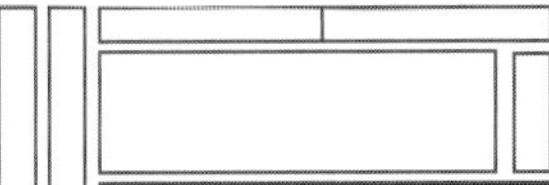

- Für eine umfassende Unterstützung der Aufgabenerfüllung im Beschwerdemanagement durch eine Software ist es erforderlich, dass diese die Möglichkeit bietet, verschiedene Beschwerdekanäle und Medien zu integrieren und auf die Kundendatenbank zuzugreifen. Wenn auch in unterschiedlichem Ausmaß, so wird doch die Integration aller Schnittstellen von den Befragten für wichtig erachtet.
- Am bedeutsamsten erscheint den Unternehmen die Verknüpfung mit der Kundendatenbank (4,43) sowie die Einbindung von E-Mail (4,15) sowie Internet/Intranet (4,06).
- In der unternehmerischen Realität entspricht die Schnittstellenintegration aber nicht den Wichtigkeitseinschätzungen. Vergleicht man die Mittelwerte von Wichtigkeits- und Umsetzungsskala, zeigen sich in Bezug auf alle aufgeführten Schnittstellen Defizite. Am stärksten fallen diese bezüglich eines Scan-Systems für Beschwerdebriefe (Skalendifferenz: 1,36) sowie bezüglich der Integration von Internet/Intranet (Skalendifferenz 1,15) und CTI-System (Skalendifferenz: 1,07) aus.

Detaillierte Werte: Tabelle L4a; Branchenwerte: Tabelle L4b

3.5. Weitere Handlungsfelder

3.5.1. Internet-Kunde-zu-Kunde-Kommunikation

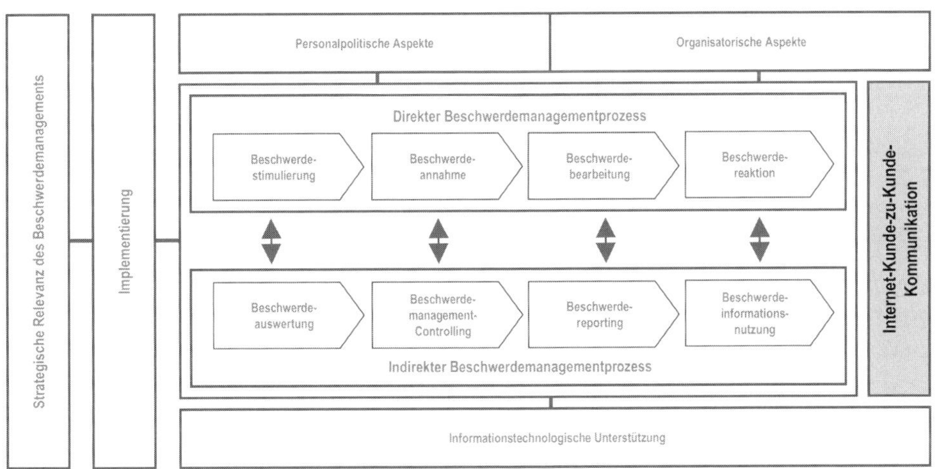

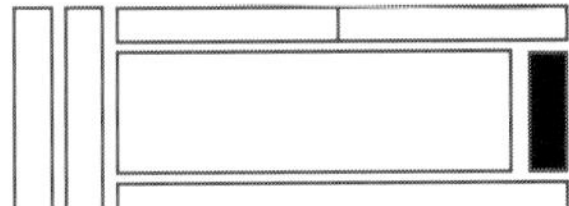

„Für wie wichtig halten Sie die folgenden Aspekte des Umgangs mit Internet-Meinungsforen, in denen Kunden Meinungen über Ihr Unternehmen austauschen, im Rahmen Ihres Beschwerdemanagements? Bitte beurteilen Sie auch den Umsetzungsstatus dieser Aspekte in Ihrem Unternehmen."

Die Bedeutung von Internet-Meinungsforen wird nicht sonderlich hoch eingeschätzt. Eine Integration in die Beschwerdemanagementprozesse findet kaum statt.

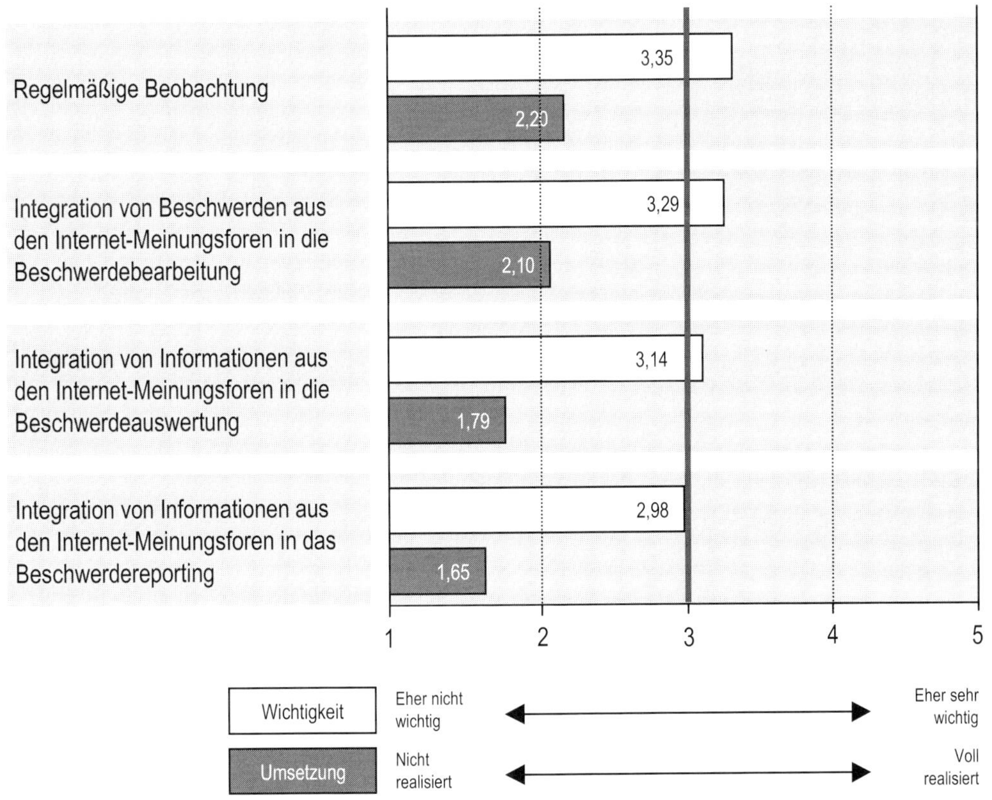

	Wichtigkeit	Umsetzung
Regelmäßige Beobachtung	3,35	2,20
Integration von Beschwerden aus den Internet-Meinungsforen in die Beschwerdebearbeitung	3,29	2,10
Integration von Informationen aus den Internet-Meinungsforen in die Beschwerdeauswertung	3,14	1,79
Integration von Informationen aus den Internet-Meinungsforen in das Beschwerdereporting	2,98	1,65

Skala: 1 2 3 4 5

Wichtigkeit: Eher nicht wichtig ↔ Eher sehr wichtig

Umsetzung: Nicht realisiert ↔ Voll realisiert

- Kunden artikulieren ihre Beschwerden nicht nur gegenüber dem Unternehmen, sondern machen ihre Kritik zunehmend in Internet-Meinungsforen öffentlich.
- Die befragten Beschwerdemanagement-Experten sehen hier aber kein besonders wichtiges Handlungsfeld. Auf der Wichtigkeitsskala von 1 = „eher nicht wichtig" bis 5 = „eher sehr wichtig" werden Aspekte der Integration dieser öffentlichen Internet-Beschwerden in das Beschwerdemanagement durchschnittlich mit Werten um 3 bewertet.
- Der Umsetzungsgrad fällt noch wesentlich geringer aus. Mehrheitlich erfolgt keine Integration der Informationen in die Beschwerdemanagementprozesse wie Beschwerdeauswertung (1,79) oder Beschwerdereporting (1,65).
- Allerdings zeigt ein Vergleich der Mittelwerte von Wichtigkeits- und Umsetzungsskala, dass die Experten mit dem Realisierungsgrad nicht zufrieden sein können. So fallen die Skalendifferenzen jeweils erheblich (> 1) aus. Am stärksten sind sie hinsichtlich der Integration der Beschwerdeinformationen in die Beschwerdeauswertung (Skalendifferenz: 1,35) und das Beschwerdereporting (Skalendifferenz 1,33).

Detaillierte Werte: Tabelle M1a; Branchenwerte: Tabelle M1b

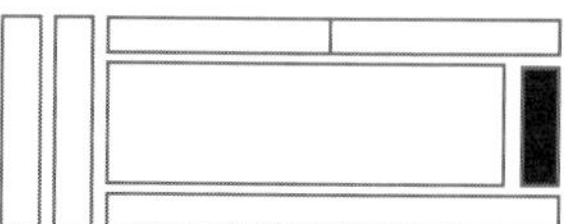

„Welche der folgenden Internet-Meinungsforen sind Ihnen bekannt? Wie oft beobachten Sie diese?“

Eine Reihe von Meinungsforen sind unbekannt – die meisten werden nur gelegentlich beobachtet.

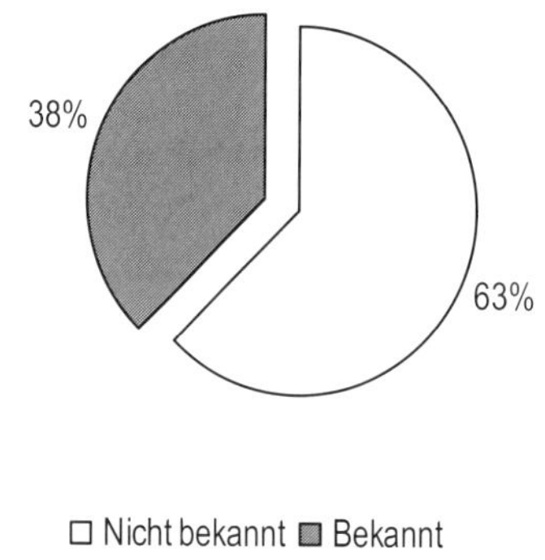

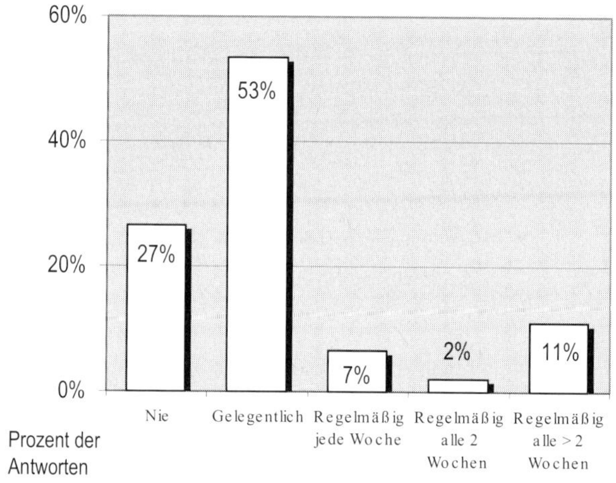

Internet-MF	Bekanntheit	Häufigkeit der Beobachtung
Dooyoo.de	38% 63% □ Nicht bekannt ■ Bekannt	60% 40% 20% 0% Prozent der Antworten Nie: 27% Gelegentlich: 53% Regelmäßig jede Woche: 7% Regelmäßig alle 2 Wochen: 2% Regelmäßig alle > 2 Wochen: 11%
Ciao.com	37% 63% □ Nicht bekannt ■ Bekannt	60% 40% 20% 0% Prozent der Antworten Nie: 24% Gelegentlich: 50% Regelmäßig jede Woche: 12% Regelmäßig alle 2 Wochen: 2% Regelmäßig alle > 2 Wochen: 12%

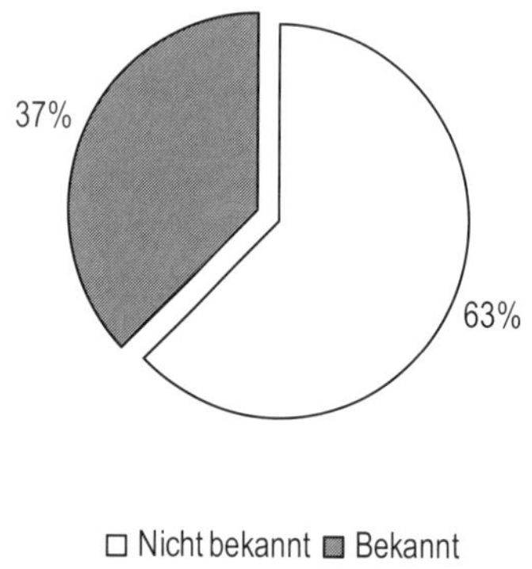

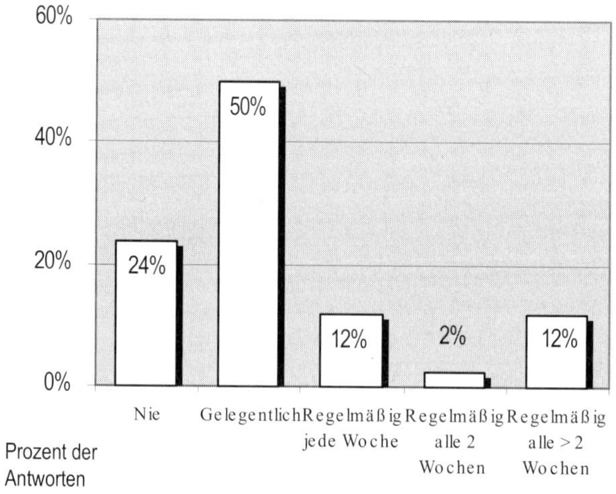

Detaillierte Werte: Tabelle M2a; Branchenwerte: Tabelle M2b

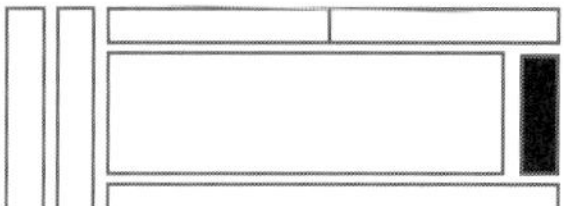

Internet-MF	Bekanntheit	Häufigkeit der Beobachtung
Diemucha.de	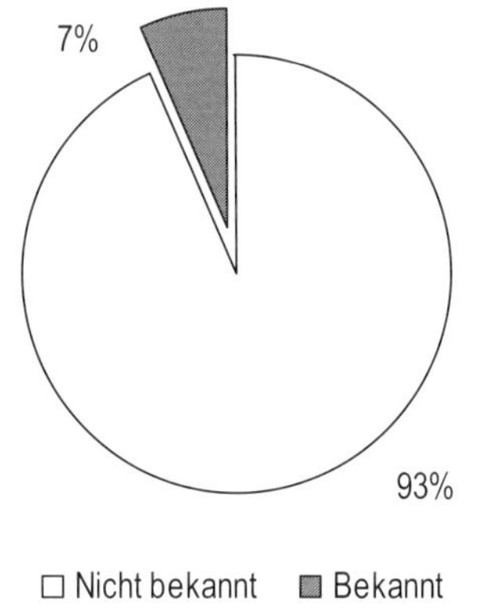 7% 93% ☐ Nicht bekannt ■ Bekannt	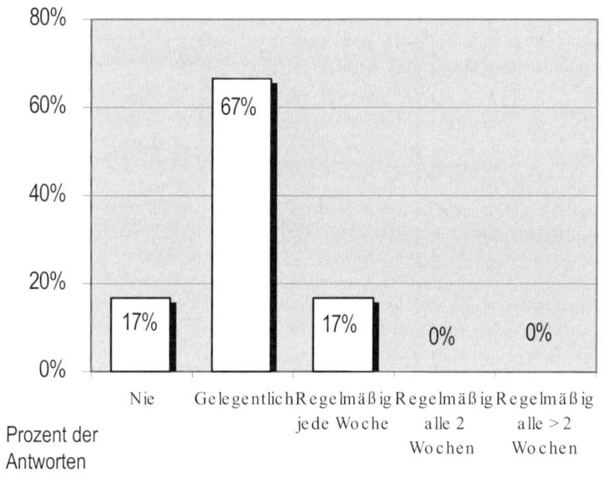 80%, 60%, 40%, 20%, 0% Nie: 17% Gelegentlich: 67% Regelmäßig jede Woche: 17% Regelmäßig alle 2 Wochen: 0% Regelmäßig alle > 2 Wochen: 0% Prozent der Antworten
EComments. de	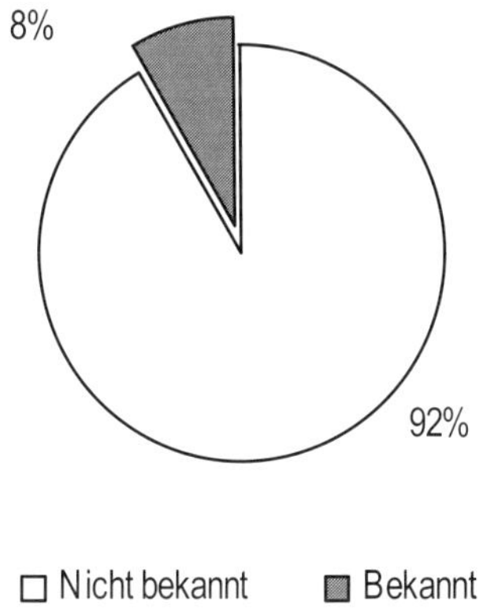 8% 92% ☐ Nicht bekannt ■ Bekannt	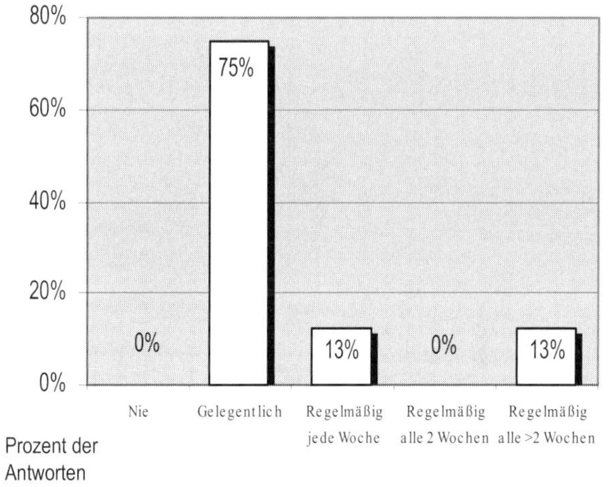 80%, 60%, 40%, 20%, 0% Nie: 0% Gelegentlich: 75% Regelmäßig jede Woche: 13% Regelmäßig alle 2 Wochen: 0% Regelmäßig alle >2 Wochen: 13% Prozent der Antworten
	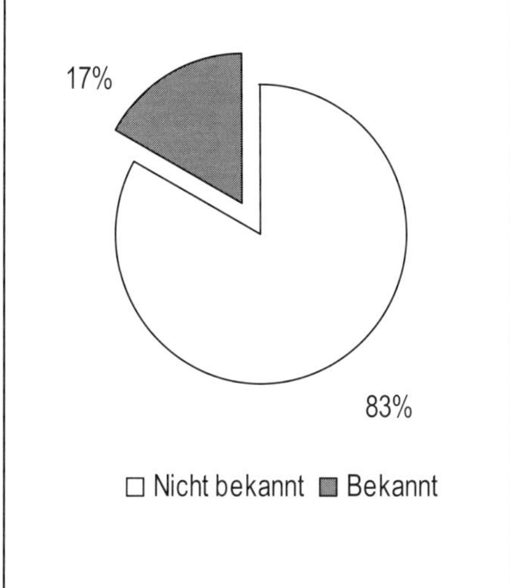	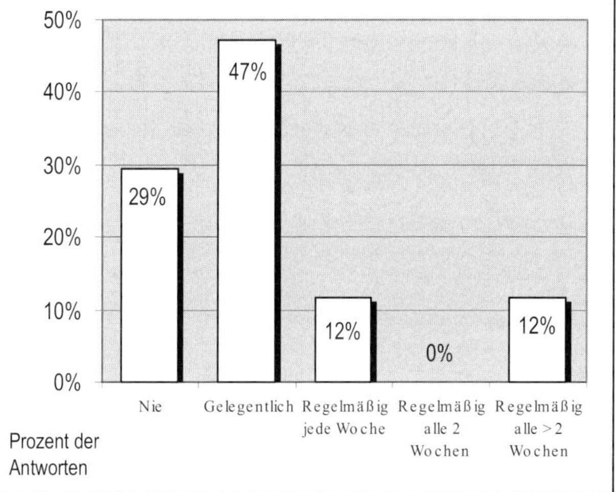

* MyOpinion24 wurde zwischenzeitlich in q-test.de umbenannt.

Detaillierte Werte: Tabelle M2a; Branchenwerte: Tabelle M2b

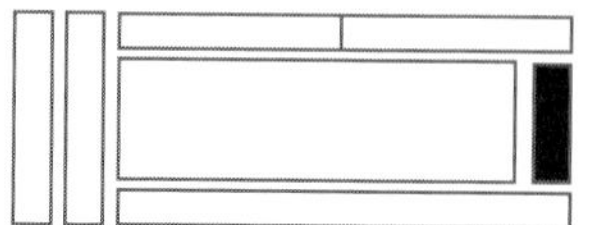

Internet-MF	Bekanntheit	Häufigkeit der Beobachtung
Service-wueste.de*	Nicht bekannt: 63%; Bekannt: 37%	Nie: 23%; Gelegentlich: 55%; Regelmäßig jede Woche: 10%; Regelmäßig alle 2 Wochen: 3%; Regelmäßig alle >2 Wochen: 10% (Prozent der Antworten)
Vocatus.de	Nicht bekannt: 31%; Bekannt: 69%	Nie: 15%; Gelegentlich: 53%; Regelmäßig jede Woche: 17%; Regelmäßig alle 2 Wochen: 6%; Regelmäßig alle >2 Wochen: 9% (Prozent der Antworten)

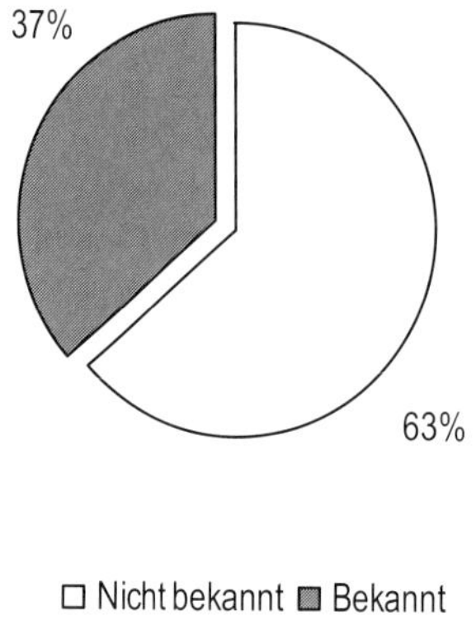

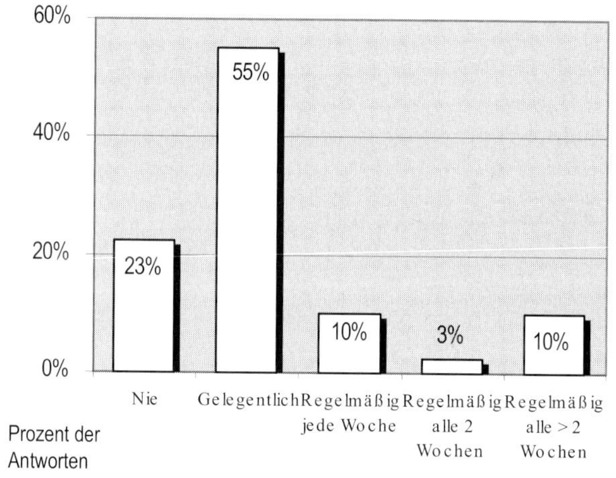

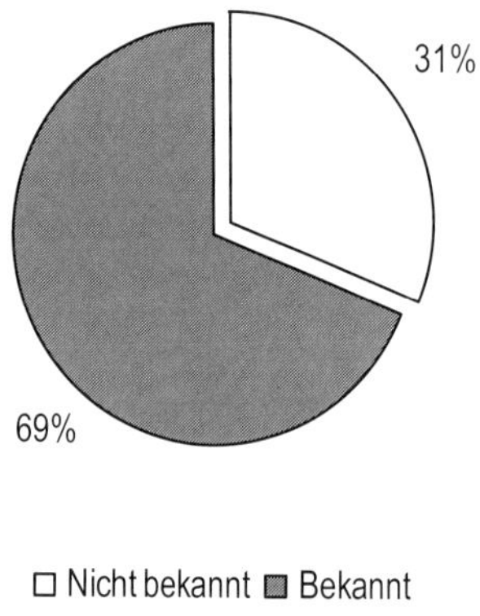

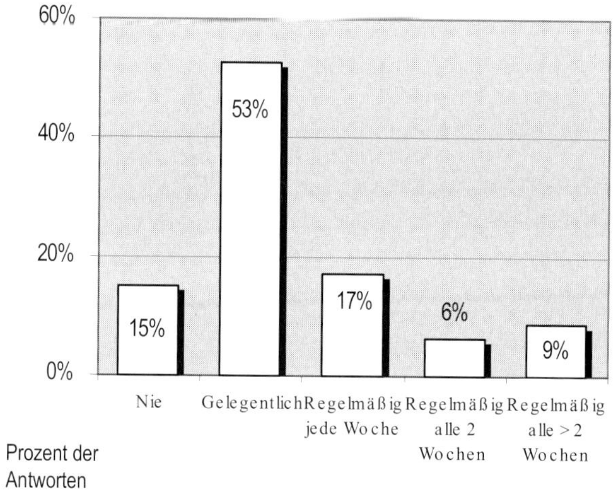

- Von den aufgeführten bedeutsamsten Internet-Meinungsforen sind keineswegs alle mehrheitlich bekannt. Den bei weitem größten Bekanntheitsgrad weist Vocatus.de (69%) auf, gefolgt von dooyoo.de (38%) und ciao.com bzw. Servicewüste.de mit jeweils 37%.
- Auch die bekannten Meinungsforen werden von der Mehrheit der befragten Unternehmen nicht regelmäßig beobachtet. Über 50% geben jeweils an, sich nur gelegentlich über das Geschehen in den Meinungsforen zu informieren.

* Das Angebot von Servicewueste.de war zur Zeit der Fertigstellung der Studie nicht mehr verfügbar.

Detaillierte Werte: Tabelle M2a; Branchenwerte: Tabelle M2b

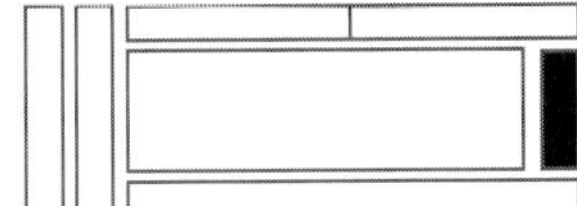

„Bearbeiten Sie Beschwerden, die Sie von kommerziellen Internet-Meinungsforen im Internet (z.B. Vocatus.de) angeboten bekommen?"

Von Meinungsforen weitergeleitete Beschwerden werden in der Regel bearbeitet.

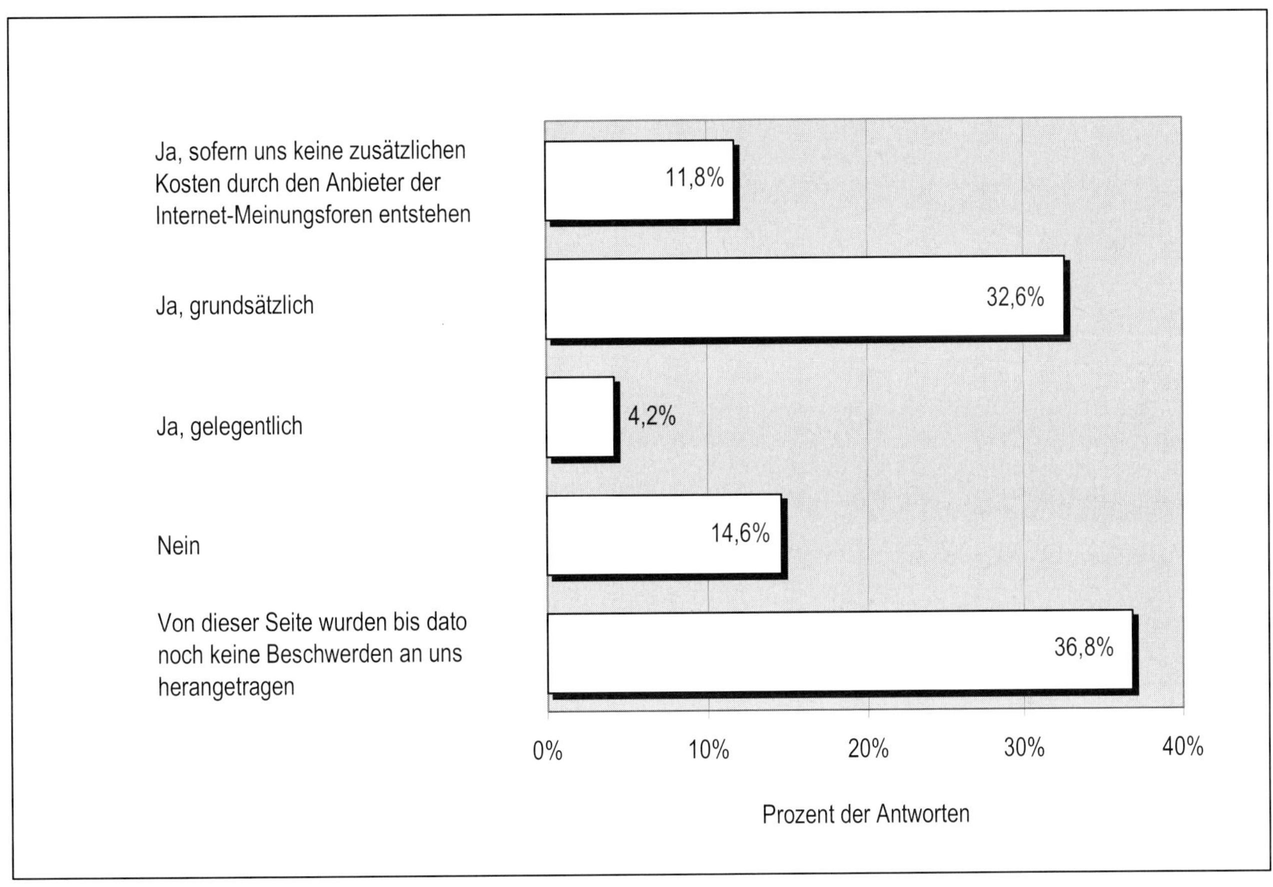

- Wenn kommerzielle Meinungsforen Beschwerden an Unternehmen weiterleiten, werden diese in der Regel bearbeitet. Ein Drittel der Unternehmen (32,6%) gibt an, dass eine Bearbeitung grundsätzlich erfolgt, weitere 11,8% machen die Einschränkung, dass die Bearbeitung nur erfolgt, wenn dadurch keine zusätzlichen Kosten entstehen.
- Eine Minderheit von knapp 15% lehnt die Bearbeitung solcher Beschwerden definitiv ab.
- Ein beachtlicher Teil der befragten Unternehmen hat sich noch nicht in der Entscheidungssituation befunden, da ihnen bisher keine Beschwerden von kommerziellen Internet-Meinungsforen angeboten wurden.

Detaillierte Werte: Tabelle M3a; Branchenwerte: Tabelle M3b

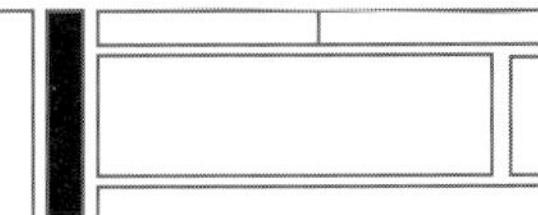

3.5.2. Implementierung

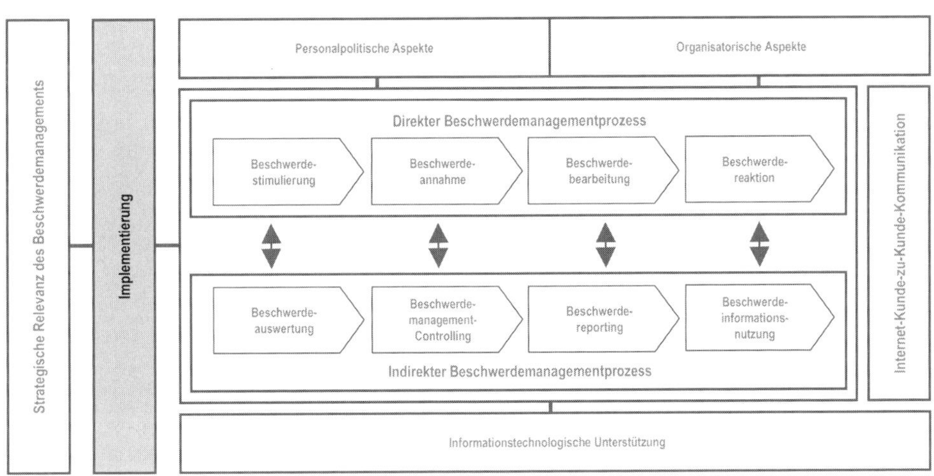

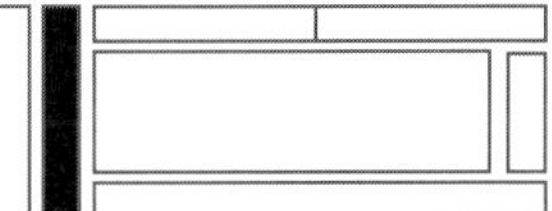

„Wo in Ihrem Unternehmen ist/war primär die Verantwortlichkeit für die Implementierung des Beschwerdemanagements verankert? (Mehrfachnennungen möglich)"

Die Verantwortung für die Implementierung des Beschwerdemanagements lag in den meisten Fällen im Qualitätsmanagement.

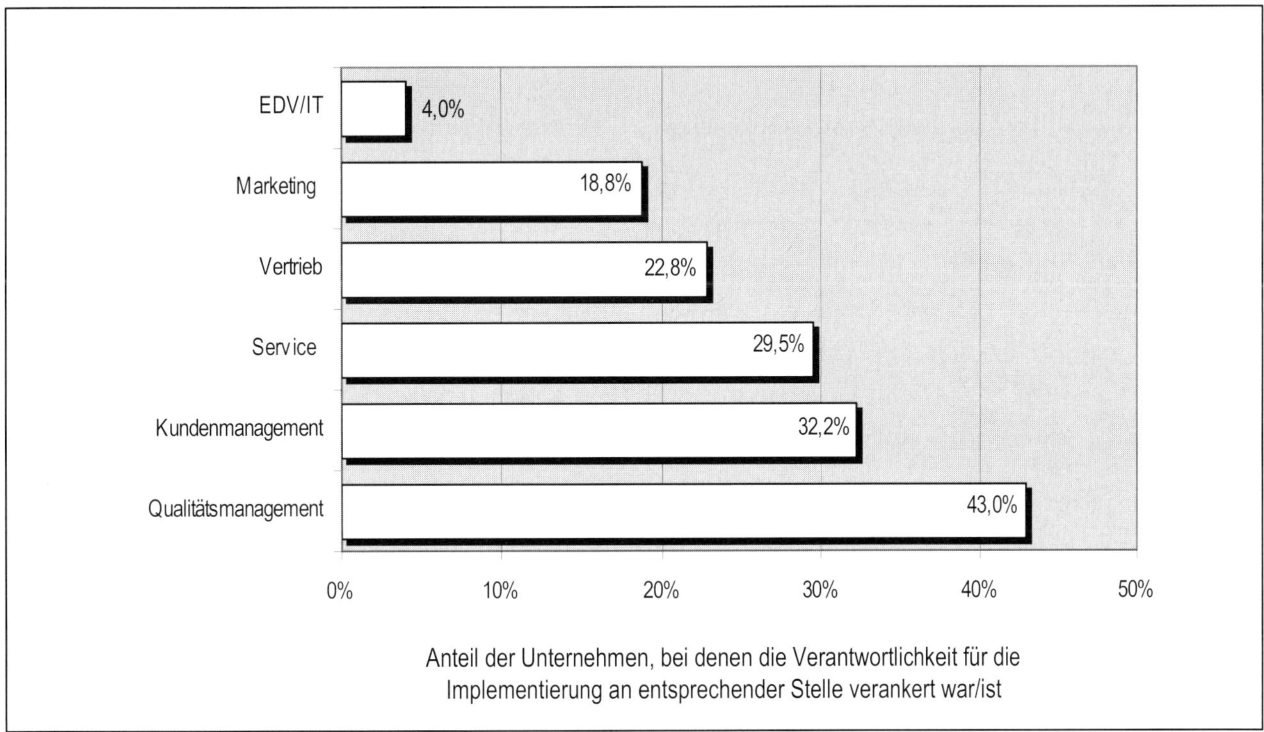

Anteil der Unternehmen, bei denen die Verantwortlichkeit für die Implementierung an entsprechender Stelle verankert war/ist

- Für die Einführung eines Beschwerdemanagements war in den befragten Unternehmen am häufigsten das Qualitätsmanagement verantwortlich: 43% geben diese Zuordnung an.
- Daneben waren es vor allem die kundenorientierten Funktionen Kundenmanagement (32,2%), Service (29,5%) und Vertrieb (22,8%), die mit der Implementierung betraut wurden.
- Die Mehrfachnennungen zeigen zudem, dass vielfach mehrere Funktionen bei der Einführung des Beschwerdemanagements Verantwortung übernommen haben.
- Der Branchenvergleich offenbart auch hier erhebliche Unterschiede. Während die Verantwortung des Qualitätsmanagements für die Implementierung vor allem in der Nahrungs-/Getränkebranche (64,7%) und bei den Banken (57,1%) gegeben ist, dominiert in der Automobilindustrie der Servicebereich (57,1%) und in der Versorgungswirtschaft der Vertrieb (38,9%).

Detaillierte Werte: Tabelle N1a; Branchenwerte: Tabelle N1b

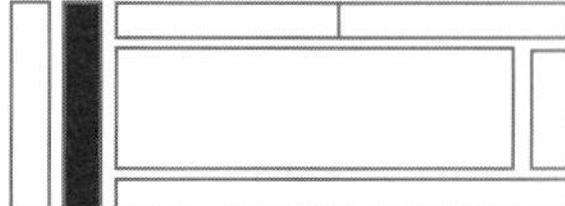

„Was war die Entscheidungsgrundlage für die Implementierung des Beschwerdemanagements? (Mehrfachnennung möglich)"

Eine proaktive, kundenorientierte Ausrichtung des Kundenmanagements und eine Qualitätsoffensive im Unternehmen waren in den meisten Fällen Entscheidungsgrundlage für die Implementierung des Beschwerde-managements.

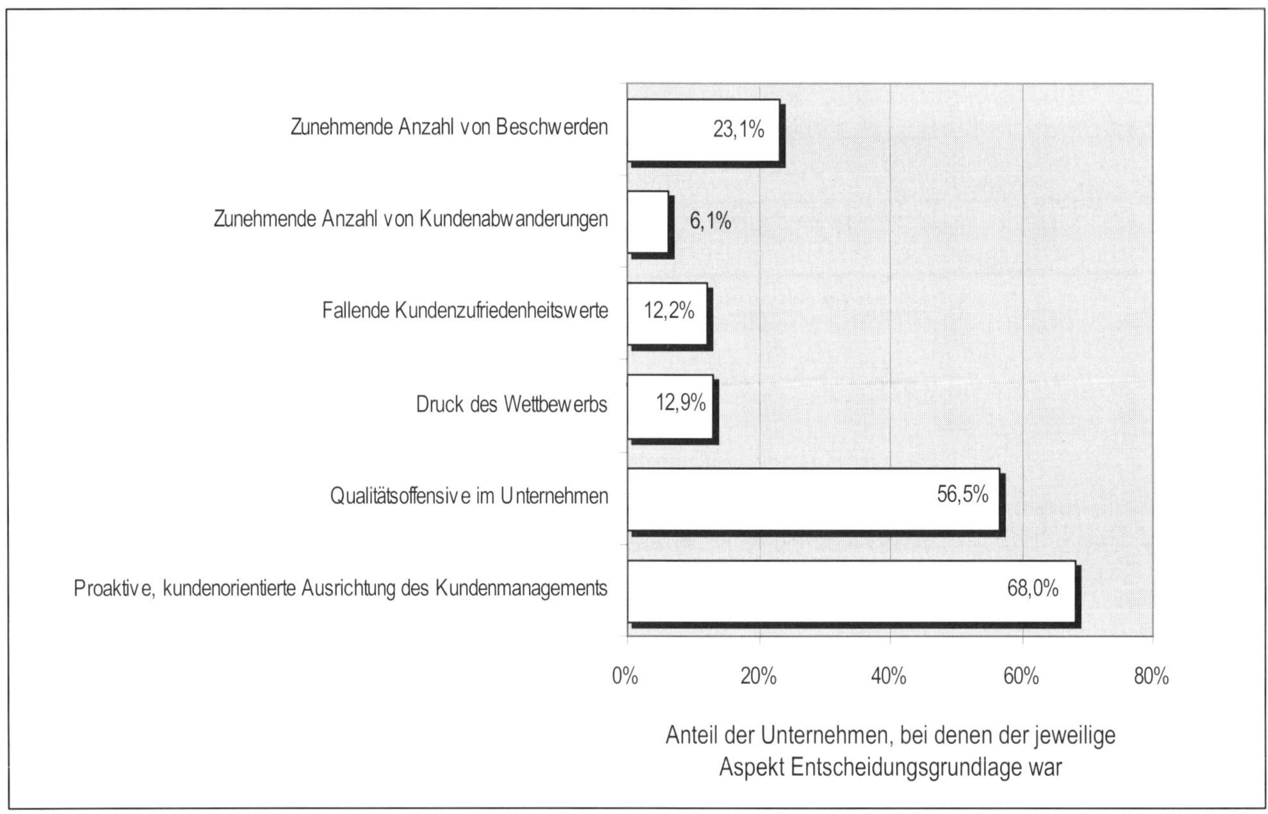

- Als Gründe für die Einführung des Beschwerdemanagements werden (bei der Möglichkeit, mehrere Gründe anzugeben) vor allem zwei Aspekte genannt: Eine proaktive Ausrichtung des Kundenmanagements (68%) und eine Qualitätsoffensive im Unternehmen (56,5%).
- Nur etwa 23% der befragten Unternehmen geben an, durch die zunehmende Zahl von Beschwerden zur Einrichtung eines Beschwerdemanagements bewegt worden zu sein.

Detaillierte Werte: Tabelle N2a; Branchenwerte: Tabelle N2b

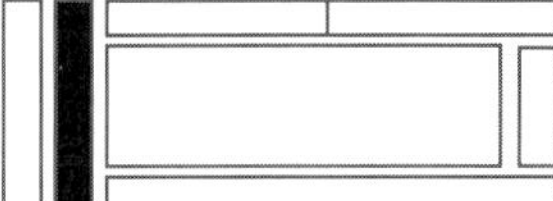

„Haben Sie im Rahmen der Implementierung auf externe Beratungsunternehmen zurückgegriffen?“

Knapp die Hälfte der Unternehmen hat im Rahmen der Implementierung auf externe Beratung zurückgegriffen.

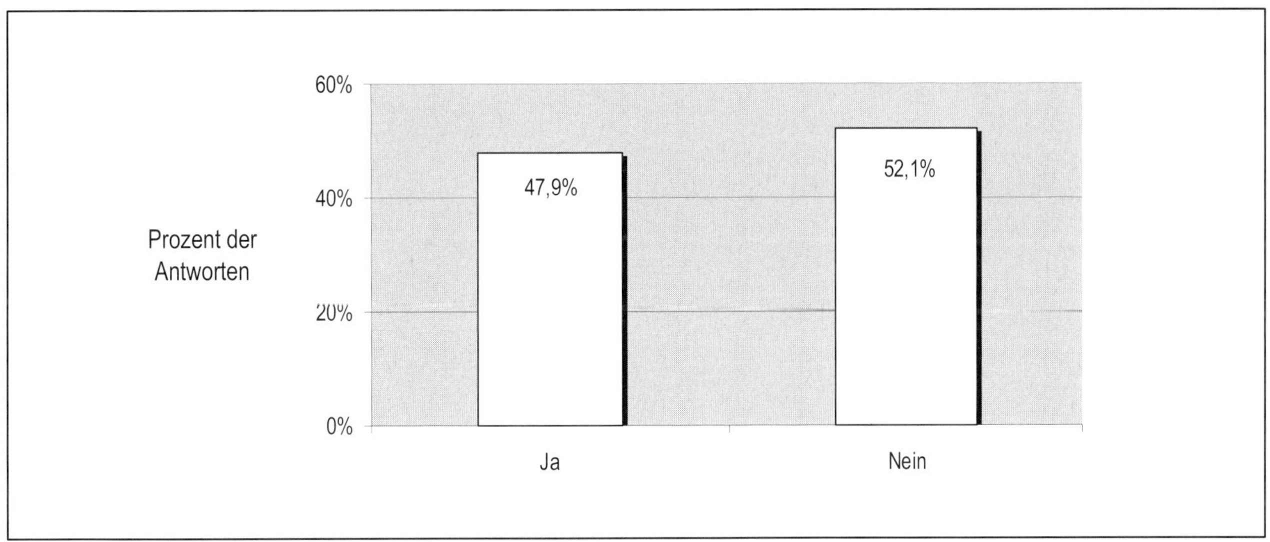

- Eine knappe Mehrheit der Unternehmen hat die Einführung eines Beschwerdemanagements ohne Einschaltung externer Beratungsunternehmen realisiert (52,1%).
- Im Branchenvergleich haben die Banken (57,7%) am stärksten und die Nahrungs-/Getränkebranche am wenigsten (26,7%) auf externes Know-how zurückgegriffen.

Detaillierte Werte: Tabelle N3a; Branchenwerte: Tabelle N3b

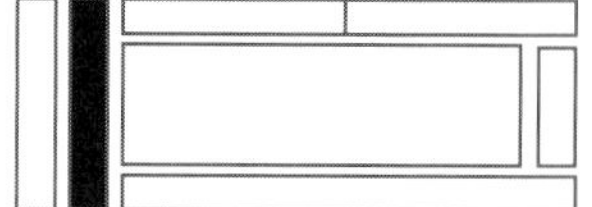

„Wie hinderlich waren die folgenden potenziellen Hürden der Einführung eines Beschwerdemanagements bei der Implementierung in Ihrem Unternehmen?"

Der Einführung eines Beschwerdemanagements standen keine großen Hürden entgegen.

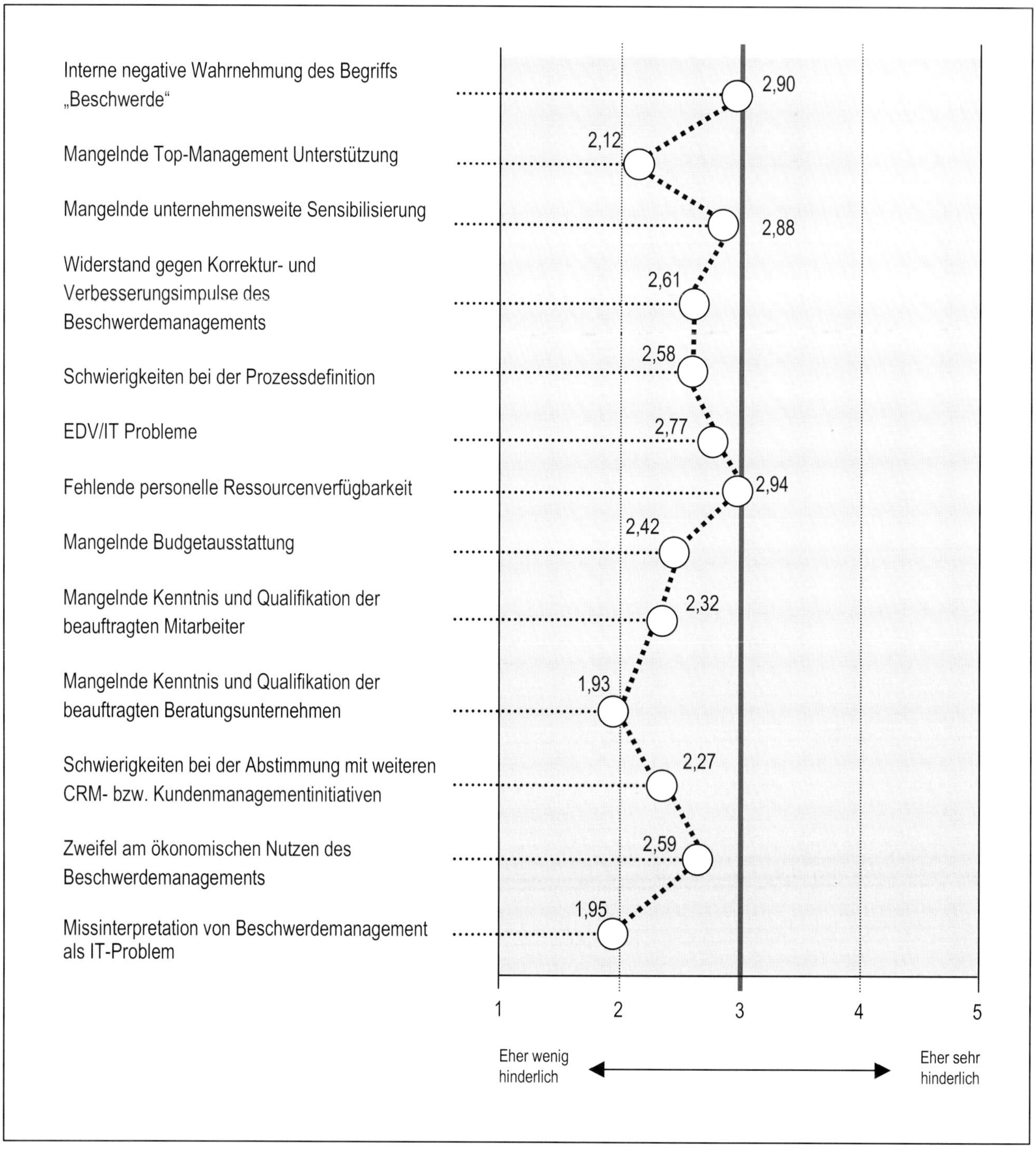

Hürde	Mittelwert
Interne negative Wahrnehmung des Begriffs „Beschwerde"	2,90
Mangelnde Top-Management Unterstützung	2,12
Mangelnde unternehmensweite Sensibilisierung	2,88
Widerstand gegen Korrektur- und Verbesserungsimpulse des Beschwerdemanagements	2,61
Schwierigkeiten bei der Prozessdefinition	2,58
EDV/IT Probleme	2,77
Fehlende personelle Ressourcenverfügbarkeit	2,94
Mangelnde Budgetausstattung	2,42
Mangelnde Kenntnis und Qualifikation der beauftragten Mitarbeiter	2,32
Mangelnde Kenntnis und Qualifikation der beauftragten Beratungsunternehmen	1,93
Schwierigkeiten bei der Abstimmung mit weiteren CRM- bzw. Kundenmanagementinitiativen	2,27
Zweifel am ökonomischen Nutzen des Beschwerdemanagements	2,59
Missinterpretation von Beschwerdemanagement als IT-Problem	1,95

Skala: 1 2 3 4 5 — Eher wenig hinderlich ↔ Eher sehr hinderlich

Detaillierte Werte: Tabelle N4a; Branchenwerte: Tabelle N4b

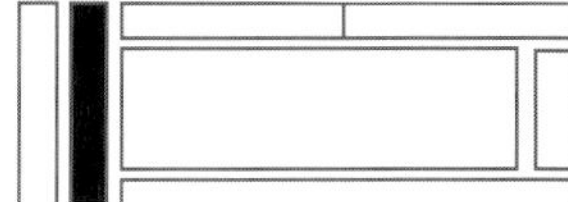

- Vielfach wird aus der Praxis berichtet, dass sich die Implementierung eines Beschwerdemanagements als langwierig und mit Konflikten und Problemen behaftet erweist. Die Ergebnisse dieser Studie stützen diese Aussagen nicht.
- Keine der aufgeführten möglichen Implementierungsbarrieren wurde von den Befragten als wirklich hinderlich angesehen. In keinem Fall wird der mittlere Wert auf der Skala von 1 = "eher wenig hinderlich" bis 5 = "eher sehr hinderlich" erreicht.
- Am stärksten werden noch die fehlenden Personalressourcen (2,94), die interne negative Wahrnehmung des Begriffs „Beschwerde" (2,90) und die mangelnde unternehmensweite Sensibilisierung (2,88) empfunden.

Detaillierte Werte: Tabelle N4a; Branchenwerte: Tabelle N4b

4. Der Beschwerdemanagement Excellence Index

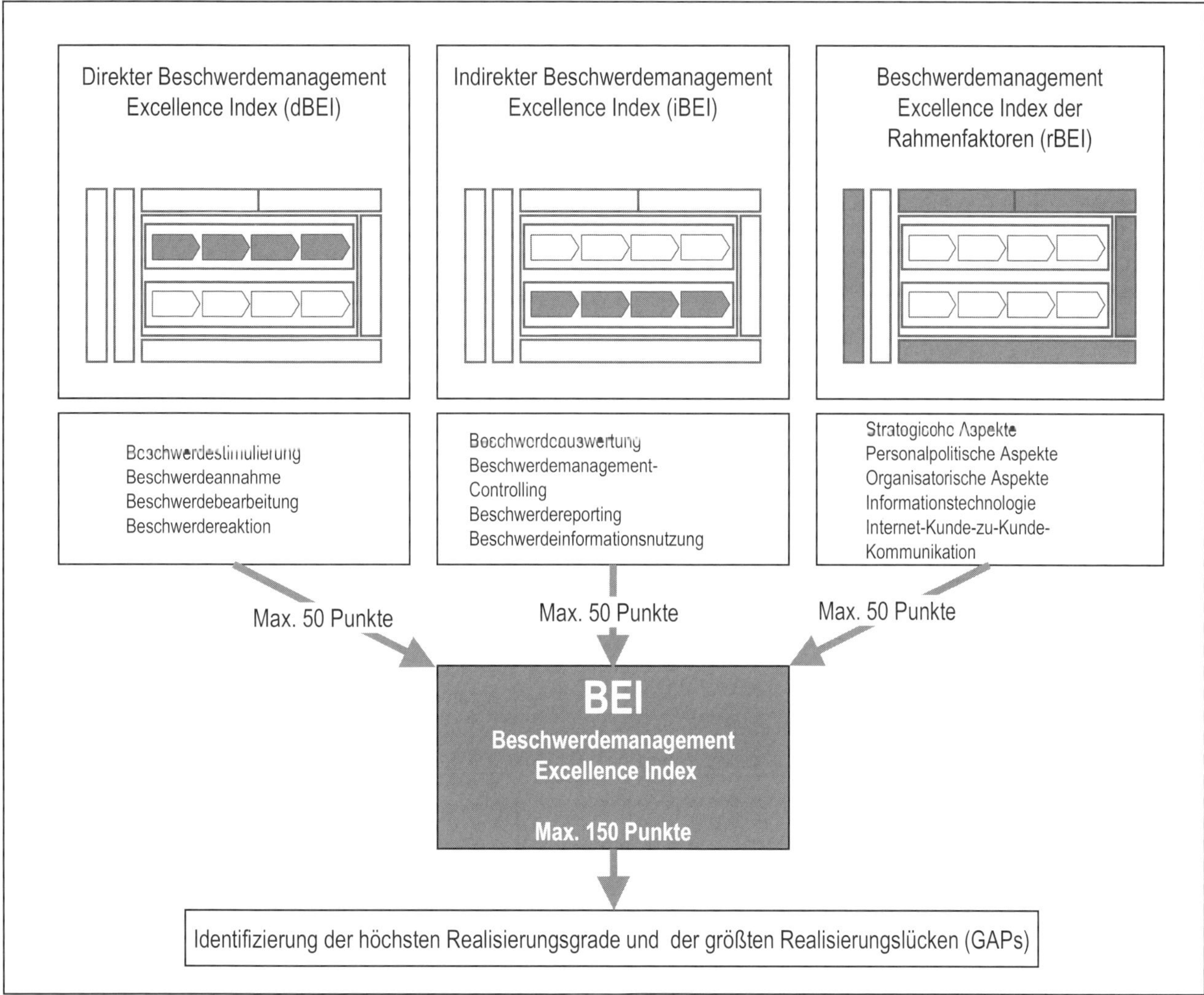

- Der Beschwerdemanagement Excellence Index (BEI) baut direkt auf den Ergebnissen der Studie auf und quantifiziert den Umsetzungsstatus des Beschwerdemanagements der befragten Unternehmen. Grundlage für diesen Index bilden 150 ausgewählte Aspekte der verschiedenen Aufgaben und Instrumente, die aus konzeptioneller Sicht als wesentlich für ein exzellentes Beschwerdemanagement anzusehen sind. Die Aspekte werden jeweils mit einem Punkt bewertet, wenn ein entsprechendes Instrument eingesetzt wird bzw. ein hoher Realisierungsgrad der Aufgabenerfüllung (Wert 4 oder 5 auf der Umsetzungsskala) erreicht wird. Die maximal erreichbare Punktzahl von 150 beschreibt somit ein Best Practice Beschwerdemanagement. Die Differenz zur maximalen Ausprägung beschreibt die Realisierungslücke.
- Die Quantifizierung erfolgt auf zwei Aggregationsebenen. Zunächst wird der Umsetzungsstatus separat für die Aufgaben des direkten Beschwerdemanagementprozesses (dBEI), für die Aufgaben des indirekten Beschwerdemanagementprozesses (iBEI) und für die Rahmenfaktoren (rBEI) kalkuliert. Basis für die Kalkulation sind die Angaben der Teilnehmer der Studie. Die jeweilige maximale Ausprägung entspricht 50 Punkten.
- Die erreichten Punkte der drei Subindizes dBEI, iBEI und rBEI werden addiert und ergeben die Gesamtpunktzahl des Beschwerdemanagement Excellence Index (BEI).
- Auf Grundlage der Ergebnisse des Beschwerdemanagement Excellence Index können dann die höchsten Realisierungsgrade und größten Realisierungslücken hinsichtlich der ausgewählten Aspekte identifiziert werden.

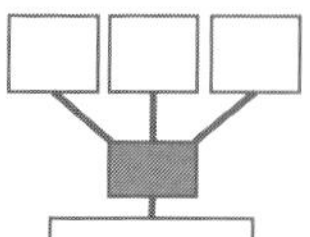

Im Durchschnitt liegen die Banken vorne. Die Beschwerdemanagement-Champions finden sich jedoch in der Nahrungsmittel-/Getränkebranche und in der Automobilindustrie.

Gesamtergebnis des Beschwerdemanagement Excellence Index (BEI)

Beschwerdemanagement Excellence Index (BEI)

	Über alle Teilnehmer	Banken	Versicherungen	Versorger	Automobil	Nahrung/ Getränke
Höchster Indexwert	133	99	97	102	128	133
Mittelwert	71,9	78,4	69,0	66,3	68,7	71,4
Niedrigster Indexwert	12	19	35	12	41	36
Basis	149	28	15	18	7	17
s	23,49	17,53	20,41	24,89	28,56	23,60

Höchster Indexwert – Mittelwert – Spannweite der erreichten Indexwerte – Niedrigster Indexwert

s = Standardabweichung

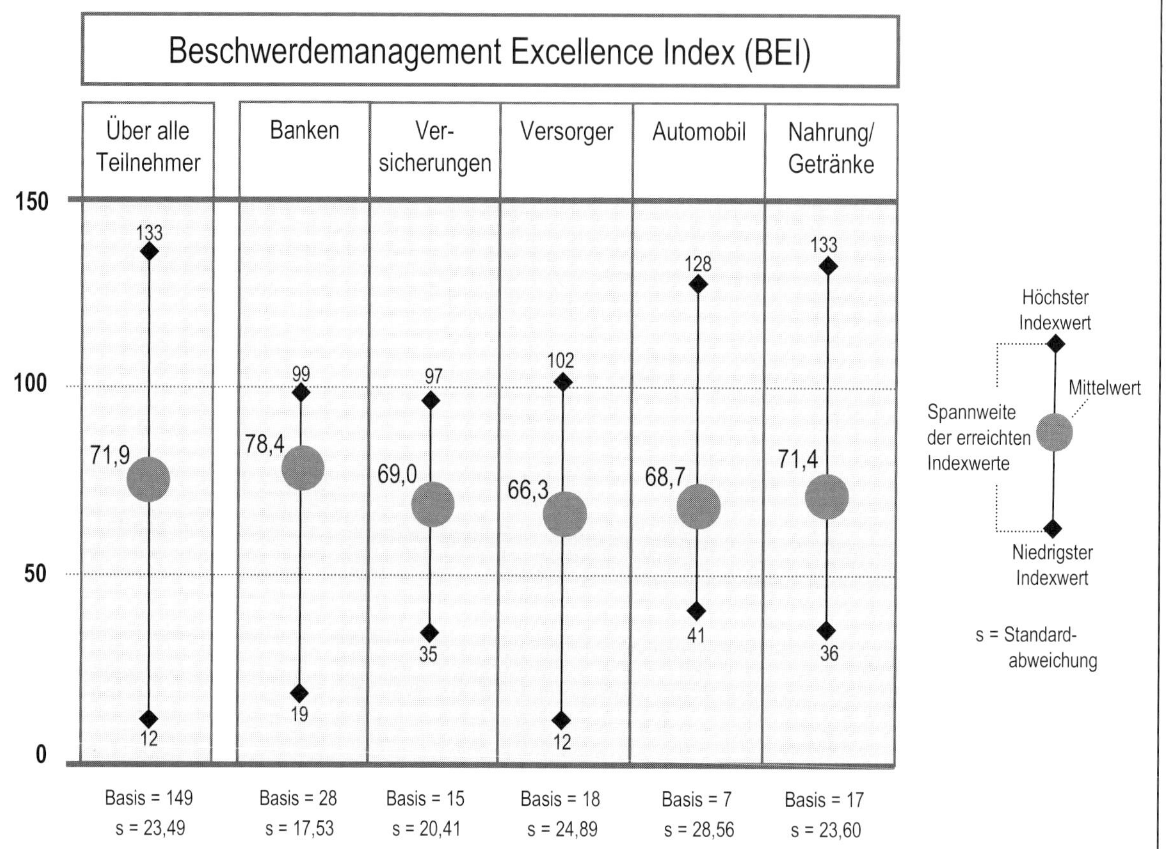

- Das Gesamtergebnis des Beschwerdemanagement Excellence Index zeigt ein interessantes Bild. Die durchschnittlich erreichte Punktzahl streut über die verschiedenen Brachen hinweg nur wenig. Der Mittelwert über alle Teilnehmer liegt bei 71,9 Punkten. Bei den fünf ausgewählten Branchen reicht der Durchschnittswert von 66,3 Punkten (Versicherungen) bis zu 78,4 Punkten (Banken).
- Die Banken erreichen nicht nur den besten Durchschnittswert. Ein Blick auf die Standardabweichung zeigt außerdem, dass die Werte dieser Branche relativ am wenigsten um ihren Mittelwert streuen.
- Die in obiger Abbildung eingezeichneten Spannweiten machen deutlich, dass in allen Branchen Unternehmen mit guter bis sehr guter Beschwerdemanagement-Praxis zu finden sind. Aber auch genau das Gegenteil ist der Fall. In jeder Branche finden sich ebenso Unternehmen mit großem Nachholbedarf.
- Die „Champions“ mit einem exzellenten Beschwerdemanagement finden sich jedoch nicht unter den Banken, sondern in der Nahrungsmittel-/Getränkebranche (133) und in der Automobilindustrie (128).

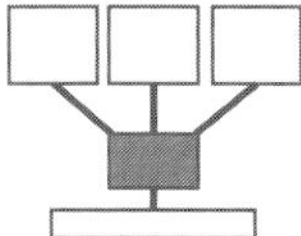

Unternehmen aus den unterschiedlichen Branchen gehören zu den „Champions" und „Nachzüglern" der Beschwerdemanagement Excellence.

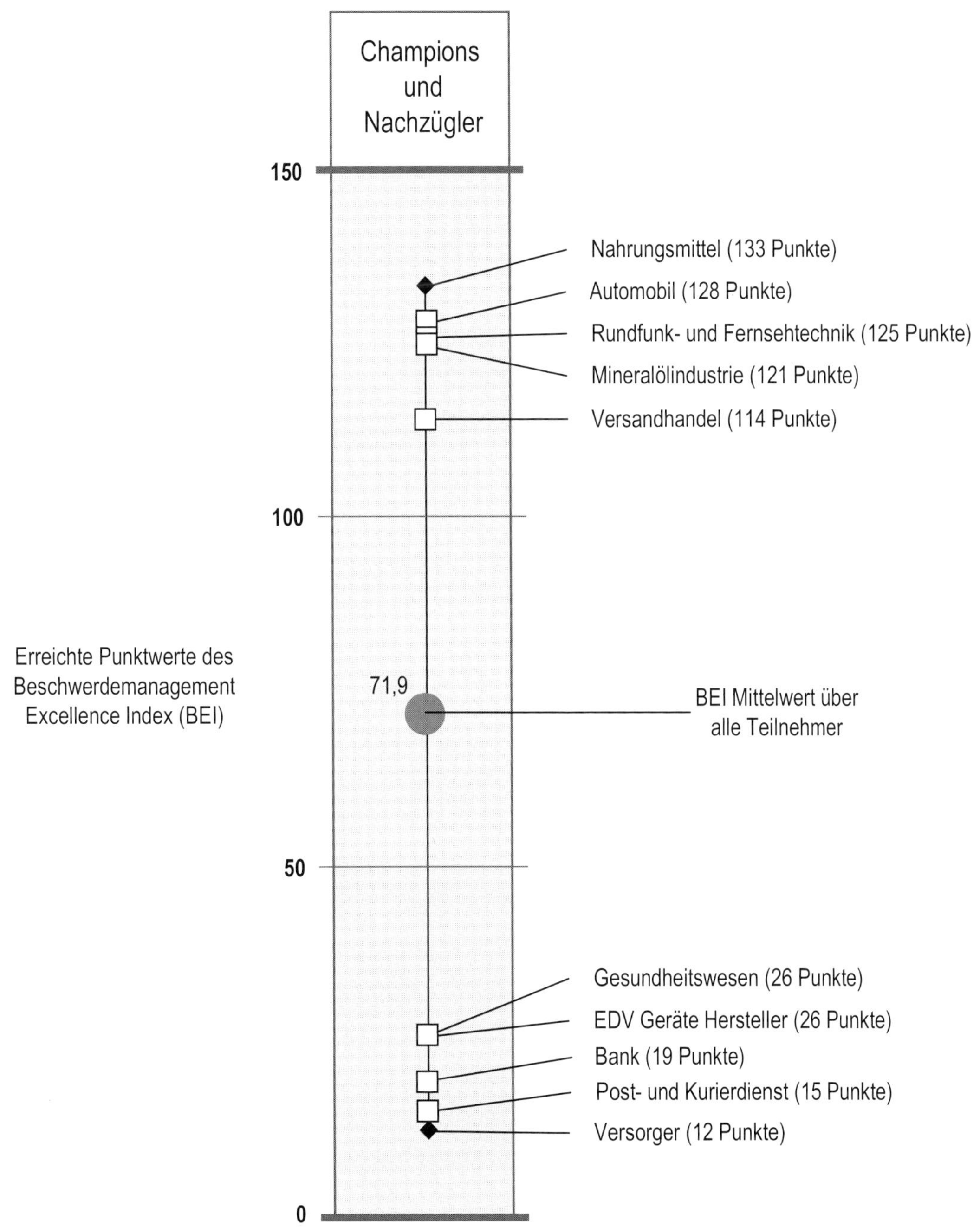

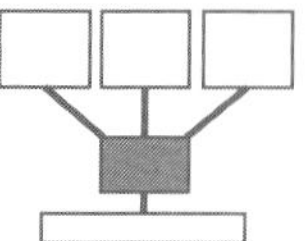

Es besteht eine hohe Korrelation zwischen dem Beschwerdemanagement Excellence Indexwert und der von den Unternehmen wahrgenommenen Güte der Aufgabenerfüllung.

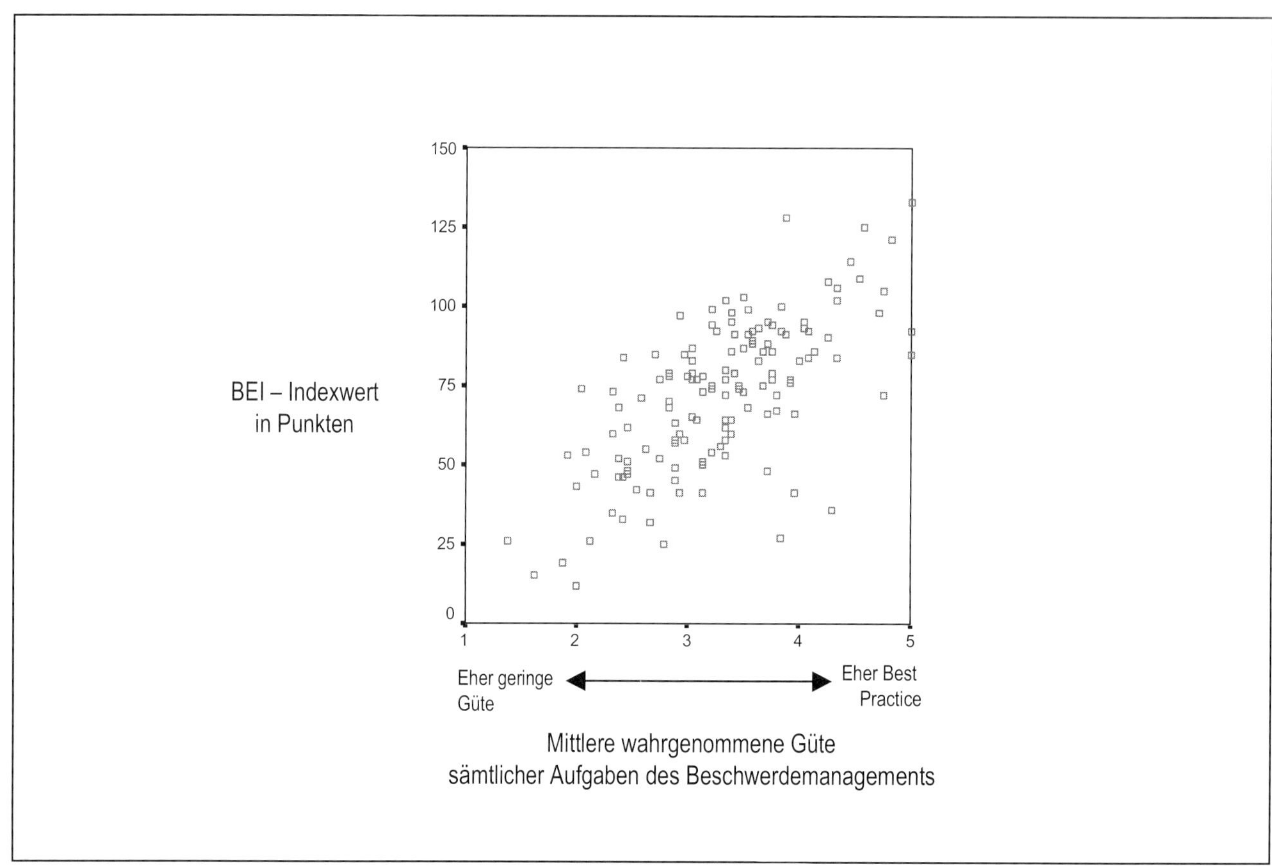

- Der Beschwerdemanagement Excellence Index zieht zur Bewertung den Grad der angegebenen Aufgabenerfüllung heran. Zugleich liegt mit der wahrgenommenen Güte der Prozesse und Instrumente bei der Aufgabenerfüllung (vgl. 3.3.2.) eine Messzahl für die entsprechende Bewertung aus Unternehmenssicht vor.
- Die Analyse zeigt nun, dass zwischen der mittleren unternehmensseitig wahrgenommenen Güte der Aufgaben des Beschwerdemanagements und dem BEI Wert eine hohe Korrelation besteht. Es lässt sich ein Zusammenhang von 0,678 feststellen (hoch signifikant auf einem Niveau von 0,000).
- Demnach schätzen Unternehmen die Güte ihrer Beschwerdemanagement-Praxis weitgehend realistisch ein.

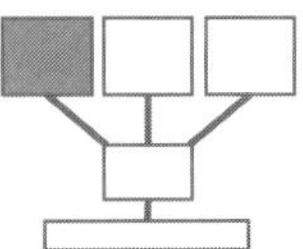

Bei den direkten Aufgaben schneiden die Banken erneut gut ab.

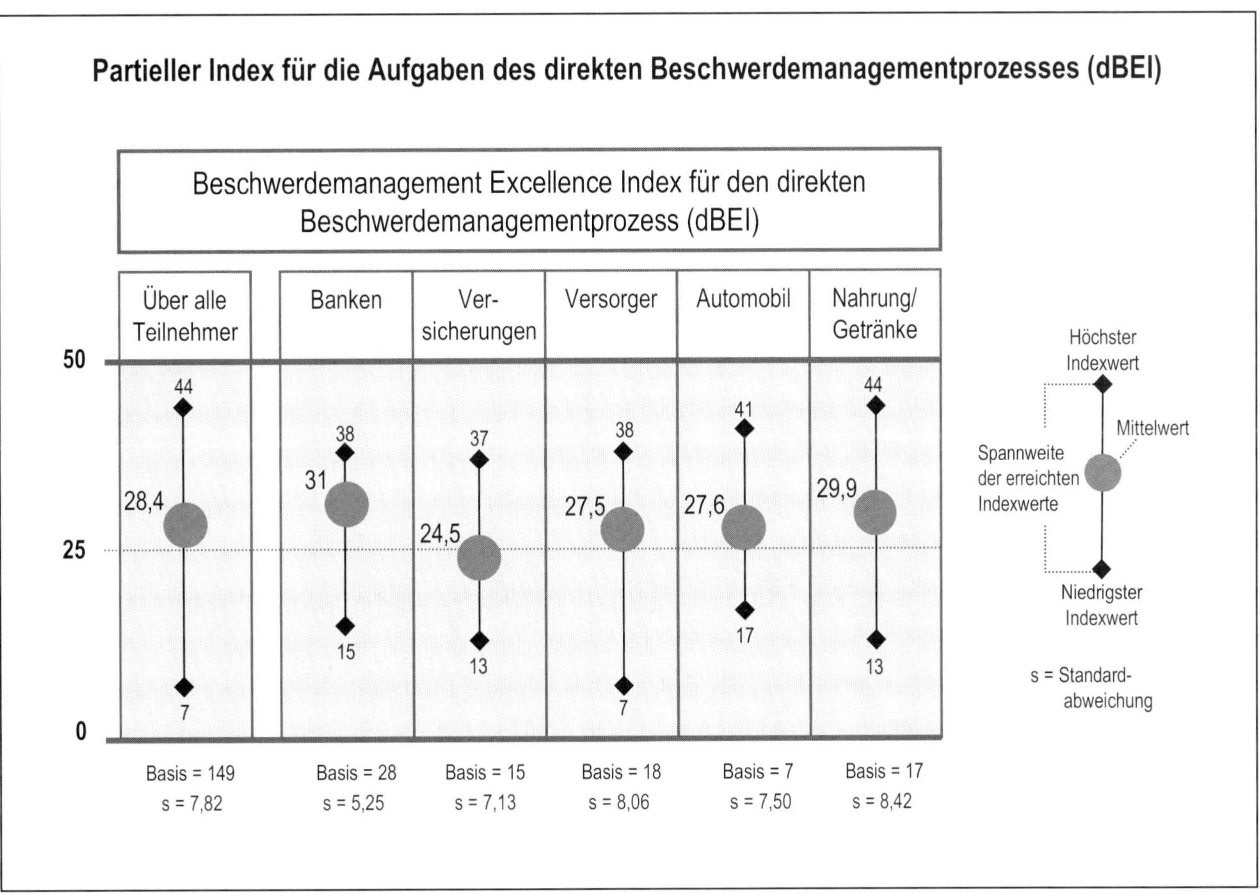

- Bei den direkten Aufgaben (Beschwerdestimulierung, -annahme, -bearbeitung und –reaktion) wurde über alle 149 Teilnehmer hinweg eine durchschnittliche Punktzahl von 28,4 erzielt.
- Eine Betrachtung der Mittelwerte der fünf ausgewählten Branchen zeigt, dass die Banken mit 31 Punkten erneut vorne liegen, während die Versicherungen mit 24,5 Indexpunkten den geringsten durchschnittlichen Wert erreichen.
- Die „Champions" im Bereich der direkten Aufgaben finden sich in der Nahrungs-/Getränkebranche (44 Punkte) und in der Automobilindustrie (41 Punkte).

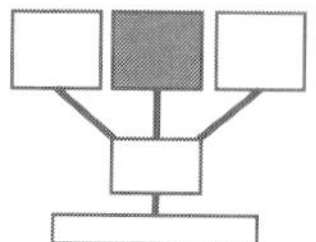

Der Umsetzungsgrad bei den indirekten Aufgaben ist insgesamt und über alle Branchen hinweg deutlich niedriger.

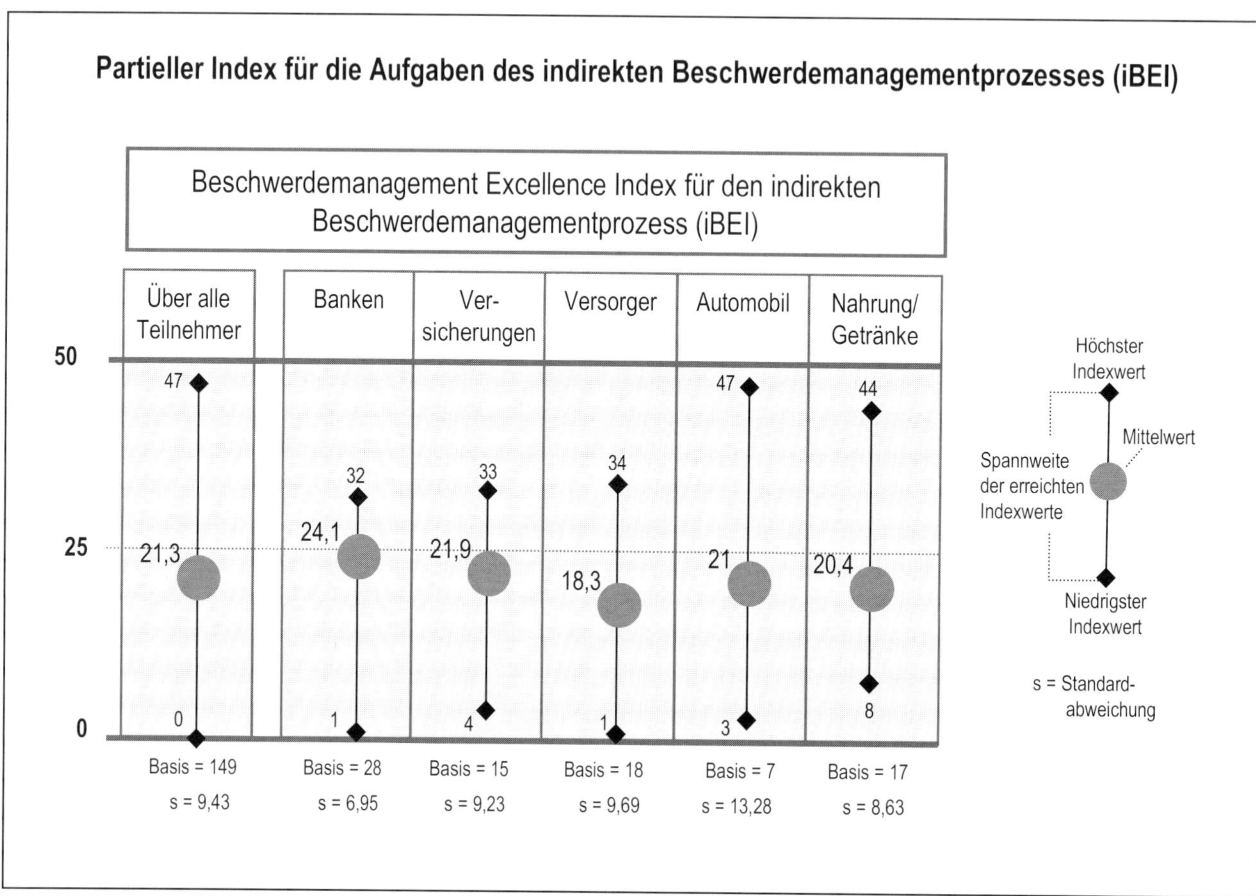

- Mit einem Mittelwert von 21,3 Indexpunkten über alle Teilnehmer zeigt sich, dass die Realisierung der indirekten Aufgaben (Beschwerdeauswertung, Beschwerdemanagement-Controlling, Beschwerdereporting und –informationsnutzung) deutlich hinter der Umsetzung der direkten Aufgaben des Beschwerdemanagements liegt.
- Die durchschnittlich erzielten Mittelwerte der fünf Branchen liegen nah zusammen. Die Banken erreichen mit 24,1Punkten im Mittel erneut einen höheren Indexwert als der Gesamtschnitt und als die anderen vier ausgewählten Branchen.
- Die Champions der indirekten Aufgaben finden sich wieder im Automobilbereich (47 Punkte) und in der Nahrungsmittel-/ Getränkebranche (44 Punkte).
- Deutlich wird durch die oben dargestellte Spannweite der Indexwerte auch, dass in allen Branchen bei einigen Unternehmen eindeutiger Nachholbedarf im Rahmen der indirekten Aufgaben des Beschwerdemanagements besteht.

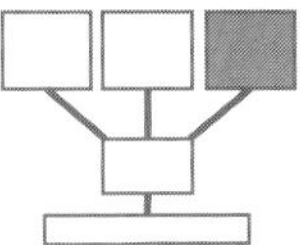

Auch bei den Rahmenbedingungen besteht noch deutlicher Nachholbedarf.

Partieller Index für die Rahmenfaktoren des Beschwerdemanagements (rBEI)

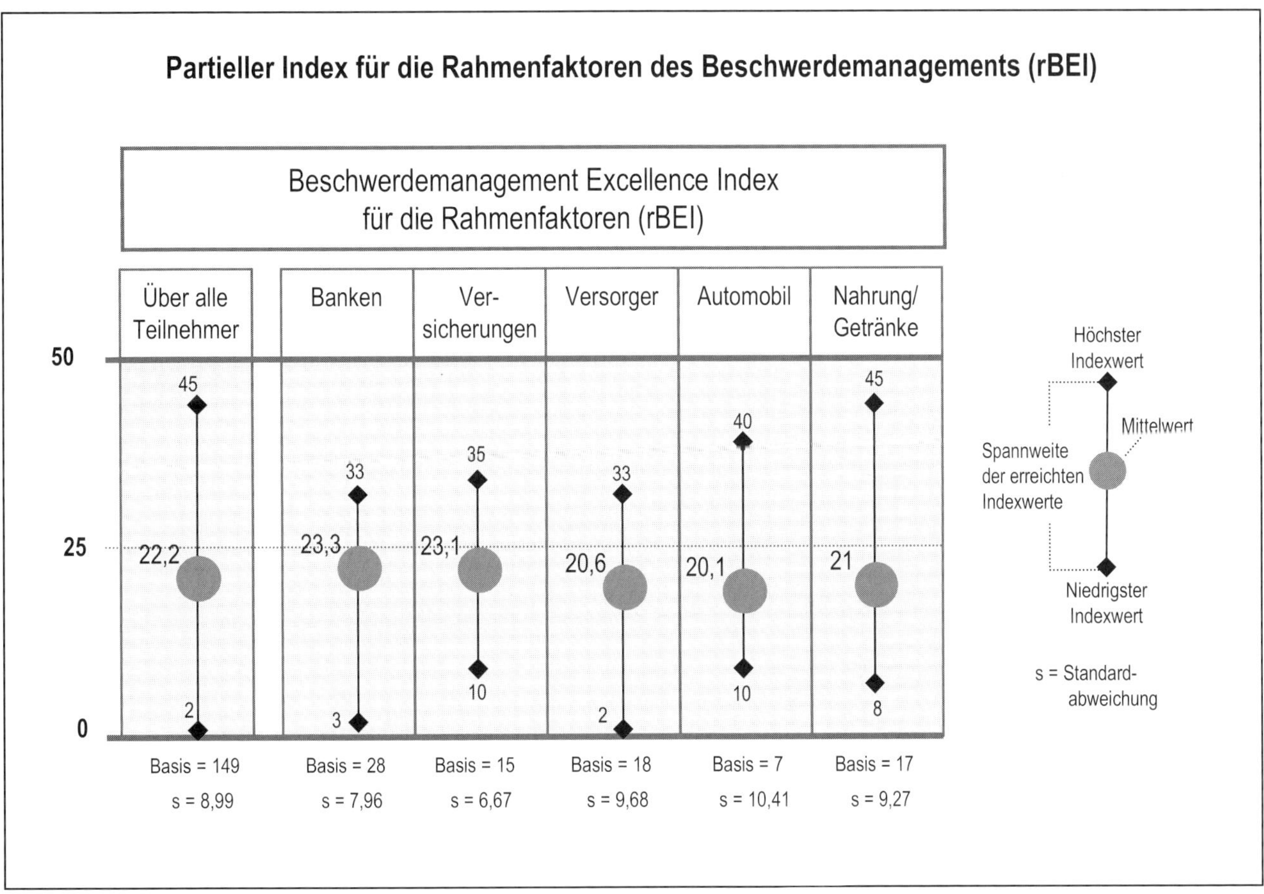

- Im Bereich der Rahmenfaktoren - strategische, organisatorische, personalpolitische Aspekte sowie informationstechnologische Unterstützung – wird ein Mittelwert über alle Teilnehmer von 22,2 Indexpunkten erreicht.
- Die fünf ausgewählten Branchen streuen hier im Vergleich mit den erzielten Punktwerten für die direkten und indirekten Aufgaben am geringsten. An erster Stelle liegen erneut die Banken (23,3), dicht gefolgt von den Versicherungen (23,1).
- Der höchste Realisierungsgrad findet sich wieder bei Unternehmen aus der Nahrungsmittel-/Getränkeindustrie (45 Punkte) und der Automobilbranche (40 Punkte).
- Der partielle BEI für die Rahmenfaktoren weist einen hohen Zusammenhang mit den partiellen Indizes für den direkten und indirekten Beschwerdemanagement-Prozess (vgl. die vorhergehenden Seiten) auf. Der Korrelationskoeffizient zwischen dem Indexwert für die Rahmenfaktoren (rBEI) und dem Index für den indirekten Beschwerdemanagementprozess (iBEI) beträgt r = 0,76 (hoch signifikant auf einem Niveau von 0,001), für den Zusammenhang zwischen rBEI und dBEI beträgt r = 0,658 (hoch signifikant auf einem Niveau von 0,000).

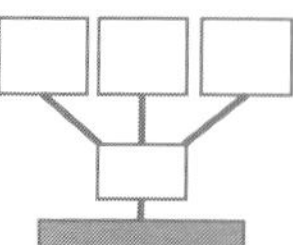

Die höchsten Realisierungsgrade in der Gesamtperspektive.

Die höchsten Realisierungsgrade* in der Gesamtperspektive	
92%	Erfassung des Namens des sich beschwerenden Kunden und des Zeitpunktes bei der Annahme einer Beschwerde.
89%	Ausdruck des Bedauerns gegenüber dem Kunden im Rahmen der Reaktion auf eine Beschwerde.
88%	Erfassung der Umstände und Hintergründe einer Beschwerde bei deren Annahme.
88%	Vollständige Definition der Prozesse der Beschwerdebearbeitung.
86%	Erstellung von Auswertungen nach Art des Problems.
84%	Vollständige Definition der Prozesse der Beschwerdeannahme.
84%	Erfassung des Adressaten einer Beschwerde im Unternehmen bei deren Annahme.
82%	Hoher Stellenwert des Beschwerdemanagements für das Qualitätsmanagement im Unternehmen.
82%	Ziel der Vermeidung alternativer Reaktionsformen unzufriedener Kunden.

* Lesebeispiel: 90% = in 90% der befragten Unternehmen **voll realisiert**

- Analysiert man für sämtliche Aspekte, die in den Beschwerdemanagement Excellence Index eingegangen sind, inwiefern das jeweilige Instrument in den befragten Unternehmen eingesetzt wird bzw. inwiefern ein hoher Umsetzungsstatus der Aufgabenerfüllung erreicht ist (Wert 4 oder 5 auf der Umsetzungsskala), dann lässt sich eine Rangordnung der Aspekte nach dem tatsächlichen Realisierungsgrad in der Praxis aufstellen.
- In ihrem oberen Teil zeigt die Rangreihe, was heute durchgehend als umgesetzt angesehen werden kann und damit zum Mindeststandard eines Beschwerdemanagements gehört.
- Das ist vor allem die systematische Erfassung von grundlegenden Beschwerdeinformationen bei der Beschwerdeannahme. Hierzu zählen der Name des sich beschwerenden Kunden und der Zeitpunkt des Eingangs der Beschwerden (92%) sowie die Erfassung der Umstände und Hintergründe des Beschwerdefalls (88%). Daneben sind aber auch der unternehmensseitige Ausdruck des Bedauerns für die erlebten Unannehmlichkeiten gegenüber dem Kunden (89%) und eine vollständige Definition der Prozesse der Beschwerdebearbeitung (88%) Mindeststandards des Beschwerdemanagements.

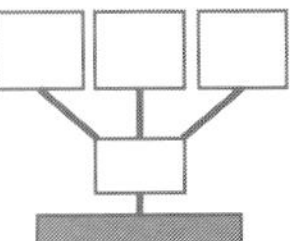

Die größten Realisierungslücken in der Gesamtperspektive.

Die größten Realisierungslücken (GAPs)* in der Gesamtperspektive	
93%	Nutzung der Beschwerdeinformationen für Produktinnovationen.
91%	Führungskräfte zeichnen die vorbildliche Reaktion auf Kundenbeschwerden aus.
91%	Führungskräfte planen Zeit für die Lektüre und Beantwortung von Beschwerden ein.
91%	Es existiert ein Anreizsystem zur Unterstützung der Zielsetzung des Beschwerdemanagements.
91%	Regelmäßige Analyse der Profitabilität des Beschwerdemanagements.
90%	Integration von Beschwerden aus Internet-Meinungsforen in das Beschwerdereporting.
89%	Integration von Beschwerden aus Internet-Meinungsforen in die Beschwerdeauswertung.
87%	Schnittstelle der Beschwerdemanagementsoftware zu CTI-Systemen (Computer Telephone Integration).
84%	Interne Weiterverrechnung der Kosten des Beschwerdemanagements.

* Lesebeispiel: GAP 84% = in 84% der befragten Unternehmen **nicht bzw. nicht voll realisiert**

- Am Ende der Rangliste stehen die Aspekte und Instrumente, die am wenigsten realisiert sind. Interpretiert man die Differenz zur möglichen Umsetzung als Lücke (GAP), dann kann man eine entsprechende Rangliste der Realisierungslücken aufstellen.
- Dabei zeigt es sich, dass es wesentliche Aufgaben und Instrumente des Beschwerdemanagements gibt, die in mehr als 80% bzw. 90% der Fälle nicht genutzt werden.
- Am überraschendsten scheint die Aussage, dass Beschwerdeinformationen so gut wie nie in Produktinnovationsprozesse eingehen (GAP: 93%).
- Besonders hoch erscheinen auch die managementbezogenen Lücken. In über 90% der Unternehmen zeichnen Führungskräfte vorbildliche Reaktionen auf Kundenbeschwerden nicht aus, planen keine Zeit für die Lektüre und Beantwortung von Beschwerden ein und es besteht kein Anreizsystem zur Unterstützung der Zielsetzung des Beschwerdemanagements.
- Ein weiterer wesentlicher Defizitbereich betrifft die Kenntnis und den Umgang mit den ökonomischen Dimensionen des Beschwerdemanagements. So gibt es eine mehr als 90%ige Lücke in Bezug auf die regelmäßige Analyse der Profitabilität.
- Eine differenzierte Auflistung der Lücken für die partiellen Beschwerdemanagement Excellence Indizes (für den direkten und indirekten Beschwerdemanagementprozess sowie für die Rahmenbedingungen) zeigen die folgenden Seiten.

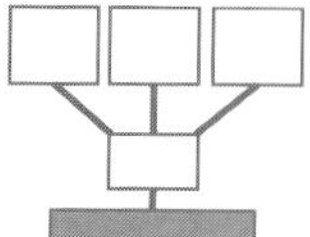

Die größten Realisierungslücken innerhalb des direkten Beschwerdemanagementprozesses.

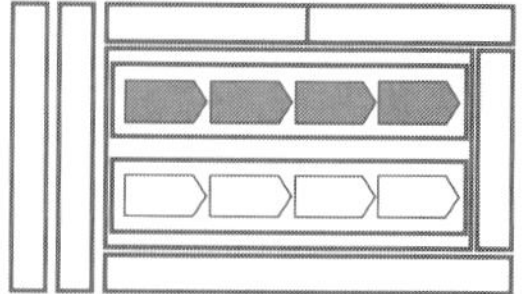

Aufgabe	Die größten Realisierungslücken (GAPs)*
Beschwerde-stimulierung	• Systematische Kommunikation der Beschwerdekanäle gegenüber Neukunden (GAP = 70%). • Systematische Kommunikation der Beschwerdekanäle gegenüber Bestandskunden (GAP = 64%). • Ausrichtung der Beschwerdestimulierung auch auf Beschwerden wegen Kleinigkeiten (GAP = 40%).
Beschwerde-annahme	• Erfassung einer artikulierten alternativen Handlungsabsicht (z.B. Klageandrohung) des Kunden bei der Beschwerdeannahme (GAP = 49%). • Unterstützung der Beschwerdeannahme durch eine Beschwerdemanagement-Software (GAP = 47%). • Erfassung des Ausmaßes der Verärgerung des Kunden bei der Beschwerdeannahme (GAP = 45%).
Beschwerde-bearbeitung	• Versand einer Eingangsbestätigung bei Beschwerden per Brief innerhalb eines Werktages (GAP = 82%). • Automatische Weiterleitung von stark verzögerten Beschwerdefällen an eine höhere Hierarchiestufe (GAP = 78%). • Existenz einer Wertgrenze, bis zu der auf eine Einzellfallprüfung der Beschwerde verzichtet werden kann (GAP = 77%). • Zugriff der bearbeitenden Mitarbeiter auf eine Datenbank mit Lösungen für Kundenprobleme (GAP = 67%). • Zugriff der bearbeitenden Mitarbeiter auf Daten über den Kundenwert des sich beschwerenden Kunden (GAP = 60%).
Beschwerde-reaktion	• Abschluss der durchschnittlichen Bearbeitung einer Beschwerde per Brief innerhalb von 3 Werktagen (GAP = 70%). • Abschluss der durchschnittlichen Bearbeitung einer Beschwerde per E-Mail innerhalb von 2 Werktagen (GAP = 61%). • Ausdruck des Dankes für Beschwerden gegenüber dem Kunden (GAP = 38%).

* Lesebeispiel: GAP 84% = in 84% der befragten Unternehmen **nicht bzw. nicht voll realisiert**

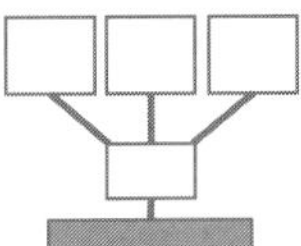

Die größten Realisierungslücken innerhalb des indirekten Beschwerdemanagementprozesses.

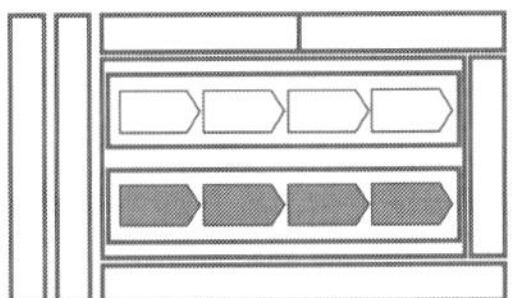

Aufgabe	Die größten Realisierungslücken (GAPs)*
Beschwerde-auswertung	• Auswertung nach dem Ausmaß der Verärgerung des Kunden (GAP = 79%). • Komplexere statistische Auswertung der Beschwerden (GAP = 76%). • Auswertung nach gewünschter Falllösung des Kunden (GAP = 72%). • Abgleich mit Marktforschungsdaten (bspw. aus der Kundenzufriedenheitsanalyse) (GAP = 69%).
Beschwerde-management-Controlling	• Regelmäßige Analyse der Profitabilität des Beschwerdemanagements (GAP = 91%). • Interne Weiterverrechnung der Kosten des Beschwerdemanagements (GAP = 84%). • Benchmarking der Beschwerdemanagement-Praxis mit der anderer Unternehmen (GAP = 82%).
Beschwerde-reporting	• Zugriff anderer Fachbereiche auf das Auswertungstool bzw. die Datenbank des Beschwerdereporting (GAP = 73%). • Zielgruppengerechte Aufbereitung der Reports je nach Bedarf der Teilbereiche im Unternehmen (GAP = 52%). • Nutzung eines Intranets zur Kommunikation der Reports (GAP = 51,7%).
Beschwerde-informations-nutzung	• Nutzung der Beschwerdeinformationen für Produktinnovationen (GAP = 93%). • Nutzung der Beschwerdeinformationen für Prozessinnovationen (GAP = 81%). • Regelmäßiger Gegenstand der Reports bei Sitzungen auf Geschäftsführer- bzw. Vorstandsebene (GAP = 66%). • Hohe Berücksichtigung der Reports auf Ebene des Kundenkontaktpersonals (GAP = 65%).

* Lesebeispiel: GAP 84% = in 84% der befragten Unternehmen **nicht bzw. nicht voll realisiert**

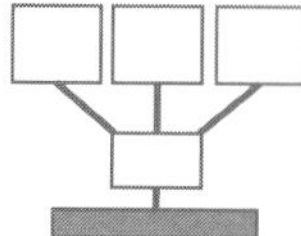

Die größten Realisierungslücken innerhalb der Rahmenfaktoren des Beschwerdemanagements.

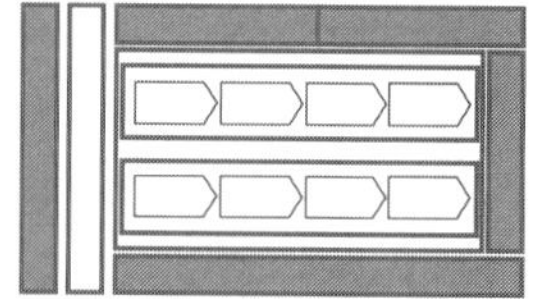

Aufgabe	Die größten Realisierungslücken (GAPs)*
Personal-politische Aspekte	• Führungskräfte zeichnen die vorbildliche Reaktion auf Kundenbeschwerden aus (GAP = 91%). • Führungskräfte planen Zeit für die Lektüre und Beantwortung von Beschwerden ein (GAP = 91%). • Es existiert ein Anreizsystem zur Unterstützung der Zielsetzung des Beschwerdemanagements (GAP = 91%).
Organisatorische Aspekte	• Vollständige Definition der Prozesse der Beschwerdestimulierung (GAP = 82%). • Vollständige Definition der Prozesse des Beschwerdemanagement-Controlling (GAP = 74%). • Optimierung der Beschwerdemanagementprozesse durch Best Practice-Beispiele aus entsprechenden Studien bzw. Literatur (69%). • Spezifische Zielvereinbarungen für das Beschwerdemanagement (GAP = 66%).
Informations-technologie	• Schnittstelle der Beschwerdemanagementsoftware zum CTI System (GAP = 87%). • Schnittstelle der Beschwerdemanagementsoftware zu einem Scan-System (GAP = 81%). • Software-Unterstützung des Beschwerdemanagement-Controlling (GAP = 76%).
Internet-Kunde-zu-Kunde-Kommunikation	• Integration von Beschwerden aus Internet-Meinungsforen in das Beschwerdereporting (GAP = 90%). • Integration von Beschwerden aus Internet-Meinungsforen in die Beschwerdeauswertung (GAP = 89%). • Regelmäßige Beobachtung von Internet-Meinungsforen (GAP = 80%).
Strategische Aspekte	• Hoher strategischer Stellenwert des Beschwerdemanagements im Rahmen des Wissensmanagements (GAP = 64%). • Reduzierung von Fehlerkosten als wichtige Zielperspektive des Beschwerdemanagements (GAP = 46,3%).

* Lesebeispiel: GAP 84% = in 84% der befragten Unternehmen **nicht bzw. nicht voll realisiert**

5. Die Ergebnisse im Detail

Auf den folgenden Seiten finden sich die Ergebnisse der empirischen Erhebung über alle Teilnehmer (Tabelle X**a**) und branchenbezogen (Tabelle X**b**) in tabellarischer Form:

Eine graphische Aufbereitung der Branchenergebnisse steht unter www.dlm-stauss.de/bme/ zum Download zur Verfügung.

A: Strategische Relevanz des Beschwerdemanagements

Tabelle A1a

Welchen strategischen Stellenwert hat das Beschwerdemanagement im Kontext des Kundenmanagements, Qualitätsmanagements und Wissensmanagements in Ihrem Unternehmen?

	Basis	Eher sehr geringer Stellenwert				Eher sehr hoher Stellenwert	Summe	Durch-schnitt	Standard-abweichung	Bottom two	Top two
	=100%	1	2	3	4	5	Σ	Ø	s	B	T
Kundenmanagement	148	0,0%	8,1%	15,5%	42,6%	33,8%	100%	4,02	0,907	8,1%	76,4%
Qualitätsmanagement	148	2,0%	4,7%	11,5%	39,2%	42,6%	100%	4,16	0,946	6,7%	81,8%
Wissensmanagement	144	9,0%	21,5%	31,9%	23,6%	13,9%	100%	3,12	1,168	30,5%	37,5%

Tabelle A1b

Welchen strategischen Stellenwert hat das Beschwerdemanagement im Kontext des Kundenmanagements, Qualitätsmanagements und Wissensmanagements in Ihrem Unternehmen?

(1 = Eher sehr geringer Stellenwert / 5 = Eher sehr hoher Stellenwert)

	Gesamt			Banken			Versicherungen			Versorger			Automobil			Nahrung & Getränke		
	Basis	Durch-schnitt	Standard-abweichung	Basis	Durch-schnitt	Standard-abweichung	Basis	Durch-schnitt	Standard-abweichung	Basis	Durch-schnitt	Standard-abweichung	Basis	Durch-schnitt	Standard-abweichung	Basis	Durch-schnitt	Standard-abweichung
	=100%	Ø	s	=100%	Ø	s	=100%	Ø	s	=100%	Ø	s	=100%	Ø	s	=100%	Ø	s
Kundenmanagement	148	4,02	0,907	28	3,57	0,879	15	3,80	0,676	17	4,06	0,899	7	4,00	1,000	17	4,18	1,074
Qualitätsmanagement	148	4,16	0,946	28	4,21	0,876	15	4,07	0,594	17	3,94	1,144	7	3,43	1,397	17	4,41	0,712
Wissensmanagement	144	3,12	1,168	26	2,65	1,093	15	3,07	1,033	16	3,25	0,775	7	3,14	1,464	17	3,24	1,200

Tabelle A2a

Wie bedeutend sind die folgenden Aspekte als Ziele für Ihr Beschwerdemanagement?

	Basis	Eher sehr gering				Eher sehr groß	Summe	Durch-schnitt	Standard-abweichung	Bottom two	Top two
	=100%	1	2	3	4	5	Σ	Ø	s	B	T
Vermeidung von Kosten anderer Reaktionsformen unzufriedener Kunden (z.B. Abwanderung, Klage)	147	2,0%	5,4%	10,2%	37,4%	44,9%	100%	4,18	0,963	7,4%	82,3%
Herstellung von (Beschwerde-) Zufriedenheit	148	1,4%	1,4%	7,4%	31,1%	58,8%	100%	4,45	0,802	2,8%	89,9%
Nutzung der in Beschwerden enthaltenen Informationen für Qualitätsverbesserungen	149	1,3%	3,4%	17,4%	42,3%	35,6%	100%	4,07	0,886	4,7%	77,9%
Positive Beeinflussung der Mund-zu–Mund Kommunikation von Kunden	148	2,0%	9,5%	17,6%	41,9%	29,1%	100%	3,86	1,008	11,5%	71,0%
Verdeutlichung einer kundenorientierten Unternehmensstrategie	148	1,4%	6,8%	23,6%	37,2%	31,1%	100%	3,90	0,967	8,2%	68,3%
Erhöhung des Umsatzes	148	5,4%	24,3%	33,1%	18,9%	18,2%	100%	3,20	1,160	29,7%	37,1%
Reduzierung von Fehlerkosten	148	2,7%	11,5%	31,8%	32,4%	21,6%	100%	3,59	1,036	14,2%	54,0%

Tabelle A2b

Wie bedeutend sind die folgenden Aspekte als Ziele für Ihr Beschwerdemanagement?

(1 = Eher sehr geringe Bedeutung / 5 = Eher sehr große Bedeutung)

	Gesamt			Banken			Versicherungen			Versorger			Automobil			Nahrung & Getränke		
	Basis	Durch-schnitt	Standard-abweichung	Basis	Durch-schnitt	Standard-abweichung	Basis	Durch-schnitt	Standard-abweichung	Basis	Durch-schnitt	Standard-abweichung	Basis	Durch-schnitt	Standard-abweichung	Basis	Durch-schnitt	Standard-abweichung
	=100%	Ø	s	=100%	Ø	s	=100%	Ø	s	=100%	Ø	s	=100%	Ø	s	=100%	Ø	s
Vermeidung von Kosten anderer Reaktionsformen unzufriedener Kunden (z.B. Abwanderung, Klage)	147	4,18	0,963	27	4,22	1,013	15	4,07	1,163	18	3,78	1,166	7	4,29	0,951	17	4,35	0,702
Herstellung von (Beschwerde-) Zufriedenheit	148	4,45	0,802	27	4,37	0,884	15	4,67	0,617	18	4,28	1,179	7	4,43	0,787	17	4,47	0,800
Nutzung der in Beschwerden enthaltenen Informationen für Qualitätsverbesserungen	149	4,07	0,886	28	4,07	0,813	15	4,67	0,617	18	4,11	0,963	7	3,71	0,488	17	4,12	0,928
Positive Beeinflussung der Mund-zu–Mund Kommunikation von Kunden	148	3,86	1,008	27	3,74	0,903	15	4,13	1,060	18	3,78	1,166	7	4,14	1,069	17	4,06	0,748
Verdeutlichung einer kundenorientierten Unternehmensstrategie	148	3,90	0,967	27	3,67	1,038	15	4,13	0,915	18	3,67	1,029	7	3,71	0,951	17	3,88	1,166
Erhöhung des Umsatzes	148	3,20	1,160	27	3,33	1,000	15	3,53	1,356	18	2,67	1,138	7	3,86	1,215	17	2,71	1,160
Reduzierung von Fehlerkosten	148	3,59	1,036	27	3,70	0,993	15	3,87	1,246	18	3,50	1,043	7	3,29	1,113	17	3,71	0,849

B: Beschwerdestimulierung

Tabelle B1a

Bitte charakterisieren Sie die Ausrichtung der Beschwerdestimulierung in Ihrem Unternehmen.

	Basis	Nur Kunden mit schwerwiegenden Problemen sollen sich beschweren				Alle Kunden sollen sich auch über Kleinigkeiten beschweren	Summe	Durch-schnitt	Standard-abweichung	Bottom two	Top two
	=100%	1	2	3	4	5	Σ	Ø	s	B	T
Ausrichtung der Beschwerdestimulierung	148	5,4%	16,9%	18,2%	34,5%	25,0%	100%	3,57	1,190	22,3%	59,5%

Tabelle B1b

Bitte charaktersieren Sie die Ausrichtung der Beschwerdestimulierung in Ihrem Unternehmen.

(1= Nur Kunden mit schwerwiegenden Problemen sollen sich beschwerden / 5 = Alle Kunden sollen sich auch über Kleinigkeiten beschweren)

	Gesamt			Banken			Versicherungen			Versorger			Automobil			Nahrung & Getränke		
	Basis	Durch-schnitt	Standard-abweichung	Basis	Durch-schnitt	Standard-abweichung	Basis	Durch-schnitt	Standard-abweichung	Basis	Durch-schnitt	Standard-abweichung	Basis	Durch-schnitt	Standard-abweichung	Basis	Durch-schnitt	Standard-abweichung
	=100%	Ø	s	=100%	Ø	s	=100%	Ø	s	=100%	Ø	s	=100%	Ø	s	=100%	Ø	s
Ausrichtung der Beschwerdestimulierung	148	3,57	1,190	28	3,57	1,168	15	3,13	1,246	17	3,88	0,993	7	3,14	1,574	17	3,82	1,237

Tabelle B2a

Gemessen an allen Kunden, die unzufrieden sind: Wie hoch schätzen Sie den Teil der Kunden ein, der sich bei Ihrem Unternehmen beschwert?

	Basis	Weiß nicht/fehlend		Frage beantwortet		Durch-schnitt	Standard-abweichung	Quartile*		
	gesamt		%	=100%	%	Ø	s	25%	Median 50%	75%
Anteil der unzufriedenen Kunden, die sich auch beschweren	149	43	29%	106	71%	23,7%	22,904	8%	15%	30%

* Die Quartile sind diejenigen Punkte der Messwertskala, unterhalb denen 25%, 50%, 75% der Angaben der Teilnehmer (Messwerte) liegen.

Tabelle B2b

Gemessen an allen Kunden, die unzufrieden sind: Wie hoch schätzen Sie den Teil der Kunden ein, der sich bei Ihrem Unternehmen beschwert?

	Gesamt			**Banken**			**Versicherungen**			**Versorger**			**Automobil**			**Nahrung & Getränke**		
	Basis	Durch-schnitt	Standard-abweichung	Basis	Durch-schnitt	Standard-abweichung	Basis	Durch-schnitt	Standard-abweichung	Basis	Durch-schnitt	Standard-abweichung	Basis	Durch-schnitt	Standard-abweichung	Basis	Durch-schnitt	Standard-abweichung
	=100%	Ø	s	=100%	Ø	s	=100%	Ø	s	=100%	Ø	s	=100%	Ø	s	=100%	Ø	s
Anteil der unzufriedenen Kunden, die sich auch beschweren	148	24%	22,90	24	19%	13,8	8	18%	14,9	14	19%	20,8	4	21%	19,3	13	25%	28,0

Tabelle B3a

Für wie wichtig halten Sie die folgenden Beschwerdekanäle? Bitte geben Sie auch an, welche Beschwerdekanäle in Ihrem Unternehmen implementiert sind.

Wichtigkeit	Basis	Eher nicht wichtig				Eher sehr wichtig	Summe	Durch-schnitt	Standard-abweichung	Bottom two	Top two
	=100%	1	2	3	4	5	Σ	Ø	s	B	T
Persönliche Ansprechpartner am POS	141	7,8%	7,1%	9,2%	25,5%	50,4%	100%	4,04	1,262	14,9%	75,9%
Spezielle postalische Adresse für Beschwerden	144	11,8%	12,5%	18,8%	27,1%	29,9%	100%	3,51	1,348	24,3%	57,0%
Spezielle Faxnummer	141	14,2%	17,7%	26,2%	25,5%	16,3%	100%	3,12	1,284	31,9%	41,8%
Spezielle Telefonnummer (gebührenpflichtig)	138	19,6%	16,7%	18,1%	21,0%	24,6%	100%	3,14	1,463	36,3%	45,6%
Spezielle Telefonnummer (gebührenfrei)	134	17,9%	14,2%	24,6%	18,7%	24,6%	100%	3,18	1,419	32,1%	43,3%
Spezielle SMS Nummer	133	54,1%	27,1%	15,0%	3,8%	0,0%	100%	1,68	0,865	81,2%	3,8%
Spezielle E-Mail Adresse	145	6,2%	6,2%	14,5%	37,2%	35,9%	100%	3,90	1,145	12,4%	73,1%
Internet Formular	138	5,8%	12,3%	15,9%	31,2%	34,8%	100%	3,77	1,216	18,1%	66,0%
Comment Card / Meinungskarten am POS	136	19,9%	14,7%	31,6%	23,5%	10,3%	100%	2,90	1,261	34,6%	33,8%

Umsetzung	Basis	Kanal ist nicht eingerichtet	Kanal ist eingerichtet	Summe
	=100%			Σ
Persönliche Ansprechpartner am POS	138	34,8%	65,2%	100%
Spezielle postalische Adresse für Beschwerden	140	47,9%	52,1%	100%
Spezielle Faxnummer	144	59,7%	40,3%	100%
Spezielle Telefonnummer (gebührenpflichtig)	140	56,4%	43,6%	100%
Spezielle Telefonnummer (gebührenfrei)	143	75,5%	24,5%	100%
Spezielle SMS Nummer	141	95,7%	4,3%	100%
Spezielle E-Mail Adresse	143	38,5%	61,5%	100%
Internet Formular	143	48,3%	51,7%	100%
Comment Card / Meinungskarten am POS	139	71,2%	28,8%	100%

Tabelle B3b

Für wie wichtig halten Sie die folgenden Beschwerdekanäle? Bitte geben Sie auch an, welche Beschwerdekanäle in Ihrem Unternehmen implementiert sind.

	Gesamt			Banken			Versicherungen			Versorger			Automobil			Nahrung & Getränke		
Wichtigkeit (1 = Eher nicht wichtig / 5 = Eher sehr wichtig)	Basis	Durch-schnitt	Standard-abweichung	Basis	Durch-schnitt	Standard-abweichung	Basis	Durch-schnitt	Standard-abweichung	Basis	Durch-schnitt	Standard-abweichung	Basis	Durch-schnitt	Standard-abweichung	Basis	Durch-schnitt	Standard-abweichung
	=100%	Ø	s	=100%	Ø	s	=100%	Ø	s	=100%	Ø	s	=100%	Ø	s	=100%	Ø	s
Persönliche Ansprechpartner am POS	141	4,04	1,262	27	4,33	1,177	15	4,07	1,223	17	3,71	1,590	7	4,29	0,756	15	3,33	1,496
Spezielle postalische Adresse für Beschwerden	144	3,51	1,348	27	3,56	1,219	15	2,93	1,486	18	3,00	1,283	7	3,71	1,380	14	3,21	1,311
Spezielle Faxnummer	141	3,12	1,284	26	2,96	1,311	15	3,07	1,335	18	2,89	1,079	6	3,33	1,506	14	2,71	1,267
Spezielle Telefonnummer (gebührenpflichtig)	138	3,14	1,463	27	2,89	1,155	15	3,53	1,356	18	2,78	1,555	6	3,00	1,265	14	2,86	1,406
Spezielle Telefonnummer (gebührenfrei)	134	3,18	1,419	27	3,15	1,262	14	2,86	1,351	17	2,82	1,590	6	3,67	1,751	14	3,57	1,158
Spezielle SMS Nummer	133	1,68	0,865	27	1,48	0,643	15	1,67	0,900	18	1,94	0,998	6	1,17	0,408	13	1,69	0,855
Spezielle E-Mail Adresse	145	3,90	1,145	28	3,96	1,138	15	3,67	1,397	18	3,67	1,138	7	3,57	1,272	15	3,87	0,990
Internet Formular	138	3,77	1,216	28	3,96	1,036	15	3,40	1,404	17	4,00	1,323	6	3,17	1,602	14	3,50	1,345
Comment Card / Meinungskarten am POS	136	2,90	1,261	28	3,25	1,206	15	2,60	1,121	17	3,12	1,453	6	3,33	1,366	14	2,43	0,938

	Gesamt			Banken			Versicherungen			Versorger			Automobil			Nahrung & Getränke		
Umsetzung	Basis	Kanal ist nicht eingerichtet	Kanal ist eingerichtet	Basis	Kanal ist nicht eingerichtet	Kanal ist eingerichtet	Basis	Kanal ist nicht eingerichtet	Kanal ist eingerichtet	Basis	Kanal ist nicht eingerichtet	Kanal ist eingerichtet	Basis	Kanal ist nicht eingerichtet	Kanal ist eingerichtet	Basis	Kanal ist nicht eingerichtet	Kanal ist eingerichtet
	=100%			=100%			=100%			=100%			=100%			=100%		
Persönliche Ansprechpartner am POS	138	35%	65%	26	31%	69%	15	27%	73%	16	37%	63%	6	0%	100%	15	80%	20%
Spezielle postalische Adresse für Beschwerden	140	48%	52%	25	52%	48%	14	79%	21%	18	72%	28%	7	29%	71%	16	56%	44%
Spezielle Faxnummer	144	60%	40%	27	67%	33%	15	87%	13%	18	61%	39%	7	43%	57%	16	62%	38%
Spezielle Telefonnummer (gebührenpflichtig)	140	56%	44%	26	61%	39%	15	73%	27%	18	56%	44%	7	43%	57%	16	69%	31%
Spezielle Telefonnummer (gebührenfrei)	143	76%	25%	27	89%	11%	15	87%	13%	18	72%	28%	7	43%	57%	15	67%	33%
Spezielle SMS Nummer	141	96%	4%	27	100%	0%	15	100%	0%	18	88%	11%	5	100%	0%	15	100%	0%
Spezielle E-Mail Adresse	143	39%	62%	27	37%	63%	15	53%	47%	18	56%	44%	6	33%	67%	16	31%	69%
Internet Formular	143	48%	52%	26	46%	54%	15	67%	33%	17	23%	77%	7	43%	57%	16	62%	38%
Comment Card / Meinungskarten am POS	139	71%	29%	26	46%	54%	15	100%	0%	16	62%	38%	6	50%	50%	15	100%	0%

Tabelle B4a

Für wie wichtig halten Sie die folgenden Möglichkeiten der Beschwerdestimulierung? Bitte beurteilen Sie auch den Umsetzungsstatus dieser Aspekte in Ihrem Unternehmen.

Wichtigkeit	Basis	Eher nicht wichtig				Eher sehr wichtig	Summe	Durch-schnitt	Standard-abweichung	Bottom two	Top two
	=100%	1	2	3	4	5	Σ	Ø	s	B	T
Systematische Kommunikation der Beschwerdekanäle gegenüber gerade neu gewonnenen Kunden	146	8,2%	7,5%	21,2%	34,2%	28,8%	100%	3,68	1,203	15,7%	63,0%
Systematische Kommunikation der Beschwerdekanäle gegenüber Bestandskunden	147	6,1%	4,1%	19,7%	36,1%	34,0%	100%	3,88	1,116	10,2%	70,1%
Stimulierung der Artikulation von Beschwerden durch Incentives (z.B. Preisausschreiben, Telefonkarten,...)	147	32,7%	25,9%	23,8%	12,9%	4,8%	100%	2,31	1,192	58,6%	17,7%

Umsetzung	Basis	Nicht realisiert				Voll realisiert	Summe	Durch-schnitt	Standard-abweichung	Bottom two	Top two
	=100%	1	2	3	4	5	Σ	Ø	s	B	T
Systematische Kommunikation der Beschwerdekanäle gegenüber gerade neu gewonnenen Kunden	147	31,3%	21,1%	17,7%	17,7%	12,2%	100%	2,59	1,404	52,4%	29,9%
Systematische Kommunikation der Beschwerdekanäle gegenüber Bestandskunden	147	23,1%	16,3%	24,5%	23,1%	12,9%	100%	2,86	1,353	39,4%	36,0%
Stimulierung der Artikulation von Beschwerden durch Incentives (z.B. Preisausschreiben, Telefonkarten,...)	144	71,5%	15,3%	7,6%	3,5%	2,1%	100%	1,49	0,931	86,8%	5,6%

Tabelle B4b

Für wie wichtig halten Sie die folgenden Möglichkeiten der Beschwerdestimulierung? Bitte beurteilen Sie auch den Umsetzungsgrad dieser Aspekte in Ihrem Unternehmen.

	Gesamt			Banken			Versicherungen			Versorger			Automobil			Nahrung & Getränke		
Wichtigkeit (1 = Eher nicht wichtig / 5 = Eher sehr wichtig)	Basis	Durch-schnitt	Standard-abweichung	Basis	Durch-schnitt	Standard-abweichung	Basis	Durch-schnitt	Standard-abweichung	Basis	Durch-schnitt	Standard-abweichung	Basis	Durch-schnitt	Standard-abweichung	Basis	Durch-schnitt	Standard-abweichung
	=100%	Ø	s	=100%	Ø	s	=100%	Ø	s	=100%	Ø	s	=100%	Ø	s	=100%	Ø	s
Systematische Kommunikation der Beschwerdekanäle gegenüber gerade neu gewonnenen Kunden	146	3,68	1,203	28	3,64	1,129	15	3,73	1,100	18	3,17	1,339	7	3,43	1,618	16	3,44	1,413
Systematische Kommunikation der Beschwerdekanäle gegenüber Bestandskunden	147	3,88	1,116	28	3,96	0,962	15	3,93	1,100	18	3,44	1,381	7	3,57	1,512	16	3,63	1,455
Stimulierung der Artikulation von Beschwerden durch Incentives (z.B. Preisausschreiben, Telefonkarten,...)	147	2,31	1,192	28	2,11	1,066	15	2,53	1,506	18	2,22	1,114	7	2,14	1,464	16	1,94	1,124

	Gesamt			Banken			Versicherungen			Versorger			Automobil			Nahrung & Getränke		
Umsetzung (1 = Nicht realisiert / 5 = Voll realisiert)	Basis	Durch-schnitt	Standard-abweichung	Basis	Durch-schnitt	Standard-abweichung	Basis	Durch-schnitt	Standard-abweichung	Basis	Durch-schnitt	Standard-abweichung	Basis	Durch-schnitt	Standard-abweichung	Basis	Durch-schnitt	Standard-abweichung
	=100%	Ø	s	=100%	Ø	s	=100%	Ø	s	=100%	Ø	s	=100%	Ø	s	=100%	Ø	s
Systematische Kommunikation der Beschwerdekanäle gegenüber gerade neu gewonnenen Kunden	147	2,59	1,404	28	2,25	1,206	15	2,33	1,234	18	1,61	0,916	7	2,71	1,496	16	2,81	1,642
Systematische Kommunikation der Beschwerdekanäle gegenüber Bestandskunden	147	2,86	1,353	28	2,43	1,103	15	2,27	1,163	18	2,39	1,335	7	3,00	1,155	16	3,00	1,592
Stimulierung der Artikulation von Beschwerden durch Incentives (z.B. Preisausschreiben, Telefonkarten,...)	144	1,49	0,931	28	1,21	0,568	15	1,87	1,356	18	1,17	0,383	7	1,43	0,787	15	1,60	1,183

Tabelle C1a

Gemessen an allen erfassten Beschwerden: Wie verteilen sich diese in Ihrem Unternehmen auf die folgenden Kategorien?

	Basis	Durch-schnitt	Standard-abweichung	Quartile* 25%	Median 50%	75%
	=100%	Ø	s	25%	50%	75%
Beschwerde mit objektivem Beschwerdegrund	126	49,8%	24,08	30%	55%	75%
Beschwerde mit nachvollziehbarem subjektivem Beschwerdegrund		37,7%	20,99	20%	35%	50%
Beschwerde ohne nachvollziehbaren Beschwerdegrund (Nörgler, Querulant, Betrüger)		12,4%	14,49	5%	10%	15%

* Die Quartile sind diejenigen Punkte der Messwertskala, unterhalb denen 25%, 50%, 75% der Angaben der Teilnehmer (Messwerte) liegen.

Tabelle C1b

Gemessen an allen erfassten Beschwerden: Wie verteilen sich diese in Ihrem Unternehmen auf die folgenden Kategorien?

	Gesamt			Banken			Versicherungen			Versorger			Automobil			Nahrung & Getränke		
	Basis	Durch-schnitt	Standard-abweichung	Basis	Durch-schnitt	Standard-abweichung	Basis	Durch-schnitt	Standard-abweichung	Basis	Durch-schnitt	Standard-abweichung	Basis	Durch-schnitt	Standard-abweichung	Basis	Durch-schnitt	Standard-abweichung
	=100%	Ø	s	=100%	Ø	s	=100%	Ø	s	=100%	Ø	s	=100%	Ø	s	=100%	Ø	s
Beschwerde mit objektivem Beschwerdegrund	126	50%	24,08	23	45%	21,814	12	40%	20,878	14	51%	29,899	6	70%	13,784	15	44%	23,335
Beschwerde mit nachvollziehbarem subjektivem Beschwerdegrund		38%	20,99		44%	20,700		49%	22,700		38%	24,116		22%	15,706		37%	20,890
Beschwerde ohne nachvollziehbaren Beschwerdegrund (Nörgler, Querulant, Betrüger)		12%	14,49		11%	11,975		11%	15,329		11%	16,137		8%	6,831		19%	16,769

Tabelle C2a

Für wie wichtig halten Sie die folgenden Aspekte der Beschwerdeannahme? Bitte beurteilen Sie auch den Umsetzungsstatus dieser Aspekte in Ihrem Unternehmen.

Wichtigkeit	Basis	Eher nicht wichtig				Eher sehr wichtig	Summe	Durchschnitt	Standardabweichung	Bottom two	Top two
	=100%	1	2	3	4	5	Σ	Ø	s	B	T
Klar definierte Verhaltensregeln für Mitarbeiter im Umgang mit Beschwerdeführern	148	0,0%	0,7%	2,7%	27,0%	69,6%	100%	4,66	0,568	0,7%	96,6%
Eindeutige Zuweisung von Verantwortung für eine angenommene Beschwerde	147	0,7%	0,7%	2,7%	17,0%	78,9%	100%	4,73	0,614	1,4%	95,9%
Unterstützung der Beschwerdeannahme durch eine Beschwerdemanagementsoftware	148	4,7%	5,4%	10,8%	33,1%	45,9%	100%	4,10	1,099	10,1%	79,0%
Bereitstellung von Kapazitäten in einem Call-Center zur zentralen Annahme von telefonischen Beschwerden	147	10,9%	9,5%	12,2%	22,4%	44,9%	100%	3,81	1,382	20,4%	67,3%

Umsetzung	Basis	Nicht realisiert				Voll realisiert	Summe	Durchschnitt	Standardabweichung	Bottom two	Top two
	=100%	1	2	3	4	5	Σ	Ø	s	B	T
Klar definierte Verhaltensregeln für Mitarbeiter im Umgang mit Beschwerdeführern	149	0,7%	10,7%	16,1%	35,6%	36,9%	100%	3,97	1,013	11,4%	72,5%
Eindeutige Zuweisung von Verantwortung für eine angenommene Beschwerde	148	1,4%	6,8%	14,9%	32,4%	44,6%	100%	4,12	0,989	8,2%	77,0%
Unterstützung der Beschwerdeannahme durch eine Beschwerdemanagementsoftware	148	20,3%	12,2%	14,2%	18,2%	35,1%	100%	3,36	1,552	32,5%	53,3%
Bereitstellung von Kapazitäten in einem Call-Center zur zentralen Annahme von telefonischen Beschwerden	147	26,5%	8,8%	10,9%	12,2%	41,5%	100%	3,33	1,685	35,3%	53,7%

Tabelle C2b

Für wie wichtig halten Sie die folgenden Aspekte der Beschwerdeannahme? Bitte beurteilen Sie auch den Umsetzungsstatus dieser Aspekte in Ihrem Unternehmen.

Wichtigkeit (1 = Eher nicht wichtig / 5 = Eher sehr wichtig)	**Gesamt**			**Banken**			**Versicherungen**			**Versorger**			**Automobil**			**Nahrung & Getränke**		
	Basis	Durch-schnitt	Standard-abweichung	Basis	Durch-schnitt	Standard-abweichung	Basis	Durch-schnitt	Standard-abweichung	Basis	Durch-schnitt	Standard-abweichung	Basis	Durch-schnitt	Standard-abweichung	Basis	Durch-schnitt	Standard-abweichung
	=100%	Ø	s	=100%	Ø	s	=100%	Ø	s	=100%	Ø	s	=100%	Ø	s	=100%	Ø	s
Klar definierte Verhaltensregeln für Mitarbeiter im Umgang mit Beschwerdeführern	148	4,66	0,568	27	4,67	0,480	15	4,47	0,834	18	4,78	0,428	7	4,71	0,488	17	4,76	0,437
Eindeutige Zuweisung von Verantwortung für eine angenommene Beschwerde	147	4,73	0,614	27	4,81	0,483	15	4,87	0,352	18	4,61	0,979	7	4,43	0,787	16	4,75	0,577
Unterstützung der Beschwerdeannahme durch eine Beschwerdemanagementsoftware	148	4,10	1,099	27	3,81	0,879	15	3,93	1,438	18	4,28	0,826	7	3,86	1,345	17	3,94	1,345
Bereitstellung von Kapazitäten in einem Call-Center zur zentralen Annahme von telefonischen Beschwerden	147	3,81	1,382	27	3,81	1,145	15	4,13	1,246	18	3,33	1,495	7	3,86	1,464	16	3,25	1,612

Tabelle C2b - Fortsetzung

Umsetzung (1 = Nicht realisiert / 5 = Voll realisiert)	Gesamt			Banken			Versicherungen			Versorger			Automobil			Nahrung & Getränke		
	Basis	Durch-schnitt	Standard-abweichung	Basis	Durch-schnitt	Standard-abweichung	Basis	Durch-schnitt	Standard-abweichung	Basis	Durch-schnitt	Standard-abweichung	Basis	Durch-schnitt	Standard-abweichung	Basis	Durch-schnitt	Standard-abweichung
	=100%	Ø	s	=100%	Ø	s	=100%	Ø	s	=100%	Ø	s	=100%	Ø	s	=100%	Ø	s
Klar definierte Verhaltensregeln für Mitarbeiter im Umgang mit Beschwerdeführern	149	3,97	1,013	28	4,07	1,120	15	3,87	0,990	18	3,94	1,110	7	4,14	0,690	17	4,12	0,993
Eindeutige Zuweisung von Verantwortung für eine angenommene Beschwerde	148	4,12	0,989	27	4,22	0,801	15	4,40	0,828	18	3,78	1,215	7	4,00	1,000	17	4,18	0,951
Unterstützung der Beschwerdeannahme durch eine Beschwerdemanagement-software	148	3,36	1,552	27	3,56	1,423	15	2,73	1,438	18	3,17	1,618	7	3,86	1,345	17	3,47	1,625
Bereitstellung von Kapazitäten in einem Call-Center zur zentralen Annahme von telefonischen Beschwerden	147	3,33	1,685	27	3,30	1,589	15	3,67	1,676	18	2,72	1,742	7	4,14	1,574	16	2,63	1,857

Tabelle C3a

Für wie wichtig halten Sie die systematische Erfassung der folgenden Daten über den Beschwerdevorgang? Bitte geben Sie auch an, ob in Ihrem Unternehmen diese Daten erfasst werden.

Wichtigkeit	Basis	Eher nicht wichtig				Eher sehr wichtig	Summe	Durchschnitt	Standardabweichung	Bottom two	Top two
	=100%	1	2	3	4	5	Σ	Ø	s	B	T
Umstände & Hintergründe des Beschwerdevorfalls	149	0,0%	0,0%	4,7%	25,5%	69,8%	100%	4,65	0,569	0,0%	95,3%
Erst- oder Folgebeschwerde	149	0,7%	3,4%	11,4%	29,5%	55,0%	100%	4,35	0,862	4,1%	84,5%
Vom Kunden gewünschte Lösung/Reaktion	149	0,7%	3,4%	16,1%	33,6%	46,3%	100%	4,21	0,882	4,1%	79,9%
Gewährleistungs-/Kulanz-Fall	148	2,0%	6,1%	12,8%	35,8%	43,2%	100%	4,12	0,989	8,1%	79,0%

Umsetzung	Basis	Daten werden nicht erfasst	Daten werden erfasst	Summe
	=100%			Σ
Umstände & Hintergründe des Beschwerdevorfalls	149	12,1%	87,9%	100%
Erst- oder Folgebeschwerde	149	26,2%	73,8%	100%
Vom Kunden gewünschte Lösung/Reaktion	148	29,7%	70,3%	100%
Gewährleistungs-/Kulanz-Fall	149	22,1%	77,9%	100%

Tabelle C3b

Für wie wichtig halten Sie die systematische Erfassung der folgenden Daten über den Beschwerdevorgang? Bitte geben Sie auch an, ob in Ihrem Unternehmen diese Daten erfasst werden.

Wichtigkeit (1 = Eher nicht wichtig / 5 = Eher sehr wichtig)	Gesamt			Banken			Versicherungen			Versorger			Automobil			Nahrung & Getränke		
	Basis	Durch-schnitt	Standard-abweichung	Basis	Durch-schnitt	Standard-abweichung	Basis	Durch-schnitt	Standard-abweichung	Basis	Durch-schnitt	Standard-abweichung	Basis	Durch-schnitt	Standard-abweichung	Basis	Durch-schnitt	Standard-abweichung
	=100%	Ø	s	=100%	Ø	s	=100%	Ø	s	=100%	Ø	s	=100%	Ø	s	=100%	Ø	s
Umstände & Hintergründe des Beschwerdevorfalls	149	4,65	0,569	28	4,64	0,488	15	4,87	0,352	18	4,72	0,461	7	4,57	0,787	17	4,71	0,588
Erst- oder Folgebeschwerde	149	4,35	0,862	28	4,18	0,863	15	4,40	0,737	18	4,39	0,608	7	4,14	1,215	17	4,29	1,160
Vom Kunden gewünschte Lösung/Reaktion	149	4,21	0,882	28	4,07	0,813	15	3,80	1,146	18	4,28	0,826	7	4,29	0,756	17	4,24	1,033
Gewährleistungs-/Kulanz-Fall	148	4,12	0,989	28	3,86	0,932	15	3,60	1,404	18	4,00	0,840	7	4,71	0,488	17	4,24	0,970

Umsetzung	Gesamt			Banken			Versicherungen			Versorger			Automobil			Nahrung & Getränke		
	Basis	Daten werden nicht erfasst	Daten werden erfasst	Basis	Daten werden nicht erfasst	Daten werden erfasst	Basis	Daten werden nicht erfasst	Daten werden erfasst	Basis	Daten werden nicht erfasst	Daten werden erfasst	Basis	Daten werden nicht erfasst	Daten werden erfasst	Basis	Daten werden nicht erfasst	Daten werden erfasst
	=100%			=100%			=100%			=100%			=100%			=100%		
Umstände & Hintergründe des Beschwerdevorfalls	149	12%	88%	28	7%	93%	15	20%	80%	18	17%	83%	7	14%	86%	17	12%	88%
Erst- oder Folgebeschwerde	149	26%	74%	28	18%	82%	15	40%	60%	18	22%	78%	7	14%	86%	17	35%	65%
Vom Kunden gewünschte Lösung/Reaktion	148	30%	70%	28	29%	71%	15	67%	33%	18	22%	78%	7	14%	86%	16	25%	75%
Gewährleistungs-/Kulanz-Fall	149	22%	78%	28	11%	89%	15	40%	60%	18	22%	78%	7	0%	100%	17	18%	82%

Tabelle C4a

Wie klassifizieren Sie das zugrunde liegende Problem von Kundenbeschwerden? Falls Sie eine Klassifizierung vornehmen, wird diese durch eine Beschwerdemanagementsoftware unterstützt?

	Basis	Probleme werden anhand eines Merkmals klassifiziert	Probleme werden differenziert mittels eines Kategorienschemas klassifziert	Probleme werden nicht klassifiziert	Andere	Summe
	=100%					Σ
Klassifizierung	147	17,7%	68,0%	13,6%	0,7%	100%

	Basis	Ja	Nein	Summe
	=100%			Σ
Unterstützung der Klassifizierung durch Beschwerde-managementsoftware	133	76,7%	23,3%	100%

Tabelle C4b

Wie klassifizieren Sie das zugrunde liegende Problem von Kundenbeschwerden? Falls Sie eine Klassifizierung vornehmen, wird diese durch eine Beschwerdemanagementsoftware unterstützt?

Klassifizierung	**Gesamt**	**Banken**	**Versicherungen**	**Versorger**	**Automobil**	**Nahrung & Getränke**
Basis (=100%)	147	28	15	18	7	16
Probleme werden anhand eines Merkmals klassifiziert	17,7%	3,6%	6,7%	11,1%	42,9%	25,0%
Probleme werden differenziert mittels eines Kategorienschemas klassifiziert	68,0%	96,4%	80,0%	61,1%	42,9%	68,8%
Probleme werden nicht klassifiziert	13,6%	0,0%	13,3%	27,8%	14,2%	6,2%
Andere	0,7%	0,0%	0,0%	0,0%	0,0%	0,0%

Beschwerdemanagementsoftware	**Gesamt**	**Banken**	**Versicherungen**	**Versorger**	**Automobil**	**Nahrung & Getränke**
Basis (=100%)	133	26	14	14	7	17
Ja	76,7%	88,5%	78,6%	85,7%	71,4%	86,7%
Nein	23,3%	11,5%	21,4%	14,3%	28,6%	13,3%

Tabelle C5a

Für wie wichtig halten Sie die systematische Erfassung der folgenden Daten über den Kunden bei der Beschwerdeannahme? Bitte geben Sie auch an, ob in Ihrem Unternehmen diese Daten erfasst werden.

Wichtigkeit	Basis	Eher nicht wichtig				Eher sehr wichtig	Summe	Durch-schnitt	Standard-abweichung	Bottom two	Top two
	=100%	1	2	3	4	5	Σ	Ø	s	B	T
Name des Kunden	148	1,4%	2,0%	2,0%	12,8%	81,8%	100%	4,72	0,729	3,4%	94,6%
Ausmaß der Verärgerung	149	2,0%	8,1%	18,8%	34,9%	36,2%	100%	3,95	1,029	10,1%	71,1%
Weitere Handlungsabsicht des Kunden	145	2,1%	6,2%	14,5%	39,3%	37,9%	100%	4,05	0,981	8,3%	77,2%

Umsetzung	Basis	Daten werden nicht erfasst	Daten werden erfasst	Summe
	=100%			Σ
Name des Kunden	148	8,1%	91,9%	100%
Ausmaß der Verärgerung	146	43,8%	56,2%	100%
Weitere Handlungsabsicht des Kunden	146	47,9%	52,1%	100%

Tabelle C5b

Für wie wichtig halten Sie die systematische Erfassung der folgenden Daten über den Kunden bei der Beschwerdeannahme? Bitte geben Sie auch an, ob in Ihrem Unternehmen diese Daten erfasst werden.

	Gesamt			Banken			Versicherungen			Versorger			Automobil			Nahrung & Getränke		
Wichtigkeit (1 = Eher nicht wichtig / 5 = Eher sehr wichtig)	Basis	Durch-schnitt	Standard-abweichung	Basis	Durch-schnitt	Standard-abweichung	Basis	Durch-schnitt	Standard-abweichung	Basis	Durch-schnitt	Standard-abweichung	Basis	Durch-schnitt	Standard-abweichung	Basis	Durch-schnitt	Standard-abweichung
	=100%	Ø	s	=100%	Ø	s	=100%	Ø	s	=100%	Ø	s	=100%	Ø	s	=100%	Ø	s
Name des Kunden	148	4,72	0,729	28	4,75	0,518	15	4,07	1,387	18	4,89	0,323	7	4,86	0,378	17	5,00	0,000
Ausmaß der Verärgerung	149	3,95	1,029	28	3,68	1,156	15	4,13	1,125	18	4,28	0,669	7	4,29	0,756	17	4,00	0,935
Weitere Handlungsabsicht	145	4,05	0,981	28	3,89	0,994	15	3,80	1,320	18	4,22	0,732	7	4,43	0,787	17	4,29	0,849

	Gesamt			Banken			Versicherungen			Versorger			Automobil			Nahrung & Getränke		
Umsetzung	Basis	Daten werden nicht erfasst	Daten werden erfasst	Basis	Daten werden nicht erfasst	Daten werden erfasst	Basis	Daten werden nicht erfasst	Daten werden erfasst	Basis	Daten werden nicht erfasst	Daten werden erfasst	Basis	Daten werden nicht erfasst	Daten werden erfasst	Basis	Daten werden nicht erfasst	Daten werden erfasst
	=100%			=100%			=100%			=100%			=100%			=100%		
Name des Kunden	148	8%	92%	28	0%	100%	28	27%	73%	18	6%	94%	6	0%	100%	17	6%	94%
Ausmaß der Verärgerung	146	44%	56%	28	43%	57%	28	47%	53%	18	28%	72%	6	67%	33%	17	65%	35%
Weitere Handlungsabsicht	146	48%	52%	28	39%	61%	28	67%	33%	18	50%	50%	6	33%	67%	16	41%	59%

Tabelle C6a

Für wie wichtig halten Sie die systematische Erfassung der folgenden Bearbeitungsinformationen bei der Beschwerdeannahme? Bitte geben Sie auch an, ob in Ihrem Unternehmen diese Daten erfasst werden.

Wichtigkeit	Basis	Eher nicht wichtig				Eher sehr wichtig	Summe	Durch-schnitt	Standard-abweichung	Bottom two	Top two
	=100%	1	2	3	4	5	Σ	Ø	s	B	T
Zeitpunkt der Annahme	149	2,7%	3,4%	8,1%	31,5%	54,4%	100%	4,32	0,952	6,1%	85,9%
Beschwerdekanal	148	2,0%	6,8%	21,6%	33,8%	35,8%	100%	3,95	1,015	8,8%	69,6%
Adressat der Beschwerde	148	2,7%	4,7%	12,2%	36,5%	43,9%	100%	4,14	0,990	7,4%	80,4%
Annehmender Mitarbeiter	148	3,4%	9,5%	20,9%	31,1%	35,1%	100%	3,85	1,109	12,9%	66,2%
Art der Reaktion	145	0,7%	3,4%	9,0%	35,2%	51,7%	100%	4,34	0,835	4,1%	86,9%

Umsetzung	Basis	Daten werden nicht erfasst	Daten werden erfasst	Summe
	=100%			Σ
Zeitpunkt der Annahme	148	8,1%	91,9%	100%
Beschwerdekanal	148	18,2%	81,8%	100%
Adressat der Beschwerde	148	16,2%	83,8%	100%
Annehmender Mitarbeiter	149	24,8%	75,2%	100%
Art der Reaktion	146	20,5%	79,5%	100%

Tabelle C6b

Für wie wichtig halten Sie die systematische Erfassung der folgenden Bearbeitungsinformationen bei der Beschwerdeannahme? Bitte geben Sie auch an, ob in Ihrem Unternehmen diese Daten erfasst werden.

Wichtigkeit (1 = Eher nicht wichtig / 5 = Eher sehr wichtig)	Gesamt			Banken			Versicherungen			Versorger			Automobil			Nahrung & Getränke		
	Basis	Durch-schnitt	Standard-abweichung	Basis	Durch-schnitt	Standard-abweichung	Basis	Durch-schnitt	Standard-abweichung	Basis	Durch-schnitt	Standard-abweichung	Basis	Durch-schnitt	Standard-abweichung	Basis	Durch-schnitt	Standard-abweichung
	=100%	Ø	s	=100%	Ø	s	=100%	Ø	s	=100%	Ø	s	=100%	Ø	s	=100%	Ø	s
Zeitpunkt der Annahme	149	4,32	0,952	28	4,14	1,044	15	4,20	1,082	18	4,56	0,511	7	3,86	1,464	17	4,41	1,176
Beschwerdekanal	148	3,95	1,015	28	3,82	0,945	15	4,27	0,884	18	3,83	0,985	7	3,86	1,464	17	3,59	1,278
Adressat der Beschwerde	148	4,14	0,990	28	3,75	0,967	15	4,33	0,976	18	4,11	0,900	7	4,57	0,535	17	4,24	1,348
Annehmender Mitarbeiter	148	3,85	1,109	28	3,64	1,062	15	3,13	1,407	18	3,94	1,211	7	3,43	1,512	17	4,00	1,118
Art der Reaktion	145	4,34	0,835	27	4,04	1,126	14	4,43	0,514	18	4,39	0,916	7	4,57	0,535	17	4,41	0,795

Umsetzung	Gesamt			Banken			Versicherungen			Versorger			Automobil			Nahrung & Getränke		
	Basis	Daten werden nicht erfasst	Daten werden erfasst	Basis	Daten werden nicht erfasst	Daten werden erfasst	Basis	Daten werden nicht erfasst	Daten werden erfasst	Basis	Daten werden nicht erfasst	Daten werden erfasst	Basis	Daten werden nicht erfasst	Daten werden erfasst	Basis	Daten werden nicht erfasst	Daten werden erfasst
	=100%			=100%			=100%			=100%			=100%			=100%		
Zeitpunkt der Annahme	148	8%	92%	28	4%	96%	14	21%	79%	18	6%	94%	7	14%	86%	17	6%	94%
Beschwerdekanal	148	18%	82%	28	11%	89%	15	20%	80%	18	17%	83%	7	14%	86%	17	18%	82%
Adressat der Beschwerde	148	16%	84%	28	4%	96%	15	20%	80%	18	28%	72%	7	0%	100%	16	18%	82%
Annehmender Mitarbeiter	149	25%	75%	28	29%	71%	15	53%	47%	18	17%	83%	7	14%	86%	17	24%	76%
Art der Reaktion	146	21%	80%	27	15%	85%	14	29%	71%	18	17%	83%	7	14%	86%	16	12%	88%

Tabelle C7a

In welcher Art von Datenbank werden die Informationen der Beschwerdevorgänge im Unternehmen gespeichert? (Mehrfachnennungen möglich)

	Basis =100%	Speicherung in einer unternehmensweiten zentralen Datenbank	Speicherung in verschiedenen dezentralen Datenbanken je nach Beschwerdekanal	Speicherung in verschiedenen dezentralen Datenbanken je nach Ort des Beschwerdeeingangs	Andere
Datenbank	149	62,4%	14,8%	14,1%	21,5%

Tabelle C7b

In welcher Art von Datenbank werden die Informationen der Beschwerdevorgänge im Unternehmen gespeichert? (Mehrfachnennungen möglich)

	Gesamt	Banken	Versicherungen	Versorger	Automobil	Nahrung & Getränke
Basis (=100%)	149	28	15	18	7	17
Speicherung in einer unternehmensweiten zentralen Datenbank	62,4%	64,3%	66,7%	61,1%	71,4%	70,6%
Speicherung in verschiedenen dezentralen Datenbanken je nach Beschwerdekanal	14,8%	7,1%	6,7%	5,6%	0,0%	23,5%
Speicherung in verschiedenen dezentralen Datenbanken je nach Ort des Beschwerdeeingangs	14,1%	7,1%	33,3%	16,7%	14,3%	11,8%
Andere	21,5%	28,6%	20,0%	22,2%	14,3%	17,6%

Tabelle C8a

Gemessen an allen eingehenden Beschwerden: Wie verteilt sich Ihr Beschwerdeaufkommen auf die folgenden Kontaktarten?

	Basis	Weiß nicht/fehlend		Frage beantwortet		Durchschnitt	Standard-abweichung	Quartile*		
	gesamt		%	=100%	%	Ø	s	25%	Median 50%	75%
Persönliche Beschwerde im direkten Kundenkontakt	149	24	16%	125	84%	15,0%	21,96	1%	5%	75%
Telefonische Beschwerde						40,5%	26,85	20%	38%	61%
Schriftliche Beschwerden (Brief, Fax, Mail, …)						44,5%	26,56	20%	40%	70%

* Die Quartile sind diejenigen Punkte der Messwertskala, unterhalb denen 25%, 50%, 75% der Angaben der Teilnehmer (Messwerte) liegen.

Tabelle C8b

Gemessen an allen eingehenden Beschwerden: Wie verteilt sich Ihr Beschwerdeaufkommen auf die folgenden Kontaktarten?

	Gesamt			Banken			Versicherungen			Versorger			Automobil			Nahrung & Getränke		
	Basis	Durch-schnitt	Standard-abweichung	Basis	Durch-schnitt	Standard-abweichung	Basis	Durch-schnitt	Standard-abweichung	Basis	Durch-schnitt	Standard-abweichung	Basis	Durch-schnitt	Standard-abweichung	Basis	Durch-schnitt	Standard-abweichung
	=100%	Ø	s	=100%	Ø	s	=100%	Ø	s	=100%	Ø	s	=100%	Ø	s	=100%	Ø	s
Persönliche Beschwerde im direkten Kundenkontakt	125	15%	21,96	25	22%	22,930	9	5%	7,158	17	6%	4,994	7	17%	25,662	15	7%	12,556
Telefonische Beschwerde		41%	26,85		32%	19,894		58%	27,448		55%	24,535		33%	23,598		37%	30,414
Schriftl. Beschwerden (Brief, Fax, Mail,...)		45%	26,56		46%	22,863		37%	27,520		39%	25,882		50%	19,980		56%	32,293

Tabelle C9a

Gemessen an allen schriftlichen Beschwerden: Wie verteilen sich diese auf die folgenden Beschwerdekanäle?

	Basis	Weiß nicht/fehlend		Frage beantwortet		Durchschnitt	Standard-abweichung	Quartile*		
	gesamt		%	=100%	%	Ø	s	25%	Median 50%	75%
Brief	149	20	13%	129	87%	51,8%	29,47	20%	51%	80%
Fax						17,4%	19,77	5%	10%	20%
SMS						0,0%	0,00	0%	0%	0%
E-Mail						18,90%	23,42	5%	10%	27%
Internet-Formular						8,80%	17,90	0%	0%	10%
Meinungskarten						3,10%	8,31	0%	0%	1%

* Die Quartile sind diejenigen Punkte der Messwertskala, unterhalb denen 25%, 50%, 75% der Angaben der Teilnehmer (Messwerte) liegen.

Tabelle C9b

Gemessen an allen schriftlichen Beschwerden: Wie verteilen sich diese auf die folgenden Beschwerdekanäle?

	Gesamt			Banken			Versicherungen		
	Basis	Durch-schnitt	Standard-abweichung	Basis	Durch-schnitt	Standard-abweichung	Basis	Durch-schnitt	Standard-abweichung
	=100%	Ø	s	=100%	Ø	s	=100%	Ø	s
Brief	129	52%	29,47	26	63%	24,258	12	85%	12,059
Fax		17%	19,77		14%	15,010		11%	8,655
SMS		0%	0,00		0%	0,000		0%	0,000
E-Mail		19%	23,42		9%	8,681		4%	4,000
Internet-Formular		9%	17,90		5%	11,561		0%	0,577
Meinungskarten		3%	8,31		9%	15,340		0%	0,000

	Versorger			Automobil			Nahrung & Getränke		
	Basis	Durch-schnitt	Standard-abweichung	Basis	Durch-schnitt	Standard-abweichung	Basis	Durch-schnitt	Standard-abweichung
	=100%	Ø	s	=100%	Ø	s	=100%	Ø	s
Brief	16	66%	22,493	7	45%	17,801	14	28%	27,861
Fax		17%	15,207		17%	12,379		17%	24,378
SMS		0%	0,000		0%	0,000		0%	0,000
E-Mail		9%	7,774		33%	26,440		38%	32,398
Internet-Formular		6%	6,994		5%	8,883		17%	29,544
Meinungskarten		2%	3,222		1%	1,879		0%	0,000

Tabelle C10a

Gemessen an allen erfassten Beschwerden: Welcher Anteil wird direkt an die Geschäftsleitung adressiert?

	Basis	Weiß nicht/fehlend		Frage beantwortet		Durchschnitt	Standard-abweichung	Quartile*		
	gesamt		%	=100%	%	Ø	s	25%	Median 50%	75%
Adressat Geschäftsleitung	149	26	17%	123	83%	14,18%	20,83	2%	5%	15%

* Die Quartile sind diejenigen Punkte der Messwertskala, unterhalb denen 25%, 50%, 75% der Angaben der Teilnehmer (Messwerte) liegen.

Tabelle C10b

Gemessen an allen eingehenden Beschwerden: Welcher Anteil wird direkt an die Geschäftsleitung adressiert?

	Gesamt			Banken			Versicherungen			Versorger			Automobil			Nahrung & Getränke		
	Basis	Durch-schnitt	Standard-abweichung	Basis	Durch-schnitt	Standard-abweichung	Basis	Durch-schnitt	Standard-abweichung	Basis	Durch-schnitt	Standard-abweichung	Basis	Durch-schnitt	Standard-abweichung	Basis	Durch-schnitt	Standard-abweichung
	=100%	Ø	s	=100%	Ø	s	=100%	Ø	s	=100%	Ø	s	=100%	Ø	s	=100%	Ø	s
Adressat Geschäftsleitung	123	14%	20,83	23	26%	27,248	10	20%	29,300	16	12%	13,183	5	6%	4,119	15	21%	25,584

Tabelle C11a

Gemessen an allen direkt persönlich vorgebrachten Beschwerden: Welcher Anteil wird Ihrer Schätzung nach auch in einer Datenbank erfasst?

	Basis	Weiß nicht/fehlend		Frage beantwortet		Durchschnitt	Standard-abweichung	Quartile*		
	gesamt		%	=100%	%	Ø	s	25%	Median 50%	75%
Erfassung in Datenbank	149	43	29%	106	71%	37,30%	39,00	0%	15%	80%

* Die Quartile sind diejenigen Punkte der Messwertskala, unterhalb denen 25%, 50%, 75% der Angaben der Teilnehmer (Messwerte) liegen.

Tabelle C11b

Gemessen an allen direkt persönlich vorgebrachten Beschwerden: Welcher Anteil wird Ihrer Schätzung nach auch in einer Datenbank erfasst?

	Gesamt			**Banken**			**Versicherungen**			**Versorger**			**Automobil**			**Nahrung & Getränke**		
	Basis	Durch-schnitt	Standard-abweichung	Basis	Durch-schnitt	Standard-abweichung	Basis	Durch-schnitt	Standard-abweichung	Basis	Durch-schnitt	Standard-abweichung	Basis	Durch-schnitt	Standard-abweichung	Basis	Durch-schnitt	Standard-abweichung
	=100%	Ø	s	=100%	Ø	s	=100%	Ø	s	=100%	Ø	s	=100%	Ø	s	=100%	Ø	s
Erfassung in Datenbank	106	37%	39,00	23	17%	25,260	8	25%	34,538	12	41%	42,953	5	42%	43,488	14	63%	43,596

Tabelle C12a

Gemessen an allen telefonisch vorgebrachten Beschwerden: Welcher Anteil wird Ihrer Schätzung nach auch in einer Datenbank erfasst?

	Basis	Weiß nicht/fehlend		Frage beantwortet		Durchschnitt	Standard-abweichung	Quartile*		
	gesamt	n	%	=100%	%	Ø	s	25%	Median 50%	75%
Erfassung in Datenbank	149	22	15%	127	85%	62,15%	38,19	20%	80%	99%

* Die Quartile sind diejenigen Punkte der Messwertskala, unterhalb denen 25%, 50%, 75% der Angaben der Teilnehmer (Messwerte) liegen.

Tabelle C12b

Gemessen an allen telefonisch vorgebrachten Beschwerden: Welcher Anteil wird Ihrer Schätzung nach auch in einer Datenbank erfasst?

	Gesamt			**Banken**			**Versicherungen**			**Versorger**			**Automobil**			**Nahrung & Getränke**		
	Basis	Durch-schnitt	Standard-abweichung	Basis	Durch-schnitt	Standard-abweichung	Basis	Durch-schnitt	Standard-abweichung	Basis	Durch-schnitt	Standard-abweichung	Basis	Durch-schnitt	Standard-abweichung	Basis	Durch-schnitt	Standard-abweichung
	=100%	Ø	s	=100%	Ø	s	=100%	Ø	s	=100%	Ø	s	=100%	Ø	s	=100%	Ø	s
Erfassung in Datenbank	127	62%	38,19	25	40%	38,625	10	39%	34,705	14	56%	40,233	6	64%	36,469	17	81%	32,361

Tabelle C13a

Nach welchen Aspekten erfolgt primär die Priorisierung der Beschwerden für die weitere Bearbeitung? (Mehrfachnennungen möglich)

	Basis =100%	Dringlichkeit der Beschwerde	Zeitpunkt des Eingangs	Kundenwert des sich beschwerenden Kunden	Folgebeschwerde	Adressat	Andere	Es erfolgt keine Priorisierung
Priorisierung	149	70,5%	56,4%	34,9%	22,8%	48,3%	8,1%	10,7%

Tabelle C13b

Nach welchen Aspekten erfolgt primär die Priorisierung der Beschwerden für die weitere Bearbeitung? (Mehrfachnennungen möglich)

	Gesamt	**Banken**	**Versicherungen**	**Versorger**	**Automobil**	**Nahrung & Getränke**
Basis (=100%)	149	28	15	18	7	16
Dringlichkeit der Beschwerde	70,5%	78,6%	73,3%	77,8%	71,4%	87,5%
Zeitpunkt des Eingangs	56,4%	53,6%	60,0%	50,0%	71,4%	75,0%
Kundenwert des sich beschwerenden Kunden	34,9%	42,9%	20,0%	33,3%	57,1%	56,3%
Folgebeschwerde	22,8%	17,9%	33,3%	16,7%	28,6%	18,8%
Adressat (z.B. Geschäftsführung)	48,3%	64,3%	86,7%	50,0%	71,4%	6,3%
Andere	8,1%	14,3%	13,3%	0,0%	0,0%	6,3%
Es erfolgt keine Priorisierung	10,7%	14,3%	0,0%	0,0%	0,0%	0,0%

Tabelle D1a

Für wie wichtig halten Sie die folgenden Aspekte der Beschwerdebearbeitung? Bitte beurteilen Sie auch den Umsetzungsstatus dieser Aspekte in Ihrem Unternehmen.

Wichtigkeit	Basis	Eher nicht wichtig				Eher sehr wichtig	Summe	Durch-schnitt	Standard-abweichung	Bottom two	Top two
	=100%	1	2	3	4	5	Σ	Ø	s	B	T
Zentrale Bearbeitung der schriftlichen Beschwerden	148	10,1%	14,9%	8,8%	25,0%	41,2%	100%	3,72	1,394	25,0%	66,2%
Zentrale Bearbeitung der telefonischen Beschwerden	148	10,8%	16,2%	12,2%	26,4%	34,5%	100%	3,57	1,385	27,0%	60,9%
Zentrale Bearbeitung der mündlich und direkt vorgebrachten Beschwerden	141	21,3%	24,1%	15,6%	16,3%	22,7%	100%	2,95	1,475	45,4%	39,0%
Erfassung der Bearbeitungsschritte in einer Datenbank	147	4,8%	5,4%	9,5%	28,6%	51,7%	100%	4,17	1,113	10,2%	80,3%
Zugewiesene Verantwortung eines Mitarbeiters für einen Beschwerdefall	148	0,7%	4,1%	2,7%	32,4%	60,1%	100%	4,47	0,795	4,8%	92,5%
Gleichbleibender Gesprächspartner für Kunden während der gesamten Bearbeitungsdauer	147	0,7%	8,8%	10,9%	39,5%	40,1%	100%	4,10	0,960	9,5%	79,6%
Zugriff der Mitarbeiter auf eine Datenbank mit Lösungen für Kundenprobleme	147	6,1%	7,5%	17,7%	33,3%	35,4%	100%	3,84	1,169	13,6%	68,7%
Existenz einer Wertgrenze, bis zu der auf eine Einzelfallprüfung der Beschwerde verzichtet wird	143	28,0%	21,7%	15,4%	18,9%	16,1%	100%	2,73	1,453	49,7%	35,0%
Zwischenbescheid an Kunden bei langer Bearbeitungsdauer	147	2,0%	0,7%	2,7%	24,5%	70,1%	100%	4,60	0,764	2,7%	94,6%
Zeitstandards	147	1,4%	2,0%	8,2%	32,0%	56,5%	100%	4,40	0,833	3,4%	88,5%
Mahnung der Mitarbeiter bei Nichteinhaltung von Zeitstandards	147	3,4%	4,1%	17,0%	42,2%	33,3%	100%	3,98	0,989	7,5%	75,5%
Automatische Weiterleitung stark verzögerter Beschwerdefälle an höhere Hierarchiestufe durch ein Eskalationssystem	148	9,5%	6,8%	26,4%	30,4%	27,0%	100%	3,59	1,223	16,3%	57,4%
Möglichkeit der jederzeitigen Abfrage von noch nicht abgeschlossenen Beschwerden aus der Datenbank	146	1,4%	2,1%	11,0%	32,9%	52,7%	100%	4,34	0,857	3,5%	85,6%
Unterstützung der Bearbeitung durch einen im Beschwerdemanagementsystem hinterlegten Workflow	146	6,2%	8,9%	15,8%	32,2%	37,0%	100%	3,85	1,194	15,1%	69,2%

Tabelle D1a - Fortsetzung

Umsetzung	Basis	Nicht realisiert				Voll realisiert	Summe	Durch-schnitt	Standard-abweichung	Bottom two	Top two
	=100%	1	2	3	4	5	Σ	Ø	s	B	T
Zentrale Bearbeitung der schriftlichen Beschwerden	147	21,8%	10,9%	12,9%	15,0%	39,5%	100%	3,39	1,603	32,7%	54,5%
Zentrale Bearbeitung der telefonischen Beschwerden	146	23,3%	13,0%	14,4%	19,9%	29,5%	100%	3,19	1,555	36,3%	49,4%
Zentrale Bearbeitung der mündlich und direkt vorgebrachten Beschwerden	139	43,2%	17,3%	15,8%	9,4%	14,4%	100%	2,35	1,468	60,5%	23,8%
Erfassung der Bearbeitungsschritte in einer Datenbank	145	20,0%	7,6%	11,0%	20,7%	40,7%	100%	3,54	1,559	27,6%	61,4%
Zugewiesene Verantwortung eines Mitarbeiters für einen Beschwerdefall	147	6,8%	3,4%	17,7%	28,6%	43,5%	100%	3,99	1,170	10,2%	72,1%
Gleichbleibender Gesprächspartner für Kunden während der gesamten Bearbeitungsdauer	145	9,7%	8,3%	29,7%	24,8%	27,6%	100%	3,52	1,248	18,0%	52,4%
Zugriff der Mitarbeiter auf eine Datenbank mit Lösungen für Kundenprobleme	146	34,9%	13,7%	17,8%	16,4%	17,1%	100%	2,67	1,514	48,6%	33,5%
Existenz einer Wertgrenze, bis zu der auf eine Einzelfallprüfung der Beschwerde verzichtet wird	143	49,7%	16,1%	10,5%	7,0%	16,8%	100%	2,25	1,531	65,8%	23,8%
Zwischenbescheid an Kunden bei langer Bearbeitungsdauer	146	3,4%	8,2%	14,4%	21,9%	52,1%	100%	4,11	1,139	11,6%	74,0%
Zeitstandards	145	9,0%	8,3%	16,6%	23,4%	42,8%	100%	3,83	1,309	17,3%	66,2%
Mahnung der Mitarbeiter bei Nichteinhaltung von Zeitstandards	145	17,9%	18,6%	20,7%	20,7%	22,1%	100%	3,10	1,413	36,5%	42,8%
Automatische Weiterleitung stark verzögerter Beschwerdefälle an höhere Hierarchiestufe durch ein Eskalationssystem	146	38,4%	17,1%	21,9%	12,3%	10,3%	100%	2,39	1,371	55,5%	22,6%
Möglichkeit der jederzeitigen Abfrage von noch nicht abgeschlossenen Beschwerden aus der Datenbank	145	26,2%	4,8%	11,0%	12,4%	45,5%	100%	3,46	1,687	31,0%	57,9%
Unterstützung der Bearbeitung durch einen im Beschwerdemanagementsystem hinterlegten Workflow	145	42,1%	6,9%	17,2%	13,8%	20,0%	100%	2,63	1,603	49,0%	33,8%

Tabelle D1b

Für wie wichtig halten Sie die folgenden Aspekte der Beschwerdebearbeitung? Bitte beurteilen Sie auch den Umsetzungsstatus dieser Aspekte in Ihrem Unternehmen.

Wichtigkeit (1 = Eher nicht wichtig / 5 = Eher sehr wichtig)	Gesamt			Banken			Versicherungen			Versorger			Automobil			Nahrung & Getränke		
	Basis	Durch-schnitt	Standard-abweichung	Basis	Durch-schnitt	Standard-abweichung	Basis	Durch-schnitt	Standard-abweichung	Basis	Durch-schnitt	Standard-abweichung	Basis	Durch-schnitt	Standard-abweichung	Basis	Durch-schnitt	Standard-abweichung
	=100%	Ø	s	=100%	Ø	s	=100%	Ø	s	=100%	Ø	s	=100%	Ø	s	=100%	Ø	s
Zentrale Bearbeitung der schriftlichen Beschwerden	148	3,72	1,394	28	3,04	1,427	15	2,93	1,831	18	3,17	1,465	7	4,14	1,464	17	4,41	1,121
Zentrale Bearbeitung der telefonischen Beschwerden	148	3,57	1,385	28	2,64	1,162	15	3,20	1,568	18	2,50	1,295	7	3,86	1,464	17	4,29	1,263
Zentrale Bearbeitung der mündlich und direkt vorgebrachten Beschwerden	141	2,95	1,475	27	2,52	1,282	15	2,13	1,356	18	2,39	1,335	7	3,43	1,618	16	3,75	1,483
Erfassung der Bearbeitungsschritte in einer Datenbank	147	4,17	1,113	28	4,11	0,956	15	3,47	1,598	18	4,22	1,003	7	3,71	1,380	17	4,18	1,074
Zugewiesene Verantwortung eines Mitarbeiters für einen Beschwerdefall	148	4,47	0,795	28	4,50	0,509	15	4,47	0,834	18	4,00	1,328	7	4,00	1,155	17	4,71	0,588
Gleichbleibender Gesprächspartner für Kunden während der gesamten Bearbeitungsdauer	147	4,10	0,960	28	4,18	0,548	14	4,14	1,099	18	3,89	1,023	7	3,71	1,254	17	4,35	0,862
Zugriff der Mitarbeiter auf eine Datenbank mit Lösungen für Kundenprobleme	147	3,84	1,169	28	3,43	1,136	14	3,07	1,328	18	3,67	1,414	7	4,43	0,535	17	4,06	1,029
Existenz einer Wertgrenze, bis zu der auf eine Einzelfallprüfung der Beschwerde verzichtet wird	143	2,73	1,453	27	3,00	1,359	14	2,00	0,961	18	2,67	1,328	7	3,57	1,134	17	2,76	1,678
Zwischenbescheid an Kunden bei langer Bearbeitungsdauer	147	4,60	0,764	28	4,86	0,356	15	4,87	0,352	18	4,61	0,979	6	4,67	0,516	17	4,53	1,007
Zeitstandards	147	4,40	0,833	28	4,57	0,504	15	4,80	0,414	18	4,22	1,003	7	4,00	0,816	17	4,35	0,786
Mahnung der Mitarbeiter bei Nichteinhaltung von Zeitstandards	147	3,98	0,989	28	4,00	0,816	15	4,27	0,799	18	3,94	1,110	7	3,57	0,976	16	3,94	0,998
Automatische Weiterleitung stark verzögerter Beschwerdefälle an höhere Hierarchiestufe durch ein Eskalationssystem	148	3,59	1,223	28	3,79	1,134	15	3,40	1,502	18	3,56	1,338	7	3,14	1,574	17	3,24	1,200
Möglichkeit der jederzeitigen Abfrage von noch nicht abgeschlossenen Beschwerden aus der Datenbank	146	4,34	0,857	28	4,18	0,723	14	4,36	1,008	18	4,44	0,856	7	4,00	1,414	17	4,00	1,118
Unterstützung der Bearbeitung durch einen im Beschwerdemanagementsystem hinterlegten Workflow	146	3,85	1,194	28	3,86	1,079	14	3,43	1,453	18	3,61	1,243	7	3,57	0,787	17	3,47	1,281

Tabelle D1b - Fortsetzung

Umsetzung (1 = Nicht realisiert / 5 = Voll realisiert)	Gesamt			Banken			Versicherungen			Versorger			Automobil			Nahrung & Getränke		
	Basis	Durch-schnitt	Standard-abweichung	Basis	Durch-schnitt	Standard-abweichung	Basis	Durch-schnitt	Standard-abweichung	Basis	Durch-schnitt	Standard-abweichung	Basis	Durch-schnitt	Standard-abweichung	Basis	Durch-schnitt	Standard-abweichung
	=100%	Ø	s	=100%	Ø	s	=100%	Ø	s	=100%	Ø	s	=100%	Ø	s	=100%	Ø	s
Zentrale Bearbeitung der schriftlichen Beschwerden	147	3,39	1,603	28	2,64	1,471	15	2,73	1,870	17	2,76	1,678	7	3,86	1,464	17	4,12	1,576
Zentrale Bearbeitung der telefonischen Beschwerden	146	3,19	1,555	28	2,04	1,138	15	2,93	1,580	17	2,12	1,409	7	3,71	1,496	17	3,82	1,590
Zentrale Bearbeitung der mündlich und direkt vorgebrachten Beschwerden	139	2,35	1,468	27	2,15	1,406	15	1,27	0,799	17	2,06	1,391	7	3,00	1,732	16	2,81	1,759
Erfassung der Bearbeitungsschritte in einer Datenbank	145	3,54	1,559	28	3,50	1,401	14	2,86	1,875	17	3,59	1,661	6	3,83	1,472	17	3,65	1,618
Zugewiesene Verantwortung eines Mitarbeiters für einen Beschwerdefall	147	3,99	1,170	28	4,11	0,956	15	4,00	1,363	17	3,29	1,611	7	4,14	1,069	17	4,24	1,091
Gleichbleibender Gesprächspartner für Kunden während der gesamten Bearbeitungsdauer	145	3,52	1,248	28	3,64	0,911	14	3,79	1,188	17	2,94	1,435	6	3,83	1,329	17	4,12	1,054
Zugriff der Mitarbeiter auf eine Datenbank mit Lösungen für Kundenprobleme	146	2,67	1,514	28	2,11	1,197	14	1,43	0,852	17	2,71	1,572	7	4,00	1,000	17	2,65	1,498
Existenz einer Wertgrenze, bis zu der auf eine Einzelfallprüfung der Beschwerde verzichtet wird	143	2,25	1,531	27	2,56	1,450	14	1,21	0,426	17	2,00	1,541	7	3,29	1,604	17	2,65	1,766
Zwischenbescheid an Kunden bei langer Bearbeitungsdauer	146	4,11	1,139	28	4,64	0,621	15	4,33	1,113	17	4,24	1,091	6	4,33	1,211	17	3,76	1,251
Zeitstandards	145	3,83	1,309	28	4,46	0,962	15	4,60	0,737	17	3,59	1,278	7	4,14	0,900	16	3,56	1,504
Mahnung der Mitarbeiter bei Nichteinhaltung von Zeitstandards	145	3,10	1,413	28	3,43	1,372	15	3,40	1,404	17	2,76	1,393	6	2,83	1,329	16	2,94	1,526
Automatische Weiterleitung stark verzögerter Beschwerdefälle an höhere Hierarchiestufe durch ein Eskalationssystem	146	2,39	1,371	28	2,57	1,550	15	2,53	1,506	17	2,18	1,468	7	2,43	1,397	16	1,81	0,981
Möglichkeit der jederzeitigen Abfrage von noch nicht abgeschlossenen Beschwerden aus der Datenbank	145	3,46	1,687	28	3,57	1,451	14	3,21	1,888	17	3,88	1,691	7	3,86	1,464	16	3,19	1,759
Unterstützung der Bearbeitung durch einen im Beschwerdemanagementsystem hinterlegten Workflow	145	2,63	1,603	28	2,68	1,541	14	1,50	1,019	17	2,06	1,298	7	3,29	1,496	17	3,06	1,638

Tabelle D2a

Gemessen an allen erfassten Beschwerden: Welcher Anteil wird in Ihrem Unternehmen in die Fachabteilungen zur Bearbeitung weitergeleitet?

	Basis	Weiß nicht/fehlend		Frage beantwortet		Durchschnitt	Standard-abweichung	Quartile*		
	gesamt		%	=100%	%	Ø	s	25%	Median 50%	75%
Weiterleitung an Fachabteilungen	149	36	24%	113	76%	49,37%	37,95	13%	35%	90%

* Die Quartile sind diejenigen Punkte der Messwertskala, unterhalb denen 25%, 50%, 75% der Angaben der Teilnehmer (Messwerte) liegen.

Tabelle D2b

Gemessen an allen erfassten Beschwerden: Welcher Anteil wird in Ihrem Unternehmen in die Fachabteilungen zur Bearbeitung weitergeleitet?

	Gesamt			Banken			Versicherungen			Versorger			Automobil			Nahrung & Getränke		
	Basis	Durch-schnitt	Standard-abweichung	Basis	Durch-schnitt	Standard-abweichung	Basis	Durch-schnitt	Standard-abweichung	Basis	Durch-schnitt	Standard-abweichung	Basis	Durch-schnitt	Standard-abweichung	Basis	Durch-schnitt	Standard-abweichung
	=100%	Ø	s	=100%	Ø	s	=100%	Ø	s	=100%	Ø	s	=100%	Ø	s	=100%	Ø	s
Weiterleitung an Fachabteilung	113	49%	37,95	22	53%	37,713	11	66%	41,220	15	54%	36,687	4	53%	48,877	13	61%	37,822

Tabelle D3a

Wie schnell nach Eingang beginnt die Bearbeitung einer schriftlichen Beschwerde?

	Basis	Weiß nicht/fehlend		Frage beantwortet		</= 5h	</= 1 WT	> 1-3 WT	> 3-7 WT	> 7 WT	Summe
	gesamt		%	=100%	%	Stunden	Werktage	Werktage	Werktage	Werktage	Σ
Zeitraum bei Brief/Fax	149	6	4%	143	96%	17%	29%	43%	9%	2%	100%
Zeitraum bei E-Mail/Internet-Formular	149	16	11%	133	89%	25%	47%	23%	5%	2%	100%

Tabelle D3b

Wie schnell nach Eingang beginnt die Bearbeitung einer schriftlichen Beschwerde?

Zeitraum bei Brief / Fax	Gesamt		Banken		Versicherungen		Versorger		Automobil		Nahrung & Getränke	
	Basis	Prozent der Befragten	Basis	Prozent der Befragten	Basis	Prozent der Befragten	Basis	Prozent der Befragten	Basis	Prozent der Befragten	Basis	Prozent der Befragten
	=100%	%	=100%	%	=100%	%	=100%	%	=100%	%	=100%	%
</= 5h (Stunden)	143	17%	28	32%	14	0%	17	18%	7	14%	16	12%
</= 1 Werktag		29%		36%		29%		6%		29%		50%
> 1-3 Werktage		43%		21%		50%		76%		29%		38%
> 3-7 Werktage		9%		11%		14%		0%		14%		0%
> 7 Werktage		2%		0%		7%		0%		14%		0%

Zeitraum bei E-Mail/Internet-Formular	Gesamt		Banken		Versicherungen		Versorger		Automobil		Nahrung & Getränke	
	Basis	Prozent der Befragten	Basis	Prozent der Befragten	Basis	Prozent der Befragten	Basis	Prozent der Befragten	Basis	Prozent der Befragten	Basis	Prozent der Befragten
	=100%	%	=100%	%	=100%	%	=100%	%	=100%	%	=100%	%
</= 5h (Stunden)	133	25%	27	41%	13	0%	15	20%	6	17%	16	31%
</= 1 Werktag		47%		48%		23%		53%		50%		50%
> 1-3 Werktage		23%		4%		62%		27%		17%		19%
> 3-7 Werktage		5%		7%		15%		0%		0%		0%
> 7 Werktage		2%		0%		0%		0%		16%		0%

Tabelle D4a

Wie schnell erfolgt bei schriftlichen Beschwerden eine Eingangsbestätigung?

	Basis	Weiß nicht/fehlend		Frage beantwortet		Eingangs-bestätigung		Keine Eigangs-bestätigung		Basis	</= 5h	</= 1 WT	> 1-3 WT	> 3-7 WT	> 7 WT	Summe
	gesamt		%	=100%	%		%		%	=100%	Stunden	Werktage	Werktage	Werktage	Werktage	Σ
Zeitraum bei Brief/Fax	149	7	5%	142	95%	86	61%	56	39%	86	2%	29%	52%	14%	2%	100%
Zeitraum bei E-Mail/Internet-Formular	149	12	8%	137	92%	91	66%	46	34%	91	24%	43%	26%	4%	2%	100%

Tabelle D4b

Wie schnell erfolgt bei schriftlichen Beschwerden eine Eingangsbestätigung?

Eingangsbestätigung bei Brief / Fax	Gesamt		Banken		Versicherungen		Versorger		Automobil		Nahrung & Getränke	
	Basis	Prozent der Befragten	Basis	Prozent der Befragten	Basis	Prozent der Befragten	Basis	Prozent der Befragten	Basis	Prozent der Befragten	Basis	Prozent der Befragten
	=100%	%	=100%	%	=100%	%	=100%	%	=100%	%	=100%	%
Eingangsbestätigung	142	61%	27	85%	14	43%	18	56%	7	71%	16	63%
Keine Eingangsbestätigung		39%		15%		57%		44%		29%		38%

Zeitraum für Eingangsbestätigung bei Brief / Fax	Gesamt		Banken		Versicherungen		Versorger		Automobil		Nahrung & Getränke	
	Basis	Prozent der Befragten	Basis	Prozent der Befragten	Basis	Prozent der Befragten	Basis	Prozent der Befragten	Basis	Prozent der Befragten	Basis	Prozent der Befragten
	=100%	%	=100%	%	=100%	%	=100%	%	=100%	%	=100%	%
</= 5h (Stunden)		2%		0%		0%		10%		0%		0%
</= 1 Werktag		29%		35%		33%		0%		0%		40%
> 1-3 Werktage	86	52%	23	52%	6	67%	10	50%	5	60%	10	50%
> 3-7 Werktage		14%		13%		0%		30%		40%		0%
> 7 Werktage		2%		0%		0%		10%		0%		10%

Eingangsbestätigung bei E-Mail/Internet-Formular	Gesamt		Banken		Versicherungen		Versorger		Automobil		Nahrung & Getränke	
	Basis	Prozent der Befragten	Basis	Prozent der Befragten	Basis	Prozent der Befragten	Basis	Prozent der Befragten	Basis	Prozent der Befragten	Basis	Prozent der Befragten
	=100%	%	=100%	%	=100%	%	=100%	%	=100%	%	=100%	%
Eingangsbestätigung	137	2%	26	89%	14	39%	18	59%	7	71%	16	69%
Keine Eingangsbestätigung		34%		12%		62%		41%		29%		31%

Zeitraum für Eingangsbestätigung bei E-Mail/Internet-Formular	Gesamt		Banken		Versicherungen		Versorger		Automobil		Nahrung & Getränke	
	Basis	Prozent der Befragten	Basis	Prozent der Befragten	Basis	Prozent der Befragten	Basis	Prozent der Befragten	Basis	Prozent der Befragten	Basis	Prozent der Befragten
	=100%	%	=100%	%	=100%	%	=100%	%	=100%	%	=100%	%
</= 5h (Stunden)		24%		22%		0%		20%		20%		18%
</= 1 Werktag		43%		43%		20%		50%		20%		45%
> 1-3 Werktage	91	26%	23	30%	5	80%	10	20%	5	40%	11	27%
> 3-7 Werktage		4%		4%		0%		0%		20%		0%
> 7 Werktage		2%		0%		0%		10%		0%		9%

Tabelle D5a

Für wie wichtig halten Sie den Zugriff der Mitarbeiter des Beschwerdemanagements auf die folgenden Kundendaten während der Beschwerdebearbeitung? Bitte geben Sie auch an, ob in Ihrem Unternehmen diese Mitarbeiter Zugriff auf diese Daten haben.

Wichtigkeit	Basis	Eher nicht wichtig				Eher sehr wichtig	Summe	Durch-schnitt	Standard-abweichung	Bottom two	Top two
	=100%	1	2	3	4	5	Σ	Ø	s	B	T
Kontakthistorie	146	5,5%	4,8%	8,2%	28,1%	53,4%	100%	4,19	1,128	10,3%	81,5%
Kaufhistorie	143	12,6%	10,5%	20,3%	29,4%	27,3%	100%	3,48	1,331	23,1%	56,7%
Kundenwert	140	9,3%	10,0%	17,9%	32,9%	30,0%	100%	3,64	1,264	19,3%	62,9%

Umsetzung	Basis	Mitarbeiter hat keinen Zugriff	Mitarbeiter hat Zugriff	Summe
	=100%			Σ
Kontakthistorie	148	31,8%	68,2%	100%
Kaufhistorie	145	50,3%	49,7%	100%
Kundenwert	141	57,4%	42,6%	100%

Tabelle D5b

Für wie wichtig halten Sie den Zugriff der Mitarbeiter des Beschwerdemanagements auf die folgenden Kundendaten während der Beschwerdebearbeitung? Bitte geben Sie auch an, ob in Ihrem Unternehmen diese Mitarbeiter Zugriff auf diese Daten haben.

Wichtigkeit (1 = Eher nicht wichtig / 5 = Eher sehr wichtig)	Gesamt			Banken			Versicherungen			Versorger			Automobil			Nahrung & Getränke		
	Basis	Durch-schnitt	Standard-abweichung	Basis	Durch-schnitt	Standard-abweichung	Basis	Durch-schnitt	Standard-abweichung	Basis	Durch-schnitt	Standard-abweichung	Basis	Durch-schnitt	Standard-abweichung	Basis	Durch-schnitt	Standard-abweichung
	=100%	Ø	s	=100%	Ø	s	=100%	Ø	s	=100%	Ø	s	=100%	Ø	s	=100%	Ø	s
Kontakthistorie	146	4,19	1,128	28	4,25	0,701	15	4,33	1,397	18	4,44	1,149	7	4,14	0,900	16	3,44	1,315
Kaufhistorie	143	3,48	1,331	28	3,75	1,076	15	4,13	1,125	18	3,50	1,383	7	3,71	0,951	16	3,13	1,408
Kundenwert	140	3,64	1,264	28	4,18	0,723	15	4,33	0,488	18	3,94	1,249	7	3,86	1,069	15	3,27	1,335

Umsetzung (1 = Nicht realisiert / 5 = Voll realisiert)	Gesamt			Banken			Versicherungen			Versorger			Automobil			Nahrung & Getränke		
	Basis	Mitarbeiter hat keinen Zugriff	Mitarbeiter hat Zugriff	Basis	Mitarbeiter hat keinen Zugriff	Mitarbeiter hat Zugriff	Basis	Mitarbeiter hat keinen Zugriff	Mitarbeiter hat Zugriff	Basis	Mitarbeiter hat keinen Zugriff	Mitarbeiter hat Zugriff	Basis	Mitarbeiter hat keinen Zugriff	Mitarbeiter hat Zugriff	Basis	Mitarbeiter hat keinen Zugriff	Mitarbeiter hat Zugriff
	=100%			=100%			=100%			=100%			=100%			=100%		
Kontakthistorie	148	32%	68%	28	25%	75%	15	33%	67%	18	28%	72%	7	29%	71%	16	37%	63%
Kaufhistorie	145	50%	50%	27	33%	67%	15	33%	67%	18	39%	61%	7	100%	0%	16	50%	50%
Kundenwert	141	57%	43%	27	33%	67%	15	33%	67%	18	76%	24%	7	100%	0%	14	43%	57%

Tabelle E1a

Für wie wichtig halten Sie die folgenden Aspekte der unternehmensseitigen Reaktion auf Kundenbeschwerden in Ihrem Unternehmen? Bitte beurteilen Sie auch den Umsetzungsstatus dieser Aspekte in Ihrem Unternehmen.

Wichtigkeit	Basis	Eher nicht wichtig				Eher sehr wichtig	Summe	Durch-schnitt	Standard-abweichung	Bottom two	Top two
	=100%	1	2	3	4	5	Σ	Ø	s	B	T
Individuelle Gestaltung der unternehmensseitigen Antworten	148	0,7%	3,1%	10,8%	39,9%	45,3%	100%	4,26	0,834	3,8%	85,2%
Ausdruck des Bedauerns bzw. Entschuldigung gegenüber Kunden	149	0,0%	2,0%	5,4%	20,8%	71,8%	100%	4,62	0,683	2,0%	92,6%
Ausdruck des Dankes für Beschwerden gegenüber Kunden	149	0,7%	2,7%	15,4%	27,5%	53,7%	100%	4,31	0,877	3,4%	81,2%
Vorgabe von möglichen Alternativen der Wiedergutmachung durch Beschwerdemanagementsystem	148	5,4%	13,5%	23,6%	37,8%	19,6%	100%	3,53	1,115	18,9%	57,4%

Umsetzung	Basis	Nicht realisiert				Voll realisiert	Summe	Durch-schnitt	Standard-abweichung	Bottom two	Top two
	=100%	1	2	3	4	5	Σ	Ø	s	B	T
Individuelle Gestaltung der unternehmensseitigen Antworten	148	0,0%	4,7%	18,2%	46,6%	30,4%	100%	4,03	0,824	4,7%	77,0%
Ausdruck des Bedauerns bzw. Entschuldigung gegenüber Kunden	149	0,7%	0,0%	12,8%	31,5%	55,0%	100%	4,40	0,762	0,7%	86,5%
Ausdruck des Dankes für Beschwerden gegenüber Kunden	149	4,0%	11,4%	22,8%	17,4%	44,3%	100%	3,87	1,217	15,4%	61,7%
Vorgabe von möglichen Alternativen der Wiedergutmachung durch Beschwerdemanagementsystem	148	27,7%	19,6%	20,3%	15,5%	16,9%	100%	2,74	1,443	47,3%	32,4%

Tabelle E1b

Für wie wichtig halten Sie die folgenden Aspekte der unternehmensseitigen Reaktion auf Kundenbeschwerden in Ihrem Unternehmen? Bitte beurteilen Sie auch den Umsetzungsstatus dieser Aspekte in Ihrem Unternehmen.

Wichtigkeit (1 = Eher nicht wichtig / 5 = Eher sehr wichtig)	Gesamt			Banken			Versicherungen			Versorger			Automobil			Nahrung & Getränke		
	Basis	Durch-schnitt	Standard-abweichung	Basis	Durch-schnitt	Standard-abweichung	Basis	Durch-schnitt	Standard-abweichung	Basis	Durch-schnitt	Standard-abweichung	Basis	Durch-schnitt	Standard-abweichung	Basis	Durch-schnitt	Standard-abweichung
	=100%	Ø	s	=100%	Ø	s	=100%	Ø	s	=100%	Ø	s	=100%	Ø	s	=100%	Ø	s
Individuelle Gestaltung der unternehmensseitigen Antworten	148	4,26	0,834	28	4,25	0,887	15	4,40	0,632	17	4,29	0,985	7	3,86	1,069	17	4,71	0,588
Ausdruck des Bedauerns bzw. Entschuldigung gegenüber Kunden	149	4,62	0,683	28	4,71	0,460	15	4,80	0,414	18	4,39	1,037	7	4,71	0,488	17	4,82	0,393
Ausdruck des Dankes für Beschwerden gegenüber Kunden	149	4,31	0,877	28	4,25	0,701	15	4,27	0,704	18	4,33	0,840	7	4,00	1,291	17	4,29	1,160
Vorgabe von möglichen Alternativen der Wiedergutmachung durch Beschwerdemanagementsystem	148	3,53	1,115	28	3,43	0,879	15	3,73	1,163	18	3,22	1,060	7	4,14	0,900	17	3,29	1,312

Umsetzung (1 = Nicht realisiert / 5 = Voll realisiert)	Gesamt			Banken			Versicherungen			Versorger			Automobil			Nahrung & Getränke		
	Basis	Durch-schnitt	Standard-abweichung	Basis	Durch-schnitt	Standard-abweichung	Basis	Durch-schnitt	Standard-abweichung	Basis	Durch-schnitt	Standard-abweichung	Basis	Durch-schnitt	Standard-abweichung	Basis	Durch-schnitt	Standard-abweichung
	=100%	Ø	s	=100%	Ø	s	=100%	Ø	s	=100%	Ø	s	=100%	Ø	s	=100%	Ø	s
Individuelle Gestaltung der unternehmensseitigen Antworten	148	4,03	0,824	28	4,04	0,637	15	3,93	0,961	17	4,41	0,507	7	3,71	1,113	17	4,29	0,686
Ausdruck des Bedauerns bzw. Entschuldigung gegenüber Kunden	149	4,40	0,762	28	4,32	0,670	15	4,47	0,640	18	4,11	1,079	7	4,57	0,535	17	4,65	0,493
Ausdruck des Dankes für Beschwerden gegenüber Kunden	149	3,87	1,217	28	3,96	0,922	15	3,13	1,246	18	4,00	1,188	7	3,57	1,512	17	4,06	1,249
Vorgabe von möglichen Alternativen der Wiedergutmachung durch Beschwerdemanagementsystem	148	2,74	1,443	28	2,46	1,138	15	2,67	1,676	18	2,67	1,372	7	3,14	1,464	17	2,88	1,453

Tabelle E2a

Für wie geeignet halten Sie die nachfolgenden materiellen Wiedergutmachungen als Kompensation für die vom Kunden erlebten Unannehmlichkeiten? Bitte geben Sie auch an, welche Wiedergutmachungen in Ihrem Unternehmen eingesetzt werden.

Eignung	Basis	Eher nicht wichtig				Eher sehr wichtig	Summe	Durch-schnitt	Standard-abweichung	Bottom two	Top two
	=100%	1	2	3	4	5	Σ	Ø	s	B	T
Geldgeschenk	146	45,2%	24,0%	8,9%	11,0%	11,0%	100%	2,18	1,395	69,2%	22,0%
Warengutschein / Gutschein für Leistung	146	21,9%	15,1%	17,1%	26,0%	19,9%	100%	3,07	1,446	37,0%	45,9%
Schadensersatz / Aufwandsentschädigung	148	4,1%	4,7%	20,9%	43,2%	27,0%	100%	3,84	1,008	8,8%	70,2%
Sachgeschenke	147	6,8%	12,9%	21,1%	32,0%	27,2%	100%	3,60	1,209	19,7%	59,2%

Umsetzung	Basis	Wiedergut-machung wird nicht eingesetzt	Wiedergut-machung wird eingesetzt	Summe
	=100%			Σ
Geldgeschenk	147	72,8%	27,2%	100%
Warengutschein / Gutschein für Leistung	145	55,2%	44,8%	100%
Schadensersatz / Aufwandsentschädigung	148	13,5%	86,5%	100%
Sachgeschenke	145	24,8%	75,2%	100%

Tabelle E2b

Für wie geeignet halten Sie die nachfolgenden materiellen Wiedergutmachungen als Kompensation für die vom Kunden erlebten Unannehmlichkeiten? Bitte geben Sie auch an, welche Wiedergutmachungen in Ihrem Unternehmen eingesetzt werden.

Eignung (1 = Eher nicht geeignet / 5 = Eher sehr geeignet)	Gesamt			Banken			Versicherungen			Versorger			Automobil			Nahrung & Getränke		
	Basis	Durch-schnitt	Standard-abweichung	Basis	Durch-schnitt	Standard-abweichung	Basis	Durch-schnitt	Standard-abweichung	Basis	Durch-schnitt	Standard-abweichung	Basis	Durch-schnitt	Standard-abweichung	Basis	Durch-schnitt	Standard-abweichung
	=100%	Ø	s	=100%	Ø	s	=100%	Ø	s	=100%	Ø	s	=100%	Ø	s	=100%	Ø	s
Geldgeschenk	146	2,18	1,395	28	2,61	1,257	14	1,79	0,975	18	2,67	1,645	7	3,14	1,574	16	1,19	0,544
Warengutschein / Gutschein für Leistung	146	3,07	1,446	28	2,93	1,120	13	2,08	1,188	18	3,33	1,237	7	3,29	1,380	17	2,65	1,579
Schadensersatz / Aufwandsentschädigung	148	3,84	1,008	28	4,18	0,612	14	3,93	1,072	18	3,78	0,808	7	3,71	1,113	17	3,47	1,328
Sachgeschenke	147	3,60	1,209	28	3,64	0,951	14	3,29	1,267	18	3,72	0,958	7	3,86	0,900	17	3,88	1,453

Umsetzung	Gesamt			Banken			Versicherungen			Versorger			Automobil			Nahrung & Getränke		
	Basis	Wird nicht eingesetzt	Wird eingesetzt	Basis	Wird nicht eingesetzt	Wird eingesetzt	Basis	Wird nicht eingesetzt	Wird eingesetzt	Basis	Wird nicht eingesetzt	Wird eingesetzt	Basis	Wird nicht eingesetzt	Wird eingesetzt	Basis	Wird nicht eingesetzt	Wird eingesetzt
	=100%			=100%			=100%			=100%			=100%			=100%		
Geldgeschenk	147	73%	27%	28	57%	43%	15	93%	7%	18	56%	44%	7	43%	57%	16	94%	6%
Warengutschein / Gutschein für Leistung	145	55%	45%	28	54%	46%	14	86%	14%	17	41%	59%	7	57%	43%	17	65%	35%
Schadensersatz / Aufwandsentschädigung	148	14%	87%	28	0%	100%	15	33%	67%	18	11%	89%	7	14%	86%	16	29%	71%
Sachgeschenke	145	25%	75%	27	4%	96%	15	47%	53%	17	12%	88%	7	0%	100%	17	24%	76%

Tabelle E3a

Welche Richtlinien sind in Ihrem Unternehmen für Art und Umfang der Wiedergutmachung definiert?

	Basis	Art und Umfang der Wiedergutmachung ist i.d.R bei allen Beschwerden gleich	Den Mitarbeitern werden bzgl. Art und Umfang der Wiedergutmachung feste Vorgabe gemacht	Für Art und Umfang kann der Mitarbeiter innerhalb eines festgelegten Rahmens eigenständig eine Entscheidung treffen	Es exisitieren keine Richtlinien	Andere	Summe
	=100%						Σ
Richtlinien	147	2,0%	3,4%	67,3%	23,8%	3,4%	100%

Tabelle E3b

Welche Richtlinien sind in Ihrem Unternehmen für Art und Umfang der Wiedergutmachung definiert?

	Gesamt	Banken	Versicherungen	Versorger	Automobil	Nahrung & Getränke
Basis (=100%)	147	28	15	18	7	15
Art und Umfang der Wiedergutmachung ist i.d.R bei allen Beschwerden gleich	2,0%	0,0%	0,0%	5,6%	0,0%	13,3%
Den Mitarbeitern werden bzgl. Art und Umfang der Wiedergutmachung feste Vorgaben gemacht	3,4%	3,6%	0,0%	0,0%	0,0%	6,7%
Für Art und Umfang der Wiedergutmachung kann der Mitarbeiter innerhalb eines festgelegten Rahmens eigenständig eine Entscheidung treffen	67,3%	67,8%	53,3%	61,1%	85,7%	66,7%
Es existieren keine Richtlinien	23,8%	25,0%	40,0%	27,7%	14,3%	13,3%
Andere	3,4%	3,6%	6,7%	5,6%	0,0%	0,0%

Tabelle E4a

Wonach orientieren sich Art und Umfang der Wiedergutmachung? (Mehrfachnennungen möglich)

	Basis =100%	Kundenseitig wahr-genommene Relevanz des Problems	Kundenwert	Status des Kunden (z.B. VIP)	Erst- oder Folge-beschwerde	Alternative Handlungs-absichten	Andere
Art & Umfang der Wiedergutmachung	149	67,8%	43,6%	40,9%	26,2%	29,5%	18,8%

Tabelle E4b

Wonach orientieren sich Art und Umfang der Wiedergutmachung? (Mehrfachnennungen möglich)

	Gesamt	Banken	Versicherungen	Versorger	Automobil	Nahrung & Getränke
Basis (=100%)	149	28	12	17	7	16
Kundenseitig wahrgenommene Relevanz des Problems	67,8%	67,9%	58,3%	52,9%	85,7%	87,5%
Kundenwert	43,6%	89,3%	50,0%	23,5%	42,9%	43,8%
Status des Kunden (z.B. VIP)	40,9%	67,9%	33,3%	41,2%	42,9%	37,5%
Erst- oder Folgebeschwerde	26,2%	32,1%	16,7%	23,5%	28,6%	25,0%
Alternative Handlungsabsicht des Kunden	29,5%	28,6%	41,7%	29,4%	57,1%	18,0%
Andere	18,8%	21,4%	25,0%	35,3%	14,3%	6,3%

Tabelle E5a

Wie schnell ist die Bearbeitung einer Beschwerde in Ihrem Unternehmen durchschnittlich abgeschlossen?

	Basis	Weiß nicht/fehlend		Frage beantwortet		Durchschnitt in Tagen	Standard-abweichung	Quartile*		
	gesamt		%	=100%	%	Ø	s	25%	Median 50%	75%
Brief/Fax	149	21	14%	128	86%	6,50	5,69	3 Tage	5 Tage	8 Tage
E-Mail/Internet-Formular	149	26	17%	123	83%	4,90	5,29	1 Tag	3 Tage	7 Tage

* Die Quartile sind diejenigen Punkte der Messwertskala, unterhalb denen 25%, 50%, 75% der Angaben der Teilnehmer (Messwerte) liegen.

Tabelle E5b

Wie schnell ist die Bearbeitung einer Beschwerde in Ihrem Unternehmen durchschnittlich abgeschlossen?

	Gesamt			**Banken**			**Versicherungen**			**Versorger**			**Automobil**			**Nahrung & Getränke**		
	Basis	Durch-schnitt	Standard-abweichung	Basis	Durch-schnitt	Standard-abweichung	Basis	Durch-schnitt	Standard-abweichung	Basis	Durch-schnitt	Standard-abweichung	Basis	Durch-schnitt	Standard-abweichung	Basis	Durch-schnitt	Standard-abweichung
	=100%	Tage	s	=100%	Tage	s	=100%	Tage	s	=100%	Tage	s	=100%	Tage	s	=100%	Tage	s
Brief/Fax	128	6,5	5,69	26	6,13	5,62	13	7,07	3,93	13	5,00	2,24	7	4,72	4,92	16	7,63	5,01
E-Mail/Internet-Formular	123	4,9	5,29	24	3,16	2,66	12	6,33	3,60	12	2,53	1,63	7	3,29	4,23	16	7,40	5,29

Tabelle F1a

Für wie wichtig halten Sie die folgenden quantitativen Auswertungsmöglichkeiten (Häufigkeitsauswertungen) für Ihr Beschwerdemanagement? Bitte geben Sie auch an, ob Sie diese Auswertungsmöglichkeit in Ihrem Unternehmen nutzen.

Häufigkeitsauswertungen nach Aspekten des Beschwerdeproblems

Wichtigkeit	Basis	Eher nicht wichtig				Eher sehr wichtig	Summe	Durch-schnitt	Standard-abweichung	Bottom two	Top two
	=100%	1	2	3	4	5	Σ	Ø	s	B	T
Art des Problems	147	0,0%	0,7%	1,4%	21,8%	76,2%	100%	4,73	0,515	0,7%	98,0%
Ort des Problemauftritts (Bereich, Filiale, Bezirk, ...)	147	8,2%	10,9%	18,4%	23,1%	39,5%	100%	3,75	1,302	19,1%	62,6%
Erst- oder Folgebeschwerde	147	6,8%	8,2%	23,8%	34,7%	26,5%	100%	3,66	1,156	15,0%	61,2%
Vom Kunden gewünschte Problemlösung	143	7,0%	14,7%	25,0%	26,6%	16,8%	90%	3,31	1,129	21,7%	43,4%
Gewährleistung/Kulanzanspruch	144	9,0%	3,5%	28,5%	27,1%	31,9%	100%	3,69	1,213	12,5%	59,0%
Reaktionsdringlichkeit	144	9,7%	14,6%	25,0%	20,1%	30,6%	100%	3,47	1,322	24,3%	50,7%

Umsetzung	Basis	Auswertung wird nicht genutzt	Auswertung wird genutzt	Summe
	=100%			Σ
Art des Problems	147	12,9%	87,1%	100%
Ort des Problemauftritts (Bereich, Filiale, Bezirk, ...)	146	37,0%	63,0%	100%
Erst- oder Folgebeschwerde	143	49,0%	51,0%	100%
Vom Kunden gewünschte Problemlösung	143	70,6%	29,4%	100%
Gewährleistung/Kulanzanspruch	141	40,4%	59,6%	100%
Reaktionsdringlichkeit	143	65,0%	35,0%	100%

Tabelle F1a - Fortsetzung

Häufigkeitsauswertungen nach Aspekten der sich beschwerenden Kunden

Wichtigkeit	Basis	Eher nicht wichtig				Eher sehr wichtig	Summe	Durch-schnitt	Standard-abweichung	Bottom two	Top two
	=100%	1	2	3	4	5	Σ	Ø	s	B	T
Anzahl der Kunden, die sich in einer Periode beschwert haben	148	2,7%	3,4%	3,4%	34,5%	56,1%	100%	4,38	0,914	6,1%	90,6%
Anzahl der Kunden, die sich mehrfach beschwert haben	144	6,3%	11,1%	22,2%	33,3%	27,1%	100%	3,64	1,174	17,4%	60,4%
Kundengruppen	143	6,3%	14,0%	23,8%	34,3%	21,7%	100%	3,51	1,162	20,3%	56,0%
Ausmaß der Verärgerung der Kunden	143	6,3%	18,9%	28,0%	32,2%	14,7%	100%	3,30	1,126	25,2%	46,9%

Umsetzung	Basis	Auswertung wird nicht genutzt	Auswertung wird genutzt	Summe
	=100%			Σ
Anzahl der Kunden, die sich in einer Periode beschwert haben	147	19,7%	80,3%	100%
Anzahl der Kunden, die sich mehrfach beschwert haben	144	64,6%	35,4%	100%
Kundengruppen	143	55,2%	44,8%	100%
Ausmaß der Verärgerung der Kunden	144	78,5%	21,5%	100%

Tabelle F1a - Fortsetzung

Häufigkeitsauswertungen nach Aspekten des Objekts der Beschwerde

Wichtigkeit	Basis	Eher nicht wichtig				Eher sehr wichtig	Summe	Durch-schnitt	Standard-abweichung	Bottom two	Top two
	=100%	1	2	3	4	5	Σ	Ø	s	B	T
Produkt/Dienstleistung	148	2,7%	2,0%	2,7%	25,7%	66,9%	100%	4,52	0,869	4,7%	92,6%
Service	145	3,4%	1,4%	7,6%	26,9%	60,7%	100%	4,40	0,946	4,8%	87,6%
Andere Aspekte des Marktangebots (Werbung, Preis, etc...)	141	7,1%	10,6%	21,3%	34,8%	26,2%	100%	3,62	1,186	17,7%	61,0%
Gesellschaftspolitisches Verhalten des Unternehmens	140	12,9%	17,9%	31,4%	18,6%	19,3%	100%	3,14	1,282	30,8%	37,9%

Umsetzung	Basis	Auswertung wird nicht genutzt	Auswertung wird genutzt	Summe
	=100%			Σ
Produkt/Dienstleistung	145	19,3%	80,7%	100%
Service	143	31,5%	68,5%	100%
Andere Aspekte des Marktangebots (Werbung, Preis, etc...)	139	50,4%	49,6%	100%
Gesellschaftspolitisches Verhalten des Unternehmens	138	71,0%	29,0%	100%

Tabelle F1b

Für wie wichtig halten Sie die folgenden quantitativen Auswertungsmöglichkeiten (Häufigkeitsauswertungen) für Ihr Beschwerdemanagement? Bitte geben Sie auch an, ob Sie diese Auswertungsmöglichkeit in Ihrem Unternehmen nutzen.

Häufigkeitsauswertungen nach Aspekten des Beschwerdeproblems

	Gesamt			Banken			Versicherungen			Versorger			Automobil			Nahrung & Getränke		
Wichtigkeit (1 = Eher nicht wichtig / 5 = Eher sehr wichtig)	Basis	Durch-schnitt	Standard-abweichung	Basis	Durch-schnitt	Standard-abweichung	Basis	Durch-schnitt	Standard-abweichung	Basis	Durch-schnitt	Standard-abweichung	Basis	Durch-schnitt	Standard-abweichung	Basis	Durch-schnitt	Standard-abweichung
	=100%	Ø	s	=100%	Ø	s	=100%	Ø	s	=100%	Ø	s	=100%	Ø	s	=100%	Ø	s
Art des Problems	147	4,73	0,515	27	4,74	0,526	15	4,67	0,488	18	4,61	0,778	7	4,57	0,535	17	4,88	0,332
Ort des Problemauftritts (Bereich, Filiale, Bezirk, ...)	147	3,75	1,302	28	4,04	0,999	15	4,47	1,125	18	3,56	1,423	7	3,86	1,215	17	3,94	1,249
Erst- oder Folgebeschwerde	147	3,66	1,156	28	3,46	1,170	15	3,80	1,265	18	3,67	0,907	7	4,29	1,113	17	3,29	1,047
Vom Kunden gewünschte Problemlösung	143	3,31	1,129	28	3,18	1,090	14	3,07	1,141	18	3,67	0,907	7	3,71	0,951	15	2,87	1,246
Gewährleistung/Kulanzanspruch	144	3,69	1,213	28	3,68	1,188	15	3,47	1,356	18	3,33	0,970	7	4,57	0,787	15	3,27	1,100
Reaktionsdringlichkeit	144	3,47	1,322	28	3,07	1,412	15	3,13	1,457	18	3,39	1,092	7	4,57	0,535	15	3,47	1,552

	Gesamt			Banken			Versicherungen			Versorger			Automobil			Nahrung & Getränke		
Umsetzung	Basis	Auswertung wird nicht genutzt	Auswertung wird genutzt	Basis	Auswertung wird nicht genutzt	Auswertung wird genutzt	Basis	Auswertung wird nicht genutzt	Auswertung wird genutzt	Basis	Auswertung wird nicht genutzt	Auswertung wird genutzt	Basis	Auswertung wird nicht genutzt	Auswertung wird genutzt	Basis	Auswertung wird nicht genutzt	Auswertung wird genutzt
	=100%			=100%			=100%			=100%			=100%			=100%		
Art des Problems	147	13%	87%	28	4%	96%	14	7%	93%	18	17%	83%	7	14%	86%	17	12%	88%
Ort des Problemauftritts (Bereich, Filiale, Bezirk, ...)	146	37%	63%	28	25%	75%	14	7%	93%	18	44%	56%	7	57%	43%	17	18%	82%
Erst- oder Folgebeschwerde	143	49%	51%	27	41%	59%	14	43%	57%	18	44%	56%	7	29%	71%	17	65%	35%
Vom Kunden gewünschte Problemlösung	143	71%	29%	28	68%	32%	14	79%	21%	18	61%	39%	7	57%	43%	16	88%	13%
Gewährleistung/Kulanzanspruch	141	40%	60%	28	25%	75%	13	46%	54%	18	61%	39%	7	14%	86%	16	69%	31%
Reaktionsdringlichkeit	143	65%	35%	28	79%	21%	14	71%	29%	18	67%	33%	7	43%	57%	16	56%	44%

Tabelle F1b - Fortsetzung

Häufigkeitsauswertungen nach Aspekten der sich beschwerenden Kunden

Wichtigkeit (1 = Eher nicht wichtig / 5 = Eher sehr wichtig)	Gesamt			Banken			Versicherungen			Versorger			Automobil			Nahrung & Getränke		
	Basis	Durch-schnitt	Standard-abweichung	Basis	Durch-schnitt	Standard-abweichung	Basis	Durch-schnitt	Standard-abweichung	Basis	Durch-schnitt	Standard-abweichung	Basis	Durch-schnitt	Standard-abweichung	Basis	Durch-schnitt	Standard-abweichung
	=100%	Ø	s	=100%	Ø	s	=100%	Ø	s	=100%	Ø	s	=100%	Ø	s	=100%	Ø	s
Anzahl der Kunden, die sich in einer Periode beschwert haben	148	4,38	0,914	28	4,46	0,793	15	4,60	0,632	18	4,33	0,970	7	4,00	1,414	17	4,24	1,147
Anzahl der Kunden, die sich mehrfach beschwert haben	144	3,64	1,174	28	3,43	1,200	15	3,73	1,438	18	3,56	1,097	6	4,00	1,095	16	3,19	1,223
Kundengruppen	143	3,51	1,162	28	3,89	0,956	15	3,00	1,195	18	3,61	1,092	6	3,67	1,506	16	3,31	1,078
Ausmaß der Verärgerung der Kunden	143	3,30	1,126	28	3,54	0,922	15	3,27	1,335	18	2,83	0,985	6	3,67	1,366	16	2,56	0,964

Umsetzung	Gesamt			Banken			Versicherungen			Versorger			Automobil			Nahrung & Getränke		
	Basis	Auswertung wird nicht genutzt	Auswertung wird genutzt	Basis	Auswertung wird nicht genutzt	Auswertung wird genutzt	Basis	Auswertung wird nicht genutzt	Auswertung wird genutzt	Basis	Auswertung wird nicht genutzt	Auswertung wird genutzt	Basis	Auswertung wird nicht genutzt	Auswertung wird genutzt	Basis	Auswertung wird nicht genutzt	Auswertung wird genutzt
	=100%			=100%			=100%			=100%			=100%			=100%		
Anzahl der Kunden, die sich in einer Periode beschwert haben	147	20%	80%	28	4%	96%	14	14%	86%	18	22%	78%	7	29%	71%	17	18%	82%
Anzahl der Kunden, die sich mehrfach beschwert haben	144	65%	35%	28	54%	46%	14	57%	43%	18	61%	39%	6	67%	33%	16	69%	31%
Kundengruppen	143	55%	45%	27	29%	71%	14	79%	21%	18	56%	44%	6	33%	67%	16	69%	31%
Ausmaß der Verärgerung der Kunden	144	79%	22%	28	69%	31%	14	79%	21%	18	78%	22%	6	67%	33%	16	94%	6%

Tabelle F1b - Fortsetzung

Häufigkeitsauswertungen nach Aspekten des Objekts der Beschwerde

Wichtigkeit (1 = Eher nicht wichtig / 5 = Eher sehr wichtig)	Gesamt			Banken			Versicherungen			Versorger			Automobil			Nahrung & Getränke		
	Basis	Durch-schnitt	Standard-abweichung	Basis	Durch-schnitt	Standard-abweichung	Basis	Durch-schnitt	Standard-abweichung	Basis	Durch-schnitt	Standard-abweichung	Basis	Durch-schnitt	Standard-abweichung	Basis	Durch-schnitt	Standard-abweichung
	=100%	Ø	s	=100%	Ø	s	=100%	Ø	s	=100%	Ø	s	=100%	Ø	s	=100%	Ø	s
Produkt/Dienstleistung	148	4,52	0,869	28	4,57	0,634	15	4,33	1,113	18	3,89	1,323	7	4,43	0,535	17	4,82	0,393
Service	145	4,40	0,946	28	4,68	0,548	15	4,33	1,113	18	4,39	1,145	7	4,29	0,756	15	3,53	1,407
Andere Aspekten des Marktangebots (Werbung, Preis, etc...)	141	3,62	1,186	27	4,15	0,907	15	3,53	1,356	16	3,44	1,209	7	3,43	0,976	14	2,93	1,328
Gesellschaftspolitisches Verhalten des Unternehmens	140	3,14	1,282	27	3,30	1,203	15	3,00	1,363	16	3,00	1,155	7	3,29	1,380	14	2,57	1,222

Umsetzung	Gesamt			Banken			Versicherungen			Versorger			Automobil			Nahrung & Getränke		
	Basis	Auswertung wird nicht genutzt	Auswertung wird genutzt	Basis	Auswertung wird nicht genutzt	Auswertung wird genutzt	Basis	Auswertung wird nicht genutzt	Auswertung wird genutzt	Basis	Auswertung wird nicht genutzt	Auswertung wird genutzt	Basis	Auswertung wird nicht genutzt	Auswertung wird genutzt	Basis	Auswertung wird nicht genutzt	Auswertung wird genutzt
	=100%			=100%			=100%			=100%			=100%			=100%		
Produkt/Dienstleistung	145	19%	81%	28	11%	89%	14	21%	79%	18	44%	56%	7	28%	72%	16	6%	94%
Service	143	32%	69%	28	7%	93%	14	29%	71%	18	28%	72%	7	57%	43%	15	67%	33%
Andere Aspekten des Marktangebots (Werbung, Preis, etc...)	139	50%	50%	28	21%	79%	14	43%	57%	16	63%	38%	7	71%	29%	14	64%	36%
Gesellschaftspolitisches Verhalten des Unternehmens	138	71%	29%	28	54%	46%	14	64%	36%	16	88%	13%	7	71%	29%	13	92%	8%

Tabelle F2a

In welchen Abständen werten Sie Beschwerden aus? (Mehrfachnennungen möglich)

	Basis =100%	Täglich	Wöchentlich	Monatlich	Alle XX Monate	Keine reglemäßige Auswertung	Andere
Auswertung	149	12,8%	16,1%	57,0%	28,2%	14,8%	16,1%

	alle 2 Monate	alle 3 Monate	alle 4 Monate	alle 6 Monate	alle 12 Monate	Ø Monate
Anzahl Unternehmen	1	25	1	8	7	5,07

Tabelle F2b

In welchen Abständen werten Sie Beschwerden aus? (Mehrfachnennungen möglich)

	Gesamt	Banken	Versicherungen	Versorger	Automobil	Nahrung & Getränke
Basis (=100%)	149	28	14	17	7	17
Täglich	12,8%	10,7%	0,0%	17,6%	28,6%	17,6%
Wöchentlich	16,1%	3,6%	0,0%	23,5%	14,3%	17,6%
Monatlich	57,0%	53,6%	50,0%	41,2%	57,1%	70,6%
Alle XX Monate / Ø Monate	28,2% / Ø 5,07 Monate	57,1% / Ø 4,31 Monate	53,3% / Ø 4,88 Monate	29,4% / Ø 6,60 Monate	0% / Ø 0 Monate	17,6% / Ø 6,0 Monate
Keine regelmäßige Auswertung	14,8%	7,1%	7,1%	23,5%	28,6%	11,8%
Andere	16,1%	28,6%	28,6%	5,9%	0,0%	11,8%

Tabelle F3a

Für wie wichtig halten Sie die folgenden Aspekte der Auswertung von Kundenbeschwerden in Ihrem Unternehmen? Bitte beurteilen Sie auch den Umsetzungsstatus dieser Aspekte in Ihrem Unternehmen

Wichtigkeit	Basis	Eher nicht wichtig				Eher sehr wichtig	Summe	Durch-schnitt	Standard-abweichung	Bottom two	Top two
	=100%	1	2	3	4	5	Σ	Ø	s	B	T
Abgleich von Informationen aus Beschwerden mit anderen Marktforschungsdaten (z.B. aus der Kundenzufriedenheitsanalyse)	149	3,4%	4,0%	28,2%	38,3%	26,2%	100%	3,80	0,986	7,4%	64,5%
Unterstützung der quantitativen Auswertung durch eine Beschwerdemanagementsoftware	149	2,7%	6,0%	12,1%	33,6%	45,6%	100%	4,13	1,024	51,6%	30,8%
Weitergehende komplexe statistische Auswertungen, z.B. Kreuztabellierungen	148	10,8%	16,9%	22,3%	29,7%	20,4%	100%	3,32	1,273	27,7%	50,1%
Systematische Ursachenanalyse hinsichtlich der Beschwerdegründe	148	0,7%	2,0%	10,1%	27,0%	60,1%	100%	4,44	0,810	2,7%	87,1%

Umsetzung	Basis	Nicht realisiert				Voll realisiert	Summe	Durch-schnitt	Standard-abweichung	Bottom two	Top two
	=100%	1	2	3	4	5	Σ	Ø	s	B	T
Abgleich von Informationen aus Beschwerden mit anderen Marktforschungsdaten (z.B. aus der Kundenzufriedenheitsanalyse)	149	34,2%	17,4%	17,4%	20,1%	10,7%	100%	2,56	1,411	51,6%	30,8%
Unterstützung der quantitativen Auswertung durch eine Beschwerdemanagementsoftware	149	28,2%	8,1%	12,8%	14,8%	36,2%	100%	3,23	1,665	36,3%	51,0%
Weitergehende komplexe statistische Auswertungen, z.B. Kreuztabellierungen	149	50,3%	11,4%	14,1%	9,4%	14,8%	100%	2,27	1,514	61,7%	24,2%
Systematische Ursachenanalyse hinsichtlich der Beschwerdegründe	149	14,9%	9,5%	21,6%	27,0%	27,0%	100%	3,42	1,370	24,4%	54,0%

Tabelle F3b

Für wie wichtig halten Sie die folgenden Aspekte der Auswertung von Kundenbeschwerden in Ihrem Unternehmen? Bitte beurteilen Sie auch den Umsetzungsstatus dieser Aspekte in Ihrem Unternehmen

	Gesamt			Banken			Versicherungen			Versorger			Automobil			Nahrung & Getränke		
Wichtigkeit (1 = Eher nicht wichtig / 5 = Eher sehr wichtig)	Basis	Durch-schnitt	Standard-abweichung	Basis	Durch-schnitt	Standard-abweichung	Basis	Durch-schnitt	Standard-abweichung	Basis	Durch-schnitt	Standard-abweichung	Basis	Durch-schnitt	Standard-abweichung	Basis	Durch-schnitt	Standard-abweichung
	=100%	Ø	s	=100%	Ø	s	=100%	Ø	s	=100%	Ø	s	=100%	Ø	s	=100%	Ø	s
Abgleich von Informationen aus Beschwerden mit anderen Marktforschungsdaten (z.B. aus der Kundenzufriedenheitsanalyse)	149	3,80	0,986	28	4,21	0,787	15	3,73	1,100	18	3,67	0,907	7	4,00	0,816	17	3,41	0,795
Unterstützung der quantitativen Auswertung durch eine Beschwerdemanagementsoftware	149	4,13	1,024	28	4,25	0,844	15	3,93	1,280	18	4,22	0,943	7	4,29	0,756	17	4,06	0,966
Weitergehende komplexe statistische Auswertungen, z.B. Kreuztabellierungen	148	3,32	1,273	28	3,64	1,129	15	3,53	1,407	18	3,33	1,138	7	3,71	1,380	16	2,75	1,483
Systematische Ursachenanalyse hinsichtlich der Beschwerdegründe	148	4,44	0,810	28	4,43	0,742	15	4,80	0,414	17	4,35	0,996	7	4,71	0,488	17	4,59	0,712

	Gesamt			Banken			Versicherungen			Versorger			Automobil			Nahrung & Getränke		
Umsetzung (1 = Nicht realisiert / 5 = Voll realisiert)	Basis	Durch-schnitt	Standard-abweichung	Basis	Durch-schnitt	Standard-abweichung	Basis	Durch-schnitt	Standard-abweichung	Basis	Durch-schnitt	Standard-abweichung	Basis	Durch-schnitt	Standard-abweichung	Basis	Durch-schnitt	Standard-abweichung
	=100%	Ø	s	=100%	Ø	s	=100%	Ø	s	=100%	Ø	s	=100%	Ø	s	=100%	Ø	s
Abgleich von Informationen aus Beschwerden mit anderen Marktforschungsdaten (z.B. aus der Kundenzufriedenheitsanalyse)	149	2,56	1,411	28	3,00	1,515	15	2,67	1,345	18	2,44	1,504	7	2,14	1,069	17	1,82	1,286
Unterstützung der quantitativen Auswertung durch eine Beschwerdemanagementsoftware	149	3,23	1,665	28	3,57	1,501	15	2,93	1,831	18	3,22	1,592	7	3,71	1,604	17	3,47	1,625
Weitergehende komplexe statistische Auswertungen, z.B. Kreuztabellierungen	149	2,27	1,514	28	2,54	1,688	15	2,40	1,502	18	2,00	1,372	7	3,14	1,574	17	2,18	1,704
Systematische Ursachenanalyse hinsichtlich der Beschwerdegründe	149	3,42	1,370	28	3,64	1,062	15	3,73	1,100	17	3,29	1,448	7	2,71	1,496	17	3,82	1,286

Tabelle G1a

Kennen Sie den Anteil der unzufriedenen bzw. der abwanderungsgefährdeten Kunden in Ihrem Unternehmen?

	Basis	Nein	Ja, für manche Kundenseg.	Ja	Summe
	=100%				Σ
Anteil der unzufriedenen Kunden	149	30,9%	37,6%	31,5%	100%
Anteil der abwanderungsgefährderten Kunden	149	44,3%	34,9%	20,8%	100%

Tabelle G1b

Kennen Sie den Anteil der unzufriedenen bzw. der abwanderungsgefährdeten Kunden in Ihrem Unternehmen?

	Gesamt	Banken	Versicherungen	Versorger	Automobil	Nahrung & Getränke
Anteil der unzufriedenen Kunden						
Basis (=100%)	149	28	15	18	7	17
Nein	31%	25,0%	33,3%	16,7%	14,2%	41,2%
Ja, für manche Kundensegmente	38%	39,3%	40,0%	22,2%	42,9%	35,3%
Ja	32%	35,7%	26,7%	61,1%	42,9%	23,5%
Anteil der abwanderungsgefährderten Kunden						
Basis (=100%)	149	28	15	18	7	17
Nein	44%	42,9%	40,0%	22,2%	28,6%	52,9%
Ja, für manche Kundensegmente	35%	32,1%	33,3%	27,8%	57,1%	47,1%
Ja	21%	25,0%	26,7%	50,0%	14,3%	0,0%

Tabelle G2a

Welche der folgenden Kennzahlen eines Beschwerdemanagement-Controlling erheben Sie? Bitte geben Sie auch an, welche der Kennzahlen Sie für die Vorgabe von Leistungsstandards für das Beschwerdemanagement nutzen.

	Basis	Keine Erhebung	Unregelmäßige Erhebung	Regelmäßige Erhebung	Summe	Basis	Grundlage für Leistungs-standards
	=100%				Σ	=100%	
Beschwerdequote (Anteil der Kunden, die sich beschweren, gemessen an der gesamten Kundenzahl)	142	41,5%	23,9%	34,5%	100%	143	16,1%
Artikulationsquote (Anteil der Kunden, die sich beschweren, gemessen an allen unzufriedenen Kunden)	141	69,5%	16,3%	14,2%	100%	142	5,6%

Tabelle G2b

Welche der folgenden Kennzahlen eines Beschwerdemanagement-Controlling erheben Sie? Bitte geben Sie auch an, welche der Kennzahlen Sie für die Vorgabe von Leistungsstandards für das Beschwerdemanagement nutzen.

	Gesamt	Banken	Versicherungen	Versorger	Automobil	Nahrung & Getränke
Beschwerdequote						
Basis (=100%)	142	28	14	18	6	15
Keine Erhebung	42%	32%	29%	39%	67%	53%
Unregelmäßige Erhebung	24%	25%	14%	33%	0%	20%
Regelmäßige Erhebung	35%	43%	57%	28%	33%	27%
Anteil der Unternehmen, die diese Kennzahl als Leistungsstandard nutzen	16%	14%	21%	11%	17%	13%
Artikulationsquote						
Basis (=100%)	141	28	15	18	4	15
Keine Erhebung	70%	57%	87%	67%	50%	87%
Unregelmäßige Erhebung	16%	25%	0%	0%	25%	13%
Regelmäßige Erhebung	14%	18%	13%	33%	25%	0%
Anteil der Unternehmen, die diese Kennzahl als Leistungsstandard nutzen	6%	7%	0%	0%	0%	0%

Tabelle G3a

Welche der folgenden Kennzahlen eines Beschwerdemanagement-Controlling erheben Sie? Bitte geben Sie auch an, welche der Kennzahlen Sie für die Vorgabe von Leistungsstandards für das Beschwerdemanagement nutzen.

	Basis	Keine Erhebung	Unregelmäßige Erhebung	Regelmäßige Erhebung	Summe	Basis	Grundlage für Leistungs-standards
	=100%				Σ	=100%	
Adressatenquote pro Kontaktkanal (Anteil der Beschwerden pro Kontaktkanal)	144	44,4%	12,5%	43,1%	100%	143	10,4%
Erstkontaktquote (Anteil der Beschwerden, die in einem ersten Kontakt mit dem Kunden gelöst werden können)	141	64,4%	10,6%	24,8%	100%	142	18,2%
Bearbeitungsdauer (Durchschnittlicher Zeitbedarf, um eine Beschwerde zu lösen)	139	22,3%	25,9%	51,8%	100%	144	42,6%
Liegedauer (Zeitdauer, die eine Beschwerde unbearbeitet nach Eingang liegen bleibt)	141	39,7%	23,4%	36,9%	100%	143	27,8%
Eskalationsquote (Anteil der Beschwerden, die an die höhere Hierarchie-Ebene weitergeleitet werden)	143	65,7%	17,5%	16,8%	100%	144	6,3%
Folgequote (Anteil der Beschwerden, die eine Folgebeschwerde sind)	143	47,6%	21,7%	30,8%	100%	144	10,5%
Verlustquote (Anteil der Kunden, die trotz einer Beschwerde abgewandert sind)	142	74,6%	14,1%	11,3%	100%	143	3,5%
Zahl der zentral bearbeiteten schriftliche Beschwerden pro Arbeitsstunde	142	69,7%	11,3%	19,0%	100%	143	11,2%
Zahl der zentral angenommenen telefonischen Beschwerden pro Arbeitsstunde	140	66,4%	11,4%	22,1%	100%	143	10,6%

Tabelle G3b

Welche der folgenden Kennzahlen eines Beschwerdemanagement-Controlling erheben Sie? Bitte geben Sie auch an, welche der Kennzahlen Sie für die Vorgabe von Leistungsstandards für das Beschwerdemanagement nutzen.

	Gesamt	Banken	Versicherungen	Versorger	Automobil	Nahrung & Getränke
Adressatenquote pro Kontaktkanal						
Basis (=100%)	144	28	15	18	6	15
Keine Erhebung	44%	36%	60%	39%	50%	73%
Unregelmäßige Erhebung	13%	21%	0%	6%	0%	0%
Regelmäßige Erhebung	43%	43%	40%	55%	50%	27%
Anteil der Unternehmen, die diese Kennzahl als Leistungsstandard nutzen	10%	7%	0%	11%	17%	7%
Erstkontaktquote						
Basis (=100%)	141	28	15	18	5	15
Keine Erhebung	65%	68%	73%	61%	80%	73%
Unregelmäßige Erhebung	11%	7%	7%	11%	0%	27%
Regelmäßige Erhebung	25%	25%	20%	28%	20%	0%
Anteil der Unternehmen, die diese Kennzahl als Leistungsstandard nutzen	18%	7%	0%	22%	20%	7%
Bearbeitungsdauer						
Basis (=100%)	139	28	15	18	6	15
Keine Erhebung	22%	18%	13%	22%	17%	27%
Unregelmäßige Erhebung	26%	30%	13%	33%	17%	20%
Regelmäßige Erhebung	52%	52%	74%	44%	66%	53%
Anteil der Unternehmen, die diese Kennzahl als Leistungsstandard nutzen	43%	46%	33%	44%	33%	33%

Tabelle G3b - Fortsetzung

	Gesamt	Banken	Versicherungen	Versorger	Automobil	Nahrung & Getränke
Liegedauer						
Basis (=100%)	141	28	15	18	6	15
Keine Erhebung	40%	63%	40%	22%	33%	46%
Unregelmäßige Erhebung	23%	15%	20%	39%	33%	27%
Regelmäßige Erhebung	37%	22%	40%	39%	34%	27%
Anteil der Unternehmen, die diese Kennzahl als Leistungsstandard nutzen	28%	25%	27%	39%	17%	27%
Eskalationsquote						
Basis (=100%)	143	28	15	18	6	15
Keine Erhebung	66%	79%	73%	67%	66%	74%
Unregelmäßige Erhebung	18%	7%	7%	28%	17%	13%
Regelmäßige Erhebung	17%	14%	20%	5%	17%	13%
Anteil der Unternehmen, die diese Kennzahl als Leistungsstandard nutzen	6%	4%	0%	6%	17%	0%
Folgequote						
Basis (=100%)	143	28	15	18	5	15
Keine Erhebung	48%	39%	40%	55%	40%	60%
Unregelmäßige Erhebung	22%	18%	20%	17%	20%	27%
Regelmäßige Erhebung	31%	43%	40%	28%	40%	13%
Anteil der Unternehmen, die diese Kennzahl als Leistungsstandard nutzen	11%	11%	13%	17%	20%	0%

Tabelle G3b - Fortsetzung

	Gesamt	Banken	Versicherungen	Versorger	Automobil	Nahrung & Getränke
Verlustquote						
Basis (=100%)	142	28	15	18	5	15
Keine Erhebung	75%	61%	60%	72%	80%	93%
Unregelmäßige Erhebung	14%	25%	27%	22%	20%	0%
Regelmäßige Erhebung	11%	14%	13%	6%	0%	7%
Anteil der Unternehmen, die diese Kennzahl als Leistungsstandard nutzen	4%	0%	0%	6%	0%	0%
Zahl der zentral bearbeiteten schriftliche Beschwerden pro Arbeitsstunde						
Basis (=100%)	142	27	15	18	6	15
Keine Erhebung	70%	71%	93%	67%	33%	93%
Unregelmäßige Erhebung	11%	7%	0%	22%	33%	7%
Regelmäßige Erhebung	19%	22%	7%	11%	34%	0%
Anteil der Unternehmen, die diese Kennzahl als Leistungsstandard nutzen	11%	11%	7%	6%	33%	0%
Zahl der zentral angenommenen telefonischen Beschwerden pro Arbeitsstunde						
Basis (=100%)	140	27	15	18	5	15
Keine Erhebung	66%	71%	87%	61%	20%	100%
Unregelmäßige Erhebung	11%	7%	0%	28%	40%	0%
Regelmäßige Erhebung	22%	22%	13%	11%	40%	0%
Anteil der Unternehmen, die diese Kennzahl als Leistungsstandard nutzen	11%	4%	7%	6%	20%	0%

Tabelle G4a

Welche der folgenden Dimensionen der kundenseitigen Zufriedenheit mit dem unternehmerischen Umgang mit Beschwerden ermitteln Sie? Bitte geben Sie auch an, welche dieser Dimensionen Sie für die Vorgabe von Leistungsstandards für das Beschwerdemanagement nutzen.

	Basis	Keine Erhebung	Unregelmäßige Erhebung	Regelmäßige Erhebung	Summe	Basis	Grundlage für Leistungs-standards
	=100%				Σ	=100%	
Globale Zufriedenheit mit der unternehmensseitigen Reaktion auf eine Beschwerde insgesamt	144	51,4%	21,5%	27,1%	100%	144	12,5%
Zugänglichkeit – Leichtigkeit, mit der eine Beschwerde artikuliert werden kann	143	68,5%	20,3%	11,2%	100%	143	8,4%
Interaktionsqualität - Gestaltung der Interaktion während der Annahme und Bearbeitung der Beschwerde (u.a. Freundlichkeit, Höflichkeit)	142	51,4%	23,9%	24,6%	100%	145	21,4%
Reaktionsschnelligkeit, mit der auf das Kundenanliegen reagiert wird	143	30,8%	30,1%	39,2%	100%	145	30,3%
Angemessenheit der Problemlösung bzw. der Fairness der angebotenen Lösung	141	58,2%	28,4%	13,5%	100%	144	12,5%
Unternehmensinterne Zufriedenheit von Stellen/Abteilungen mit Reports und Auswertungen	144	65,3%	24,3%	10,4%	100%	144	6,3%

Tabelle G4b

Welche der folgenden Dimensionen der kundenseitigen Zufriedenheit mit dem unternehmerischen Umgang mit Beschwerden ermitteln Sie? Bitte geben Sie auch an, welche dieser Dimensionen Sie für die Vorgabe von Leistungsstandards für das Beschwerdemanagement nutzen.

	Gesamt	Banken	Versicherungen	Versorger	Automobil	Nahrung & Getränke
Globale Zufriedenheit mit der unternehmensseitigen Reaktion auf eine Beschwerde insgesamt						
Basis (=100%)	144	28	15	15	7	15
Keine Erhebung	51%	39%	73%	53%	57%	80%
Unregelmäßige Erhebung	22%	36%	0%	27%	14%	20%
Regelmäßige Erhebung	27%	25%	27%	20%	29%	0%
Anteil der Unternehmen, die diese Kennzahl als Leistungsstandard nutzen	13%	14%	7%	13%	14%	7%
Zugänglichkeit – Leichtigkeit, mit der eine Beschwerde artikuliert werden kann						
Basis (=100%)	143	26	15	16	7	15
Keine Erhebung	69%	73%	87%	69%	86%	73%
Unregelmäßige Erhebung	20%	27%	0%	19%	0%	20%
Regelmäßige Erhebung	11%	0%	13%	12%	14%	7%
Anteil der Unternehmen, die diese Kennzahl als Leistungsstandard nutzen	8%	8%	7%	6%	14%	7%
Interaktionsqualität - Gestaltung der Interaktion während der Annahme und Bearbeitung der Beschwerde (u.a. Freundlichkeit, Höflichkeit)						
Basis (=100%)	142	28	15	16	7	15
Keine Erhebung	51%	36%	73%	56%	57%	66%
Unregelmäßige Erhebung	24%	39%	0%	19%	14%	27%
Regelmäßige Erhebung	25%	25%	27%	25%	29%	7%
Anteil der Unternehmen, die diese Kennzahl als Leistungsstandard nutzen	21%	21%	13%	31%	29%	13%

Tabelle G4b - Fortsetzung

	Gesamt	Banken	Versicherungen	Versorger	Automobil	Nahrung & Getränke
Reaktionsschnelligkeit, mit der auf das Kundenanliegen reagiert wird						
Basis (=100%)	143	28	15	16	7	15
Keine Erhebung	31%	29%	33%	19%	29%	47%
Unregelmäßige Erhebung	30%	32%	7%	44%	29%	33%
Regelmäßige Erhebung	39%	39%	60%	37%	42%	20%
Anteil der Unternehmen, die diese Kennzahl als Leistungsstandard nutzen	30%	32%	27%	38%	29%	27%
Angemessenheit der Problemlösung bzw. der Fairness der angebotenen Lösung						
Basis (=100%)	141	28	15	16	6	15
Keine Erhebung	58%	50%	73%	56%	50%	60%
Unregelmäßige Erhebung	28%	36%	7%	25%	33%	33%
Regelmäßige Erhebung	14%	14%	20%	19%	17%	7%
Anteil der Unternehmen, die diese Kennzahl als Leistungsstandard nutzen	13%	7%	7%	19%	17%	13%
Unternehmensinterne Zufriedenheit von Stellen/Abteilungen mit Reports und Auswertungen						
Basis (=100%)	144	28	15	16	6	15
Keine Erhebung	65%	64%	80%	63%	50%	67%
Unregelmäßige Erhebung	24%	29%	0%	37%	33%	20%
Regelmäßige Erhebung	10%	7%	20%	0%	17%	13%
Anteil der Unternehmen, die diese Kennzahl als Leistungsstandard nutzen	6%	4%	0%	0%	17%	13%

Tabelle G5a

Wie beurteilen Sie die Güte der Prozesse und Instrumente der verschiedenen Aufgaben des Beschwerdemanagements in Ihrem Unternehmen?

	Basis	Eher geringe Güte				Eher Best Practice	Summe	Durch-schnitt	Standard-abweichung	Bottom two	Top two
	=100%	1	2	3	4	5	Σ	Ø	s	B	T
Beschwerdestimulierung	143	15,4%	33,6%	26,6%	20,3%	4,2%	100%	2,64	1,097	49,0%	24,5%
Beschwerdeannahme	147	0,0%	5,4%	25,9%	47,6%	21,1%	100%	3,84	0,817	5,4%	68,7%
Beschwerdebearbeitung	148	0,0%	3,4%	25,0%	47,3%	24,3%	100%	3,93	0,792	3,4%	71,6%
Beschwerdereaktion	148	0,0%	4,7%	25,7%	45,9%	23,6%	100%	3,89	0,821	4,7%	69,5%
Beschwerdeauswertung	148	4,7%	14,9%	34,5%	33,8%	12,2%	100%	3,34	1,027	19,6%	46,0%
Beschwerdereporting	148	9,5%	16,2%	29,7%	31,1%	13,5%	100%	3,23	1,161	25,7%	44,6%
Beschwerdemanagement-Controlling	146	21,9%	28,8%	28,8%	15,1%	5,5%	100%	2,53	1,152	50,7%	20,6%

Tabelle G5b

Wie beurteilen Sie die Güte der Prozesse und Instrumente der verschiedenen Aufgaben des Beschwerdemanagements in Ihrem Unternehmen?
(1 = Eher geringe Güte / 5 = Eher Best Practice)

	Gesamt			Banken			Versicherungen		
	Basis	Durch-schnitt	Standard-abweichung	Basis	Durch-schnitt	Standard-abweichung	Basis	Durch-schnitt	Standard-abweichung
	=100%	Ø	s	=100%	Ø	s	=100%	Ø	s
Beschwerdestimulierung	143	2,64	1,097	27	2,85	1,027	14	2,29	1,069
Beschwerdeannahme	147	3,84	0,817	28	3,82	0,723	15	3,87	0,743
Beschwerdebearbeitung	148	3,93	0,792	28	3,86	0,705	15	3,87	0,834
Beschwerdereaktion	148	3,89	0,821	28	3,75	0,585	15	3,80	0,862
Beschwerdeauswertung	148	3,34	1,027	28	3,32	1,020	15	3,60	0,828
Beschwerdereporting	148	3,23	1,161	28	3,36	1,026	15	3,60	0,828
Beschwerdemanagement-Controlling	146	2,53	1,152	27	2,56	0,892	14	3,00	1,109

	Versorger			Automobil			Nahrung & Getränke		
	Basis	Durch-schnitt	Standard-abweichung	Basis	Durch-schnitt	Standard-abweichung	Basis	Durch-schnitt	Standard-abweichung
	=100%	Ø	s	=100%	Ø	s	=100%	Ø	s
Beschwerdestimulierung	17	2,65	0,931	7	2,43	0,787	16	2,75	1,438
Beschwerdeannahme	18	3,56	0,784	7	3,86	0,378	16	4,19	0,834
Beschwerdebearbeitung	18	3,89	0,832	7	4,29	0,488	16	4,31	0,704
Beschwerdereaktion	18	3,72	0,752	7	4,14	1,069	16	4,25	0,775
Beschwerdeauswertung	18	3,22	0,943	7	3,29	1,113	16	3,56	1,031
Beschwerdereporting	18	3,06	0,998	7	3,43	1,134	16	3,38	1,025
Beschwerdemanagement-Controlling	18	2,17	0,924	7	2,57	1,134	16	2,31	1,302

Tabelle G6a

Welche Kosten des Beschwerdemanagements erheben Sie in Ihrem Unternehmen?

	Basis	Keine Erhebung	Unregelmäßige Erhebung	Regelmäßige Erhebung	Summe
	=100%				Σ
Unmittelbare Personalkosten der im Beschwerdemanagement beschäftigten Mitarbeiter	143	46,9%	9,1%	44,1%	100%
Mittelbare Personalkosten der für das Beschwerdemanagement tätigen Mitarbeiter aus anderen Bereichen (z.B. Unterstützung der Fachabteilungen bei der Suche nach einer Lösung für einen Kunden)	142	83,8%	9,9%	6,3%	100%
Verwaltungskosten für Büromaterial, Raumkosten, etc.	144	57,6%	6,9%	35,4%	100%
Kommunikationskosten im Rahmen kommunikativer Prozesse zur Lösung des Kundenproblems	143	71,3%	9,8%	18,9%	100%
Kosten für kleine Geschenke, Give-Aways oder Gutscheine als Wiedergutmachung	146	37,7%	20,5%	41,8%	100%
Kulanzkosten für freiwillige Leistungen, auf die der Kunde *keinen* gesetzlichen/vertraglichen Anspruch hat	145	35,9%	17,9%	46,2%	100%
Gewährleistungskosten für Leistungen, auf die der Kunde einen gesetzlichen/vertraglichen Anspruch hat	141	44,0%	12,1%	44,0%	100%

Tabelle G6b

Welche Kosten des Beschwerdemanagements erheben Sie in Ihrem Unternehmen?

	Gesamt	Banken	Versicherungen	Versorger	Automobil	Nahrung & Getränke
Unmittelbare Personalkosten der im Beschwerdemanagement beschäftigten Mitarbeiter						
Basis (=100%)	143	28	13	16	7	15
Keine Erhebung	47%	47%	92%	75%	43%	40%
Unregelmäßige Erhebung	9%	14%	0%	6%	0%	20%
Regelmäßige Erhebung	44%	39%	8%	19%	57%	40%
Mittelbare Personalkosten der für das Beschwerdemanagement tätigen Mitarbeiter aus anderen Bereichen						
Basis (=100%)	142	28	12	16	7	15
Keine Erhebung	84%	86%	100%	88%	57%	80%
Unregelmäßige Erhebung	10%	14%	0%	6%	14%	20%
Regelmäßige Erhebung	6%	0%	0%	6%	29%	0%
Verwaltungskosten für Büromaterial, Raumkosten, etc.						
Basis (=100%)	144	28	13	17	7	15
Keine Erhebung	58%	50%	92%	82%	43%	67%
Unregelmäßige Erhebung	7%	11%	0%	12%	0%	7%
Regelmäßige Erhebung	35%	39%	8%	6%	57%	26%
Kommunikationskosten im Rahmen kommunikativer Prozesse zur Lösung des Kundenproblems						
Basis (=100%)	143	28	13	17	7	14
Keine Erhebung	71%	82%	100%	65%	57%	86%
Unregelmäßige Erhebung	10%	7%	0%	29%	0%	14%
Regelmäßige Erhebung	19%	11%	0%	6%	43%	0%

Tabelle G6b - Fortsetzung

	Gesamt	Banken	Versicherungen	Versorger	Automobil	Nahrung & Getränke
Kosten für kleine Geschenke, Give-Aways oder Gutscheine als Wiedergutmachung						
Basis (=100%)	146	28	14	17	7	16
Keine Erhebung	38%	25%	79%	29%	43%	19%
Unregelmäßige Erhebung	21%	21%	14%	47%	14%	31%
Regelmäßige Erhebung	42%	54%	7%	24%	43%	50%
Kulanzkosten für freiwillige Leistungen, auf die der Kunde *keinen* gesetzlichen/vertraglichen Anspruch hat						
Basis (=100%)	145	27	14	17	7	16
Keine Erhebung	36%	19%	72%	53%	14%	38%
Unregelmäßige Erhebung	18%	19%	14%	35%	0%	31%
Regelmäßige Erhebung	46%	62%	14%	12%	86%	31%
Gewährleistungskosten für Leistungen, auf die der Kunde einen gesetzlichen/vertraglichen Anspruch hat						
Basis (=100%)	141	26	13	17	7	15
Keine Erhebung	44%	42%	85%	53%	14%	40%
Unregelmäßige Erhebung	12%	16%	0%	29%	0%	13%
Regelmäßige Erhebung	44%	42%	15%	18%	86%	47%

Tabelle G7a

Wie hoch schätzen Sie die Kosten pro bearbeitete Beschwerde in Ihrem Unternehmen im Durchschnitt ein?

	Basis	Weiß nicht/ fehlend		Frage beantwortet		Durchschnitt	Standard-abweichung	Quartile*		
	gesamt		%	=100%	%	EUR	s	25%	Median 50%	75%
Kosten pro Beschwerden	149	109	73%	40	27%	109,03 EUR	142,72	25 €	60 €	143 €

* Die Quartile sind diejenigen Punkte der Messwertskala, unterhalb denen 25%, 50%, 75% der Angaben der Teilnehmer (Messwerte) liegen.

Tabelle G7b

Wie hoch schätzen Sie die Kosten pro bearbeitete Beschwerde in Ihrem Unternehmen im Durchschnitt ein?

	Gesamt			Banken		Versicherungen		Versorger		Automobil		Nahrung & Getränke	
	Basis	Durch-schnitt	Standard-abweichung	Basis	Durchschnitt	Basis	Durchschnitt	Basis	Durchschnitt	Basis	Durchschnitt	Basis	Durchschnitt
	=100%	EUR	s	=100%	EUR	=100%	EUR	=100%	EUR	=100%	EUR	=100%	EUR
Kosten pro Beschwerde	40	109 €	143	9	165 €	1	10 €	3	98 €	3	76 €	3	55 €

Tabelle G8a

Wenn Beschwerden via E-Mail oder via Internet-Formular eingehen: Wie groß schätzen Sie die Ersparnis pro bearbeitete Beschwerde im Durchschnitt ein?

	Basis	Weiß nicht/ fehlend		Frage beantwortet		Durchschnitt	Standard-abweichung	Quartile*		
	gesamt		%	=100%	%	%	s	25%	Median 50%	75%
Gegenüber persönlichen Beschwerden am Point of Sale	149	102	68%	47	32%	22,39%	29,04	0%	3%	50%
Gegenüber persönlichen Beschwerden am Telefon	149	93	62%	56	38%	16,96%	23,64	0%	1%	30%
Gegenüber schriftlichen Beschwerden via Brief / Fax	149	95	64%	54	36%	20,51%	23,18	0%	13%	20%

* Die Quartile sind diejenigen Punkte der Messwertskala, unterhalb denen 25%, 50%, 75% der Angaben der Teilnehmer (Messwerte) liegen.

Tabelle G8b

Wenn Beschwerden via E-Mail oder via Internet-Formular eingehen: Wie groß schätzen Sie die Ersparnis pro bearbeitete Beschwerde im Durchschnitt ein?

	Gesamt			Banken			Versicherungen			Versorger			Automobil			Nahrung & Getränke		
	Basis	Durch-schnitt	Standard-abweichung	Basis	Durch-schnitt	Standard-abweichung	Basis	Durch-schnitt	Standard-abweichung	Basis	Durch-schnitt	Standard-abweichung	Basis	Durch-schnitt	Standard-abweichung	Basis	Durch-schnitt	Standard-abweichung
	=100%	%	s	=100%	%	s	=100%	%	s	=100%	%	s	=100%	%	s	=100%	%	s
Gegenüber persönlichen Beschwerden am Point of Sale	47	22%	29,04	12	24%	22,344	3	25%	43,301	4	3%	5,000	2	0%	0,000	5	24%	33,615
Gegenüber persönlichen Beschwerden am Telefon	56	17%	23,64	12	18%	23,677	3	1%	1,155	5	10%	22,361	3	0%	0,000	5	22%	22,804
Gegenüber schriftlichen Beschwerden via Brief / Fax	54	21%	23,18	13	20%	22,496	3	27%	41,932	5	22%	25,884	3	17%	20,817	5	12%	17,889

Tabelle G9a

Welche der folgenden Kosten einer Beschwerde werden einer verursachenden Stelle/Teilbereich in Ihrem Unternehmen weiterverrechnet? (Mehrfachnennungen möglich)

	Basis =100%	Es erfolgt keine Weiterverrechnung von Kosten	Anteilige Personalkosten des Beschwerdemanagements	Anteilige Verwaltungskosten	Kommunikationskosten	Kosten für kleine Geschenke, Gutscheine, etc.	Kulanzkosten	Gewährleistungskosten
Weiterverrechnung von Kosten	144	59,7%	11,1%	9,7%	7,6%	20,1%	36,8%	28,5%

Tabelle G9b

Welche der folgenden Kosten einer Beschwerde werden einer verursachenden Stelle/Teilbereich in Ihrem Unternehmen weiterverrechnet? (Mehrfachnennungen möglich)

	Gesamt	Banken	Versicherungen	Versorger	Automobil	Nahrung & Getränke
Basis (=100%)	144	26	15	18	7	16
Es erfolgt keine Weiterverrechnung von Kosten	59,7%	53,8%	73,3%	66,7%	28,6%	50,0%
Anteilige Personalkosten des Beschwerdemanagements	11,1%	11,5%	13,3%	11,1%	0,0%	6,3%
Anteilige Verwaltungskosten	9,7%	7,7%	13,3%	11,1%	0,0%	0,0%
Kommunikationskosten	7,6%	7,7%	6,7%	11,1%	0,0%	0,0%
Kosten für kleine Geschenke, Gutscheine, etc.	20,1%	15,4%	26,7%	22,2%	0,0%	31,3%
Kulanzkosten	36,8%	46,2%	20,0%	33,3%	85,7%	43,8%
Gewährleistungskosten	28,5%	30,8%	6,7%	16,7%	71,4%	50,0%

Tabelle G10a

Für wie wichtig halten Sie die folgenden Nutzenkomponenten des Beschwerdemanagements? Bitte geben Sie auch an, wie Sie die Messbarkeit der Nutzengrößen beurteilen und welche Größen in Ihrem Unternehmen quantifiziert werden.

Wichtigkeit	Basis	Eher nicht wichtig				Eher sehr wichtig	Summe	Durch-schnitt	Standard-abweichung	Bottom two	Top two
	=100%	1	2	3	4	5	Σ	Ø	s	B	T
Informationsnutzen durch Nutzung der in den Beschwerden enthaltenen Informationen zur künftigen Fehlervermeidung und Leistungsverbesserung	146	0,0%	0,7%	6,2%	26,7%	66,4%	100%	4,59	0,640	0,7%	93,1%
Einstellungsnutzen durch Verbesserung der Einstellung von sich beschwerenden Kunden gegenüber dem Unternehmen	143	2,1%	3,5%	20,3%	35,0%	39,2%	100%	4,06	0,963	5,6%	74,2%
Wiederkaufnutzen durch Verhinderung der Abwanderung von Kunden und deren Nachfragepotential	144	2,8%	4,2%	8,3%	34,0%	50,7%	100%	4,26	0,973	7,0%	84,7%
Kommunikationsnutzen durch Verhinderung von negativer und Initiierung von positiver Mundkommunikation	144	2,1%	0,7%	9,0%	34,0%	54,2%	100%	4,37	0,844	2,8%	88,2%

Tabelle G10a - Fortsetzung

	Basis	Messbarkeit			Basis	Quantifizierung		
		Schwer	Einfach	Summe		Erfolgt nicht	Erfolgt	Summe
	=100%			Σ	=100%			Σ
Informationsnutzen durch Nutzung der in den Beschwerden enthaltenen Informationen zur künftigen Fehlervermeidung und Leistungsverbesserung	140	45,0%	55,0%	100%	143	48,3%	51,7%	100%
Einstellungsnutzen durch Verbesserung der Einstellung von sich beschwerenden Kunden gegenüber dem Unternehmen	135	86,7%	13,3%	100%	138	81,9%	18,1%	100%
Wiederkaufnutzen durch Verhinderung der Abwanderung von Kunden und deren Nachfragepotential	135	77,8%	22,2%	100%	141	80,1%	19,9%	100%
Kommunikationsnutzen durch Verhinderung von negativer und Initiierung von positiver Mundkommunikation	132	93,9%	6,1%	100%	140	84,3%	15,7%	100%

Tabelle G10b

Für wie wichtig halten Sie die folgenden Nutzenkomponenten des Beschwerdemanagements? Bitte geben Sie auch an, wie Sie die Messbarkeit der Nutzengrößen beurteilen und welche Größen in Ihrem Unternehmen quantifiziert werden.

Wichtigkeit (1 = Eher nicht wichtig / 5 = Eher sehr wichtig)	Gesamt			Banken			Versicherungen			Versorger			Automobil			Nahrung & Getränke		
	Basis	Durch-schnitt	Standard-abweichung	Basis	Durch-schnitt	Standard-abweichung	Basis	Durch-schnitt	Standard-abweichung	Basis	Durch-schnitt	Standard-abweichung	Basis	Durch-schnitt	Standard-abweichung	Basis	Durch-schnitt	Standard-abweichung
	=100%	Ø	s	=100%	Ø	s	=100%	Ø	s	=100%	Ø	s	=100%	Ø	s	=100%	Ø	s
Informationsnutzen durch Nutzung der in den Beschwerden enthaltenen Informationen zur künftigen Fehlervermeidung und Leistungsverbesserung	146	4,59	0,640	28	4,46	0,576	15	4,80	0,561	18	4,50	0,857	6	4,50	0,837	16	4,63	0,619
Einstellungsnutzen durch Verbesserung der Einstellung von sich beschwerenden Kunden gegenüber dem Unternehmen	143	4,06	0,963	28	4,21	0,957	15	4,33	0,617	17	4,06	1,088	6	4,00	1,265	16	3,63	1,088
Wiederkaufnutzen durch Verhinderung der Abwanderung von Kunden und deren Nachfragepotential	144	4,26	0,973	28	4,36	0,678	15	4,33	0,816	18	3,78	1,215	6	4,50	0,837	15	3,93	1,223
Kommunikationsnutzen durch Verhinderung von negativer und Initiierung von positiver Mundkommunikation	144	4,37	0,844	27	4,41	0,636	15	4,47	0,743	18	4,00	1,029	6	4,50	0,837	16	4,00	1,155

Tabelle G10b - Fortsetzung

Messbarkeit	Gesamt			Banken			Versicherungen			Versorger			Automobil			Nahrung & Getränke		
	Basis	Schwere Messbarkeit	Einfache Messbarkeit	Basis	Schwere Messbarkeit	Einfache Messbarkeit	Basis	Schwere Messbarkeit	Einfache Messbarkeit	Basis	Schwere Messbarkeit	Einfache Messbarkeit	Basis	Schwere Messbarkeit	Einfache Messbarkeit	Basis	Schwere Messbarkeit	Einfache Messbarkeit
	=100%			=100%			=100%			=100%			=100%			=100%		
Informationsnutzen durch Nutzung der in den Beschwerden enthaltenen Informationen zur künftigen Fehlervermeidung und Leistungsverbesserung	140	45%	55%	25	64%	36%	15	47%	53%	17	35%	65%	5	60%	40%	15	27%	73%
Einstellungsnutzen durch Verbesserung der Einstellung von sich beschwerenden Kunden gegenüber dem Unternehmen	135	87%	13%	24	79%	21%	15	73%	27%	16	88%	12%	5	100%	0%	15	100%	0%
Wiederkaufnutzen durch Verhinderung der Abwanderung von Kunden und deren Nachfragepotential	135	78%	22%	25	76%	24%	15	60%	40%	17	77%	23%	5	80%	20%	14	86%	14%
Kommunikationsnutzen durch Verhinderung von negativer und Initiierung von positiver Mundkommunikation	132	94%	6%	24	88%	12%	15	93%	7%	17	88%	12%	5	100%	0%	14	100%	0%

Tabelle G10b - Fortsetzung

Quantifizierung	Gesamt			Banken			Versicherungen			Versorger			Automobil			Nahrung & Getränke		
	Basis	Quantifizierung erfolgt nicht	Quantifizierung erfolgt	Basis	Quantifizierung erfolgt nicht	Quantifizierung erfolgt	Basis	Quantifizierung erfolgt nicht	Quantifizierung erfolgt	Basis	Quantifizierung erfolgt nicht	Quantifizierung erfolgt	Basis	Quantifizierung erfolgt nicht	Quantifizierung erfolgt	Basis	Quantifizierung erfolgt nicht	Quantifizierung erfolgt
	=100%			=100%			=100%			=100%			=100%			=100%		
Informationsnutzen durch Nutzung der in den Beschwerden enthaltenen Informationen zur künftigen Fehlervermeidung und Leistungsverbesserung	143	48%	52%	28	71%	29%	14	43%	57%	16	50%	50%	6	67%	33%	16	31%	69%
Einstellungsnutzen durch Verbesserung der Einstellung von sich beschwerenden Kunden gegenüber dem Unternehmen	138	82%	18%	27	78%	22%	14	71%	29%	15	80%	20%	6	83%	17%	16	100%	0%
Wiederkaufnutzen durch Verhinderung der Abwanderung von Kunden und deren Nachfragepotential	141	80%	20%	27	85%	15%	15	87%	13%	16	81%	19%	6	67%	33%	15	73%	27%
Kommunikationsnutzen durch Verhinderung von negativer und Initiierung von positiver Mundkommunikation	140	84%	16%	27	93%	7%	14	86%	14%	16	87%	13%	6	100%	0%	15	87%	13%

Tabelle G11a

Analysieren Sie die Profitabilität Ihres Beschwerdemanagements?

	Basis =100%	Ja, regelmäßig	Ja, aber unregelmäßig	Nein	Summe Σ
Analyse der Profitabilität	148	9,5%	21,6%	68,9%	100%

Tabelle G11b

Analysieren Sie die Profitabilität Ihres Beschwerdemanagements?

	Gesamt	Banken	Versicherungen	Versorger	Automobil	Nahrung & Getränke
Basis (=100%)	148	28	15	18	7	16
Ja, regelmäßig	10%	14%	7%	11%	14%	0%
Ja, aber unregelmäßig	22%	4%	13%	22%	29%	13%
Nein	69%	82%	80%	67%	57%	87%

Tabelle G12a

Wie schätzen Sie die Profitabilität Ihres Beschwerdemanagements ein? Bitte beantworten Sie diese Frage auch, wenn Sie keine konkrete Berechnung durchführen.

	Basis	Weiß nicht/ fehlend		Frage beantwortet		Eher nicht profitabel				Eher sehr profitabel	Summe	Durch-schnitt	Standard-abweichung	Bottom two	Top two
	gesamt		%	=100%	%	1	2	3	4	5	Σ	Ø	s	B	T
Über alle Befragten	149	17	11%	132	89%	2,3%	8,3%	28,8%	53,0%	7,6%	100%	3,55	0,841	10,6%	60,6%
Unternehmen, die die Profitabilität des Beschwerdemanagements regelmäßig ermitteln				14		0,0%	0,0%	7,1%	57,1%	35,7%	100%	4,28	0,611	0,0%	92,8%
Unternehmen, die die Profitabilität des Beschwerdemanagements in unregelmäßigen Abständen ermitteln				31		0,0%	9,7%	38,7%	38,7%	12,9%	100%	3,55	0,850	9,7%	51,6%
Unternehmen, die die Profitabilität des Beschwerdemanagements nicht ermitteln				86		3,5%	9,3%	29,1%	57,0%	1,2%	100%	3,43	0,819	12,8%	58,2%

Tabelle G12b

Wie schätzen Sie die Profitabilität Ihres Beschwerdemanagements ein? Bitte beantworten Sie diese Frage auch, wenn Sie keine konkrete Berechnung durchführen.
(1 = Eher nicht profitabel / 5 = Eher sehr profitabel)

	Gesamt			**Banken**			**Versicherungen**			**Versorger**			**Automobil**			**Nahrung & Getränke**		
	Basis	Durch-schnitt	Standard-abweichung	Basis	Durch-schnitt	Standard-abweichung	Basis	Durch-schnitt	Standard-abweichung	Basis	Durch-schnitt	Standard-abweichung	Basis	Durch-schnitt	Standard-abweichung	Basis	Durch-schnitt	Standard-abweichung
	=100%	Ø	s	=100%	Ø	s	=100%	Ø	s	=100%	Ø	s	=100%	Ø	s	=100%	Ø	s
Profitabilität des Beschwerdemanagments	132	3,55	0,841	28	3,57	0,836	13	3,77	1,092	15	3,93	0,704	7	4,00	0,577	12	3,42	0,669

Tabelle G13a

Für wie wichtig halten Sie die folgenden Aspekte des Beschwerdemanagemement-Controlling in Ihrem Unternehmen? Bitte beurteilen Sie auch den Umsetzungsstatus dieser Aspekte in Ihrem Unternehmen.

Wichtigkeit	Basis	Eher nicht wichtig				Eher sehr wichtig	Summe	Durch-schnitt	Standard-abweichung	Bottom two	Top two
	=100%	1	2	3	4	5	Σ	Ø	s	B	T
Benchmarking der eigenen Beschwerdemanagement-Praxis mit der anderer Unternehmen	147	4,8%	11,6%	18,4%	43,5%	21,8%	100%	3,66	1,089	16,4%	65,3%
Unterstützung der Controlling-Aufgaben durch ein Beschwerdemanagementsystem	145	3,4%	7,6%	18,6%	36,6%	33,8%	100%	3,90	1,065	11,0%	70,4%

Umsetzung	Basis	Nicht realisiert				Voll realisiert	Summe	Durch-schnitt	Standard-abweichung	Bottom two	Top two
	=100%	1	2	3	4	5	Σ	Ø	s	B	T
Benchmarking der eigenen Beschwerdemanagement-Praxis mit der anderer Unternehmen	147	40,8%	21,1%	19,7%	12,9%	5,4%	100%	2,21	1,256	61,9%	18,3%
Unterstützung der Controlling-Aufgaben durch ein Beschwerdemanagementsystem	144	42,4%	15,3%	17,4%	13,9%	11,1%	100%	2,36	1,427	57,7%	25,0%

Tabelle G13b

Für wie wichtig halten Sie die folgenden Aspekte des Beschwerdemanagemement-Controlling in Ihrem Unternehmen? Bitte beurteilen Sie auch den Umsetzungsstatus dieser Aspekte in Ihrem Unternehmen.

	Gesamt			Banken			Versicherungen			Versorger			Automobil			Nahrung & Getränke		
Wichtigkeit (1 = Eher nicht wichtig / 5 = Eher sehr wichtig)	Basis	Durch-schnitt	Standard-abweichung	Basis	Durch-schnitt	Standard-abweichung	Basis	Durch-schnitt	Standard-abweichung	Basis	Durch-schnitt	Standard-abweichung	Basis	Durch-schnitt	Standard-abweichung	Basis	Durch-schnitt	Standard-abweichung
	=100%	Ø	s	=100%	Ø	s	=100%	Ø	s	=100%	Ø	s	=100%	Ø	s	=100%	Ø	s
Benchmarking der eigenen Beschwerdemanagement-Praxis mit der anderer Unternehmen	147	3,66	1,089	28	3,57	1,034	15	4,33	0,724	18	3,94	0,998	7	3,29	1,113	15	3,27	1,033
Unterstützung der Controlling-Aufgaben durch ein Beschwerdemanagementsystem	145	3,90	1,065	28	4,04	0,693	14	4,21	0,975	18	3,78	1,060	7	4,00	1,155	15	3,33	0,900

	Gesamt			Banken			Versicherungen			Versorger			Automobil			Nahrung & Getränke		
Umsetzung (1 = Nicht realisiert / 5 = Voll realisiert)	Basis	Durch-schnitt	Standard-abweichung	Basis	Durch-schnitt	Standard-abweichung	Basis	Durch-schnitt	Standard-abweichung	Basis	Durch-schnitt	Standard-abweichung	Basis	Durch-schnitt	Standard-abweichung	Basis	Durch-schnitt	Standard-abweichung
	=100%	Ø	s	=100%	Ø	s	=100%	Ø	s	=100%	Ø	s	=100%	Ø	s	=100%	Ø	s
Benchmarking der eigenen Beschwerdemanagement-Praxis mit der anderer Unternehmen	147	2,21	1,256	28	2,29	1,182	15	2,40	1,595	18	2,89	1,367	7	2,00	1,155	16	1,69	0,873
Unterstützung der Controlling-Aufgaben durch ein Beschwerdemanagementsystem	144	2,36	1,427	28	2,57	1,317	14	2,79	1,424	18	2,06	1,474	7	2,57	1,512	15	1,73	1,100

Tabelle H1a

Für wie wichtig halten Sie die folgenden Aspekte des Beschwerdereportings in Ihrem Unternehmen? Bitte beurteilen Sie auch den Umsetzungsstatus dieser Aspekte in Ihrem Unternehmen.

Wichtigkeit	Basis	Eher nicht wichtig				Eher sehr wichtig	Summe	Durch-schnitt	Standard-abweichung	Bottom two	Top two
	=100%	1	2	3	4	5	Σ	Ø	s	B	T
Erstellung von Reports auf Grundlage der Erkenntnisse aus den Kundenbeschwerden	148	0,0%	2,0%	2,7%	35,1%	60,1%	100%	4,53	0,654	2,0%	95,2%
Zielgruppengerechte Aufbereitung der Reports je nach Bedarf der Teilbereiche des Unternehmens	146	2,1%	2,7%	13,7%	37,7%	43,8%	100%	4,18	0,917	4,8%	81,5%
Automatische Generierung von Reports durch eine Beschwerdemanagementsoftware	147	5,4%	5,4%	19,0%	27,9%	42,2%	100%	3,96	1,152	10,8%	70,1%
Möglichkeit individueller Sonderauswertungen bei Nachfrage	148	0,7%	2,0%	12,8%	35,1%	49,3%	100%	4,30	0,822	2,7%	84,4%
Zugriff anderer Fachbereiche auf Auswertungstool bzw. Datenbank	144	10,4%	16,0%	25,0%	26,4%	22,2%	100%	3,34	1,275	26,4%	48,6%

Umsetzung	Basis	Nicht realisiert				Voll realisiert	Summe	Durch-schnitt	Standard-abweichung	Bottom two	Top two
	=100%	1	2	3	4	5	Σ	Ø	s	B	T
Erstellung von Reports auf Grundlage der Erkenntnisse aus den Kundenbeschwerden	148	10,8%	7,4%	13,5%	25,7%	42,6%	100%	3,82	1,345	18,2%	68,3%
Zielgruppengerechte Aufbereitung der Reports je nach Bedarf der Teilbereiche des Unternehmens	148	19,6%	14,9%	16,9%	23,0%	25,7%	100%	3,20	1,471	34,5%	48,7%
Automatische Generierung von Reports durch eine Beschwerdemanagementsoftware	147	40,1%	10,2%	15,0%	12,9%	21,8%	100%	2,66	1,615	50,3%	34,7%
Möglichkeit individueller Sonderauswertungen bei Nachfrage	147	13,6%	10,9%	16,3%	19,0%	40,1%	100%	3,61	1,445	24,5%	59,1%
Zugriff anderer Fachbereiche auf Auswertungstool bzw. Datenbank	145	45,5%	13,1%	13,1%	12,4%	15,9%	100%	2,40	1,538	58,6%	28,3%

Tabelle H1b

Für wie wichtig halten Sie die folgenden Aspekte des Beschwerdereportings in Ihrem Unternehmen? Bitte beurteilen Sie auch den Umsetzungsstatus dieser Aspekte in Ihrem Unternehmen.

Wichtigkeit (1 = Eher nicht wichtig / 5 = Eher sehr wichtig)	Gesamt			Banken			Versicherungen			Versorger			Automobil			Nahrung & Getränke		
	Basis	Durch-schnitt	Standard-abweichung	Basis	Durch-schnitt	Standard-abweichung	Basis	Durch-schnitt	Standard-abweichung	Basis	Durch-schnitt	Standard-abweichung	Basis	Durch-schnitt	Standard-abweichung	Basis	Durch-schnitt	Standard-abweichung
	=100%	Ø	s	=100%	Ø	s	=100%	Ø	s	=100%	Ø	s	=100%	Ø	s	=100%	Ø	s
Erstellung von Reports auf Grundlage der Erkenntnisse aus den Kundenbeschwerden	148	4,53	0,654	28	4,57	0,573	15	4,60	0,632	18	4,39	0,778	6	4,83	0,408	17	4,53	0,800
Zielgruppengerechte Aufbereitung der Reports je nach Bedarf der Teilbereiche des Unternehmens	146	4,18	0,917	28	4,46	0,576	15	3,93	1,280	18	3,94	0,938	6	4,50	0,837	16	4,13	1,088
Automatische Generierung von Reports durch eine Beschwerdemanagementsoftware	147	3,96	1,152	28	4,11	0,786	15	4,13	1,246	17	3,88	0,993	6	3,50	1,517	17	3,41	1,228
Möglichkeit individueller Sonderauswertungen bei Nachfrage	148	4,30	0,822	28	4,36	0,678	15	4,60	0,632	18	4,17	0,985	6	4,33	0,816	17	4,18	0,809
Zugriff anderer Fachbereiche auf Auswertungstool bzw. Datenbank	144	3,34	1,275	28	3,14	1,208	14	3,29	1,069	18	3,17	1,150	6	4,00	0,894	16	3,56	1,413

Umsetzung	Gesamt			Banken			Versicherungen			Versorger			Automobil			Nahrung & Getränke		
	Basis	Durch-schnitt	Standard-abweichung	Basis	Durch-schnitt	Standard-abweichung	Basis	Durch-schnitt	Standard-abweichung	Basis	Durch-schnitt	Standard-abweichung	Basis	Durch-schnitt	Standard-abweichung	Basis	Durch-schnitt	Standard-abweichung
	=100%	Ø	s	=100%	Ø	s	=100%	Ø	s	=100%	Ø	s	=100%	Ø	s	=100%	Ø	s
Erstellung von Reports auf Grundlage der Erkenntnisse aus den Kundenbeschwerden	148	3,82	1,345	28	4,14	1,044	15	4,13	1,302	18	3,39	1,614	6	3,83	1,472	17	4,06	1,197
Zielgruppengerechte Aufbereitung der Reports je nach Bedarf der Teilbereiche des Unternehmens	148	3,20	1,471	28	3,71	1,213	15	3,20	1,568	18	2,39	1,420	6	3,17	1,602	17	3,59	1,460
Automatische Generierung von Reports durch eine Beschwerdemanagementsoftware	147	2,66	1,615	28	2,71	1,652	15	2,67	1,799	17	2,06	1,560	6	2,50	1,517	17	2,94	1,478
Möglichkeit individueller Sonderauswertungen bei Nachfrage	147	3,61	1,445	28	4,00	1,217	15	3,47	1,246	18	3,17	1,654	6	3,00	1,673	17	3,88	1,409
Zugriff anderer Fachbereiche auf Auswertungstool bzw. Datenbank	145	2,40	1,538	28	1,96	1,374	14	1,86	1,167	18	2,50	1,465	6	2,83	1,472	17	2,82	1,776

Tabelle H2a

Für wie wichtig halten Sie die folgenden inhaltlichen Bestandteile der Beschwerdereports? Bitte geben Sie auch an, welche Bestandteile in Reports Ihres Unternehmens enthalten sind.

Wichtigkeit	Basis	Eher nicht wichtig				Eher sehr wichtig	Summe	Durch-schnitt	Standard-abweichung	Bottom two	Top two
	=100%	1	2	3	4	5	Σ	Ø	s	B	T
Besonders relevante Probleme	142	2,1%	0,7%	4,2%	22,5%	70,4%	100%	4,58	0,792	2,8%	92,9%
Besonders ungewöhnliche Probleme	142	4,9%	10,6%	29,6%	24,6%	30,3%	100%	3,65	1,162	15,5%	54,9%
Quantitativer Auswertungsteil nach Aspekten des Beschwerdeproblems	142	0,7%	2,8%	11,3%	30,3%	54,9%	100%	4,36	0,845	3,5%	85,2%
Quantitativer Auswertungsteil nach Aspekten der sich beschwerenden Kunden	140	4,3%	10,0%	19,3%	34,3%	32,1%	100%	3,80	1,127	14,3%	66,4%
Qualitativer Auswertungsteil mit Ursachen, Maßnahmen und Verbesserungsvorschlägen	141	1,4%	6,4%	10,6%	28,4%	53,2%	100%	4,26	0,981	7,8%	81,6%
Entwicklung des Beschwerdeaufkommens über eine Zeitperiode	142	1,4%	2,1%	8,5%	29,6%	58,5%	100%	4,42	0,844	3,5%	88,1%

Umsetzung	Basis	Nicht enthalten	Enthalten	Summe
	=100%			Σ
Besonders relevante Probleme	143	21,0%	79,0%	100%
Besonders ungewöhnliche Probleme	143	49,0%	51,0%	100%
Quantitativer Auswertungsteil nach Aspekten des Beschwerdeproblems	142	22,5%	77,5%	100%
Quantitativer Auswertungsteil nach Aspekten der sich beschwerenden Kunden	141	48,2%	51,8%	100%
Qualitativer Auswertungsteil mit Ursachen, Maßnahmen und Verbesserungsvorschlägen	142	45,8%	54,2%	100%
Entwicklung des Beschwerdeaufkommens über eine Zeitperiode	143	18,9%	81,1%	100%

Tabelle H2b

Für wie wichtig halten Sie die folgenden inhaltlichen Bestandteile der Beschwerdereports? Bitte geben Sie auch an, welche Bestandteile in Reports Ihres Unternehmens enthalten sind.

Wichtigkeit (1 = Eher nicht wichtig / 5 = Eher sehr wichtig)	Gesamt			Banken			Versicherungen			Versorger			Automobil			Nahrung & Getränke		
	Basis	Durch-schnitt	Standard-abweichung	Basis	Durch-schnitt	Standard-abweichung	Basis	Durch-schnitt	Standard-abweichung	Basis	Durch-schnitt	Standard-abweichung	Basis	Durch-schnitt	Standard-abweichung	Basis	Durch-schnitt	Standard-abweichung
	=100%	Ø	s	=100%	Ø	s	=100%	Ø	s	=100%	Ø	s	=100%	Ø	s	=100%	Ø	s
Besonders relevante Probleme	142	4,58	0,792	28	4,89	0,315	15	4,73	0,594	18	4,44	0,784	5	4,80	0,447	14	4,50	1,092
Besonders ungewöhnliche Probleme	142	3,65	1,162	28	3,54	1,138	15	3,67	1,397	18	3,56	1,199	5	4,00	1,000	14	4,21	0,893
Quantitativer Auswertungsteil nach Aspekten des Beschwerdeproblems	142	4,36	0,845	27	4,19	0,834	15	4,53	0,743	18	4,39	0,778	5	4,60	0,894	14	4,43	0,852
Quantitativer Auswertungsteil nach Aspekten der sich beschwerenden Kunden	140	3,80	1,127	26	4,04	0,824	15	3,60	1,404	18	3,89	0,963	5	4,00	1,000	14	3,29	1,590
Qualitativer Auswertungsteil mit Ursachen, Maßnahmen und Verbesserungsvorschlägen	141	4,26	0,981	28	4,39	0,875	15	4,53	0,743	18	4,06	1,056	5	4,00	0,707	14	4,36	1,151
Entwicklung des Beschwerdeaufkommens über eine Zeitperiode	142	4,42	0,844	28	4,46	0,637	15	4,67	0,724	18	4,11	0,900	5	4,40	0,894	14	4,21	1,424

Umsetzung	Gesamt			Banken			Versicherungen			Versorger			Automobil			Nahrung & Getränke		
	Basis	Nicht enthalten	Enthalten	Basis	Nicht enthalten	Enthalten	Basis	Nicht enthalten	Enthalten	Basis	Nicht enthalten	Enthalten	Basis	Nicht enthalten	Enthalten	Basis	Nicht enthalten	Enthalten
	=100%			=100%			=100%			=100%			=100%			=100%		
Besonders relevante Probleme	143	21%	79%	28	11%	89%	15	20%	80%	18	28%	72%	5	0%	100%	15	13%	87%
Besonders ungewöhnliche Probleme	143	49%	51%	28	50%	50%	15	40%	60%	18	56%	44%	5	40%	60%	15	27%	73%
Quantitativer Auswertungsteil nach Aspekten des Beschwerdeproblems	142	23%	78%	27	15%	85%	15	13%	87%	18	39%	61%	5	20%	80%	15	20%	80%
Quantitativer Auswertungsteil nach Aspekten der sich beschwerenden Kunden	141	48%	52%	26	27%	73%	15	53%	47%	18	50%	50%	5	40%	60%	15	60%	40%
Qualitativer Auswertungsteil mit Ursachen, Maßnahmen und Verbesserungsvorschlägen	142	46%	54%	28	32%	68%	15	40%	60%	18	56%	44%	5	80%	20%	15	40%	60%
Entwicklung des Beschwerdeaufkommens über eine Zeitperiode	143	19%	81%	28	4%	96%	15	7%	93%	18	28%	72%	5	40%	60%	15	27%	73%

Tabelle H3a

Für wie wichtig halten Sie die folgenden Adressaten von Beschwerdereports? Bitte geben Sie auch an, welche der Adressaten in Ihrem Unternehmen Beschwerdereports erhalten.

Wichtigkeit	Basis	Eher nicht wichtig				Eher sehr wichtig	Summe	Durch-schnitt	Standard-abweichung	Bottom two	Top two
	=100%	1	2	3	4	5	Σ	Ø	s	B	T
Top-Management	139	1,4%	3,6%	5,0%	24,5%	65,5%	100%	4,49	0,863	5,0%	90,0%
Leitung Marketing	131	5,3%	4,6%	13,7%	25,2%	51,1%	100%	4,12	1,144	9,9%	76,3%
Leitung Vertrieb	135	3,7%	3,7%	5,2%	20,7%	66,7%	100%	4,43	1,011	7,4%	87,4%
Leitung Service	125	1,6%	0,8%	4,8%	20,0%	72,8%	100%	4,62	0,760	2,4%	92,8%
Leitung Produktentwicklung	120	7,5%	8,3%	16,7%	20,8%	46,7%	100%	3,91	1,283	15,8%	67,5%
Leitung Qualitätsmanagement	127	1,6%	2,4%	7,1%	19,7%	69,3%	100%	4,53	0,853	4,0%	89,0%
Leitung Personalentwicklung	119	26,4%	25,2%	22,7%	11,8%	13,4%	100%	2,68	1,551	51,6%	25,2%
Leitung Kundenmanagement	115	1,7%	5,2%	7,8%	16,5%	68,7%	100%	4,45	0,966	6,9%	85,2%
Kundenkontaktpersonal	125	7,2%	6,4%	8,0%	22,4%	56,0%	100%	4,14	1,240	13,6%	78,4%

Umsetzung	Basis	Adressat erhält keinen BR	Adressat erhält BR	Summe
	=100%			Σ
Top-Management	131	18,3%	81,7%	100%
Leitung Marketing	125	30,4%	69,6%	100%
Leitung Vertrieb	130	26,2%	73,8%	100%
Leitung Service	117	23,1%	76,9%	100%
Leitung Produktentwicklung	111	42,3%	57,7%	100%
Leitung Qualitätsmanagement	117	23,1%	76,9%	100%
Leitung Personalentwicklung	111	79,3%	20,7%	100%
Leitung Kundenmanagement	109	25,7%	74,3%	100%
Kundenkontaktpersonal	119	45,4%	54,6%	100%

Tabelle H3b

Für wie wichtig halten Sie die folgenden Adressaten von Beschwerdereports? Bitte geben Sie auch an, welche der Adressaten in Ihrem Unternehmen Beschwerdereports erhalten.

Wichtigkeit (1 = Eher nicht wichtig / 5 = Eher sehr wichtig)	Gesamt			Banken			Versicherungen			Versorger			Automobil			Nahrung & Getränke		
	Basis	Durch-schnitt	Standard-abweichung	Basis	Durch-schnitt	Standard-abweichung	Basis	Durch-schnitt	Standard-abweichung	Basis	Durch-schnitt	Standard-abweichung	Basis	Durch-schnitt	Standard-abweichung	Basis	Durch-schnitt	Standard-abweichung
	=100%	Ø	s	=100%	Ø	s	=100%	Ø	s	=100%	Ø	s	=100%	Ø	s	=100%	Ø	s
Top-Management	139	4,49	0,863	27	4,74	0,447	15	4,93	0,258	17	4,35	1,115	6	4,50	0,548	14	4,57	0,514
Leitung Marketing	131	4,12	1,144	24	4,21	0,884	13	4,00	1,528	16	4,00	1,211	6	4,33	0,816	13	4,15	1,463
Leitung Vertrieb	135	4,43	1,011	25	4,56	0,821	14	4,50	1,092	18	4,61	0,979	6	4,50	0,837	13	4,62	0,650
Leitung Service	125	4,62	0,760	23	4,48	0,790	14	4,71	0,611	16	4,63	1,025	6	4,67	0,516	11	4,09	1,300
Leitung Produktentwicklung	120	3,91	1,283	22	3,68	1,129	13	4,23	1,013	14	3,00	1,617	5	4,80	0,447	11	3,45	1,368
Leitung Qualitätsmanagement	127	4,53	0,853	22	4,45	1,011	14	4,64	0,745	16	4,31	1,138	6	4,67	0,516	14	4,93	0,267
Leitung Personalentwicklung	119	2,68	1,551	22	3,32	2,033	13	3,23	1,589	13	2,38	1,387	5	2,40	1,949	12	1,92	1,311
Leitung Kundenmanagement	115	4,45	0,966	19	4,47	0,841	13	4,54	0,776	15	4,20	1,265	5	5,00	0,000	12	4,33	1,231
Kundenkontaktpersonal	125	4,14	1,240	20	4,25	1,164	15	4,07	1,438	16	3,82	1,471	5	5,00	0,000	12	3,42	1,564

Umsetzung	Gesamt			Banken			Versicherungen			Versorger			Automobil			Nahrung & Getränke		
	Basis	Adressat erhält keinen BR	Adressat erhält BR	Basis	Adressat erhält keinen BR	Adressat erhält BR	Basis	Adressat erhält keinen BR	Adressat erhält BR	Basis	Adressat erhält keinen BR	Adressat erhält BR	Basis	Adressat erhält keinen BR	Adressat erhält BR	Basis	Adressat erhält keinen BR	Adressat erhält BR
	=100%			=100%			=100%			=100%			=100%			=100%		
Top-Management	131	18%	82%	28	7%	93%	14	7%	93%	16	31%	69%	5	20%	80%	13	15%	85%
Leitung Marketing	125	30%	70%	25	24%	76%	13	46%	54%	15	40%	60%	5	20%	80%	13	15%	85%
Leitung Vertrieb	130	26%	74%	26	15%	85%	14	43%	57%	17	35%	65%	5	60%	40%	13	8%	92%
Leitung Service	117	23%	77%	24	25%	75%	13	23%	77%	15	33%	67%	5	0%	100%	11	27%	73%
Leitung Produktentwicklung	111	42%	58%	22	41%	59%	13	46%	54%	13	61%	39%	4	25%	75%	11	36%	64%
Leitung Qualitätsmanagement	117	23%	77%	25	32%	68%	13	15%	85%	13	38%	62%	5	20%	80%	13	31%	69%
Leitung Personalentwicklung	111	79%	21%	20	70%	30%	13	61%	39%	13	85%	15%	4	100%	0%	12	83%	17%
Leitung Kundenmanagement	109	26%	74%	21	29%	71%	12	17%	83%	14	43%	57%	3	0%	100%	11	18%	82%
Kundenkontaktpersonal	119	45%	55%	21	33%	67%	14	43%	57%	14	79%	21%	3	0%	100%	12	50%	50%

Tabelle H4a

Für wie wichtig halten Sie die folgenden Medien zur internen Kommunikation der Beschwerdereports? Bitte geben Sie auch an, welche der Medien Sie in Ihrem Unternehmen hierfür schon nutzen.

Wichtigkeit	Basis	Eher nicht wichtig				Eher sehr wichtig	Summe	Durch-schnitt	Standard-abweichung	Bottom two	Top two
	=100%	1	2	3	4	5	Σ	Ø	s	B	T
Intranet	141	8,5%	8,5%	11,3%	25,5%	46,1%	100%	3,92	1,299	17,0%	71,6%
Bericht via E-Mail	139	10,1%	10,1%	11,5%	30,2%	38,1%	100%	3,76	1,327	20,2%	68,3%
Hauszeitung	133	26,3%	27,1%	28,6%	11,3%	6,8%	100%	2,45	1,190	53,4%	18,1%
Schwarzes Brett	135	44,4%	28,1%	14,8%	5,9%	6,7%	100%	2,02	1,200	72,5%	12,6%
Bericht in Papierform	141	10,6%	14,2%	15,6%	27,0%	32,6%	100%	3,57	1,354	24,8%	59,6%

Umsetzung	Basis	Nicht vorhanden	Vorhanden	Summe
	=100%			Σ
Intranet	141	48,6%	51,4%	100%
Bericht via E-Mail	139	30,9%	69,1%	100%
Hauszeitung	132	67,4%	32,6%	100%
Schwarzes Brett	130	74,6%	25,4%	100%
Bericht in Papierform	138	19,6%	80,4%	100%

Tabelle H4b

Für wie wichtig halten Sie die folgenden Medien zur internen Kommunikation der Beschwerdereports? Bitte geben Sie auch an, welche der Medien Sie in Ihrem Unternehmen hierfür schon nutzen.

Wichtigkeit (1 = Eher nicht wichtig / 5 = Eher sehr wichtig)	Gesamt			Banken			Versicherungen			Versorger			Automobil			Nahrung & Getränke		
	Basis	Durch-schnitt	Standard-abweichung	Basis	Durch-schnitt	Standard-abweichung	Basis	Durch-schnitt	Standard-abweichung	Basis	Durch-schnitt	Standard-abweichung	Basis	Durch-schnitt	Standard-abweichung	Basis	Durch-schnitt	Standard-abweichung
	=100%	Ø	s	=100%	Ø	s	=100%	Ø	s	=100%	Ø	s	=100%	Ø	s	=100%	Ø	s
Intranet	141	3,92	1,299	28	3,93	0,979	15	3,93	1,335	17	4,06	1,519	6	3,67	1,211	15	3,47	1,552
Bericht via E-Mail	139	3,76	1,327	27	3,56	1,251	13	3,23	1,536	16	2,88	1,586	6	4,00	1,265	15	4,53	0,834
Hauszeitung	133	2,45	1,190	27	2,89	1,013	15	2,73	1,387	15	2,73	1,223	5	1,80	0,837	14	1,79	0,893
Schwarzes Brett	135	2,02	1,200	26	1,62	0,571	15	1,80	1,207	16	2,25	1,390	5	2,20	0,837	15	2,27	1,163
Bericht in Papierform	141	3,57	1,354	28	3,57	1,200	15	3,53	1,407	17	3,24	1,562	6	4,17	1,329	15	3,73	1,163

Umsetzung	Gesamt			Banken			Versicherungen			Versorger			Automobil			Nahrung & Getränke		
	Basis	Nicht vorhanden	Vorhanden	Basis	Nicht vorhanden	Vorhanden	Basis	Nicht vorhanden	Vorhanden	Basis	Nicht vorhanden	Vorhanden	Basis	Nicht vorhanden	Vorhanden	Basis	Nicht vorhanden	Vorhanden
	=100%			=100%			=100%			=100%			=100%			=100%		
Intranet	141	49%	51%	28	43%	57%	15	60%	40%	16	56%	44%	6	17%	83%	14	43%	57%
Bericht via E-Mail	139	31%	69%	27	37%	63%	14	57%	43%	15	40%	60%	6	17%	83%	16	19%	81%
Hauszeitung	132	67%	33%	25	48%	52%	15	80%	20%	15	80%	20%	5	40%	60%	15	67%	33%
Schwarzes Brett	130	75%	25%	24	92%	8%	15	87%	13%	15	80%	20%	5	60%	40%	14	57%	43%
Bericht in Papierform	138	20%	80%	28	7%	93%	15	13%	87%	16	44%	56%	6	17%	83%	14	7%	93%

Tabelle I1a

Inwieweit treffen die folgenden Aussagen zur Beschwerdeinformationsnutzung auf Ihr Unternehmen zu?

	Basis	Trifft überhaupt nicht zu	Trifft eher nicht zu	Trifft eher zu	Trifft voll und ganz zu	Summe	Bottom two	Top two
	=100%	1	2	3	4	Σ	B	T
Wir nutzen Beschwerdeinformationen zur zukünftigen Fehlervermeidung	149	2,7%	9,4%	46,3%	41,6%	100%	12,1%	87,9%
Wir nutzen Beschwerdeinformationen für Produktinnovationen	148	14,2%	48,0%	31,1%	6,8%	100%	62,2%	37,9%
Wir nutzen Beschwerdeinformationen für Prozessinnovationen	148	5,4%	25,7%	49,3%	19,6%	100%	31,1%	68,9%

Tabelle I1b

Inwieweit treffen die folgenden Aussagen zur Beschwerdeinformationsnutzung auf Ihr Unternehmen zu?

	Gesamt	Banken	Versicherungen	Versorger	Automobil	Nahrung & Getränke
Wir nutzen Beschwerdeinformationen zur zukünftigen Fehlervermeidung						
Basis (=100%)	149	28	15	18	7	17
Trifft überhaupt nicht zu	2,7%	0,0%	0,0%	0,0%	14,3%	0,0%
Trifft eher nicht zu	9,4%	14,3%	6,7%	5,6%	0,0%	0,0%
Trifft eher zu	46,3%	46,4%	26,7%	61,1%	42,9%	47,1%
Trifft voll und ganz zu	41,6%	39,3%	66,7%	33,3%	42,9%	52,9%
Wir nutzen Beschwerdeinformationen für Produktinnovationen						
Basis (=100%)	148	28	15	18	7	17
Trifft überhaupt nicht zu	14,2%	10,7%	7,1%	33,3%	28,6%	11,8%
Trifft eher nicht zu	48,0%	53,6%	57,1%	61,1%	14,3%	58,8%
Trifft eher zu	31,1%	35,7%	28,6%	5,6%	14,3%	29,4%
Trifft voll und ganz zu	6,8%	0,0%	7,1%	0,0%	42,9%	0,0%
Wir nutzen Beschwerdeinformationen für Prozessinnovationen						
Basis (=100%)	148	28	15	18	7	17
Trifft überhaupt nicht zu	5,4%	0,0%	7,1%	0,0%	14,3%	5,9%
Trifft eher nicht zu	25,7%	28,6%	0,0%	27,8%	57,1%	29,4%
Trifft eher zu	49,3%	60,7%	42,9%	61,1%	0,0%	52,9%
Trifft voll und ganz zu	19,6%	10,7%	50,0%	11,1%	28,6%	11,8%

Tabelle I2a

Für wie wichtig halten Sie die folgenden Aspekte der Beschwerdeinformationsnutzung in Ihrem Unternehmen? Bitte beurteilen Sie auch den Umsetzungsstatus dieser Aspekte in Ihrem Unternehmen.

Wichtigkeit	Basis	Eher nicht wichtig				Eher sehr wichtig	Summe	Durch-schnitt	Standard-abweichung	Bottom two	Top two
	=100%	1	2	3	4	5	Σ	Ø	s	B	T
Regelmäßiger Gegenstand der Reports bei Sitzungen auf Geschäftsführer- bzw. Vorstandsebene	143	2,8%	6,3%	13,3%	35,0%	42,7%	100%	4,08	1,031	9,1%	77,7%
Hohe Berücksichtigung der Reports auf Leitungsebene der Fachabteilungen	144	0,7%	0,7%	6,9%	36,8%	54,9%	100%	4,44	0,717	1,4%	91,7%
Hohe Berücksichtung der Reports auf Ebene des Kundenkontaktpersonals	140	2,9%	4,3%	9,3%	27,1%	56,4%	100%	4,30	1,001	7,2%	83,5%
Besprechung der Reports in Qualitätszirkeln	141	5,7%	5,0%	8,5%	36,2%	44,7%	100%	4,09	1,114	10,7%	80,9%

Umsetzung	Basis	Nicht realisiert				Voll realisiert	Summe	Durch-schnitt	Standard-abweichung	Bottom two	Top two
	=100%	1	2	3	4	5	Σ	Ø	s	B	T
Regelmäßiger Gegenstand der Reports bei Sitzungen auf Geschäftsführer- bzw. Vorstandsebene	144	25,7%	15,3%	23,6%	16,0%	19,4%	100%	2,88	1,456	41,0%	35,4%
Hohe Berücksichtigung der Reports auf Leitungsebene der Fachabteilungen	144	9,7%	12,5%	31,9%	22,2%	23,6%	100%	3,37	1,245	22,2%	45,8%
Hohe Berücksichtung der Reports auf Ebene des Kundenkontaktpersonals	141	17,0%	18,4%	27,7%	16,3%	20,6%	100%	3,05	1,364	35,4%	36,9%
Besprechung der Reports in Qualitätszirkeln	141	25,5%	17,0%	19,9%	15,6%	22,0%	100%	2,91	1,495	42,5%	37,6%

Tabelle I2b

Für wie wichtig halten Sie die folgenden Aspekte der Beschwerdeinformationsnutzung in Ihrem Unternehmen? Bitte beurteilen Sie auch den Umsetzungsstatus dieser Aspekte in Ihrem Unternehmen.

Wichtigkeit (1 = Eher nicht wichtig / 5 = Eher sehr wichtig)	Gesamt			Banken			Versicherungen			Versorger			Automobil			Nahrung & Getränke		
	Basis	Durch-schnitt	Standard-abweichung	Basis	Durch-schnitt	Standard-abweichung	Basis	Durch-schnitt	Standard-abweichung	Basis	Durch-schnitt	Standard-abweichung	Basis	Durch-schnitt	Standard-abweichung	Basis	Durch-schnitt	Standard-abweichung
	=100%	Ø	s	=100%	Ø	s	=100%	Ø	s	=100%	Ø	s	=100%	Ø	s	=100%	Ø	s
Regelmäßiger Gegenstand der Reports bei Sitzungen auf Geschäftsführer- bzw. Vorstandsebene	143	4,08	1,031	28	4,32	0,723	15	4,33	0,900	18	3,94	0,998	6	4,33	0,816	14	3,79	1,251
Hohe Berücksichtigung der Reports auf Leitungsebene der Fachabteilungen	144	4,44	0,717	28	4,50	0,509	15	4,73	0,458	18	4,17	1,043	6	4,17	0,983	14	4,64	0,745
Hohe Berücksichtung der Reports auf Ebene des Kundenkontaktpersonals	140	4,30	1,001	26	4,19	1,201	15	4,33	1,113	18	4,28	1,074	5	4,60	0,548	14	4,14	1,351
Besprechung der Reports in Qualitätszirkeln	141	4,09	1,114	27	4,07	0,829	15	4,27	1,100	18	4,22	1,114	6	4,17	1,602	13	4,08	1,188

Umsetzung (1 = Nicht realisiert / 5 = Voll realisiert)	Gesamt			Banken			Versicherungen			Versorger			Automobil			Nahrung & Getränke		
	Basis	Durch-schnitt	Standard-abweichung	Basis	Durch-schnitt	Standard-abweichung	Basis	Durch-schnitt	Standard-abweichung	Basis	Durch-schnitt	Standard-abweichung	Basis	Durch-schnitt	Standard-abweichung	Basis	Durch-schnitt	Standard-abweichung
	=100%	Ø	s	=100%	Ø	s	=100%	Ø	s	=100%	Ø	s	=100%	Ø	s	=100%	Ø	s
Regelmäßiger Gegenstand der Reports bei Sitzungen auf Geschäftsführer- bzw. Vorstandsebene	144	2,88	1,456	27	3,00	1,301	15	3,53	1,302	18	2,72	1,565	14	3,67	1,211	15	2,67	1,543
Hohe Berücksichtigung der Reports auf Leitungsebene der Fachabteilungen	144	3,37	1,245	27	3,04	1,126	15	3,53	1,302	18	3,06	1,392	14	3,67	1,211	15	4,07	1,033
Hohe Berücksichtung der Reports auf Ebene des Kundenkontaktpersonals	141	3,05	1,364	27	2,56	1,281	15	2,93	1,438	18	2,67	1,029	14	4,00	1,000	14	3,36	1,550
Besprechung der Reports in Qualitätszirkeln	141	2,91	1,495	27	2,56	1,450	14	2,86	1,460	18	2,56	1,504	13	4,00	1,265	13	4,00	1,080

Tabelle J1a

Inwieweit treffen die folgenden Aussagen auf Ihr Unternehmen zu?

	Basis	Trifft über-haupt nicht zu	Trifft eher nicht zu	Trifft eher zu	Trifft voll und ganz zu	Summe	Bottom two	Top two
	=100%	1	2	3	4	Σ	B	T
Wir sehen Beschwerden als wertvolle Chancen	148	0,0%	4,1%	40,5%	55,4%	100%	4,1%	95,9%
Mitarbeiter, die sich mit Kundenbeschwerden beschäftigen, werden im Unternehmen als Anwälte des Kunden gesehen	148	11,5%	41,9%	35,8%	10,8%	100%	53,4%	46,6%
Führungskräfte erkennen die Arbeit des Beschwerdemanagements an	148	2,7%	15,5%	60,8%	20,9%	100%	18,2%	81,7%
Führungskräfte zeichnen die vorbildliche Reaktion auf Kundenbeschwerden aus	145	14,5%	47,6%	29,0%	9,0%	100%	62,1%	38,0%
Führungskräfte planen Managementzeit für die Lektüre und Beantwortung von Beschwerden ein	148	15,5%	44,6%	30,4%	9,5%	100%	60,1%	39,9%

Tabelle J1b

Inwieweit treffen die folgenden Aussagen auf Ihr Unternehmen zu?

	Gesamt	Banken	Versicherungen	Versorger	Automobil	Nahrung & Getränke
Wir sehen Beschwerden als wertvolle Chancen						
Basis (=100%)	148	28	15	17	7	17
Trifft überhaupt nicht zu	0,0%	0,0%	0,0%	0,0%	0,0%	0,0%
Trifft eher nicht zu	4,1%	7,1%	0,0%	0,0%	14,3%	0,0%
Trifft eher zu	40,5%	28,6%	33,3%	47,1%	42,9%	58,8%
Trifft voll und ganz zu	55,4%	64,3%	66,7%	52,9%	42,9%	41,2%
Mitarbeiter, die sich mit Kundenbeschwerden beschäftigen, werden im Unternehmen als Anwälte des Kunden gesehen						
Basis (=100%)	148	28	15	17	7	17
Trifft überhaupt nicht zu	11,5%	0,0%	20,0%	17,6%	14,3%	29,4%
Trifft eher nicht zu	41,9%	50,0%	40,0%	47,1%	85,7%	35,3%
Trifft eher zu	35,8%	42,9%	40,0%	23,5%	0,0%	17,6%
Trifft voll und ganz zu	10,8%	7,1%	0,0%	11,8%	0,0%	17,6%
Führungskräfte erkennen die Arbeit des Beschwerdemanagements an						
Basis (=100%)	148	28	15	17	7	17
Trifft überhaupt nicht zu	2,7%	7,1%	0,0%	5,9%	14,3%	0,0%
Trifft eher nicht zu	15,5%	14,3%	6,7%	11,8%	14,3%	11,8%
Trifft eher zu	60,8%	67,9%	80,0%	52,9%	57,1%	70,6%
Trifft voll und ganz zu	20,9%	10,7%	13,3%	29,4%	14,3%	17,6%

Tabelle J1b - Fortsetzung

	Gesamt	Banken	Versicherungen	Versorger	Automobil	Nahrung & Getränke
Führungskräfte zeichnen die vorbildliche Reaktion auf Kundenbeschwerden aus						
Basis (=100%)	145	26	15	17	7	17
Trifft überhaupt nicht zu	14,5%	7,7%	0,0%	17,6%	28,6%	35,3%
Trifft eher nicht zu	47,6%	50,0%	66,7%	58,8%	57,1%	11,8%
Trifft eher zu	29,0%	42,3%	26,7%	23,5%	0,0%	35,3%
Trifft voll und ganz zu	9,0%	0,0%	6,7%	0,0%	14,3%	17,6%
Führungskräfte planen Managementzeit für die Lektüre und Beantwortung von Beschwerden ein						
Basis (=100%)	148	28	15	17	7	17
Trifft überhaupt nicht zu	15,5%	7,1%	0,0%	5,9%	42,9%	35,3%
Trifft eher nicht zu	44,6%	53,6%	46,7%	52,9%	42,9%	17,6%
Trifft eher zu	30,4%	32,1%	46,7%	35,3%	14,3%	29,4%
Trifft voll und ganz zu	9,5%	7,1%	6,7%	5,9%	0,0%	17,6%

Tabelle J2a

Für wie wichtig halten Sie die folgenden personalpolitischen Aspekte für das Beschwerdemanagement in Ihrem Unternehmen? Bitte beurteilen Sie auch den Umsetzungsstatus dieser Aspekte in Ihrem Unternehmen.

Wichtigkeit	Basis	Eher nicht wichtig				Eher sehr wichtig	Summe	Durch-schnitt	Standard-abweichung	Bottom two	Top two
	=100%	1	2	3	4	5	Σ	Ø	s	B	T
Stellenprofile mit spezifischen Anforderungen zur Rekrutierung von Mitarbeitern für das Beschwerdemanagement	147	5,4%	4,1%	19,0%	37,4%	34,0%	100%	3,90	1,087	9,5%	71,4%
Entwicklung und Definition von kundenorientierten Verhaltensstandards	148	0,7%	0,0%	6,8%	39,9%	52,7%	100%	4,44	0,682	0,7%	92,6%
Information und Training zur Vermittlung von spezifischen Kompetenzen für das Beschwerdemanagement	148	1,4%	0,7%	8,1%	41,9%	48,0%	100%	4,34	0,771	2,1%	89,9%
Anreizsystem zur Unterstützung der Zielsetzungen des Beschwerdemanagements	147	8,8%	9,5%	35,4%	36,1%	10,2%	100%	3,29	1,068	18,3%	46,3%
Kommunikation der Ziele des Beschwerdemanagements gegenüber Mitarbeitern außerhalb des Beschwerdemanagements	148	2,0%	5,4%	11,5%	43,2%	37,8%	100%	4,09	0,943	7,4%	81,0%
Kommunikation der Prozesse des Beschwerdemanagements und entsprechender Verhaltensweisen gegenüber Kundenkontaktpersonal außerhalb des Beschwerdemanagements	147	2,7%	6,8%	17,7%	37,4%	35,4%	100%	3,96	1,026	9,5%	72,8%

Tabelle J2a - Fortsetzung

Umsetzung	Basis	Nicht realisiert				Voll realisiert	Summe	Durch-schnitt	Standard-abweichung	Bottom two	Top two
	=100%	1	2	3	4	5	Σ	Ø	s	B	T
Stellenprofile mit spezifischen Anforderungen zur Rekrutierung von Mitarbeitern für das Beschwerdemanagement	148	23,6%	14,9%	16,2%	21,6%	23,6%	100%	3,07	1,506	38,5%	45,2%
Entwicklung und Definition von kundenorientierten Verhaltensstandards	147	6,8%	8,8%	28,6%	34,0%	21,8%	100%	3,55	1,130	15,6%	55,8%
Information und Training zur Vermittlung von spezifischen Kompetenzen für das Beschwerdemanagement	147	12,9%	11,6%	26,5%	23,8%	25,2%	100%	3,37	1,325	24,5%	49,0%
Anreizsystem zur Unterstützung der Zielsetzungen des Beschwerdemanagements	148	45,3%	27,7%	17,6%	5,4%	4,1%	100%	1,95	1,102	73,0%	9,5%
Kommunikation der Ziele des Beschwerdemanagements gegenüber Mitarbeitern außerhalb des Beschwerdemanagements	148	2,0%	5,4%	11,5%	43,2%	37,8%	100%	2,91	1,223	7,4%	81,0%
Kommunikation der Prozesse des Beschwerdemanagements und entsprechender Verhaltensweisen gegenüber Kundenkontaktpersonal außerhalb des Beschwerdemanagements	146	2,7%	6,8%	17,7%	37,4%	35,4%	100%	2,86	1,306	9,5%	72,8%

Tabelle J2b

Für wie wichtig halten Sie die folgenden personalpolitischen Aspekte für das Beschwerdemanagement in Ihrem Unternehmen? Bitte beurteilen Sie auch den Umsetzungsstatus dieser Aspekte in Ihrem Unternehmen.

Wichtigkeit (1 = Eher nicht wichtig / 5 = Eher sehr wichtig)	Gesamt			Banken			Versicherungen			Versorger			Automobil			Nahrung & Getränke		
	Basis	Durch-schnitt	Standard-abweichung	Basis	Durch-schnitt	Standard-abweichung	Basis	Durch-schnitt	Standard-abweichung	Basis	Durch-schnitt	Standard-abweichung	Basis	Durch-schnitt	Standard-abweichung	Basis	Durch-schnitt	Standard-abweichung
	=100%	Ø	s	=100%	Ø	s	=100%	Ø	s	=100%	Ø	s	=100%	Ø	s	=100%	Ø	s
Stellenprofile mit spezifischen Anforderungen zur Rekrutierung von Mitarbeitern für das Beschwerdemanagement	147	3,90	1,087	28	3,86	1,008	15	3,73	1,335	18	3,89	1,323	7	4,29	0,488	16	3,44	1,031
Entwicklung und Definition von kundenorientierten Verhaltensstandards	148	4,44	0,682	28	4,36	10,621	15	4,40	0,737	18	4,56	0,511	7	4,14	0,690	16	4,19	0,981
Information und Training zur Vermittlung von spezifischen Kompetenzen für das Beschwerdemanagement	148	4,34	0,771	28	4,14	0,651	15	4,27	1,100	18	4,50	0,514	7	4,43	0,535	16	4,19	1,047
Anreizsystem zur Unterstützung der Zielsetzungen des Beschwerdemanagements	147	3,29	1,068	28	3,43	0,997	15	3,27	1,280	18	3,39	0,778	7	3,43	1,134	16	2,81	0,750
Kommunikation der Ziele des Beschwerdemanagements gegenüber Mitarbeitern außerhalb des Beschwerdemanagements	148	4,09	0,943	28	4,18	0,612	15	4,20	1,146	18	4,44	0,616	7	4,00	0,816	16	3,75	1,000
Kommunikation der Prozesse des Beschwerdemanagements und entsprechender Verhaltensweisen gegenüber Kundenkontaktpersonal außerhalb des Beschwerdemanagements	147	3,96	1,026	28	4,21	0,738	15	4,00	1,254	18	4,22	0,943	7	4,14	0,690	16	3,31	0,946

Umsetzung (1 = Nicht realisiert / 5 = Voll realisiert)	Gesamt			Banken			Versicherungen			Versorger			Automobil			Nahrung & Getränke		
	Basis	Durch-schnitt	Standard-abweichung	Basis	Durch-schnitt	Standard-abweichung	Basis	Durch-schnitt	Standard-abweichung	Basis	Durch-schnitt	Standard-abweichung	Basis	Durch-schnitt	Standard-abweichung	Basis	Durch-schnitt	Standard-abweichung
	=100%	Ø	s	=100%	Ø	s	=100%	Ø	s	=100%	Ø	s	=100%	Ø	s	=100%	Ø	s
Stellenprofile mit spezifischen Anforderungen zur Rekrutierung von Mitarbeitern für das Beschwerdemanagement	148	3,07	1,506	28	3,14	1,484	15	3,27	1,486	18	2,33	1,572	7	3,29	1,604	16	2,88	1,310
Entwicklung und Definition von kundenorientierten Verhaltensstandards	147	3,55	1,130	27	3,74	1,095	15	3,80	0,941	18	3,28	1,179	7	2,86	1,215	16	3,19	1,047
Information und Training zur Vermittlung von spezifischen Kompetenzen für das Beschwerdemanagement	147	3,37	1,325	28	3,18	1,188	15	3,40	1,121	18	3,17	1,543	7	3,00	1,732	16	3,31	1,401
Anreizsystem zur Unterstützung der Zielsetzungen des Beschwerdemanagements	148	1,95	1,102	28	1,86	1,079	15	2,27	1,280	18	1,44	0,616	7	1,71	0,756	16	1,75	0,856
Kommunikation der Ziele des Beschwerdemanagements gegenüber Mitarbeitern außerhalb des Beschwerdemanagements	148	2,91	1,223	28	3,25	1,005	15	3,53	0,743	18	3,44	1,149	7	2,29	1,113	16	2,50	1,211
Kommunikation der Prozesse des Beschwerdemanagements und entsprechender Verhaltensweisen gegenüber Kundenkontaktpersonal außerhalb des Beschwerdemanagements	146	2,86	1,306	28	3,14	1,380	15	3,27	1,033	17	2,88	1,219	7	2,43	1,272	16	2,25	1,000

Tabelle J3a

Wie viele Personen sind in Ihrem Unternehmen ausschließlich mit Beschwerdemanagement-Aufgaben betraut?

	Basis	Weiß nicht/fehlend		Frage beantwortet		Durchschnitt	Standard-abweichung	Quartile*		
	gesamt		%	=100%	%	Mitarbeiter	s	25%	Median 50%	75%
Mitarbeiter im Beschwerdemanagement	149	48	32%	101	68%	17,03	47,60	1,5	4,0	10,5

* Die Quartile sind diejenigen Punkte der Messwertskala, unterhalb denen 25%, 50%, 75% der Angaben der Teilnehmer (Messwerte) liegen.

Tabelle J3b

Wie viele Personen sind in Ihrem Unternehmen ausschließlich mit Beschwerdemanagement-Aufgaben betraut?

	Gesamt			**Banken**			**Versicherungen**			**Versorger**			**Automobil**			**Nahrung & Getränke**		
	Basis	Durch-schnitt	Standard-abweichung	Basis	Durch-schnitt	Standard-abweichung	Basis	Durch-schnitt	Standard-abweichung	Basis	Durch-schnitt	Standard-abweichung	Basis	Durch-schnitt	Standard-abweichung	Basis	Durch-schnitt	Standard-abweichung
	=100%	Ø	s	=100%	Ø	s	=100%	Ø	s	=100%	Ø	s	=100%	Ø	s	=100%	Ø	s
Mitarbeiter im Beschwerdemanagement	101	17,0	47,60	22	9,0	15,812	9	9,0	15,774	15	5,0	7,973	4	4,8	4,272	10	5,3	8,886

K: Organisatorische Aspekte

Tabelle K1a

Inwieweit sind die Prozesse Ihres Beschwerdemanagements eindeutig definiert?

	Basis	Eher wenig definiert				Eher vollständig definiert	Summe	Durch-schnitt	Standard-abweichung	Bottom two	Top two
	=100%	1	2	3	4	5	Σ	Ø	s	B	T
Beschwerdestimulierung	144	36,1%	20,8%	24,3%	11,1%	7,6%	100%	2,33	1,279	56,9%	18,7%
Beschwerdeannahme	148	2,0%	5,4%	8,1%	35,1%	49,3%	100%	4,24	0,959	7,4%	84,4%
Beschwerdebearbeitung	148	0,7%	3,4%	6,8%	35,8%	53,4%	100%	4,38	0,812	4,1%	89,2%
Beschwerdereaktion	146	3,4%	7,5%	17,8%	33,6%	37,7%	100%	3,95	1,081	10,9%	71,3%
Beschwerdeauswertung	148	5,4%	12,2%	15,5%	33,8%	33,1%	100%	3,77	1,190	17,6%	66,9%
Beschwerdereporting	148	10,8%	12,8%	14,9%	31,1%	30,4%	100%	3,57	1,220	23,6%	61,5%
Beschwerdemanagement-Controlling	142	26,4%	27,7%	19,6%	15,5%	10,8%	100%	2,57	1,320	54,1%	26,3%

Tabelle K1b

Inwieweit sind die Prozesse Ihres Beschwerdemanagements eindeutig definiert?

(1 = Eher weniger definiert / 5 = Eher vollständig definiert)

	Gesamt			Banken			Versicherungen			Versorger			Automobil			Nahrung & Getränke		
	Basis	Durch-schnitt	Standard-abweichung	Basis	Durch-schnitt	Standard-abweichung	Basis	Durch-schnitt	Standard-abweichung	Basis	Durch-schnitt	Standard-abweichung	Basis	Durch-schnitt	Standard-abweichung	Basis	Durch-schnitt	Standard-abweichung
	=100%	Ø	s	=100%	Ø	s	=100%	Ø	s	=100%	Ø	s	=100%	Ø	s	=100%	Ø	s
Beschwerdestimulierung	144	2,33	1,279	26	2,65	1,263	15	1,67	1,234	17	2,06	1,519	7	2,43	0,976	16	2,31	1,302
Beschwerdeannahme	148	4,24	0,959	28	4,29	0,854	15	4,13	1,246	17	4,18	0,951	7	3,71	1,380	17	4,47	0,514
Beschwerdebearbeitung	148	4,38	0,812	28	4,43	0,742	15	4,47	0,743	17	4,47	0,800	7	4,29	0,488	17	4,59	0,618
Beschwerdereaktion	146	3,95	1,081	28	4,07	1,016	15	4,33	0,816	17	3,71	1,105	6	4,00	0,894	17	3,94	1,144
Beschwerdeauswertung	148	3,77	1,190	28	3,79	1,101	15	4,07	1,280	17	3,53	1,375	7	3,71	1,254	17	3,94	0,966
Beschwerdereporting	148	3,57	1,220	28	3,64	1,062	15	4,07	1,223	17	3,06	1,519	7	3,86	0,690	17	3,47	1,375
Beschwerdemanagement-Controlling	142	2,57	1,320	28	2,79	1,166	15	3,27	1,280	17	2,29	1,213	7	1,71	1,113	17	2,24	1,300

Tabelle K2a

Welche Quellen nutzen Sie zur Prozessoptimierung Ihres Beschwerdemanagements? (Mehrfachnennungen möglich)

	Basis =100%	Objektive Ergebnisse des Beschwerde-management-Controlling	Kunden-feedback zum Beschwerde-management-prozess	Mitarbeiter-feedback zum Beschwerde-management-prozess	Best-Practice aus ent-sprechenden Studien und Literatur	Es erfolgt keine Prozess-optimierung
Prozessoptimierung	146	39,0%	58,2%	70,5%	32,2%	15,1%

Tabelle K2b

Welche Quellen nutzen Sie zur Prozessoptimierung Ihres Beschwerdemanagements? (Mehrfachnennungen möglich)

	Gesamt	Banken	Versicherungen	Versorger	Automobil	Nahrung & Getränke
Basis (=100%)	146	27	15	17	7	17
Objektive Ergebnisse des Beschwerde-management-Controlling	39,0%	48,1%	66,7%	29,4%	14,3%	23,5%
Kundenfeedback zum Beschwerde-managementprozess	58,2%	66,7%	53,3%	58,8%	28,6%	52,9%
Mitarbeiterfeedback zum Beschwerde-managementprozess	70,5%	77,8%	86,7%	64,7%	57,1%	58,8%
Best-Practice aus entsprechenden Studien und Literatur	32,2%	59,3%	20,0%	35,3%	0,0%	23,5%
Es erfolgt keine Prozessoptimierung	15,1%	11,1%	6,7%	29,4%	28,6%	11,8%

Tabelle K3a

Wo ist die Prozessverantwortung für die verschiedenen Beschwerdemanagement-Aufgaben aufbauorganisatorisch in eingebettet und wo findet eine übergreifende Planung und Weiterentwicklung der Beschwerdemanagementaktivitäten in Ihrem Unternehmen statt?

Prozessverantwortung	Basis	Vollständig zentral	Eher zentral	Sowohl zentral als auch dezentral	Eher dezentral	vollständig dezentzral	Summe	Bottom two	Top two
	=100%						Σ	B	T
Beschwerdestimulierung	124	29,8%	16,9%	31,5%	12,1%	9,7%	100%	46,7%	21,8%
Beschwerdeannahme	144	22,9%	17,4%	38,2%	12,5%	9,0%	100%	40,3%	21,5%
Beschwerdebearbeitung	145	29,7%	15,2%	31,7%	11,7%	11,7%	100%	44,9%	23,4%
Beschwerdereaktion	143	25,9%	18,2%	33,6%	12,6%	9,8%	100%	44,1%	22,4%
Beschwerdeauswertung	140	55,7%	27,1%	11,4%	3,6%	2,1%	100%	82,8%	5,7%
Beschwerdereporting	136	60,3%	24,3%	8,8%	5,1%	1,5%	100%	84,6%	6,6%
Beschwerdemanagement-Controlling	121	56,2%	27,3%	8,3%	5,8%	2,5%	100%	83,5%	8,3%

Planung & Weiterentwicklung	Basis	Vollständig zentral	Eher zentral	Sowohl zentral als auch dezentral	Eher dezentral	Vollständig dezentzral	Es findet keine Planung statt	Summe	Bottom two (zentral)	Top two (dezentral)
	=100%							Σ	B	T
Planung & Weiterentwicklung	148	38,5%	34,5%	16,2%	2,0%	1,3%	7,4%	100%	73,0%	3,3%

Tabelle K3b

Wo ist die Prozessverantwortung für die verschiedenen Beschwerdemanagement-Aufgaben aufbauorganisatorisch eingebettet und wo findet eine übergreifende Planung und Weiterentwicklung der Beschwerdemanagementaktivitäten in Ihrem Unternehmen statt?

Prozessverantwortung	Gesamt	Banken	Versicherungen	Versorger	Automobil	Nahrung & Getränke
Beschwerdestimulierung						
Basis (=100%)	124	24	11	16	6	14
Vollständig zentral	30%	29%	36%	50%	0%	36%
Eher zentral	17%	21%	18%	6%	33%	14%
Sowohl zentral als auch dezentral	32%	29%	36%	25%	33%	36%
Eher dezentral	12%	17%	9%	6%	17%	7%
Vollständig dezentral	10%	4%	0%	13%	17%	7%
Beschwerdeannahme						
Basis (=100%)	144	28	15	17	6	16
Vollständig zentral	23%	18%	20%	24%	0%	19%
Eher zentral	17%	7%	13%	0%	67%	31%
Sowohl zentral als auch dezentral	38%	54%	40%	41%	17%	31%
Eher dezentral	13%	18%	13%	18%	0%	13%
Vollständig dezentral	9%	4%	13%	18%	17%	6%
Beschwerdebearbeitung						
Basis (=100%)	145	28	15	17	6	17
Vollständig zentral	30%	21%	20%	18%	17%	41%
Eher zentral	15%	4%	7%	6%	50%	18%
Sowohl zentral als auch dezentral	32%	43%	47%	35%	17%	18%
Eher dezentral	12%	18%	7%	24%	0%	12%
Vollständig dezentral	12%	14%	20%	18%	17%	12%
Beschwerdereaktion						
Basis (=100%)	143	28	15	17	6	17
Vollständig zentral	26%	18%	20%	12%	17%	29%
Eher zentral	18%	11%	7%	6%	50%	24%
Sowohl zentral als auch dezentral	34%	43%	47%	41%	17%	18%
Eher dezentral	13%	21%	7%	24%	0%	18%
Vollständig dezentral	10%	7%	20%	18%	17%	12%

Tabelle K3b - Fortsetzung

Prozessverantwortung	Gesamt	Banken	Versicherungen	Versorger	Automobil	Nahrung & Getränke
Beschwerdeauswertung						
Basis (=100%)	140	28	15	17	6	16
Vollständig zentral	56%	68%	47%	65%	67%	38%
Eher zentral	27%	18%	33%	29%	0%	25%
Sowohl zentral als auch dezentral	11%	14%	13%	6%	17%	19%
Eher dezentral	4%	0%	7%	0%	0%	6%
Vollständig dezentral	2%	0%	0%	0%	17%	13%
Beschwerdereporting						
Basis (=100%)	136	28	15	15	6	15
Vollständig zentral	60%	78%	67%	67%	67%	40%
Eher zentral	24%	18%	13%	27%	17%	20%
Sowohl zentral als auch dezentral	9%	4%	13%	7%	0%	20%
Eher dezentral	5%	0%	7%	0%	0%	13%
Vollständig dezentral	2%	0%	0%	0%	17%	7%
Beschwerdemanagement-Controlling						
Basis (=100%)	121	25	15	14	6	11
Vollständig zentral	56%	76%	47%	57%	50%	27%
Eher zentral	27%	24%	33%	36%	0%	27%
Sowohl zentral als auch dezentral	8%	0%	13%	7%	17%	18%
Eher dezentral	6%	0%	7%	0%	17%	18%
Vollständig dezentral	3%	0%	0%	0%	17%	9%

Tabelle K3b - Fortsetzung

Planung & Weiterentwicklung	**Gesamt**	**Banken**	**Versicherungen**	**Versorger**	**Automobil**	**Nahrung & Getränke**
Basis (=100%)	148	28	15	17	7	17
Vollständig zentral	39%	43%	32%	41%	0%	41%
Eher zentral	35%	43%	27%	41%	29%	18%
Sowohl zentral als auch dezentral	16%	11%	27%	6%	42%	23%
Eher dezentral	2%	0%	7%	0%	0%	6%
Vollständig dezentral	1%	0%	0%	0%	0%	0%
Es findet keine Planung statt	7%	4%	7%	12%	29%	12%

Tabelle K4a

Wo ist die Durchführung der verschiedenen Beschwerdemanagement-Aufgaben aufbauorganisatorisch in Ihrem Unternehmen eingebettet? Bitte geben Sie auch an, wenn Aufgaben von einem externen Dienstleister übernommen werden (Outsourcing).

	Basis	Vollständig zentral	Eher zentral	Sowohl zentral als auch dezentral	Eher dezentral	Vollständig dezentzral	Outsourcing	Summe	Bottom two (zentral)	Top two (dezentral)
	=100%							Σ	B	T
Beschwerdestimulierung	121	27,3%	15,7%	28,9%	15,7%	10,7%	1,7%	100%	43,0%	26,4%
Beschwerdeannahme	143	17,5%	14,0%	39,2%	11,9%	11,2%	6,3%	100%	31,5%	23,1%
Beschwerdebearbeitung	143	21,7%	14,7%	35,0%	12,6%	11,2%	4,9%	100%	36,4%	23,8%
Beschwerdereaktion	141	21,3%	16,3%	36,9%	11,3%	10,6%	3,5%	100%	37,6%	21,9%
Beschwerdeauswertung	140	53,6%	24,3%	15,0%	3,6%	2,1%	1,4%	100%	77,9%	5,7%
Beschwerdereporting	137	59,1%	20,4%	10,9%	4,4%	2,9%	2,2%	100%	79,5%	7,3%
Beschwerdemanagement-Controlling	123	56,1%	24,4%	10,6%	4,1%	4,1%	0,8%	100%	80,5%	8,2%

Tabelle K4b

Wo ist die Durchführung der verschiedenen Beschwerdemanagement-Aufgaben aufbauorganisatorisch in Ihrem Unternehmen eingebettet? Bitte geben Sie auch an, wenn Aufgaben von einem externen Dienstleister übernommen werden (Outsourcing).

	Gesamt	Banken	Versicherungen	Versorger	Automobil	Nahrung & Getränke
Beschwerdestimulierung						
Basis (=100%)	121	24	11	16	5	13
Vollständig zentral	27%	21%	27%	38%	0%	39%
Eher zentral	16%	13%	27%	19%	40%	15%
Sowohl zentral als auch dezentral	29%	42%	36%	25%	20%	15%
Eher dezentral	16%	21%	9%	13%	20%	8%
Vollständig dezentral	11%	4%	0%	6%	20%	23%
Outsourcing	2%	0%	0%	0%	0%	0%
Beschwerdeannahme						
Basis (=100%)	143	27	15	17	6	15
Vollständig zentral	18%	0%	7%	29%	0%	40%
Eher zentral	14%	4%	20%	6%	17%	7%
Sowohl zentral als auch dezentral	39%	67%	47%	29%	17%	33%
Eher dezentral	12%	15%	13%	12%	0%	7%
Vollständig dezentral	11%	11%	13%	18%	17%	7%
Outsourcing	6%	4%	0%	6%	50%	7%
Beschwerdebearbeitung						
Basis (=100%)	143	27	15	17	6	15
Vollständig zentral	22%	0%	7%	29%	17%	40%
Eher zentral	15%	11%	13%	6%	17%	13%
Sowohl zentral als auch dezentral	35%	52%	53%	24%	17%	20%
Eher dezentral	13%	22%	7%	24%	0%	7%
Vollständig dezentral	11%	11%	20%	18%	17%	13%
Outsourcing	5%	4%	0%	0%	33%	7%
Beschwerdereaktion						
Basis (=100%)	141	27	15	17	6	15
Vollständig zentral	21%	0%	7%	29%	17%	47%
Eher zentral	16%	11%	13%	6%	50%	7%
Sowohl zentral als auch dezentral	37%	52%	53%	29%	0%	20%
Eher dezentral	11%	22%	7%	18%	0%	13%
Vollständig dezentral	11%	11%	20%	18%	17%	13%
Outsourcing	4%	4%	0%	0%	17%	0%

Tabelle K4b - Fortsetzung

	Gesamt	Banken	Versicherungen	Versorger	Automobil	Nahrung & Getränke
Beschwerdeauswertung						
Basis (=100%)	140	27	15	17	6	15
Vollständig zentral	54%	67%	40%	65%	67%	47%
Eher zentral	24%	19%	40%	29%	0%	20%
Sowohl zentral als auch dezentral	15%	15%	13%	6%	17%	13%
Eher dezentral	4%	0%	7%	0%	0%	7%
Vollständig dezentral	2%	0%	0%	0%	17%	7%
Outsourcing	1%	0%	0%	0%	0%	7%
Beschwerdereporting						
Basis (=100%)	137	27	15	15	6	14
Vollständig zentral	59%	82%	60%	67%	67%	50%
Eher zentral	20%	15%	20%	27%	17%	7%
Sowohl zentral als auch dezentral	11%	4%	13%	7%	0%	14%
Eher dezentral	4%	0%	7%	0%	0%	14%
Vollständig dezentral	3%	0%	0%	0%	17%	7%
Outsourcing	2%	0%	0%	0%	0%	7%
Beschwerdemanagement-Controlling						
Basis (=100%)	123	24	15	14	6	11
Vollständig zentral	56%	83%	33%	64%	50%	36%
Eher zentral	24%	17%	40%	29%	0%	27%
Sowohl zentral als auch dezentral	11%	0%	20%	7%	17%	9%
Eher dezentral	4%	0%	7%	0%	17%	9%
Vollständig dezentral	4%	0%	0%	0%	17%	18%
Outsourcing	1%	0%	0%	0%	0%	0%

Tabelle K5a

Wo liegt die Gesamtverantwortung für das Beschwerdemanagement in Ihrem Unternehmen? (Mehrfachnennungen möglich)

	Basis =100%	Geschäftsführung / Vorstand	Leitung Vertrieb	Leitung Marketing	Leitung Service	Leitung Kundenmanagement	Leitung Beschwerdemanagement	Leitung Controlling	Leitung Qualitätsmanagement	Leitung Produktbereich	Gestamtverantwortung nicht eindeutig zugewiesen
Gesamtverantwortung	121	22,4%	10,9%	12,2%	11,6%	14,3%	13,6%	0,0%	28,6%	2,0%	10,2%

Tabelle K5b

Wo liegt die Gesamtverantwortung für das Beschwerdemanagement in Ihrem Unternehmen? (Mehrfachnennungen möglich)

	Gesamt	Banken	Versicherungen	Versorger	Automobil	Nahrung & Getränke
Basis (=100%)	121	28	14	17	7	17
Geschäftsführung / Vorstand	22%	12%	30%	29%	29%	18%
Leitung Vertrieb	11%	3%	0%	18%	14%	29%
Leitung Marketing	12%	3%	9%	24%	0%	24%
Leitung Service	12%	6%	4%	0%	29%	0%
Leitung Kundenmanagement	14%	0%	17%	6%	0%	12%
Leitung Beschwerdemanagement	14%	15%	17%	12%	29%	0%
Leitung Controlling	0%	0%	0%	0%	0%	0%
Leitung Qualitätsmanagement	29%	38%	13%	18%	0%	59%
Leitung Produktbereich	2%	3%	4%	0%	0%	6%
Gestamtverantwortung nicht eindeutig zugewiesen	10%	6%	4%	12%	14%	6%

Tabelle K6a

Für wie wichtig halten Sie spezifische Zielvereinbarungen für das Beschwerdemanagement? Bitte beurteilen Sie hierzu den Status, mit dem derartige Zielvereinbarungen in Ihrem Unternehmen umgesetzt sind.

	Basis	Eher nicht wichtig				Eher sehr wichtig	Summe	Durch-schnitt	Standard-abweichung	Bottom two	Top two
	=100%	1	2	3	4	5	Σ	Ø	s	B	T
Wichtigkeit	147	2,0%	4,1%	10,9%	51,0%	32,0%	100%	4,07	0,881	6,1%	83,0%

	Basis	Nicht realisiert				Voll realisiert	Summe	Durch-schnitt	Standard-abweichung	Bottom two	Top two
	=100%	1	2	3	4	5	Σ	Ø	s	B	T
Umsetzung	147	21,1%	15,6%	28,6%	23,8%	10,9%	100%	2,88	1,292	36,7%	34,7%

Tabelle K6b

Für wie wichtig halten Sie spezifische Zielvereinbarungen für das Beschwerdemanagement? Bitte beurteilen Sie hierzu den Status, mit dem derartige Zielvereinbarungen in Ihrem Unternehmen umgesetzt sind.

	Gesamt			Banken			Versicherungen			Versorger			Automobil			Nahrung & Getränke		
	Basis	Durch-schnitt	Standard-abweichung	Basis	Durch-schnitt	Standard-abweichung	Basis	Durch-schnitt	Standard-abweichung	Basis	Durch-schnitt	Standard-abweichung	Basis	Durch-schnitt	Standard-abweichung	Basis	Durch-schnitt	Standard-abweichung
	=100%	Ø	s	=100%	Ø	s	=100%	Ø	s	=100%	Ø	s	=100%	Ø	s	=100%	Ø	s
Wichtigkeit (1 = Eher nicht wichtig / 5 = Eher sehr wichtig)	147	4,07	0,881	28	3,89	0,786	15	4,07	0,961	18	4,28	0,669	7	3,71	0,951	16	3,88	1,310

	Gesamt			Banken			Versicherungen			Versorger			Automobil			Nahrung & Getränke		
	Basis	Durch-schnitt	Standard-abweichung	Basis	Durch-schnitt	Standard-abweichung	Basis	Durch-schnitt	Standard-abweichung	Basis	Durch-schnitt	Standard-abweichung	Basis	Durch-schnitt	Standard-abweichung	Basis	Durch-schnitt	Standard-abweichung
	=100%	Ø	s	=100%	Ø	s	=100%	Ø	s	=100%	Ø	s	=100%	Ø	s	=100%	Ø	s
Umsetzung (1 = Nicht realisiert / 5 = Voll realisiert)	147	2,88	1,292	28	2,79	1,197	15	2,67	1,345	18	3,06	1,434	7	2,86	1,464	16	2,75	1,183

Tabelle K7a

Wie weit treffen die folgenden Aussagen auf die Funktion des Beschwerdemanagements in Ihrem Unternehmen zu?

	Basis	Trifft überhaupt nicht zu	Trifft eher nicht zu	Trifft eher zu	Trifft voll und ganz zu	Summe	Bottom two	Top two
	=100%	1	2	3	4	Σ	B	T
Abhilfefunktion: Beseitigung individueller Kundenunzufriedenheit, die auf Missverständnissen oder unternehmerischen Fehlleistungen basiert	147	1,4%	10,9%	37,4%	50,3%	100%	12,3%	87,7%
Zugangsfunktion: Abbau von Kommunikationsbarrieren der Kunden durch Publizieren der Beschwerdewege und explizite Zuständigkeitserklärungen	146	13,7%	43,2%	32,2%	11,0%	100%	56,9%	43,2%
Externe Informationsfunktion: Versorgung der Kunden mit problemorientierten Informationen	145	17,2%	32,4%	34,5%	15,9%	100%	49,6%	50,4%
Interne Informationsfunktion: Aufbereitung und interne Weiterleitung der aus den Beschwerden gewonnenen Informationen	147	2,7%	14,3%	42,2%	40,8%	100%	17,0%	83,0%
Impulsfunktion: Formulierung von kundenorientierten Verbesserungs-vorschlägen auf Grundlage der gewonnenen Informationen	146	6,8%	28,8%	45,2%	19,2%	100%	35,6%	64,4%
Bildungsfunktion: Schulung der Mitarbeiter über die Grundlagen des Beschwerde-managements und über richtiges Verhalten gegenüber unzufriedenen Kunden	146	6,2%	19,2%	41,1%	33,6%	100%	25,4%	74,7%

Tabelle K7b

Wie weit treffen die folgenden Aussagen auf die Funktion des Beschwerdemanagements in Ihrem Unternehmen zu?

	Gesamt	Banken	Versicherungen	Versorger	Automobil	Nahrung & Getränke
Abhilfefunktion						
Basis (=100%)	147	28	15	17	7	16
Trifft überhaupt nicht zu	1,4%	0,0%	6,7%	0,0%	0,0%	6,3%
Trifft eher nicht zu	10,9%	7,1%	13,3%	5,9%	28,6%	6,3%
Trifft eher zu	37,4%	35,7%	20,0%	29,4%	28,6%	50,0%
Trifft voll und ganz zu	50,3%	57,1%	60,0%	64,7%	42,9%	37,5%
Zugangsfunktion						
Basis (=100%)	146	28	15	17	7	15
Trifft überhaupt nicht zu	13,7%	10,7%	20,0%	11,8%	28,6%	26,7%
Trifft eher nicht zu	43,2%	35,7%	40,0%	35,3%	42,9%	20,0%
Trifft eher zu	32,2%	50,0%	20,0%	23,5%	14,3%	46,7%
Trifft voll und ganz zu	11,0%	3,6%	20,0%	29,4%	14,3%	6,7%
Externe Informationsfunktion						
Basis (=100%)	145	27	15	16	7	16
Trifft überhaupt nicht zu	17,2%	18,5%	6,7%	18,8%	0,0%	12,5%
Trifft eher nicht zu	32,4%	29,6%	40,0%	25,0%	42,9%	25,0%
Trifft eher zu	34,5%	44,4%	33,3%	31,3%	42,9%	37,5%
Trifft voll und ganz zu	15,9%	7,4%	20,0%	25,0%	14,3%	25,0%

Tabelle K7b - Fortsetzung

	Gesamt	Banken	Versicherungen	Versorger	Automobil	Nahrung & Getränke
Interne Informationsfunktion						
Basis (=100%)	147	28	15	17	7	16
Trifft überhaupt nicht zu	2,7%	3,6%	0,0%	5,9%	14,3%	0,0%
Trifft eher nicht zu	14,3%	7,1%	6,7%	11,8%	14,3%	0,0%
Trifft eher zu	42,2%	42,9%	53,3%	35,3%	28,6%	56,3%
Trifft voll und ganz zu	40,8%	46,4%	40,0%	47,1%	42,9%	43,8%
Impulsfunktion						
Basis (=100%)	146	28	15	17	7	15
Trifft überhaupt nicht zu	6,8%	3,6%	6,7%	5,9%	28,6%	6,7%
Trifft eher nicht zu	28,8%	10,7%	13,3%	29,4%	14,3%	33,3%
Trifft eher zu	45,2%	60,7%	53,3%	41,2%	57,1%	53,3%
Trifft voll und ganz zu	19,2%	25,0%	26,7%	23,5%	0,0%	6,7%
Bildungsfunktion						
Basis (=100%)	146	28	15	16	7	16
Trifft überhaupt nicht zu	6,2%	3,6%	0,0%	12,5%	14,3%	12,5%
Trifft eher nicht zu	19,2%	14,3%	26,7%	6,3%	28,6%	31,3%
Trifft eher zu	41,1%	53,6%	46,7%	43,8%	14,3%	31,3%
Trifft voll und ganz zu	33,6%	28,6%	26,7%	37,5%	42,9%	25,0%

Tabelle K8a

Für wie wichtig halten Sie die folgenden Einflussrechte des Beschwerdemanagements auf die Entscheidungen anderer Abteilungen (z.B. Vertrieb) für seine Funktionserfüllung im Unternehmen? Bitte geben Sie auch an, über welche Einflussrechte das Beschwerdemanagement in Ihrem Unternehmen verfügt.

Wichtigkeit	Basis	Eher nicht wichtig				Eher sehr wichtig	Summe	Durch-schnitt	Standard-abweichung	Bottom two	Top two
	=100%	1	2	3	4	5	Σ	Ø	s	B	T
Informationsrecht: Weiterleitung von Beschwerdeinformationen an Entscheidungsträger anderer Abteilungen	147	0,7%	2,0%	5,4%	34,7%	57,1%	100%	4,46	0,752	2,7%	91,8%
Beratungsrecht: Erarbeitung und Vorlage von Initiativen und Vorschlägen gegenüber anderen Abteilungen	146	2,1%	7,5%	13,7%	45,9%	30,8%	100%	3,96	0,968	9,6%	76,7%
Kontrollrecht: Überprüfung von Entscheidungen anderer Abteilungen	145	11,0%	16,6%	31,7%	29,7%	11,0%	100%	3,13	1,156	27,6%	40,7%
Einspruchsrecht: Verhinderung der Durchführung von Entscheidungen anderer Abteilungen	146	10,3%	17,8%	25,3%	36,3%	10,3%	100%	3,18	1,157	28,1%	46,6%
Mitentscheidungsrecht: Teilnahme an Zwischen- und Abschlussentscheidungen anderer Abteilungen	147	3,4%	13,6%	25,9%	38,1%	19,0%	100%	3,56	1,054	17,0%	57,1%
Alleinentscheidungsrecht von Zwischen- und Abschlussentscheidungen, die auch andere Abteilungen betreffen	146	26,0%	24,0%	31,5%	13,0%	5,5%	100%	2,48	1,170	50,0%	18,5%

Tabelle K8a - Fortsetzung

Umsetzung	Basis	Kein Einflußrecht	Einflußrecht	Summe
	=100%			Σ
Informationsrecht: Weiterleitung von Beschwerdeinformationen an Entscheidungsträger anderer Abteilungen	144	19,4%	80,6%	100%
Beratungsrecht: Erarbeitung und Vorlage von Initiativen und Vorschlägen gegenüber anderen Abteilungen	143	32,9%	67,1%	100%
Kontrollrecht: Überprüfung von Entscheidungen anderer Abteilungen	141	77,3%	22,7%	100%
Einspruchsrecht: Verhinderung der Durchführung von Entscheidungen anderer Abteilungen	141	76,6%	23,4%	100%
Mitentscheidungsrecht: Teilnahme an Zwischen- und Abschlussentscheidungen anderer Abteilungen	143	58,7%	41,3%	100%
Alleinentscheidungsrecht von Zwischen- und Abschlussentscheidungen, die auch andere Abteilungen betreffen	140	84,3%	15,7%	100%

Tabelle K8b

Für wie wichtig halten Sie die folgenden Einflussrechte des Beschwerdemanagements auf die Entscheidungen anderer Abteilungen (z.B. Vertrieb) für seine Funktionserfüllung im Unternehmen? Bitte geben Sie auch an, über welche Einflussrechte das Beschwerdemanagement in Ihrem Unternehmen verfügt.

Wichtigkeit (1 = Eher nicht wichtig / 5 = Eher sehr wichtig)	Gesamt			Banken			Versicherungen			Versorger			Automobil			Nahrung & Getränke		
	Basis	Durch-schnitt	Standard-abweichung	Basis	Durch-schnitt	Standard-abweichung	Basis	Durch-schnitt	Standard-abweichung	Basis	Durch-schnitt	Standard-abweichung	Basis	Durch-schnitt	Standard-abweichung	Basis	Durch-schnitt	Standard-abweichung
	=100%	Ø	s	=100%	Ø	s	=100%	Ø	s	=100%	Ø	s	=100%	Ø	s	=100%	Ø	s
Informationsrecht: Weiterleitung von Beschwerdeinformationen an Entscheidungsträger anderer Abteilungen	147	4,46	0,752	28	4,54	0,744	15	4,73	0,458	17	4,53	0,514	7	4,29	0,756	16	4,63	0,619
Beratungsrecht: Erarbeitung und Vorlage von Initiativen und Vorschlägen gegenüber anderen Abteilungen	146	3,96	0,968	28	4,21	0,686	15	3,87	1,457	16	4,19	0,750	7	3,86	1,069	16	3,69	1,078
Kontrollrecht: Überprüfung von Entscheidungen anderer Abteilungen	145	3,13	1,156	28	3,21	1,228	14	3,21	1,251	17	3,06	1,029	7	3,57	1,134	16	2,88	1,258
Einspruchsrecht: Verhinderung der Durchführung von Entscheidungen anderer Abteilungen	146	3,18	1,157	28	3,18	1,056	15	3,07	1,335	17	3,47	1,179	6	4,00	1,095	16	2,69	1,250
Mitentscheidungsrecht: Teilnahme an Zwischen- und Abschlussentscheidungen anderer Abteilungen	147	3,56	1,054	28	3,39	0,994	15	3,40	1,352	17	3,76	0,970	7	4,29	0,756	16	3,25	1,125
Alleinentscheidungsrecht von Zwischen- und Abschlussentscheidungen, die auch andere Abteilungen betreffen	146	2,48	1,170	28	2,14	1,079	15	2,20	1,207	16	2,81	1,377	7	2,86	1,345	16	2,25	1,238

Tabelle K8b - Fortsetzung

Umsetzung (1 = Nicht realisiert / 5 = Voll realisiert)	Gesamt			Banken			Versicherungen			Versorger			Automobil			Nahrung & Getränke		
	Basis	Kein Einflußrecht	Einflußrecht	Basis	Kein Einflußrecht	Einflußrecht	Basis	Kein Einflußrecht	Einflußrecht	Basis	Kein Einflußrecht	Einflußrecht	Basis	Kein Einflußrecht	Einflußrecht	Basis	Kein Einflußrecht	Einflußrecht
	=100%			=100%			=100%			=100%			=100%			=100%		
Informationsrecht: Weiterleitung von Beschwerdeinformationen an Entscheidungsträger anderer Abteilungen	144	19%	81%	28	7%	93%	15	13%	87%	17	24%	76%	7	43%	57%	16	37%	63%
Beratungsrecht: Erarbeitung und Vorlage von Initiativen und Vorschlägen gegenüber anderen Abteilungen	143	33%	67%	28	21%	79%	15	27%	73%	17	24%	76%	6	50%	50%	16	38%	62%
Kontrollrecht: Überprüfung von Entscheidungen anderer Abteilungen	141	77%	23%	27	56%	44%	15	80%	20%	17	88%	12%	7	86%	14%	15	80%	20%
Einspruchsrecht: Verhinderung der Durchführung von Entscheidungen anderer Abteilungen	141	77%	23%	27	70%	30%	15	87%	13%	17	76%	24%	6	77%	33%	15	87%	13%
Mitentscheidungsrecht: Teilnahme an Zwischen- und Abschlussentscheidungen anderer Abteilungen	143	59%	41%	28	57%	43%	15	67%	33%	17	71%	29%	7	43%	57%	15	60%	40%
Alleinentscheidungsrecht von Zwischen- und Abschlussentscheidungen, die auch andere Abteilungen betreffen	140	84%	16%	27	93%	7%	15	87%	13%	17	88%	12%	7	71%	29%	15	80%	20%

L: Übergreifende Aspekte der informationstechnologischen Unterstützung

Tabelle L1a

Für wie wichtig halten Sie insgesamt die Unterstützung der verschiedenen Aufgaben des Beschwerdemanagements durch eine Softwarelösung in Ihrem Unternehmen? Bitte beurteilen Sie hierzu auch den Umsetzungsstatus in Ihrem Unternehmen.

	Basis	Eher nicht wichtig				Eher sehr wichtig	Summe	Durch-schnitt	Standard-abweichung	Bottom two	Top two
	=100%	1	2	3	4	5	Σ	Ø	s	B	T
Wichtigkeit	143	1,4%	1,4%	8,4%	29,4%	59,4%	100%	4,44	0,819	2,8%	88,8%

	Basis	Nicht realisiert				Voll realisiert	Summe	Durch-schnitt	Standard-abweichung	Bottom two	Top two
	=100%	1	2	3	4	5	Σ	Ø	s	B	T
Umsetzung	142	17,6%	12,7%	19,7%	25,4%	24,6%	100%	3,27	1,419	30,3%	50,0%

Tabelle L1b

Für wie wichtig halten Sie insgesamt die Unterstützung der verschiedenen Aufgaben des Beschwerdemanagements durch eine Softwarelösung in Ihrem Unternehmen? Bitte beurteilen Sie hierzu auch den Umsetzungsstatus in Ihrem Unternehmen.

	Gesamt			Banken			Versicherungen			Versorger			Automobil			Nahrung & Getränke		
	Basis	Durch-schnitt	Standard-abweichung	Basis	Durch-schnitt	Standard-abweichung	Basis	Durch-schnitt	Standard-abweichung	Basis	Durch-schnitt	Standard-abweichung	Basis	Durch-schnitt	Standard-abweichung	Basis	Durch-schnitt	Standard-abweichung
	=100%	Ø	s	=100%	Ø	s	=100%	Ø	s	=100%	Ø	s	=100%	Ø	s	=100%	Ø	s
Wichtigkeit (1 = Eher nicht wichtig / 5 = Eher sehr wichtig)	143	4,44	0,819	28	4,57	0,634	15	3,93	1,100	17	4,82	0,393	6	4,33	0,816	16	4,56	0,629

	Gesamt			Banken			Versicherungen			Versorger			Automobil			Nahrung & Getränke		
	Basis	Durch-schnitt	Standard-abweichung	Basis	Durch-schnitt	Standard-abweichung	Basis	Durch-schnitt	Standard-abweichung	Basis	Durch-schnitt	Standard-abweichung	Basis	Durch-schnitt	Standard-abweichung	Basis	Durch-schnitt	Standard-abweichung
	=100%	Ø	s	=100%	Ø	s	=100%	Ø	s	=100%	Ø	s	=100%	Ø	s	=100%	Ø	s
Umsetzung (1 = Nicht realisiert / 5 = Voll realisiert)	142	3,27	1,419	28	3,57	1,103	15	2,80	1,521	16	3,19	1,642	6	3,33	1,506	16	3,50	1,155

Tabelle L2a

Welchen Ursprung hat die informationstechnologische Unterstützung Ihres Beschwerdemanagements? (Mehrfachnennungen möglich)

	Basis	Integrierte Funktionalität des bestehenden Kundenmanagementsystems	Add-On zum Kundenmanagementsystem durch den selben Anbieter	Individuelle Fremdentwicklung für unser Unternehmen	Eigenständiges und angepasstes Standardprodukt	Eigenständiges Standardprodukt ohne Anpassung	Eigenentwicklung	Andere
	=100%							
Priorisierung	110	21,8%	4,5%	13,6%	32,7%	0,0%	40,0%	3,6%

Tabelle L2b

Welchen Ursprung hat die informationstechnologische Unterstützung Ihres Beschwerdemanagements? (Mehrfachnennungen möglich)

	Gesamt	Banken	Versicherungen	Versorger	Automobil	Nahrung & Getränke
Basis (=100%)	110	25	9	14	4	11
Integrierte Funktionalität des bestehenden Kundenmanagementsystems	21,8%	16,0%	11,1%	42,9%	25,0%	18,2%
Add-On zum Kundenmanagemetsystem durch den selben Anbieter	4,5%	0,0%	0,0%	7,1%	25,0%	9,1%
Individuelle Fremdentwicklung für unser Unternehmen	13,6%	16,0%	0,0%	0,0%	75,0%	9,1%
Eigenständiges und angepasstes Standardprodukt	32,7%	28,0%	33,3%	14,3%	50,0%	45,5%
Eigenständiges Standardprodukt ohne Anpassung	0,0%	0,0%	0,0%	0,0%	0,0%	0,0%
Eigenentwicklung	40,0%	44,0%	77,8%	50,0%	25,0%	27,3%
Andere	3,6%	4,0%	0,0%	0,0%	0,0%	0,0%

Tabelle L3a

Was waren die Gründe, die Sie zur Wahl der IT-Unterstützung bewogen haben? (Mehrfachnennungen möglich)

	Basis =100%	Funktions-umfang	Einfache Integration in bestehende EDV-Landeschaft	Image des Herstellers	Empfehlung	Preis	Bestehende Beziehung zum Anbieter ("alles aus einer Hand")	Andere
Gründe für IT-Wahl	104	59,6%	55,8%	5,8%	6,7%	26,9%	13,5%	14,4%

Tabelle L3b

Was waren die Gründe, die Sie zur Wahl der IT-Unterstützung bewogen haben? (Mehrfachnennungen möglich)

	Gesamt	Banken	Versicherungen	Versorger	Automobil	Nahrung & Getränke
Basis (=100%)	104	21	9	14	4	10
Funktionsumfang	59,6%	57,1%	33,3%	50,0%	100,0%	70,0%
Einfache Integration in bestehende EDV-Landeschaft	55,8%	52,4%	66,7%	64,3%	0,0%	70,0%
Image des Herstellers	5,8%	9,5%	0,0%	0,0%	0,0%	0,0%
Empfehlung	6,7%	19,0%	0,0%	7,1%	0,0%	10,0%
Preis	26,9%	42,9%	66,7%	7,1%	0,0%	20,0%
Bestehende Beziehung zum Anbieter ("alles aus einer Hand")	13,5%	14,3%	11,1%	21,4%	0,0%	20,0%
Andere	14,4%	9,5%	22,2%	14,3%	0,0%	0,0%

Tabelle L4a

Für wie wichtig halten Sie die Integration der folgenden Aspekte über Schnittstellen mit ihrem Beschwerdemanagementsystem? Bitte beurteilen Sie auch den Umsetzungsstatus der Integration in Ihrem Unternehmen.

Wichtigkeit	Basis	Eher nicht wichtig				Eher sehr wichtig	Summe	Durch-schnitt	Standard-abweichung	Bottom two	Top two
	=100%	1	2	3	4	5	Σ	Ø	s	B	T
Internet/Intranet	108	4,6%	5,6%	11,1%	37,0%	41,7%	100%	4,06	1,084	10,2%	78,7%
CTI-System	101	15,8%	16,8%	24,8%	22,8%	19,8%	100%	3,14	1,349	32,6%	42,6%
Call Center Lösung	106	9,4%	8,5%	9,4%	29,2%	43,4%	100%	3,89	1,312	17,9%	72,6%
E-Mail	107	1,9%	4,7%	11,2%	41,1%	41,1%	100%	4,15	0,930	6,6%	82,2%
Fax	105	3,8%	12,4%	12,4%	35,2%	36,2%	100%	3,88	1,149	16,2%	71,4%
Scan-System für eingehende Briefe	106	11,3%	14,2%	13,2%	26,4%	34,9%	100%	3,59	1,385	25,5%	61,3%
Bestehende Kundendatenbank	109	2,8%	2,8%	6,4%	24,8%	63,3%	100%	4,43	1,385	5,6%	88,1%

Umsetzung	Basis	Nicht realisiert				Voll realisiert	Summe	Durch-schnitt	Standard-abweichung	Bottom two	Top two
	=100%	1	2	3	4	5	Σ	Ø	s	B	T
Internet/Intranet	107	30,8%	15,0%	13,1%	15,0%	26,2%	100%	2,91	1,611	45,8%	41,2%
CTI-System	101	57,4%	12,9%	10,9%	3,0%	15,8%	100%	2,07	1,498	70,3%	18,8%
Call Center Lösung	105	25,7%	8,6%	14,3%	20,0%	31,4%	100%	3,23	1,595	34,3%	51,4%
E-Mail	105	15,2%	13,3%	15,2%	21,0%	35,2%	100%	3,48	1,468	28,5%	56,2%
Fax	105	20,0%	6,7%	14,3%	21,0%	38,1%	100%	3,50	1,539	26,7%	59,1%
Scan-System für eingehende Briefe	106	57,5%	7,5%	7,5%	9,4%	17,9%	100%	2,23	1,617	65,0%	27,3%
Bestehende Kundendatenbank	108	16,7%	8,3%	11,1%	17,6%	46,3%	100%	3,69	1,526	25,0%	63,9%

Tabelle L4b

Für wie wichtig halten Sie die Integration der folgenden Aspekte über Schnittstellen mit ihrem Beschwerdemanagementsystem? Bitte beurteilen Sie auch den Umsetzungsstatus der Integration in Ihrem Unternehmen.

	Gesamt			Banken			Versicherungen			Versorger			Automobil			Nahrung & Getränke		
Wichtigkeit (1 = Eher nicht wichtig / 5 = Eher sehr wichtig)	Basis	Durch-schnitt	Standard-abweichung	Basis	Durch-schnitt	Standard-abweichung	Basis	Durch-schnitt	Standard-abweichung	Basis	Durch-schnitt	Standard-abweichung	Basis	Durch-schnitt	Standard-abweichung	Basis	Durch-schnitt	Standard-abweichung
	=100%	Ø	s	=100%	Ø	s	=100%	Ø	s	=100%	Ø	s	=100%	Ø	s	=100%	Ø	s
Internet/Intranet	108	4,06	1,084	24	3,63	1,135	10	3,90	1,370	14	4,29	0,994	4	4,00	0,816	10	4,20	1,229
CTI-System	101	3,14	1,349	22	2,82	1,097	10	2,40	0,966	13	3,31	1,182	4	4,00	1,414	10	2,20	1,619
Call Center Lösung	106	3,89	1,312	24	3,79	1,215	10	3,90	1,370	14	3,86	1,292	4	4,00	1,414	10	2,80	1,751
E-Mail	107	4,15	0,930	24	3,58	0,929	10	3,90	1,370	13	4,15	0,899	4	4,00	0,816	10	4,30	1,059
Fax	105	3,88	1,149	22	3,23	1,152	10	3,50	1,434	13	4,08	0,862	4	4,50	0,577	10	4,41	0,675
Scan-System für eingehende Briefe	106	3,59	1,385	24	3,54	1,285	10	4,20	1,229	13	4,23	1,166	4	3,50	1,732	9	2,33	1,500
Bestehende Kundendatenbank	109	4,43	1,385	24	4,63	0,495	10	4,70	0,675	14	4,43	1,089	4	4,25	0,957	10	4,60	0,699

	Gesamt			Banken			Versicherungen			Versorger			Automobil			Nahrung & Getränke		
Umsetzung (1 = Nicht realisiert / 5 = Voll realisiert)	Basis	Durch-schnitt	Standard-abweichung	Basis	Durch-schnitt	Standard-abweichung	Basis	Durch-schnitt	Standard-abweichung	Basis	Durch-schnitt	Standard-abweichung	Basis	Durch-schnitt	Standard-abweichung	Basis	Durch-schnitt	Standard-abweichung
	=100%	Ø	s	=100%	Ø	s	=100%	Ø	s	=100%	Ø	s	=100%	Ø	s	=100%	Ø	s
Internet/Intranet	107	2,91	1,611	24	2,54	1,474	10	2,10	1,595	13	3,00	1,683	4	3,00	1,155	10	3,20	1,687
CTI-System	101	2,07	1,498	22	1,68	1,086	10	1,40	0,843	13	1,54	1,127	4	3,75	1,893	10	1,70	1,494
Call Center Lösung	105	3,23	1,595	24	2,83	1,435	10	2,90	1,524	13	2,92	1,605	4	4,00	2,000	10	2,60	1,776
E-Mail	105	3,48	1,468	24	2,63	1,439	9	2,89	1,691	13	3,00	1,472	4	3,75	1,500	10	4,10	1,287
Fax	105	3,50	1,539	23	2,83	1,614	9	2,44	1,590	13	3,15	1,405	4	4,75	0,500	10	4,10	1,287
Scan-System für eingehende Briefe	106	2,23	1,617	24	1,92	1,472	9	2,44	1,810	13	2,85	1,463	4	2,75	2,062	9	1,78	1,394
Bestehende Kundendatenbank	108	3,69	1,526	24	3,63	1,498	10	3,80	1,751	13	3,31	1,702	4	3,75	1,500	10	4,50	0,972

Tabelle M1a

Für wie wichtig halten Sie die folgenden Aspekte des Umgangs mit Internet-Meinungsforen, in denen Kunden Meinungen über Ihr Unternehmen austauschen, im Rahmen Ihres Beschwerdemanagements? Bitte beurteilen Sie auch den Umsetzungsstatus dieser Aspekte in Ihrem Unternehmen.

Wichtigkeit	Basis	Eher nicht wichtig				Eher sehr wichtig	Summe	Durch-schnitt	Standard-abweichung	Bottom two	Top two
	=100%	1	2	3	4	5	Σ	Ø	s	B	T
Regelmäßige Beobachtung	147	10,2%	9,5%	33,3%	28,6%	18,4%	100%	3,35	1,187	19,7%	47,0%
Integration von Beschwerden aus den Internet-Meinungsforen in die Beschwerdebearbeitung	146	11,0%	11,0%	29,5%	34,9%	13,7%	100%	3,29	1,170	22,0%	48,6%
Integration von Informationen aus den Internet-Meinungsforen in die Beschwerdeauswertung	146	11,0%	16,4%	30,8%	31,5%	10,3%	100%	3,14	1,148	27,4%	41,8%
Integration von Informationen aus den Internet-Meinungsforen in das Beschwerdereporting	145	11,7%	20,7%	35,9%	21,4%	10,3%	100%	2,98	1,145	32,4%	31,7%

Umsetzung	Basis	Nicht realisiert				Voll realisiert	Summe	Durch-schnitt	Standard-abweichung	Bottom two	Top two
	=100%	1	2	3	4	5	Σ	Ø	s	B	T
Regelmäßige Beobachtung	146	45,2%	19,9%	14,4%	11,0%	9,6%	100%	2,20	1,368	65,1%	20,6%
Integration von Beschwerden aus den Internet-Meinungsforen in die Beschwerdebearbeitung	146	50,0%	18,5%	10,3%	13,7%	7,5%	100%	2,10	1,353	68,5%	21,2%
Integration von Informationen aus den Internet-Meinungsforen in die Beschwerdeauswertung	145	58,6%	18,6%	11,0%	9,0%	2,8%	100%	1,79	1,125	77,2%	11,8%
Integration von Informationen aus den Internet-Meinungsforen in das Beschwerdereporting	144	65,3%	17,4%	6,9%	7,6%	2,8%	100%	1,65	1,079	82,7%	10,4%

Tabelle M1b

Für wie wichtig halten Sie die folgenden Aspekte des Umgangs mit Internet-Meinungsforen, in denen Kunden Meinungen über Ihr Unternehmen austauschen, im Rahmen Ihres Beschwerdemanagements? Bitte beurteilen Sie auch den Umsetzungsstatus dieser Aspekte in Ihrem Unternehmen.

Wichtigkeit (1 = Eher nicht wichtig / 5 = Eher sehr wichtig)	Gesamt			Banken			Versicherungen			Versorger			Automobil			Nahrung & Getränke		
	Basis	Durch-schnitt	Standard-abweichung	Basis	Durch-schnitt	Standard-abweichung	Basis	Durch-schnitt	Standard-abweichung	Basis	Durch-schnitt	Standard-abweichung	Basis	Durch-schnitt	Standard-abweichung	Basis	Durch-schnitt	Standard-abweichung
	=100%	Ø	s	=100%	Ø	s	=100%	Ø	s	=100%	Ø	s	=100%	Ø	s	=100%	Ø	s
Regelmäßige Beobachtung	147	3,35	1,187	27	2,93	1,035	15	3,53	0,990	17	3,82	1,074	7	3,57	1,397	17	3,24	1,251
Integration von Beschwerden aus den Internet-Meinungsforen in die Beschwerdebearbeitung	146	3,29	1,170	27	2,89	1,155	15	3,00	1,254	17	3,94	0,827	7	2,86	1,215	16	3,25	1,065
Integration von Informationen aus den Internet-Meinungsforen in die Beschwerdeauswertung	146	3,14	1,148	27	2,67	1,038	15	3,00	1,254	17	3,76	0,970	7	3,00	1,528	16	3,13	0,885
Integration von Informationen aus den Internet-Meinungsforen in das Beschwerdereporting	145	2,98	1,145	27	2,44	0,974	15	3,13	1,187	16	3,25	1,000	7	3,00	1,528	16	3,00	0,894

Umsetzung (1 = Nicht realisiert / 5 = Voll realisiert)	Gesamt			Banken			Versicherungen			Versorger			Automobil			Nahrung & Getränke		
	Basis	Durch-schnitt	Standard-abweichung	Basis	Durch-schnitt	Standard-abweichung	Basis	Durch-schnitt	Standard-abweichung	Basis	Durch-schnitt	Standard-abweichung	Basis	Durch-schnitt	Standard-abweichung	Basis	Durch-schnitt	Standard-abweichung
	=100%	Ø	s	=100%	Ø	s	=100%	Ø	s	=100%	Ø	s	=100%	Ø	s	=100%	Ø	s
Regelmäßige Beobachtung	146	2,20	1,368	27	2,33	1,240	15	1,80	1,207	16	1,87	1,204	7	2,00	1,528	17	2,24	1,348
Integration von Beschwerden aus den Internet-Meinungsforen in die Beschwerdebearbeitung	146	2,10	1,353	27	2,19	1,178	15	1,27	1,033	16	2,19	1,377	7	1,71	0,951	17	2,29	1,532
Integration von Informationen aus den Internet-Meinungsforen in die Beschwerdeauswertung	145	1,79	1,125	27	1,74	0,984	15	1,07	0,258	16	1,56	0,814	7	1,86	1,215	17	2,29	1,448
Integration von Informationen aus den Internet-Meinungsforen in das Beschwerdereporting	144	1,65	1,079	27	1,70	0,993	15	0,00	0,000	15	1,20	0,414	7	1,86	1,215	17	2,12	1,495

Tabelle M2a

Welche der folgenden Internet-Meinungsforen sind Ihnen bekannt? Wie oft beobachten Sie diese?

	Basis	*Bekanntheit*			Basis	*Häufigkeit der Beobachtung sofern Internet-Meinungsforum bekannt ist*					
		Nicht bekannt	Bekannt	Summe		Nie	Gelegent-lich	Jede Woche	alle 2 Wochen	> alle 2 Wochen	Summe
	=100%			Σ	=100%						Σ
Dooyoo.de	128	62,5%	37,5%	100%	45	26,7%	53,3%	6,7%	2,2%	11,1%	100%
Ciao.com	126	62,7%	37,3%	100%	42	23,8%	50,0%	11,9%	2,4%	11,9%	100%
Diemucha.de	120	93,3%	6,7%	100%	6	16,7%	66,7%	16,7%	0,0%	0,0%	100%
Ecomments.de	120	91,7%	8,3%	100%	8	0,0%	75,0%	12,5%	0,0%	12,5%	100%
MyOpinion24.de	124	83,1%	16,9%	100%	17	29,4%	47,1%	11,8%	0,0%	11,8%	100%
Servicewueste.de	123	63,3%	36,7%	100%	40	22,5%	55,0%	10,0%	2,5%	10,0%	100%
Vocatus.de	141	31,2%	68,8%	100%	93	15,1%	52,7%	17,2%	6,5%	8,6%	100%

Anmerkung: MyOpinion24 wurde zwischenzeitlich in q-test.de umbenannt. Das Angebot von Servicewueste.de war zur Zeit der Fertigstellung der Studie nicht mehr verfügbar.

Tabelle M2b

Welche der folgenden Internet-Meinungsforen sind Ihnen bekannt? Wie oft beobachten Sie diese?

	Banken		Versicherungen		Versorger		Automobil		Nahrung & Getränke	
Dooyoo.de										
Basis Bekanntheit (=100%)		22		15		15		6		14
Basis Beobachtung (=100%)		17		11		11		4		10
Nicht bekannt		59,1%		60,0%		80,0%		50,0%		71,4%
Bekannt		40,9%		40,0%		20,0%		50,0%		28,6%
Häufigkeit der Beobachtung	nie	52,9%	nie	72,7%	nie	81,8%	nie	50,0%	nie	70,0%
	gelegentlich	47,1%	gelegentlich	18,2%	gelegentlich	9,1%	jede Woche	25,0%	gelegrntlich	20,0%
			alle 2 Wochen	9,1%	jede Woche	9,1%	bis 8 Wochen	25,0%	bis 6 Wochen	10,0%
Ciao.com										
Basis Bekanntheit (=100%)		22		15		15		6		15
Basis Beobachtung (=100%)		16		12		11		4		7
Nicht bekannt		54,5%		53,3%		73,3%		50,0%		80,0%
Bekannt		45,5%		46,7%		26,7%		50,0%		20,0%
Häufigkeit der Beobachtung	nie	43,8%	nie	66,7%	nie	81,8%	nie	50,0%	nie	85,7%
	gelegentlich	56,3%	gelegentlich	16,7%	gelegentlich	18,2%	jede Woche	25,0%	gelegentlich	14,3%
			alle 2 Wochen	8,3%			bis 8 Wochen	25,0%		
			alle 3 Wochen	8,3%						
Diemucha.de										
Basis Bekanntheit (=100%)		21		15		15		6		13
Basis Beobachtung (=100%)		10		10		9		3		7
Nicht bekannt		100,0%		86,7%		93,3%		83,3%		92,3%
Bekannt		0,0%		13,3%		6,7%		16,7%		7,7%
Häufigkeit der Beobachtung	nie	100%	nie	100%	nie	100%	nie	66,7%	nie	85,7%
							jede Woche	33,3%	gelegentlich	14,3%

Tabelle M2b - Fortsetzung

	Banken		Versicherungen		Versorger		Automobil		Nahrung & Getränke	
Ecomments.de										
Basis Bekanntheit (=100%)		22		15		15		6		13
Basis Beobachtung (=100%)		12		10		9		3		7
Nicht bekannt		86,4%		86,7%		100,0%		83,3%		92,3%
Bekannt		13,6%		13,3%		0,0%		16,7%		7,7%
Häufigkeit der Beobachtung	nie	75,0%	nie	100%	nie	100%	nie	66,7%	nie	85,7%
	gelegentlich	25,0%					jede Woche	33,3%	gelegentlich	14,3%
MyOpinion24.de										
Basis Bekanntheit (=100%)		22		15		15		6		14
Basis Beobachtung (=100%)		11		10		8		4		8
Nicht bekannt		91%		73,3%		93,3%		50,0%		85,7%
Bekannt		9%		26,7%		6,7%		50,0%		14,3%
Häufigkeit der Beobachtung	nie	90,9%	nie	90,0%	nie	100%	nie	50,0%	nie	75,0%
	gelegentlich	9,1%	gelegentlich	10,0%			jede Woche	25,0%	gelegentlich	25,0%
							bis 8 Wochen	25,0%		

Anmerkung: MyOpinion24 wurde zwischenzeitlich in q-test.de umbenannt.

Tabelle M2b - Fortsetzung

	Banken		Versicherungen		Versorger		Automobil		Nahrung & Getränke	
Servicewueste.de										
Basis Bekanntheit (=100%)		23		15		15		6		14
Basis Beobachtung (=100%)		19		10		9		3		10
Nicht bekannt		43,5%		66,7%		73,3%		83,3%		64,3%
Bekannt		56,5%		33,3%		26,7%		16,7%		35,7%
Häufigkeit der Beobachtung	nie	52,6%	nie	80,0%	nie	77,8%	nie	66,7%	nie	60,0%
	gelegentlich	36,8%	gelegentlich	20,0%	gelegentlich	22,2%	jede Woche	33,3%	gelegentlich	40,0%
	alle 2 Wochen	5,3%								
	alle 4 Wochen	5,3%								
Vocatus.de										
Basis Bekanntheit (=100%)		28		15		15		6		17
Basis Beobachtung (=100%)		27		13		13		5		14
Nicht bekannt		14,3%		26,7%		33,3%		33,3%		41,2%
Bekannt		85,7%		73,3%		66,7%		66,7%		58,8%
Häufigkeit der Beobachtung	nie	22,2%	nie	46,2%	nie	46,2%	nie	60,0%	nie	35,7%
	gelegentlich	66,7%	gelegentlich	38,5%	gelegentlich	46,2%	jede Woche	20,0%	gelegentlich	35,7%
	alle 2 Wochen	3,7%	aller 2 Wochen	7,7%	jede Woche	7,7%	alle 4 Wochen	20,0%	jede Woche	14,3%
	alle 4 Wochen	3,7%	bis 12 Wochen	7,7%					alle 2 Wochen	14,3%
	bis 12 Wochen	3,7%								

Anmerkung: Das Angebot von Servicewueste.de war zur Zeit der Fertigstellung der Studie nicht mehr verfügbar.

Tabelle M3a

Bearbeiten Sie Beschwerden, die Sie von kommerziellen Internet-Meinungsforen im Internet (z.B. Vocatus.de) angeboten bekommen?

	Basis =100%	Ja, sofern uns keine zusätzlichen Kosten durch den Abieter der Internet-Meinungsforen enstehen	Ja, grundsätzlich	Ja, gelegentlich	Nein	Von dieser Seite wurden bis dato noch keine Beschwerden an uns herangetragen	Summe Σ
Kommerzielle Meinungsforen	144	11,8%	32,6%	4,2%	14,6%	36,8%	100%

Tabelle M3b

Bearbeiten Sie Beschwerden, die Sie von kommerziellen Internet-Meinungsforen im Internet (z.B. Vocatus.de) angeboten bekommen?

	Gesamt	Banken	Versicherungen	Versorger	Automobil	Nahrung & Getränke
Basis (=100%)	144	26	14	17	7	17
Ja, sofern uns keine zusätzlichen Kosten durch den Anbieter der Internet-Meinungsforen enstehen	11,8%	3,8%	7,1%	23,5%	0,0%	5,9%
Ja, grundsätzlich	32,6%	46,2%	7,1%	17,6%	14,3%	52,9%
Ja, gelegentlich	4,2%	11,5%	0,0%	0,0%	14,3%	0,0%
Nein	14,6%	7,7%	28,6%	11,8%	42,9%	0,0%
Von dieser Seite wurden bis dato keine Beschwerden an uns herangetragen	36,8%	30,8%	57,1%	47,1%	28,6%	41,2%

N: Implementierung

Tabelle N1a

Wo in Ihrem Unternehmen ist/war primär die Verantwortlichkeit für die Implementierung des Beschwerdemanagements verankert? (Mehrfachnennungen möglich)

	Basis =100%	EDV/IT	Marketing	Vertrieb	Service	Kunden-management	Qualitäts-management
Verantwortlichkeit für Implementierung	149	4,0%	18,8%	22,8%	29,5%	32,2%	43,0%

Tabelle N1b

Wo in Ihrem Unternehmen ist/war primär die Verantwortlichkeit für die Implementierung des Beschwerdemanagements verankert? (Mehrfachnennungen möglich)

	Gesamt	**Banken**	**Versicherungen**	**Versorger**	**Automobil**	**Nahrung & Getränke**
Basis (=100%)	149	28	15	18	7	17
EDV/IT	4,0%	0,0%	0,0%	5,6%	0,0%	0,0%
Marketing	18,8%	17,9%	33,3%	22,2%	0,0%	17,6%
Vertrieb	22,8%	10,7%	6,7%	38,9%	14,3%	41,2%
Service	29,5%	14,3%	20,0%	16,7%	57,1%	11,8%
Kundenmanagement	32,2%	17,9%	33,3%	16,7%	42,9%	35,3%
Qualitätsmanagement	43,0%	57,1%	33,3%	27,8%	28,6%	64,7%

Tabelle N2a

Was war die Entscheidungsgrundlage für die Implementierung des Beschwerdemanagements? (Mehrfachnennungen möglich)

	Basis =100%	Zunehmende Anzahl von Beschwerden	Zunehmende Anzahl von Kundenab-wanderungen	Fallende Kunden zufriedenheits-werte	Druck des Wettbewerbs	Qualitäts-offensive im Unternehmen	Proaktive, kunden-orientierte Aus-richtung des Kunden-managements
Entscheidungsgrundlage für Implementierung	147	23,1%	6,1%	12,2%	12,9%	56,5%	68,0%

Tabelle N2b

Was war die Entscheidungsgrundlage für die Implementierung des Beschwerdemanagements? (Mehrfachnennungen möglich)

	Gesamt	**Banken**	**Versicherungen**	**Versorger**	**Automobil**	**Nahrung & Getränke**
Basis (=100%)	147	28	14	17	7	17
Zunehmende Anzahl von Beschwerden	23,1%	21,4%	7,1%	5,9%	57,1%	41,2%
Zunehmende Anzahl von Kundenabwanderungen	6,1%	7,1%	0,0%	5,9%	0,0%	0,0%
Fallende Kundenzufriedenheitswerte	12,2%	14,3%	7,1%	5,9%	0,0%	0,0%
Druck des Wettbewerbs	12,9%	10,7%	7,1%	29,4%	0,0%	11,8%
Qualitätsoffensive im Unternehmen	56,5%	64,3%	50,0%	52,9%	42,9%	52,9%
Proaktive, kundenorientierte Ausrichtung des Kundenmanagements	68,0%	60,7%	78,6%	76,5%	28,6%	82,4%

Tabelle N3a

Haben Sie im Rahmen der Implementierung auf externe Beratungsunternehmen zurückgegriffen?

	Basis =100%	Ja	Nein	Summe Σ
Beratungsunternehmen	140	47,9%	52,1%	100%

Tabelle N3b

Haben Sie im Rahmen der Implementierung auf externe Beratungsunternehmen zurückgegriffen?

	Gesamt	**Banken**	**Versicherungen**	**Versorger**	**Automobil**	**Nahrung & Getränke**
Basis (=100%)	140	26	15	16	7	15
Ja	47,9%	57,7%	46,7%	31,3%	42,9%	26,7%
Nein	52,1%	42,3%	53,3%	68,8%	57,1%	73,3%

Tabelle N4a

Wie hinderlich waren die folgenden potenziellen Hürden der Einführung eines Beschwerdemanagements bei der Implementierung in Ihrem Unternehmen?

	Basis	Eher wenig hinderlich				Eher sehr hinderlich	Summe	Durch-schnitt	Standard-abweichung	Bottom two	Top two
	=100%	1	2	3	4	5	Σ	Ø	s	B	T
Interne negative Wahrnehmung des Begriffs „Beschwerde“	141	21,3%	22,0%	13,5%	31,9%	11,3%	100%	2,90	1,359	43,3%	43,2%
Mangelnde Top Management-Unterstützung	135	37,8%	31,1%	17,0%	9,6%	4,4%	100%	2,12	1,153	68,9%	14,0%
Mangelnde unternehmensweite Sensibilisierung	138	18,8%	22,5%	19,6%	29,7%	9,4%	100%	2,88	1,285	41,3%	39,1%
Widerstand gegen Korrektur- und Verbesserungsimpulse des Beschwerdemanagements	136	22,1%	25,0%	24,3%	27,2%	1,5%	100%	2,61	1,149	47,1%	28,7%
Schwierigkeiten bei der Prozessdefinition	138	20,3%	26,8%	31,9%	16,7%	4,3%	100%	2,58	1,119	47,1%	21,0%
EDV/IT Probleme	137	21,2%	27,7%	16,8%	21,2%	13,1%	100%	2,77	1,350	48,9%	34,3%
Fehlende personelle Ressourcenverfügbarkeit	139	15,1%	24,5%	25,2%	21,6%	13,7%	100%	2,94	1,273	39,6%	35,3%
Mangelnde Budgetausstattung	137	27,7%	32,1%	16,1%	19,0%	5,1%	100%	2,42	1,223	59,8%	24,1%
Mangelnde Kenntnis und Qualifikation der beauftragten Mitarbeiter	135	26,7%	32,6%	26,7%	10,4%	3,7%	100%	2,32	1,090	59,3%	14,1%
Mangelnde Kenntnis und Qualifikation der beauftragten Beratungsunternehmen	68	41,2%	35,3%	14,7%	7,4%	1,5%	100%	1,93	0,997	76,5%	8,9%
Schwierigkeiten bei der Abstimmung mit weiteren CRM bzw. Kundenmanagementinitiativen	127	33,1%	29,1%	20,5%	12,6%	4,7%	100%	2,27	1,185	62,2%	17,3%
Zweifel am ökonomischen Nutzen des Beschwerdemanagements	139	23,0%	27,3%	23,7%	19,4%	6,5%	100%	2,59	1,221	50,3%	25,9%
Missinterpretation von Beschwerdemanagement als IT-Problem	128	45,0%	26,6%	19,5%	4,7%	3,9%	100%	1,95	1,093	71,6%	8,6%

Tabelle N4b

Wie hinderlich waren die folgenden potenziellen Hürden der Einführung eines Beschwerdemanagements bei der Implementierung in Ihrem Unternehmen?

(1 = Eher wenig hinderlich / 5 = Eher sehr hinderlich)

	Gesamt			Banken			Versicherungen			Versorger			Automobil			Nahrung & Getränke		
	Basis	Durch-schnitt	Standard-abweichung	Basis	Durch-schnitt	Standard-abweichung	Basis	Durch-schnitt	Standard-abweichung	Basis	Durch-schnitt	Standard-abweichung	Basis	Durch-schnitt	Standard-abweichung	Basis	Durch-schnitt	Standard-abweichung
	=100%	Ø	s	=100%	Ø	s	=100%	Ø	s	=100%	Ø	s	=100%	Ø	s	=100%	Ø	s
Interne negative Wahrnehmung des Begriffs „Beschwerde“	141	2,90	1,359	27	3,48	0,975	14	3,00	1,301	17	3,18	1,380	7	2,86	1,464	15	2,67	1,589
Mangelnde Top Management-Unterstützung	135	2,12	1,153	26	2,27	1,079	13	1,77	1,013	16	1,87	0,957	7	3,14	1,345	14	1,93	0,997
Mangelnde unternehmensweite Sensibilisierung	138	2,88	1,285	27	3,04	1,018	13	3,23	1,092	17	3,59	1,064	7	3,14	1,773	15	2,60	1,404
Widerstand gegen Korrektur- und Verbesserungsimpulse des Beschwerdemanagements	136	2,61	1,149	27	2,93	0,997	13	2,31	1,251	17	3,18	1,015	6	2,50	1,378	14	2,14	0,949
Schwierigkeiten bei der Prozessdefinition	138	2,58	1,119	26	2,35	0,997	12	2,17	1,267	17	2,65	1,367	6	3,33	0,816	15	2,60	1,056
EDV/IT Probleme	137	2,77	1,350	26	2,38	1,134	13	3,23	1,589	17	2,47	1,328	7	4,14	1,215	14	2,64	1,216
Fehlende personelle Ressourcenverfügbarkeit	139	2,94	1,273	27	2,70	1,171	13	2,92	1,498	16	3,31	1,195	6	4,00	1,265	15	2,73	1,033
Mangelnde Budgetausstattung	137	2,42	1,223	27	2,04	0,940	13	2,08	1,256	14	1,93	0,917	7	4,00	0,816	14	1,86	1,231
Mangelnde Kenntnis und Qualifikation der beauftragten Mitarbeiter	135	2,32	1,090	26	1,88	0,711	13	2,15	1,281	15	2,80	1,207	7	3,14	1,069	14	2,14	1,231
Mangelnde Kenntnis und Qualifikation der beauftragten Beratungsunternehmen	68	1,93	0,997	16	1,94	0,772	6	1,17	0,408	6	1,83	1,169	3	2,33	0,577	5	1,60	0,894
Schwierigkeiten bei der Abstimmung mit weiteren CRM bzw. Kundenmanagementinitiativen	127	2,27	1,185	26	2,35	1,093	13	2,00	1,472	14	2,43	1,222	7	2,57	1,272	13	2,00	1,000
Zweifel am ökonomischen Nutzen des Beschwerdemanagements	139	2,59	1,221	27	2,70	1,203	13	2,38	1,387	17	2,64	0,931	7	2,86	1,345	15	2,47	1,187
Missinterpretation von Beschwerdemanagement als IT-Problem	128	1,95	1,093	23	1,74	1,054	12	2,00	1,279	15	2,27	1,033	6	2,83	1,472	14	1,93	0,997

6. Literaturempfehlungen zum Thema Beschwerdemanagement

Im Folgenden finden sich ausgewählte Literaturhinweise zum Thema „Beschwerdemanagenent". Eine laufend aktualisierte Liste ist unter http://www.dlm-stauss.de verfügbar.

A

Adamson, C. (1993): Evolving Complaint Procedures, in: Managing Service Quality, 3. Jg., Nr. 1, S. 439-444.

Andreassen, T.W. (1999): What Drives Customer Loyalty With Complaint Resolution?, in: Journal of Service Research, 1. Jg., Nr. 4, May, S. 324-332.

Auerbach, S./Bednarczuk, P./Büttgen, M. (1997): Recovery-Management: Ausnahmesituationen beherrschen, in: Absatzwirtschaft, 40. Jg., Nr. 12, S. 78-85.

B

Barlow, J./Møller, C. (1996): Eine Beschwerde ist ein Geschenk: Der Kunde als Consultant, Wien.

Bejou, D./Palmer, A. (1998): Service Failure and Loyalty: An Exploratory Empirical Study of Airline Customers, in: Journal of Services Marketing, 12. Jg., Nr. 1, S. 7-22.

Blanding, W. (1991): Customer Service Operations: The Complete Guide, New York.

Blodgett, J.G./Granbois, D.H./Walters, R.G. (1993): The Effects of Perceived Justice on Complainants' Negative Word-of-Mouth Behavior and Repatronage Intentions, in: Journal of Retailing, 69. Jg., Nr. 4, S. 399 - 428.

Boshoff, C. (1997): An Experimental Study of Service Recovery Options, in: International Journal of Service Industry Management, 8. Jg., Nr. 2, S. 110-130.

Boshoff, C. (1999): RECOVSAT: An Instrument to Measure Satisfaction With Transaction-Specific Service Recovery, in: Journal of Service Research, 1. Jg., Nr. 3, February, S. 236-249.

Boshoff, C. (1999): An Instrument to Measure Satisfaction with Transaction-Specific Service Recovery, in: Journal of Service Research, 1. Jg., Nr. 3, S. 236 - 249.

Boshoff, C./Allen, J. (2000): The influence of selected antecedents on frontline staff's perceptions of service recovery performance, in: International Journal of Service Industry Management, 11. Jg., Nr. 1, S. 63-90.

Boshoff, C./Leong, J. (1998): Empowerment, Attribution and Apologising as Dimensions of Service Recovery: An Experimental Study, in: International Journal of Service Industry Management, 9. Jg., Nr. 1, S. 24-47.

Bowen, D.E./Johnston, R. (1999): Internal service recovery: developing a new construct, in: International Journal of Service Industry Management, 10. Jg., Nr. 2, S. 118-131.

Bruhn, M. (1982): Konsumentenzufriedenheit und Beschwerden, Frankfurt u.a.

Büdel, S. (1997): Aktives Beschwerdemanagement in Banken, Frankfurt/Main.

Bumbacher, U. (2000): Beziehungen zu Problemkunden – Sondierungen zu einem noch wenig erforschten Thema, in: Bruhn, M./Stauss, B. (Hrsg.): Dienstleistungsmanagement Jahrbuch 2000, Wiesbaden, S. 423 - 447.

C

Clark, G.L./Kaminski, P.F./Rink, D.R. (1992): Consumer Complaints: Advice on How Companies Should Respond Based on an Empirical Study, in: The Journal of Services Marketing, 6. Jg., Nr. 1, S. 41 - 49.

Chu, W./Gerstner, E./Hess, J.D. (1998): Managing Dissatisfaction: How to Decrease Customer Opportunism by Partial Refunds, in: Journal of Service Research, 1. Jg., Nr. 2, S. 140-155.

Coenen, C. (2001): Serviceorientierung und Servicekompetenz von Kundenkontakt-Mitarbeitern, in: Bruhn, M./Stauss, B. (Hrsg.): Dienstleistungsmanagement Jahrbuch 2001, Wiesbaden, S. 341 - 374.

D

Dietze, U. (1997): Reklamationen als Chance nutzen, Landsberg/Lech.

Dobberstein, T. (1999): Beschwerde- und Reklamationsmanagement, in: Müller-Hagedorn, L. (Hrsg.): Kundenbindung im Handel, Frankfurt/Main, S. 283 - 314.

Drewes, W./Klee, J. (1994): Aktives Beschwerdemanagement in Kreditinstituten, in: Sparkasse, 111. Jg., Nr. 1, S. 42 - 46.

E

Estelami, H. (1999): Competitive and Procedural Determinants of Delight and Disappointment in Consumer Complaint Outcomes, in: Journal of Service Research, 2. Jg., Nr. 3, February, S. 285-300.

G

Gierl, H. (2000): Beschwerdemanagement als Bestandteil des Qualitätsmanagements, in: Helm, R./Pasch, H. (Hrsg.): Kundenorientierung durch Qualitätsmanagement: Perspektiven – Konzepte – Praxisbeispiele, Frankfurt/Main, S. 149 - 189.

Gierl, H./Sipple, H. (1993): Zufriedenheit mit dem Kundendienst, in: Jahrbuch der Absatz- und Verbrauchsforschung, 39. Jg., Nr. 3, S. 239 - 260.

Göttlicher, M. (2002): Beschwerdemanagement via E-Mail, in: Bruhn, M./Stauss, B. (Hrsg.): Electronic Services, Wiesbaden, S. 341 - 361.

Goodwin, C./Ross, I. (1990): Consumer Evaluations of Responses to Complaints: What's Fair and Why, in: Journal of Services Marketing, 4. Jg., Nr. 3, S. 53 - 61.

Graf, K. (1990): Die Behandlung von Verbraucherbeschwerden in Unternehmen, Berlin.

Grass, Ch. (1999): Kundenorientiertes Re-Design von Dienstleistungen. Beschwerdemanagement sinnvoll nutzen, München.

Günter, B. (1992): Kundenzufriedenheit steigern durch optimales Beschwerdemanagement, in: Hofmaier, R. (Hrsg.): Investitionsgüter- und High-Tech-Marketing, Landsberg/Lech, S. 379 - 393.

Günter, B. (1998): Beschwerdemanagement, in: Simon, H./Homburg, C. (Hrsg.): Kundenzufriedenheit, 3. Aufl., Wiesbaden, S. 301-318.

H

Haeske, U. (2001): Beschwerden und Reklamationen managen: Kritische Kunden sind gute Kunden!, Weinheim u.a.

Hansen, U./Jeschke, K. (2000): Beschwerdemanagement für Dienstleistungsunternehmen – Beispiel eines Kfz-Handels, in: Bruhn, M./Stauss, B. (Hrsg.): Dienstleistungsqualität, 3. Aufl., Wiesbaden, S. 433 - 459.

Hansen, U./Jrschke, K./Schöber, P. (1995): Beschwerdemanagement – Die Karriere einer kundenorientierten Unternehmensstrategie im Konsumgütersektor, in: Marketing ZFP, 17. Jg., Nr. 2, S. 77-88.

Harrison-Walker, L.J. (2001): E-complaining: a content analysis of an Internet complaint forum, in: Journal of Services Marketing, 15. Jg., Nr. 5, S. 397-412.

Hart, C.W.L./Heskett, J.L./Sasser, W.E. (1991): Wie Sie aus Pannen Profit ziehen, in: Harvard Business Manager, 13. Jg., Nr. 1, S. 128 - 136.

Hennig-Thurau, T. (1999): Beschwerdezufriedenheit: Empirische Analyse der Wirkungen und Determinanten einer Schlüsselgröße des Beziehungsmarketing, in: Jahrbuch der Absatz- und Verbrauchsforschung, 45. Jg., Nr. 2, S. 214 - 240.

Hoffmann, A. (1991): Die Erfolgskontrolle von Beschwerdemanagement-Systemen, Frankfurt/Main, u.a.

J

Jeschke, K./Schulze, H. (1999): Internes Marketing und Beziehungsorientierung als Grundlage eines kunden- und mitarbeiterorientierten Beschwerdemanagement, in: Jahrbuch der Absatz- und Verbrauchsforschung, Nr. 4, S. 402 - 417.

Johnston, R. (2001): Linking complaint management to profit, in: International Journal of Service Industry Management, 12. Jg., Nr. 1, S. 60-69.

L

Laxham III, J.G./Netemeyer, R.G. (2002): A longitudinal study of complaining customers' evaluations of multiple service failures and recovery efforts, in: Journal of Marketing, 66. Jg., Nr. 4, S. 57-71.

Leicher, R./Kierig, F.O. (1993): In Reklamationen stecken Chancen, Heidelberg.

M

Michel, S. (2002): Service Recovery nach E-Servicefehlern, in: Bruhn, M./Stauss, B. (Hrsg.): Electronic Services - Dienstleistungsmanagement Jahrbuch 2002, Wiesbaden, S. 321-340.

P

Plymire, J. (1991): Complaints as Opportunities, in: Journal of Services Marketing, 5. Jg., Nr. 1, S. 61 - 65.

R

Riemer, M. (1986): Beschwerdemanagement, Frankfurt/Main u.a.

Rütten, E./Moritz, J. (1997): Reklamationen – So versöhnen Sie Ihre Kunden, Augsburg.

S

Schöber, P. (1997): Organisatorische Gestaltung von Beschwerdemanagement-Systemen, Frankfurt/Main u.a.

Singh, J. (2000): Performance Productivity and Quality of Frontline Employees in Service Organizations, in: Journal of Marketing, 64. Jg., April, S. 15 - 34.

Smith, A.K./Bolton, R.N. (1998): An Experimental Investigation of Customer Reactions to Service Failure and Recovery Encounters – Paradox or Peril?, in: Journal of Service Research, 1. Jg., Nr. 1, S. 65 - 81.

Stauss, B. (1995): Beschwerdemanagement, in: Tietz, B./Köhler, R./Zentes, J. (Hrsg.): Handwörterbuch des Marketing, 2. Aufl., Stuttgart, Sp. 226 - 238.

Stauss, B. (2000): Beschwerdemanagement als Instrument der Kundenbindung, in: Hinterhuber, H.H./Matzler, K. (Hrsg.): Kundenorientierte Unternehmensführung, 2. Aufl., S. 275 - 294.

Stauss, B. (2002): Kundenwissens-Management (Customer Knowledge Management), in: Böhler, H. (Hrsg.): Marketing-Management und Unternehmensführung, Stuttgart, S. 273 - 295.

Stauss, B. (2002): The dimensions of complaint satisfaction: process and outcome complaint satisfaction versus cold fact and warm act complaint satisfaction, in: Managing Service Quality, 12. Jg., Nr. 3, S. 173-183.

Stauss, B./Hentschel, B. (1990): Verfahren der Problementdeckung und -analyse im Qualitätsmanagement von Dienstleistungsunternehmen, in: Jahrbuch der Absatz- und Verbrauchsforschung, 36. Jg., Nr. 3, S. 232 - 259.

Stauss, B./Seidel, W. (2002): Beschwerdemanagement. Kundenbeziehungen erfolgreich managen durch Customer Care, 3. Aufl., München/Wien.

Stauss, B./Seidel, W. (2002): Customer Relationship Management (CRM) als Herausforderung für das Marketing, in: Thexis, 19. Jg., Nr. 1, S. 10 - 13.

Strauss, J./Hill, D.J. (2001): Consumer complaints by e-mail: An exploratory investigation of corporate responses and customer reactions, in: Journal of Interactive Marketing, 15. Jg., Nr. 1, S. 63-73.

T

Tax, S.S./Brown, S. (2000): Kundenbeschwerden: Was Fairness bringt, in: Harvard Business Manager, 22. Jg., Nr. 1, S. 94 - 107.

Tax, S.S./Brown, S./Chandrashekaran, M. (1998): Customer Evaluations of Service Complaint Experiences: Implications for Relationship Marketing, in: Journal of Marketing, 62. Jg., Nr. 2, S. 60 - 76.

TMI (1993): A Complaint Is A Gift. From Complaint to Satisfaction, Hillerod.

Töpfer, A. (1999): Konzepte und Instrumente des Beschwerdemanagement, in: Töpfer, A. (Hrsg.): Kundenzufriedenheit messen und steigern, 2. Aufl., Neuwied, S. 459 - 490.

W

Webster, C./ Sundaram, D.S. (1998): Service Consumption Criticality in Failure Recovery, in: Journal of Business Research, 41. Jg., Nr. 1, S. 153-159.

Wegmann, Ch. (2001): Internationales Beschwerdemanagement, Wiesbaden.

Wiegran, G./Harter, G. (2002): Kunden-Feedback im Internet. Strukturiert erfassen, schnell beantworten, systematisch auswerten, Wiesbaden.

Wimmer, F. (1985): Beschwerdepolitik als Marketinginstrument, in: Hansen, U./Schoenheit, I. (Hrsg.): Verbraucherabteilungen in privaten und öffentlichen Unternehmungen, Frankfurt/Main u.a., S. 225 - 254.

Wimmer, F./Roleff, R. (1998): Beschwerdepolitik als Instrument des Dienstleistungsmanagements, in: Bruhn, M./Meffert, H. (Hrsg.): Handbuch Dienstleistungsmanagement, Wiesbaden, S. 265-285.

Z

Zinnagl, E. (1994): Kundenanregungen und Beschwerden: Chance oder Gefahr im Finanzdienstleistungswettbewerb, Schriftenreihe des Österreichischen Forschungsinstituts für Sparkassenwesen, Nr. 2, Wien.

GABLER